上海市重点学科建设项目资助
项目编号：T1001

唐律新探

第四版

【王立民 著】

北京大学出版社
PEKING UNIVERSITY PRESS

内容提要

唐律集我国唐前立法之大成，开唐后立法之先河，是我国古代法的缩影本。掌握了它，便可知晓我国古代法之大概。唐律又是中华法系的代表作，对东亚一些国家的立法产生过很大的影响。掌握了它，又可了解这些国家立法的一些侧面。本书从法律思想、法典结构、具体内容、与唐后及国外法典的比较等各种角度，探索了唐律，给人以一种崭新的视野。它不仅是学习和研究法学，特别是法律史学的常备专著，还是学习和研究唐史乃至中国古代史不可多得的参考著作。

图书在版编目(CIP)数据

唐律新探/王立民著.—4版.—北京:北京大学出版社,2010.5
ISBN 978-7-301-17051-9

Ⅰ.唐…　Ⅱ.王…　Ⅲ.唐律-研究　Ⅳ.D929.42

中国版本图书馆CIP数据核字(2010)第046761号

书　　　名:唐律新探
著作责任者:王立民　著
责 任 编 辑:朱　彦　杨丽明　王业龙
标 准 书 号:ISBN 978-7-301-17051-9/D·2565
出 版 发 行:北京大学出版社
地　　　址:北京市海淀区成府路205号　100871
网　　　址:http://www.pup.cn
电　　　话:邮购部62752015　发行部62750672　编辑部62752027
出版部62754962
电 子 邮 箱:law@pup.pku.edu.cn
印　刷　者:河北滦县鑫华书刊印刷厂
经　销　者:新华书店
890毫米×1240毫米　A5　11.5印张　299千字
2010年5月第4版　2010年5月第1次印刷
定　　　价:26.00元

目　录

序

本书的作者王立民同志是我的九三届博士生。在学期间，他在完成学业的同时，还对唐律作了新的探索和研究，提出了一些新的论点和见解，著就了《唐律新探》一书，并得到了上海社会科学院出版社负责同志和查建国同志的关注、帮助，及时排印，不日问世。此书的出版，将为法制史学的学术园地又增添一朵鲜花，是件值得庆幸的事。

鉴于唐律在中外法制史中的重要地位，自本世纪三十年代以来，甚至更早些，便受到不少中外学者的重视，对其进行了更有成效的研究，发表和出版了一些具有学术价值的论文和专著，为世人所瞩目。作者多年来潜心于唐律的研究，在前人研究的基础上，并受当前时代和形势的启示，把唐律的研究又推上了一个新台阶。书中的内容，自多新意。

在论点方面有新意。作者在第四章里，提出了唐律、令、格和式都属刑法的新论点，而且还作了认真、具体的论证。作者指出唐律是一部刑法典，同时根据记载，有关规定，令、格、式的逻辑结构，实施情况等多方面的综合，认为违反了令、格和式都要依据唐律论断。也就是说，违反了它们都要受到刑罚的处罚。没有不用刑罚的刑法，也没有刑法不用刑罚。这就决定了唐令、格和式都是刑法的一部分，而不属其他部门法。这一论点，前人没有提出，更无详证，作者做到了。另外，在关于唐律的制裁方式等方面，作者也阐明了自己的新论点。

在研究方法方面也有新意。研究方法在任何学科的研究中都至关重要。前人在研究唐律时，较少运用比较方法。作者注意运用比较方法体现唐律的特点、作用和地位等，不再就唐律而论唐律。这种比较的面较宽，有与唐前法律的比较，有与唐后法律的比较，也有与国外立法的比较等，使唐律研究开拓了一个新的天地。

在第二章里，作者从“疏议”的发展历史着手，经过比较，突出了唐律中“疏议”的作用和特点。在第十三章里，作者把唐律与以后的《宋刑统》、《大明律》和《大清律例》在体例、一般原则、罪名和法定刑四个方面作了比较，并以此表现唐律对后世的影响。在最后一章里，作者把唐律与《法国民法典》作了简要比较，从一个侧面揭示了中华与大陆两大法系的区别。其他一些章、节也都广泛地使用了这一方法。

由于作者的努力，现在展现在我们面前的这本专著，已不再注重对唐律本身内容面面俱到的叙述，而有其自身的特色。它抓住一些重要专题，逐个深入钻研。在第六章里，作者对加役流、上请、反坐和立法审核等制度作了较为深刻的论述，使读者更易把握这些制度。还有，第七章也是如此。它不再拘泥于唐律本身，而是侧重于唐律与相关方面的关系，并从这些关系中反映唐律。第九章把唐律与当时较为重要的另一法律形式——制敕联系起来，对它们进行了专门考察，从中揭示了它们间的联系与区别。它还重点发掘唐律内容间的内在联系，从中表现其内在规律。在第三章里，作者深入探索了唐律律条的协调问题，其中包括协调的内容、核心、背景等诸方面，显示了律条的内在联系。还有，第十章同样如此。

现在要把唐律研究出新意来确有一定的难度。它要求研究者有较扎实的理论基础；有较丰富的历史知识，特别是法制史知识；要熟悉唐律研究领域的情况，尤其是新成果；还需要有正确的研究方法等。作者具有这样的素养，所以他能取得现在的成绩。我们面前的这本专著有深度、有新意，不负“新探”之名。

学无止境，学术研究也是如此。希望作者在法制史园地里仍能不懈地耕耘，培育出更多的鲜花，为法制史学科的进一步繁荣作出更多贡献。

吴　泽

一九九三年四月十二日于上海

绪论一

唐律是中国乃至世界法制史上的一块瑰宝。它在中国古代的法典中，无论是体例结构，还是具体内容，都居领先地位，被认为是中国古代立法中的最善者。清代法学哲人薛允升通过对唐明律的比较以后，对唐律作了具有总结性的评价。他在《唐明律合编序》中说，在中国历代法典中，“唐律为最善”。唐律的“最善”之名受之无愧。一是因为它汇唐前立法之精华，集唐前立法之大成，是史无前例的杰作。《明史·刑法志》载有明初参与立法的丞相李善长的一句十分中肯的话，他说：“历代之律，皆以汉《九章》为宗，至唐始集其成。”二是因为唐后各封建朝代无不以它为蓝本，订立本代法律，虽有损益，仍不变其宗，它成了唐后这些朝代立法的楷模。如同清末民初的法学大师沈家本在《历代刑法考·刑制总考四》中所言：唐律在“宋以后皆遵用，虽间有轻重，其大段固体本于唐也”。三是因为它还对当时的一些亚洲国家，如蒙古、朝鲜、日本、越南以及硫球群岛国家的立法产生了很大影响，被这些国家效仿，成了中华法系的典型法典，连一些外国学者都这样认为。日本学者仁井田升在《唐令拾遗·后跋》中把唐律誉为“东方法制史枢轴”。由于中华法系在世界法系中的特殊地位，唐律还成了世界封建法的代表作，与奴隶制时期的罗马法、资本主义初期的《法国民法典》并列为世界法制史上的三大著名法典。因此，可以这样认为，把握了唐律就可知晓中国古代法特别是封建法的总貌、中华法系的大概和世界封建法的精髓。它在世界法制史上的地位令人瞩目。

慕于唐律的盛名和它在世界法制史上的显赫地位，古今中外的一些专家、学者都对它进行了研究，也取得了可喜的成果。但是，探无止境，随着时间的推移，对唐律的探研也会不断进取，本书便是对这种探研的尝试。全书共十四章，大致可分为五个部分：

第一章为第一部分。此部分专门考察了唐律的法律思想。统治者的法律思想与法典的产生有一种因果关系。唐律的法律思想直现了唐统治者的法律思想，这对了解唐代的法律思想是不可多得的。同时，唐律的法律思想还对其中的内容具有指导意义，要完整地掌握唐律，正确理解它的内容，不可不知晓它的法律思想。此章对唐律的法律思想中的主要部分一一作了介绍，包括以礼为本、礼法并用、法律需统一稳定和简约、严格治吏、依法断狱、慎重行刑思想等。最后，此章还归纳了唐律的法律思想的四大突出方面，即完整性、现实性、伦理性和一致性。这样，唐律的法律思想便从具体内容中跃然纸上，一目了然。

第二章至第四章为第二部分。此部分专门考察了与唐律结构有关的一些问题。“疏议”是唐律的一个重要组成部分。第二章在回顾了唐以前对法律条文的解释和补充状况后，重点阐述了唐律中“疏议”的作用，明确了它存在的意义。第三章论述了唐律律条之间的协调问题。现存唐律有五百零二条，如果互相不协调，前后矛盾、参差，整部法典就会千疮百孔，丧失它应有的作用。唐律通过多种协调途径，把律条安排得井井有条，使自己成为一部结构严谨的法典。第四章根据“疏议”中引用的令、格、式的特点，叙述了律与它们的关系。此章首先强调它们都属刑法，它们的关系是刑法不同表现形式之间的关系，这与传统观点有较大的区别。在此基础上，它们形成了自己的联系：违反唐令、格、式一断于律，唐令、格、式补充律。此部分通过对唐律一些结构的考察，反映了它在安排结构中的成功之处，可帮助人们加深对唐律外部结构的认识。

第五章至第八章为第三部分。此部分重点考察了唐律的一些具体内容，其中含有礼法关系、一些具体制度和问题、制裁方式等。

儒家思想是唐代的统治思想，集中体现这一思想的礼必定会反映在唐律的内容中。对于它与法呈一种什么关系，第五章作了介绍，主要是：礼是立法的依据，法是维护礼的武器。同时，此章还不回避它们之间存在的矛盾，并介绍了唐律在解决这类矛盾时所使用的方法，把它们的关系揭示得淋漓尽致。第六、七两章详细考证了唐律中的一些制度和问题。在考证中，大多先溯及源流，然后重点突出唐律的贡献，这不仅可使读者对唐律的一些具体内容有进一步的了解，还可从法制史的角度体会到唐律的成就。第八章专题研究了唐律中的制裁方式。唐律虽为刑律，但是规定的制裁方式不少，除了刑事的以外，还有民事的、行政的等。对于它们是如何同存于一部法典之中，各自的作用又如何，此章作了较为深入的研究。综合以上各章的内容，读者将会对唐律的内容有更深刻的了解。

第九章至第十二章为第四部分。此部分考察了与唐律实施有关的一些问题，包括它与制敕的关系、对唐政治和经济的影响、在唐代的实施概况等。第九章全面叙述了唐律与制敕的关系。制敕是一种单行法规，直接体现皇帝的意志，它与实施中的唐律是一种什么关系，有了唐律为什么还要制敕，此章对这些问题都有论述。第十、十一两章从唐律对唐的专制统治和唐前期经济发展的作用两个方面，反映了唐律实施后对唐政治和经济产生的影响。第十二章在述及了唐代以格断狱的情况后，重点分析了唐律在唐代的实施总况及其发展过程和阶段。整个部分从动态的视角，客观地再现了唐律在现实社会生活中的影响和作用，乃至唐代法制的许多侧面，有它独到的地方。

第十三章和第十四章为第五部分。此部分考察了唐后一些封建朝代对唐律的变革以及它与《法国民法典》的比较结果。这部分使用了比较方法。在第十三章中，通过唐律与宋刑统、大明律和大清律例的比较，显示了它们之间的区别；在第十四章中，通过唐律与《法国民法典》的比较，展现了它们之间的相似点和不同点。

经过这样的比较，读者可知唐后虽对唐律有所变革，但仍大量使用它的内容，不变其宗。这从另一个角度证实了唐律对后世的巨大影响。另外，读者还可知中华法系与大陆法系这两大法系的一些区别点，加深理解世界法系。

本书在论述以上内容时，考虑到了它们之间的内在联系。以上五个部分依次组合，形成了一个从唐律的法律思想到结构、内容、实施、后世对它的变革以及与外国法典的比较等的整体系列，前后又有一定的逻辑关系，具有自己的独特之处。同时，本书还力图求新，不仅对唐律内一些前人较少专门研究的具体问题作了较为深入的探究，还注意扩大视野，在大环境中考察与唐律有关的一些问题，跳出了仅注意探求唐律本身内容的框框，拓宽了研究思路。此外，本书还特别重视用比较方法，把唐律与唐前的有关制度、唐后的法典、国外法典等都作了比较，具体表现了唐律的特点。总之，本书不负“新探”之意。

一九九二年十月

绪论二

《唐律新探》的第二版与大家见面了。这一版与第一版的最大区别在于，增加了最后的四章，即“唐律与唐令、格、式性质中的三个问题”、“唐律的条标”、“唐律中的《论语》”和“唐律的内容密而不漏”。这四章内容大致可概括为以下三种情况：

第一种情况是研究了有关唐律的一些新问题。唐律的条标是个值得研究的问题。它不仅反映了唐律的体例，而且还直射出唐律的内容，是唐律中的一个重要组成部分。可是，长期来，人们对它不太关心。“唐律的条标”一章对这一条标进行了较为深入的研究，填补了唐律研究中的一个空白。“唐律中的《论语》”一章也类似这一种情况。

第二种情况是研究了有关唐律与传统观点不同的问题。由于唐律在中国法制史和中华法系中的重要地位，唐律中的许多问题已被前人研究，而且还形成了一些传统观点。“唐律的内容密而不漏”一章对传统的观点提出挑战，认为唐律的内容不是疏而不漏，相反却是密而不漏，并依据事实进行了充分的论证，把对这个问题的研究又向前推进了一步。

第三种情况是研究了有关唐律探研中需要进一步补充的问题。在过去探研唐律的过程中，笔者提出了一些自己的观点，也进行了论证。然而，随着时间的推移和研究的进一步深入，笔者对这些观点有了新的认识，值得进一步论述。这种论述可补充原来的新观点，使其更为完善。“唐律与唐令、格、式性质中的三个问题”一章对原来“唐律、令、格、式都是刑法”的观点进行了补充，使这一观点更为完整。

增加了这四章以后，书中的内容更丰富了、更完整了，同时也更为全面地反映了笔者探研唐律的成果。这也可以说是出版此书第二版的一个重要原因。

新增的四章原都是独立的论文，多已公开发表。这次新编入书后，在体例和内容上都有改动，以便与原书的文章保持一致。也因为这四章原是独立的论文，所以有些内容会和前十四章的内容有交叉甚至重复，但考虑到每章内容的完整性，这次没作大的删改，基本保持了原来的面貌。

本书的前十四章是书中的主干，这次重版后只是对其中的个别错字作了改正，其他的都基本没变，因此原书的风格依存。愿读者在重温本书时，不会产生异样的感觉。

二〇〇一年三月

绪　论　三

这实际上已是《唐律新探》一书的第三版了。这一版与第二版的最大差别是增加了两章，即“唐律的一些问题（下）”和“唐律的法律与历史融合”两章。这两章属于对两类不同问题的探研。“唐律的一些问题（下）”探研的是五个唐律中的微观问题，涉及的内容有换刑、化外人相犯、过失犯罪、奴婢在法律关系中的地位、预防犯罪的法定诀窍等。“唐律的法律与历史融合”则从宏观上探研唐律中法律与历史的结合问题，内容涉及这一结合的内容、意义、原因等。这两章的“加入”，使《唐律新探》的内容更加丰满了。

新增两章的内容都已公开发表，只是想“合并同类项”，把它们也归入本书。考虑到本书的整体效果，所以在编入时，对原先的内容作了相应的调整，其中包括标题、结构、用词等一些方面，以使它们能在风格上与原来的体例和内容保持一致。另外，因为新增的两章原来都是独立的论文，其少量的内容不可避免地会与书中原来已有章节中的一些内容发生交叉或重复，还望读者见谅。

增加了两章以后，书中的内容也更加充实和丰富了，同时也更能全面地反映笔者探研唐律的成果。尽管这已是《唐律新探》的第三版了，但其基本结构和风格仍与第一、二版相吻合，整体性仍得到保留。希望读者在阅读时还会感觉到它的一体性，不会有不适合或异样的感觉。

二〇〇七年二月

绪 论 四

唐律研究是笔者的一个学术"根据地"。笔者的硕士论文以唐律为主题,以后便一发不可收拾,不仅为博士生、硕士生开设了有关唐律研究的课程,而且还用研究唐律的成果"应付"一些学术会议,于是关于唐律的论文便可以陆续问世,与同仁们交流了。笔者也钟情于这个"根据地",希望它能不断壮大,不断扩大影响,这就更依托于《唐律新探》一书了。通过把新发表的论文以专著形式不断编入此书,增加它的篇幅,以便"根据地"的壮大。这次出版的《唐律新探》实是第四版了,前三版分别在一九九三年、二〇〇一年和二〇〇七年出版,字数也不断增多,已从最初的十七万余字增加到现在的近三十万字了。

本版与第三版的主要区别在于新增了五章,即最后的五章,分别是:"唐律的连坐制度"、"唐律与唐朝的身份等级关系"、"《寄簃文存》的唐律研究"、"唐律与中国传统法制"和"唐律与唐朝的刑事司法制度"。这五章分别对其中的一个问题进行专门的研究,是专题研究的成果。这一成果又可以分为三种情况:第一种情况是对唐律中某个问题的专题研究。"唐律的连坐制度"和"唐律与唐朝的身份等级关系"属于此种情况。"唐律的连坐制度"是对唐律中连坐制度的研究,"唐律与唐朝的身份等级关系"则是对唐朝的身份等级关系的研究。第二种情况是反映他人对唐律的研究。"《寄簃文存》的唐律研究"即是如此。它从《寄簃文存》一书的角度,反映沈家本对唐律的研究状况。第三种情况是对唐律交叉问题的研究。"唐律与中国传统法制"和"唐律与唐朝的刑事司法制度"就是这样。它们分别把唐律与中国传统法制、唐朝的刑事司法制度交叉起来研究。总之，这新增的五章均有自己的特色和学术价值。

本版中新增的五章是五篇独立的论文，已分别在《社会科学》、《浙江社会科学》、《华东政法大学学报》和一些论文集中发表。由于考虑到整体效果，在编入此书时，笔者对这五篇论文作了非实质性的修改。又由于它们是独立的论文，难免在史料的使用等方面会与其他章中有少量交叉或重复，还望读者、同仁见谅。

二〇一〇年一月

第一章　唐律的法律思想

任何法典的制定都以一定的法律思想为指导，因此法典的内容定会直接或间接地反映其法律思想。唐律也是如此。此外，唐律还有一个充分表现其法律思想的窗口——“疏议”。它是立法者对律文的注释。唐律的制定者为了表达律意，准确地解释律文，就把自己的法律思想和盘托出，使律文与法律思想达到高度的统一。这样，唐律中的法律思想就显露无遗了。

一、以礼为本的思想

唐代的统治思想是儒家思想，它又集中体现为礼。礼以等级名分为基本特征，用它规范和调整社会成员的行为和关系，可起到特殊、有效的作用。因此，唐统治者处处以礼为本。唐律作为唐统治阶级的统治工具，也竭力体现以礼为本的思想。《唐律疏议·名例》“十恶”条“疏议”说：“礼者君之柄。”还说：“礼有等级不同。”后人也认为唐律是“一准乎礼”①。唐律以礼为本的思想还突出表现在律文的具体规定上。

1. 在君与臣民关系方面，唐律维护的是君权

唐律认为，君与臣民的地位是不平等的，君是国家中地位最高者，所有臣民都须依从他。《唐律疏议·名例》“十恶”条“疏议”说：“王者居宸极之至尊，奉上天之宝命，同二仪之覆载，作兆庶之父母。为子为臣，惟忠惟孝。”任何有损皇帝尊严的行为，都被认为是重大犯罪，用刑远远超过同类犯罪。《唐律疏议·职制》“合和

---

① 《明史·刑法志》。

御药有误”条规定：“诸合和御药，误不如本方及封题误者，医绞。”《唐律疏议·杂律》“医合药不如方”条则规定：“诸医为人合药及题疏、针刺，误不如本方，杀人者，徒二年半。”量刑之所以如此悬殊，就因为前者危害的对象是君，构成了“大不敬”罪；后者危害的只是一般的民，属一般犯罪。这在《唐律疏议·贼盗》“盗园陵内草木”条也同样得到了反映。它把盗皇帝园陵内草木与一般民墓内草木作了严格区分，处罚也是前者重于后者，规定：“诸盗园陵内草木者，徒二年半。若他人墓茔内树者，杖一百。”

2. 在官与民关系方面，唐律维护的是官权

唐律以为，在官与民之间，官的地位高于民，民必须尊重官，任何有损官吏尊严的行为都要受到严厉处罚，用刑也重于同类犯罪。《唐律疏议·斗讼》“殴制使府主刺史县令”条规定，凡民“殴制使、本属府主、刺史、县令”的，要“徒三年，伤者，流二千里；折伤者，绞”。如果是殴凡人，用刑则明显轻于前者。《唐律疏议·斗讼》“斗殴以手足他物伤”条规定：“诸斗殴人者，笞四十；伤及以他物殴人者，杖六十；伤及拔发方寸以上，杖八十。若血从耳目出及内损吐血者，各加二等。”民就是殴了官的亲属，用刑也重于一般。《唐律疏议·斗讼》“殴府主刺史县令祖父母”条规定：“诸殴本属府主、刺史、县令之祖父母、父母及妻、子者，徒一年；伤重者，加凡斗伤一等。”

3. 在家长与子女关系方面，唐律维护的是父权

唐律明示，家庭成员有尊卑之分，其中父的地位最高。《唐律疏议·斗讼》“告祖父母父母”条“疏议”说：“父为子天。”父拥有以下一些子女所没有的权利：一是教令权。唐律赋予父教令其子女的权利。父可任意打骂责罚违反教令的子女，即使伤亡，所负的刑事责任也很轻。《唐律疏议·斗讼》“殴詈祖父母父母”条规定：“若子孙违犯教令，而祖父母、父母殴杀者，徒一年半。”二是主婚权。唐律赋予父包办子女婚姻的权利。父可根据自己的意愿决定子女的婚姻大事，子女只可从命。《唐律疏议·户婚》“卑幼自娶妻”条规定，就是子女先在外定亲，父后为其定亲，仍须以父所定之亲为己亲，“违者，杖一百”。三是财产权。唐律赋予父拥有家产的权利。父有家产的所有权、使用权和处分权，子女不可分家析产。

《唐律疏议·户婚》“子孙别籍异财”条规定：“诸祖父母、父母在，而子孙别籍、异财者，徒三年。”唐律赋予父这些权利的目的在于，确立和维护以不平等为前提的父权，并由其左右子女。

4. 在夫与妻关系方面，唐律维护的是夫权

夫和妻虽同为家长，但唐律认为他们之间的地位也是不平等的，夫高于妻。《唐律疏议·名例》“十恶”条“疏议”说：“夫者，妻之天也。”“妇人有官品邑号”条说，对妇人来说，“生礼死事，以夫为尊卑”。“十恶”条“疏议”还说，如夫亡，妻要“移父之服而服，为夫斩衰”。具体地说，夫的地位高于妻突出表现在以下三个方面：一是夫的家庭地位高于妻。唐律把夫与妻的关系比做尊与卑的关系。《唐律疏议·斗讼》“殴伤妻妾”条规定：“诸殴伤妻者，减凡人二等。”“妻殴詈夫”条规定：“诸妻殴夫，徒一年；若殴伤重者加凡斗伤三等。”这与尊、卑间相殴的处罚相似。二是夫有离婚的主动权。一方面，唐律主张夫妻应和睦相处。《唐律疏议·户婚》“妻无七出而出之”条“疏议”说：“伉俪之道，义期同穴，一与之齐，终身不改。”另一方面，唐律又把离婚的主动权交给夫，夫可休有“七出”之妻，而妻却没有这种权利。三是妻要为亡夫守丧。唐律要妻单方承担为亡夫守丧的义务。《唐律疏议·户婚》“居父母夫丧嫁娶”条“疏议”说：“夫为妇天，尚无再醮。”此条规定：“诸居父母及夫丧而嫁娶者，徒三年。”如果妻在夫丧期内作乐、释服从吉等，则构成“十恶”罪。《唐律疏议·名例》“十恶”条“疏议”说，妻闻夫丧“匿哀不举，居丧作乐，释服从吉，改嫁忘忧，皆是背礼违义，故俱为十恶”。夫却没有相应的义务。

5. 在主、良人与奴婢关系方面，唐律维护的是主、良权

唐律把奴婢只看做法律关系中的客体，如同牲畜一般，地位最低。《唐律疏议·名例》“官户部曲官私奴婢有犯”条“疏议”说：“奴婢贱人，律比畜产。”唐律维护主、良权，具体表现在以下这些方面：第一，奴不得娶良人女为妻。唐律认为，主、良人与奴婢的地位截然不同，故不可婚配。《唐律疏议·户婚》“奴娶良人为妻”条“疏议”说：“人各有耦，色类须同。良贱既殊，何宜配合。”此条规定：“诸与奴娶良人为妻者，徒一年半；女家，减一等。离之。”第二，奴不可告主。唐律认为，奴婢属主所有，根据相容隐的原则，应为主隐，以维护主的尊严。《唐律疏议·斗讼》“部曲奴婢告主”条“疏议”说，奴婢应“为主隐”。如有违犯，即要受到处罚。此条规定：“诸部曲、奴婢告主，非谋反、逆、叛者，皆绞；告主之期亲及外祖父母者，流；大功以下亲，徒一年。”第三，奴婢殴、杀主要受重罚。唐律认为，奴婢是主之仆人，必须谨慎为人，绝对不允许有殴、杀行为。《唐律疏议·斗讼》“部曲奴婢过失杀伤主”条“疏议”说：“部曲、奴婢，是为家仆，事主须存谨敬，又亦防其二心。”此条规定：“诸部曲、奴婢过失杀主者，绞；伤及詈者，流。”相反，如主殴、杀奴婢，受罚却很轻。“主殴部曲死”条规定：“诸主殴部曲至死者，徒一年。故杀者，加一等。其有愆犯，决罚致死及过失杀者，各勿论。”

二、礼法并用的思想

唐律认为，礼有其特殊的地位和作用，固然重要，但法也不可忽视。《唐律疏议·名例》前言说：“刑罚不可驰于国，笞捶不得废于家。”唐律还从历史的角度进行了考察，认为各朝都没有废法。《唐律疏议·名例》前言还说：“咸有天秩，典司刑宪。”“莫不凭黎元而树司宰，因政教而施刑法。其有情恣庸愚，识沈愆戾，大则乱其区宇，小则睽其品式，不立制度，则未之前闻。故曰：‘以刑止刑，以杀止杀。’”“笞刑五”条“疏议”还说：“杀人者死，伤人者刑，百王之所同。”

用法施刑，除了惩治犯罪外，还可起到预防犯罪的作用。《唐律疏议·名例》前言说:“惩其未犯而防其未然。”“死刑二”条“疏议”从前人用法的目的角度作了介绍:“古先哲王,则天重法,辅政助化,禁暴防奸,本欲生之,义期止杀。”

唐律还认为,礼和法是两种不同而又有联系的统治手段,它们各有长短,须结合使用才能奏效。《唐律疏议·名例》前言说:“德礼为政教之本,刑罚为政教之用,犹昏晓阳秋相须而成者也。”

礼法并用的思想在唐律的具体规定中得到了充分体现:礼是唐律的指导思想,作为用法的依据;法处处表现礼,维护礼的尊严和要求,用刑罚严厉制裁违礼行为。《唐律疏议·职制》“大祀不预申期及不如法”条对有关大祀的一些问题作了规定。此条“疏议”说,凡在大祀中牲牢、玉帛之属,“不依礼、令之法,一事有违,合杖七十”。“造御膳有误”条“疏议”说:“依礼,饭齐视春宜温,羹齐视夏宜热之类,或期夕日中,进奉失度及冷热不时者:减罪二等,谓从徒二年减二等。”

三、法律内容须统一、稳定和简约的思想

法律是具有强制性的行为规范,因此它必须统一、稳定和简约,以便人们遵守,否则就会造成混乱,使人们无所适从,导致不法状态。唐统治者总结了前人的立法经验,并把它们直接运用在唐律中。

1. 法律内容须统一的思想

唐律把法律的作用比做“权衡”和“方圆”,认为它们可指导和判断人们的行为,因此法律的内容须“画一”,即统一。《唐律疏议·名例》前言说,法律“譬权衡之知轻重,若规矩之得方圆。迈彼三章,同符画一者矣”。其目的是避免出现定罪量刑不一的状况,即如前言中所说的“大理当其死坐,刑部处的流刑;一州断以徒年,一县将为杖罚”的情况。

唐律指出,内容要统一,就须对律文有统一的解释,尤其像唐律这样内容庞杂的法典。《唐律疏议·名例》前言说,“今之典宪,

前圣规模，章程靡失，鸿纤备举”，如“不有解释，触涂睽误”，所以就要在律条后附上“疏议”，把它作为统一法律内容的一种方法。

2．法律内容须稳定的思想

唐律认为，法律内容不仅要统一，还要保持相对的稳定。《唐律疏议·名例》“笞刑五”条“疏议”说，法律应“一成而不可变”。这里的“不可变”不是绝对不变，它有“保持相对的稳定”的含义。唐律的修订过程也证实了这一点。唐代的第一部律是武德律，唐太宗即位后对此律进行了修正，并为唐律定了本。唐高宗、唐玄宗此后虽修撰过唐律，但改动微乎其微。《唐六典·刑部》简要地谈及此过程：“武德中，命裴寂、殷开山等定律令，其篇目一准隋开皇之律，刑名之制又亦略同。”“贞观初，有蜀王法曹参军裴宏献奏驳律令不便于时三十余条。于时，又命长孙无忌、房玄令等厘正，凡为五百条。”“永徽中复撰律疏三十卷，至今并行。”可见，唐律在贞观时定本后，后世对其改动很少。

唐律还认为，律一方面要保持相对的稳定，另一方面也要对不适时的内容进行必要的修正，并把提出这些修正的内容作为官吏的一种职责。《唐律疏议·职制》“律令式不便辄奏改行”条规定：“诸称律、令、式，不便于事者，皆须申尚书有议定奏闻。”此条“疏议”作了进一步说明：“称律、令及式条内，有事不便于时者，皆须辨明不便之状，具申尚书省，集京官七品以上，于都座议定，以应改张之议奏闻。”

3．法律内容须简约的思想

唐律主张，法律内容除须统一和稳定外，还须简约。它考证了历史，认定前人已是这样做了。《唐律疏议·名例》前言说：“逮于唐虞，化行事简，议刑以定其罪，画象以愧其心，所有条贯，良多简略。”汉后的立法加速了由繁到简的过程。汉律有六十篇，“晋命贾允等，增损汉、魏律为二十篇”，到北齐律只有十二篇了，隋唐律皆以北齐律为宗。

唐律的制订、撰修过程也反映了律须简约的思想。《旧唐书·

刑法志》载，武德律"大略以开皇为准"，贞观律"比隋代旧律，减大辟者九十二条，减流入徒者七十一条。其当徒之法，唯夺一官，除名之人，仍同士伍"。可以说，变重为轻者，不可胜纪。是时，唐律即成定制。

唐律本身条文的内容也是十分简约的，凡可与其他罪同样量刑的，就简言明示，毫无烦言。例如，《唐律疏议·诈伪》"诈欺官私财物"条规定："诸诈欺官私以取财物者，准盗论。知情而取者，坐赃论。"类似条文不胜枚举。

四、严格治吏的思想

官吏是唐统治阶级实现其国家职能的关键人物。因此，唐代皇帝一方面笼络官吏，另一方面又强调严格治吏，制裁各种犯罪行为。这一思想在唐律中表现得非常突出。

1. 规定的内容广泛、具体

唐律的每一律都有关于治吏的内容，其中《职制律》又专为治吏而设，内容非常具体，涉及官吏的设置、贡举、出勤、职责以及犯罪后所应承担的法律责任等各个方面，罪名、罪行、处罚等都应有尽有。《唐律疏议·职制》"置官过限及不应置而置"条规定："诸官有员数，而署置过限及不应置而置，一人杖一百；三人加一等，十人徒二年；后人知而听者，减前人署置一等；规求者为徒坐，被征须者勿论。即军务要速，量事权置者，不用此律。""贡举非其人"条规定："诸贡举非其人及应贡举而不贡举者，一人徒一年，二人加一等，罪止徒三年。若考校、课试而不以实及选官乖于举状，以故不称职者，减一等。失者，各减三等。承言不觉，又减一等；知而听行，与同罪。"可见，规定的内容都十分详尽。

2. 规定的责任很严

官吏不仅要对自己的行为负责，还要对被监临者的行为负责。被监临者犯了罪，监临官吏也要负连带责任，受到处罚。《唐律疏议·职制》"合和御药有误"条规定："凡合和御药，误不如本方及封题误者，医绞；料理简择不精者，徒一年；未进御者，各减一等；监当官司，各减医一等。”《唐律疏议·卫禁》“宫殿作罢不出”条规定：“诸在宫殿内作罢而不出者，宫内，徒一年；殿内，徒二年；御在所者，绞。不觉及迷误者，上请。将领主司知者，与同罪。”

3. 规定的处罚很重

唐律对官吏犯罪的处罚很重，主要体现在以下两个方面：一是官、民犯类似的罪，处罚却是官重民轻。例如，同是非法占田，《唐律疏议·户婚》“在官侵占夺私田”条规定，凡官吏侵占私田的，“一亩以下杖六十，三亩加一等；过杖一百，五亩加一等，罪止徒二年半”。“妄认盗卖公私田”条则规定，一般公民侵占公私田的，“一亩以下笞五十，五亩加一等；过杖一百，十亩加一等，罪止徒二年”，前者处罚明显重于后者。二是官吏如犯有严重的、直接有损国家政权的行为，一切特权都要失效，与民一样依律问罪。唐律认为，官承皇恩，必须服从皇命，不可与皇帝离心离德。《唐律疏议·名例》“十恶”条“疏议”说，臣下不可“图逆节，而有无君之心”；如有，必大刑侍候，一切特权取消，严惩不贷。唐律虽规定官僚有议、请、减、赎和官当等特权，但犯有严重的、直接有损皇权的行为都不适用这些规定。《唐律疏议·名例》“八议者”条明确规定：“其犯十恶者，不用此律。”“皇太子妃”条规定，凡上请者，“其犯十恶，反逆缘坐，杀人，监守内奸、盗、略人、受财枉法者，不用此律”。

五、依法断狱的思想

唐律从维护唐地主阶级的整体利益和加强封建法制出发，十分强调依法断狱。

1. 断狱必须引用律文的思想

唐律认为，唐虽有律、令、格、式等法律形式，但只有律才是断狱的主要依据，故司法官断狱必须依律文，不可擅自引用其他条文。《唐律疏议·名例》“称日年及众谋”条“疏议”说：“令为课役生文，律以定刑立制。……刑名事重，止可依据籍书。律、令文殊，不可破律从令。"同时，律已对犯罪问题作了较为完整的规定，基本能适应断狱需要。《唐律疏议·断狱》"断罪不具引律令格式"条"疏议"说，"犯罪之人，皆有条制。断狱之法，须凭正文"，并按律定罪量刑，"违者笞三十"。就是皇帝的敕令，也不可普遍适用。《唐律疏议·断狱》"辄引制敕断罪"条规定："诸制敕断罪，临时处分，不为永格者，不得引为后比。若辄引，致罪有出入者，以故失论。"

2. 罪行法定的萌芽思想

唐律的个别条款还流露出罪行法定的思想，即律无明文规定的不科罪，把它作为依法断狱的一个表现。《唐律疏议·擅兴》"主将临阵先退"条规定："诸主将以下，临阵先退；若寇贼对阵，舍仗投军及弃贼来降，而辄杀者：斩。即违犯军令，军还以后，在律有条者，依律断；无条者，勿论。"此条"疏议"对"无条者，勿论"作了解释："若违犯军中号令者，军还以后，其所违之罪，在律有条者，仍依律断。直违将军教令，在律无条，军还之后，不合论罪。"

3. 重视依法量刑的思想

唐律十分重视依法量刑，把它作为依法断狱的一个重要组成部分。第一，重视依法加减刑。唐律规定的五刑共有二十等，加、减刑时的等数不同，加刑时逐等加，减刑时死、流各以一等减。《唐律疏议·名例》"称加减"条规定："诸称'加'者，就重次；称'减'者，就轻次。惟二死、三流，各同为一减。加者，数满乃坐，又不得加至于死；本条加入死者，依本条。其罪止有半年徒，若应加杖者，杖一百；应减者，以杖九十为次。"第二，重视依法对数罪的量刑。唐律对数罪的量刑根据不同情况而定，主要有：首先，一般情况采取吸收原则。《唐律疏议·名例》"二罪从重"条规定："诸二罪以上俱发，以重者论；等者，从一。若一罪先发，已经论决，余罪后发，其轻若等，勿论；重者更论之，通计前罪，以充后数。"其次，个别罪适用累科办法。《唐律疏议·名例》"二罪从重"条还规定："以赃致罪，频犯者并累科；若罪法不等者，即以重赃并满轻赃，各位论。"

最后，规定最高的用刑限度。《唐律疏议·名例》“犯罪已发已配更为罪”条规定，凡更犯“累流、徒应役者，不得过四年。若更犯流、徒罪者，准加杖例。其杖罪以下，亦各依数决之，累决笞、杖者，不得过二百。其应加杖者，亦如之”。第三，重视依法对疑罪量刑。唐律认为，疑中可能会有冤、假、错，故不可擅断，应当别论。《唐律疏议·断狱》“疑罪”条规定，疑罪包括：“虚实之征等，是非之理均；或事涉疑似，傍无证见；或傍有闻证，事非疑似之类。”此条同时规定了处理办法：“诸疑罪，各依所犯，以赎论。即疑狱，法官执见不同者，得为异议，议不得过三。”如果司法官违反以上规定，都要依“出入人罪”受罚。

4. 严惩违法断狱行为的思想

唐律认为，依法断狱是司法的主要内容，违法断狱行为会对法制甚至国家造成危害，因此必须严究这类犯罪者的法律责任。根据这类犯罪的特点，唐律以反坐为原则严惩犯罪人。《唐律疏议·断狱》“官司出入人罪”条规定：“诸官司入人罪者，若入全罪，以全罪论；从轻入重，以所剩论；刑名易者：从笞入杖、从徒入流亦以所剩论，从笞杖入徒流、从徒流入死罪亦以全罪论。其出罪者，各加之。即断罪失于入者，各减三等；失于出者，各减五等。若未决放及放而还获，若囚自死，各听减一等。即别使推事，通状失情者，各又减二等；所司已承误断讫，即从失出入法。虽有出入，于决罚不异者，勿论。”

六、慎重行刑的思想

唐律从维护封建法制出发，并根据封建制五刑的特点，主张国家必须慎重行刑。《唐律疏议·名例》“应议请减”条“疏议”明确说：“国家惟刑是恤。”唐律的这一思想具体表现在以下几个方面：

1. 慎重对待拷讯的思想

唐律允许在法定范围内拷讯囚犯，如违法，司法官要承担法律责任。唐律规定，拷讯须符合一定的条件。《唐律疏议·断狱》

“讯囚察辞理”条规定：“诸应讯囚者，必先以情，审察辞理，反复参验；犹未能决，事须讯问者，立案同判，然后拷讯。违者，杖六十。若赃状露验，理不可疑，虽不承引，即据状断之。若事已经赦，虽须追究，并不合拷。”唐律“拷囚不得过三度”条还规定，拷讯有一定的限制：“诸拷囚不得过三度，数总不得过二百，杖罪以下不得过所犯之数。拷满不承，取保放之。若拷过三度及杖外以他法拷掠者，杖一百；杖数过者，反坐所剩；以故致死者，徒二年。即有疮病，不待差而拷者，亦杖一百；若决杖笞者，笞五十；以故致死者，徒一年半。若依法拷决，而邂逅致死者，勿论；仍令长官等勘验，违者杖六十。”唐律“拷囚限满不首”条对拷满不招的处理也作了规定：“诸拷囚限满而不首者，反拷告人。其被杀、被盗家人及亲属告者，不反拷。拷满不首，取保并放。违者，以故失论。”这些规定都直接体现了谨慎拷讯的思想。

2. 慎重对待老、小、废、疾和孕妇罪犯的思想

唐律根据老、小、废、疾和孕妇的生理特点，认为对这些罪犯的用刑不可同于一般，应另行处理，特别是老、小、废、疾者。《唐律疏议·名例》“老小及疾有犯”条“疏议”说，法律也应有“矜老小废疾”和“爱幼养老之义”。从唐律的规定看，也确实反映了这一思想，并把它作为慎重用刑的一个组成部分，主要有：第一，适用减、免、赎原则。唐律根据老、小、废、疾的不同情况，分别采用了减、免、赎的方法进行处理。《唐律疏议·名例》“老小及有犯”条规定：“诸年七十以上、十五以下及废疾，犯流罪以下，收赎。八十以上、十岁以下及笃疾，犯反、逆、杀人应死者，上请；盗及伤人者，亦收赎。余皆勿论。”第二，适用从轻原则。唐律还对老、小、废、疾罪犯适用从轻原则。《唐律疏议·名例》“犯时未老疾”条规定：“诸犯罪时虽未老、疾，而事发时老、疾者，依老、疾论。若在徒年限内老、疾，亦如之。犯罪时幼小，事发时长大，依幼小论。”即按轻条用刑。此条“疏议”还作了具体的说明：“假有六十九以下犯罪，年七十事发，或无疾时犯罪，废疾后事发，并依上解‘收赎’之法；七十九以下犯反逆、杀人应死，八十事发，或废疾时犯罪，笃疾时事发，得入'上请'之条；八十九犯死罪，九十事发，并入'勿论'之色。""假有七岁犯死罪，八岁事发，死罪不论；十岁杀人，十一事发，仍得上请；十五时偷盗，十六事发，仍以赎论。"第三，适用延缓用刑原则。唐律对怀孕妇女罪犯适用特殊的延缓用刑原则。《唐律疏议·断狱》"妇人怀孕犯死罪"条规定："诸妇人犯死罪，怀孕，当决者，听产后一百日乃行刑。若未产而决者，徒二年；产讫，限未满而决者，徒一年。失者，各减二等。其过限不决者，依奏报不决法。""拷决孕妇"条规定："诸妇人怀孕，犯罪应拷及决杖笞，若未产而拷、决者，杖一百；伤重者，依前人不合捶拷法；产后未满百日而拷决者，减一等。失者，各减二等。"

3. 慎重对待囚犯的思想

唐律甚至主张对囚犯也采取慎重态度，并把它作为慎重用刑的一个组成部分。这主要表现在以下两个方面：第一，允许囚犯服辩。唐律规定，判决后，允许囚犯服辩，即在囚犯家属在场的情况下，让囚犯表明对判决的态度；如不服，司法官还须重审。《唐律疏议·断狱》"狱结竟取服辩"条规定："诸狱结竟，徒以上，各呼囚及其家属，具告罪名，仍取囚服辩。若不服，听其自理，更为审详。违者，笞五十；死罪，杖一百。"第二，给囚犯必要的衣、食、医药。唐律认为，罪犯该囚，但必要的衣、食应保证，生病还须用药。《唐律疏议·断狱》"囚应给衣食医药而不给"条规定："诸囚应请给衣食医药而不请给，及应听家人入视而不听，应脱去枷、锁、杻而不脱去者，杖六十；以故致死者，徒一年。即减窃囚食，笞五十；以故致死者，绞。"

4. 慎重对待刑罚执行的思想

慎重施罚是唐律慎重用刑思想中一个极其重要的部分。唐律对五刑的实施都作了严格的规定，尤其是死刑。第一，慎重执行笞、杖刑。唐律认为，虽笞、杖都属轻刑，如《唐律疏议·名例》"笞刑五"条"疏议"所说"刑之薄者也"，但经"捶挞"以后会有皮肉之苦，故仍须慎重执行。《唐律疏议·断狱》“决罚不如法”条规定：“诸决罚不如法，笞三十；以故致死者，徒一年。即杖粗细长短不依法者，罪亦如之。”此条“疏议”还引令对受刑的部位和刑具规格都作了详尽的说明。第二，慎重执行徒、流刑。徒、流是较重的刑罚，尤其是流刑，仅次于死刑，常因免死入流。《唐律疏议·名例》“流刑三”条“疏议”说：“不忍刑杀，宥之于远也。”可见，唐律主张执行徒、流要格外谨慎，否则要严究司法官的责任。《唐律疏议·断狱》“徒流送配稽留”条规定：“诸徒、流应送配所，而稽留不送者，一日笞三十，三日加一等；过杖一百，十日加一等，罪止徒二年。”“领徒囚应役不役”条规定：“诸领徒应役而不役，及徒囚病愈不计日令陪役者，过三日笞三十，三日加一等；过杖一百，十日加一等，罪止徒二年。”第三，慎重执行绞、斩刑。绞、斩适用于重大犯罪，是最重的刑罚。《唐律疏议·名例》“死刑二”条“疏议”说：“绞、斩之坐，刑之极也。”绞、斩的执行有关人命，因此唐律将其作为慎刑恤民中最重要的内容。首先，在程序方面。唐律规定，死刑执行前必须经过复奏。《唐律疏议·断狱》“死囚复奏报决”条规定：“诸死罪囚，不待复奏报而下决者，流二千里。即奏报应决者，听三日乃行刑，若限未满而行刑者，徒一年；即过限，违一日杖一百，二日加一等。”其次，在刑等方面。唐律规定的绞、斩虽都是死刑，但分属两个刑等，绝不可混淆。《唐律疏议·断狱》“断罪应斩而绞”条规定：“诸断罪应绞而斩，应斩而绞，徒一年；自尽亦如之。失者，减二等。即绞讫，别加害者，杖一百。”最后，在执行时间方面。唐律规定，一般的死刑须在规定的时间内执行，否则国家要追究执法人员的责任。《唐律疏议·断狱》“立春后秋分前不决死刑”条规定：“诸立春以后、秋分以前决死刑者，徒一年。其所犯虽不待时，若于断屠月及禁杀日而决者，各杖六十。待时而违者，加二等。”此条“疏议”还专门介绍了“断屠月”和“禁杀日”等。

七、唐律法律思想的突出方面

综观以上唐律的法律思想，与以往法典中的法律思想相比较，有以下四点特别突出：

1. 完整性

唐律中的法律思想内容比较完整，具体表现在以下两个方面：一是从宏观上看。唐律既有总的指导思想，如以礼为本、礼法并用等，又有具体的思想，如严格治吏等；既有立法方面的思想，如法律内容须统一、稳定和简约等，又有司法方面的思想，如依法断狱、慎重行刑等，内容很完整。二是从微观上看。每一法律思想中所涉的内容也很完整，如在慎重行刑的思想中包括：慎重对待拷讯，慎重对待老、小、废、疾和孕妇罪犯，慎重对待囚犯，慎重对待刑罚执行等几个完整的部分。在其中的每一部分中又含有若干层次，如在慎重对待刑罚执行的思想中又包括慎重执行笞杖、徒流和绞斩三个完整的层次。唐律法律思想的完整性与其规定内容的完善性是密不可分的，前者是通过后者反映出来的。与唐以前任何法典相比，唐律的内容属最完善者，故唐律法律思想的完整性就必然成为其特点了。同时，这也从一个侧面证实唐地主阶级的法律思想已比较成熟，统治经验也比较丰富了。

2. 现实性

唐律中的法律思想是现实的、已转化为法制的法律思想。通常，在一个阶级社会中，不同的阶级、阶层都会有自己的法律思想，甚至同一阶级、阶层中又会有几种不同的法律思想。但是，只有统治阶级的某些法律思想才有可能转化为法制，成为现实。被统治阶级的法律思想一般不会变成法制，因为没有必要的条件——统治阶级的意志。唐律中的法律思想是制度化的法律思想，即从具体法制中表现的思想，是现实的。这种现实性一方面通过“疏议”对律条的释义表现出来，另一方面则通过律条本身反映出来。此二者虽有区别，但在现实性方面却是一致的，因为“疏议”与律条具有同等法律效力。唐律法律思想的这一突出方面决定了它的价值比较高，可从中看到法律思想与法律内容之间的直接联系，特别是前者对后者的决定作用。

3. 伦理性

唐律法律思想的内容在很大程度上具有伦理因素。唐律主张以礼为本，把礼作为指导思想，并用法维护礼的尊严，制裁违礼行为。实际上，就是把伦理规范融合在法律中，把道德规范贯穿在法律思想中，使唐律的法律思想在很大程度上具有伦理因素。这在以下几个方面表现得特别明显：在君与臣民关系方面，唐律主张维护君权；在官与民关系方面，唐律主张维护官权；在家长与子女关系方面，唐律主张维护父权；在夫与妻关系方面，唐律主张维护夫权；在主、良人与奴婢关系方面，唐律主张维护主、良权。这些都充分体现了"三纲五常"这一礼的核心内容。与以往的法典相比，唐律最具有伦理性。自春秋末期公布成文法以后，法律受到法家片面强调法治的影响，大多忽视礼的作用，法典中的伦理因素受到压制。直到西汉武帝推崇儒术以后，这种情况才发生了明显的改变。唐律完成了以礼入律的过程，它的伦理性自然最为突出。唐律的这一突出方面对于全面了解和掌握我国古代的法律思想以及进行中外法律思想的比较研究，都具有十分重要的意义。

4. 一致性

唐律的法律思想与当时唐统治阶级的法律思想一致。唐律在唐太宗贞观时期定本，以唐太宗为代表的唐统治者的法律思想对唐律的影响特别大，他们的许多法律思想都在唐律中得到不同程度的反映。唐太宗十分重视礼教，认为礼是治政的重要手段，他说："礼乐之作，是圣人缘物设教，以为撙节，治政善恶。"礼的作用绝不可轻视，"礼所以决嫌疑，定犹豫，别同异，明是非者也"。因此，他三申五令，要国、家都须以礼为本，并多次告诫天下，要"依据礼典"、"齐之以礼典"、"务合礼典"。对于违礼行为，他深恶痛绝，严令改禁，多次说："有紊礼经，既轻重失宜，理须改革。""悖乱礼经，宜即禁断。”[1]这些思想与唐律中以礼为本的思想无丝毫差别。唐太宗、房玄龄和魏征都主张官吏要依法断狱。唐太宗要求官吏司法无私，做到“罚不阿亲贵，以公平为规矩”[2]。他特别痛恨那些枉法官吏，主张“枉法受财者，必无赦免”[3]。房玄龄也主张公正司法，他说：“理国要道，在于公平正直。”[4]魏征从法的作用出发，同样强调依法用法，他说：“法，国之权衡也，时之准绳也。”所以，司法官定要依法科刑，不可“罚不及于有罪”[5]。这些思想同样与唐律中以法断狱的思想相仿。唐律法律思想的这一突出方面可帮助人们正确认识统治阶级，特别是统治者法律思想的重要作用。

以上这四点决定了唐律法律思想具有特别重要的意义，对于研究和理解唐律乃至唐代法制，以及中国古代法律思想和法制的特点，都是极有帮助的。

---

① 《贞观政要·礼乐第二十九》。
② 《贞观政要·择官第七》。
③ 《贞观政要·政体第二》。
④ 《贞观政要·公平第十六》。
⑤ 《贞观政要·诚信第十七》。

第二章　唐律的“疏议”作用

“疏议”的作用是什么？《唐律疏议·名例》前言说：“疏之为字，本以疏阔、疏远立名。”沈家本在《重刻唐律疏议序》中作了更明确的说明，“名疏者，发明律及注意；云议者，申律之深义及律所不周不达”，以使“律文之简质古奥者，始可得而读焉”。简言之，“疏议”的作用主要是解释和补充律条，目的是使人们都能准确地了解和掌握律文的真正含义，便于法律的实施和遵守。

对法律条文的解释和补充非唐首创，前已有之。

一、唐前对法律条文的解释和补充

我国早在西周时就出现了解释法律的书籍，当时称“说律之书”[①]。到了春秋末期，随着成文法的公布和律学的兴起，对法律条文的解释和补充工作也蓬勃发展起来。其中，法家为此立下了汗马功劳。但是，由于前人为我们留下的有关这方面的史料太少，故无法详说。

1. 秦《法律答问》对法律条文的解释和补充

从1975年湖北省云梦县睡虎地秦墓出土的竹简中的《法律答问》看，秦在对法律条文的解释和补充方面已有很大进展。《法律答问》对法律条文的解释和补充主要表现在以下两大方面：

第一，对法律条文的解释。这一解释又包括以下五个方面：其一，对罪名的解释。有些法律条文没有直接对罪名作明确解释，为了帮助人们了解和掌握，《法律答问》通过“问”和“答”把罪名具体

① 沈家本：《历代刑法考·律令二》。

化、明确化。例如,对“不直”和“纵囚”这两个罪名的解释是这样的:“罪当重而端轻之,当轻而端重之,是谓‘不直’。”“当论而端弗论”,以及减轻案情,“端令不致,论出之,是谓‘纵囚’”。[①] 即不直是指司法官故意重罪轻判、轻罪重判的行为,纵囚是指司法官故意使犯罪者够不上判罪的行为。又如,对“家罪”的解释是:“父子同居,杀伤父臣妾、畜产及盗之,父已死,或告,勿听,是胃(谓)‘家罪’。”[②]即家罪是指与父同居的子女杀伤、盗窃父奴婢、牲畜的行为。其二,对刑罚实施的解释。《法律答问》还对一些刑罚实施方法作了解释。例如,对“戮”的解释是:“戮之已乃斩之之谓(也)。”[③]即戮是先把罪犯活着刑辱示众,然后斩首的刑罚。又如,对“定杀”的解释是:“‘定杀’可(何)如?生定杀水中之谓殴(也)。或曰生埋,生埋之异事殴(也)。”[④]即定杀是一种将活人投入水中淹死的刑罚,它不同于活埋。其三,对诉讼专用名词的解释。《法律答问》还对一些诉讼专用名词作了解释,以明确诉讼程序。例如,对“卅告”作了以下的解释:“可(何)谓‘卅告’?‘卅告’者,告罪人,其所告且不审,有(又)以它事告之。”[⑤]即“卅告”是一种控告罪犯的形式。又如,对“公室告”和“非公室告”举例作了说明:贼杀伤、盗它人等为“公室告”;子盗父母、父母擅杀等不为“公室告”[⑥]。即杀伤、盗窃属“公室告”;而儿子盗窃父母财物,父母擅自杀死、刑伤、髡剃子及奴婢属“非公室告”。其四,对刑具的解释。《法律答问》也对一些刑具名作了解释,以便司法官正确使用刑具。例如,对“梃”这一刑具的解释是:“可(何)谓‘梃’?木可以伐者为‘梃’。”[⑦]即梃是一种用来打人的木棍。其五,对其

---

① 参见《睡虎地秦墓竹简》,文物出版社 1978 年版,第 191 页。

② 同上书,第 197 页。

③ 同上书,第 173 页。

④ 同上书,第 203 页。

⑤ 同上书,第 194 页。

⑥ 同上书,第 195 页。

⑦ 同上书,第 190 页。

他词和句的解释。《法律答问》还对一些法律条文中的法律专用词和句子作了解释，以帮助官民正确理解法律条文的含义。例如，对“夏子”的解释是：父为臣属于秦的少数民族、母亲是秦人的孩子。[①] 又如，对“亡券而害”的解释是：丢失了作为凭证的右券而造成的危害。[②]

第二，对法律条文的补充。《法律答问》还在“答”部分扩大法律条文的含义，增加有关内容，弥补原文的不足，主要表现在：第一，对定罪的补充。《法律答问》把一些原法律虽无直接规定但又达到犯罪程度的行为认定为犯罪，并在“答”中明确规定罪名。例如，认定假“父”盗假“子”的行为“当为盗”[③]。即把法律无直接规定的义父盗窃义子东西的行为认定为盗窃罪。又如：“邦亡来通钱过万，已复，后来盗而得，可(何)以论之？以通钱。”[④]即把原法律无直接规定的逃亡出境人先行贿后盗窃的行为认定为行贿罪。第二，对量刑的补充。《法律答问》还在“答”中对法律无直接规定的量刑作了补充。例如：“士五(伍)甲斗，拔剑伐，斩人发结，可(何)论？当完为城旦。”[⑤]即补充规定对士伍因斗殴并用剑砍去他人发髻的犯罪行为适用完城旦刑。又如：“当黥城旦而以完城旦诬人，可(何)论？”应当黥和劓。[⑥] 即补充规定对应判为处黥城旦刑并以完城旦罪名诬陷他人者适用黥、劓两种刑罚。第三，用成例补充法律。《法律答问》引用大量成例(即判例)补充原法律条文的不足，这也可以说是它的一大特点。例如：“盗封啬夫可(何)论？廷行事以伪写印。”[⑦]此答问用成例将原法律条文未明确规定的假冒啬夫封印的行为认定为按伪造官印罪论处。此类情况在《法律答

---

① 参见《睡虎地秦墓竹简》，文物出版社 1978 年版，第 227 页。

② 同上书，第 228 页。

③ 同上书，第 159 页。

④ 同上书，第 229 页。

⑤ 同上书，第 187 页。

⑥ 同上书，第 203 页。

⑦ 同上书，第 175 页。

问》中十分普遍。成例的法律地位高于法律条文，在成例与法律条文都有规定时，依成例司法。“告人盗百一十，问盗百，告者可（何）论？当赀二甲。盗百，即端盗驾（加）十钱，问告者可（何）论？当赀一盾。赀一盾应律，虽然，廷行事以不审论，赀二甲。”[①]可见，法律规定控告者因故意私加十钱的应罚一盾，而成例规定罚二甲，即以罚二甲执行。

秦《法律答问》对法律条文的解释和补充的特点是：以法家的法律思想为指导，不系统地对某些法律条文中的词和句，特别是对一些专用法律词和句作解释，以明确它们的法定含义，便于法的正确适用。同时，《法律答问》还通过问答形式，补充一些原法律条文无明确规定的内容，尤其是一些有关定罪量刑的内容。其中，大量引用判例是一种重要的补充方式，以便准确打击各种有损秦统治秩序的行为，加强封建法制。

2. 汉魏晋时期对法律条文的解释和补充

汉魏晋时期对法律条文的解释和补充工作有了进一步的发展，主要表现在以下三个方面：

第一，出现了以解释和教授法律为主要任务的律博士。汉时，我国就已出现不少对法律有研究的人士，有据可查的就有七十余位，他们在不同程度上促进了法律的解释工作。他们的共同特点是：“照法律”，“治律令”，并多“少学法律”，“通法律政事”。其中，有的在中央参与立法、司法，如萧何、叔孙通、张苍、张汤、赵禹、郭贺、张禹等；有的在地方从事司法工作，如杜延年、于定国、路温舒、郑弘、何比平、樊晔等；有的则聚众讲授法律，如郭躬、钟皓等；个别人还侍太子，成为其法律教师，如张叔等。[②] 魏时，设置了律博士，专门从事解释和教授法律的工作。《晋书·刑法志》载，魏时有人曾上书“请置律博士，转相教授”。以后，“事遂施行”。沈

① 《睡虎地秦墓竹简》，文物出版社 1978 年版，第 167 页。

② 参见程树德：《九朝律考·汉律考·律家考》。

家本对此作了考证，他在《重刻唐律疏议序》中说："尝考元魏太和中，置律博士。"后来，此便为各朝所宗。律博士的设置改变了以往国家不设专官解释、讲授法律的定制，这大大有利于对法律条文解释工作的开展。

第二，出现了一批以解释法律为主的律学著作。汉时，已出现了一些以解释法律为主的律学著作。《汉书·陈宠传》载："律有三家，其说各异。"《晋书·刑法志》载："谓儒章句十有余家。"各家都有自己的著作。其中，东汉的应劭十分引人注目，他"撰具《律本章句》、《尚书旧事》、《廷尉板令》、《决事比例》、《司徒都目》、《五曹诏书》及《春秋折狱》，凡二百五十篇，蠲去复重，为之节文。又集《议驳》三十篇，以类相从，凡八十二事"①。魏时的编著工作续而不断。《隋书·经籍志》载，魏明帝时，刘劭曾撰"《律略论》五卷"。《魏书·钟会传》载："（钟）会死后，于会家得书二十篇，名曰《道论》，而实刑名家也。"晋时的律学著作更为著名，主要有：张斐所撰《汉晋律序注》一卷、《杂律解》二十一卷、《律解》二十卷，杜预所撰《律本》二十一卷、《杜预杂律》七卷，贾充和杜预共撰《刑法律本》二十一卷。此外，还有《晋杂议》十卷等。② 这些律学著作皆以注律为主，以阐发律意为本，在很大程度上推动了解释法律事业的发展。

第三，使注解文与律文具有同等的法律效力。晋时，张斐和杜预受武帝之命"注解"《泰始律》（即《晋律》）。《晋书·刑法志》载，《泰始律》颁行后，"明法椽张斐注律，表上之"。《晋书·杜预传》载，杜预除了"与贾充等定律令"外，还"为之注解，诏颁天下"。注解文与律文具有同等的法律效力，故时称《泰始律》为"张杜律"。③ 张斐和杜预注律一改仅以律学著作阐明律文的旧况，使律

---

① 《晋书·刑法志》。
② 参见沈家本：《历代刑法考·律令三》。
③ 参见沈家本：《历代刑法考·律令四》。

文与立法解释有机结合起来，切实起到了解释、补充法律的作用，完善了立法，把解释和补充法律工作推到了一个新的水准。据《晋书·刑法志》所载，当时注律的功用主要是：其一，发明《刑名》的作用。他俩认为，《刑名》的作用在于规定律中的一般原则，即类似现刑法总则的作用。"律始于《刑名》者，所以定罪制也。""断狱为之定罪，名例齐其制。"具体地说："犯盗贼、诈伪、请求者，则求罪于此。作役、水火、畜养、守备之细事，皆求之作本名。"此外，《刑名》还以一般原则帮助人们理解律中规定的内容。"律之名例，非正文而分明也。若八十，非杀伤人，他皆勿论，即诬告谋反者反坐。"其二，发明法律概念的正确含义。他俩把一些重要的、易混的法律用语一一明确含义，以帮助人们正确理解律意，如："其知而犯之谓之故，意以为然谓之失，违忠欺上谓之谩，背信藏巧谓之诈，亏礼废节谓之不敬，两讼相趣谓之斗，两和相害谓之戏，……凡二十者，律文之较名也。"其三，发明司法官在审判中应注意的问题。他俩还从司法的角度出发，指明司法官应注意的一些问题，以保证法律的正确实施，如："夫刑者，司理之官；理者，求情之机；情者，心神之使。心感则情动于中，而形于言，畅于四支，发于事业。是故奸人心愧而面赤，内怖而色夺。论罪者务本其心，审其情，精其事，近取诸身，远取诸物，然后乃可以正刑。"

汉魏晋时期解释和补充法律条文为唐律"疏议"的诞生提供了前例。

二、唐律的"疏议"作用

对律文的解释和补充虽非唐首创，但唐却使它完备，实现了飞跃，标志是唐律中"疏议"的诞生。唐律"疏议"附在《永徽律》的律条后，于永徽四年（653 年）颁行全国。附"疏议"开始是为了适应和满足科举的需要。《旧唐书·刑法志》载，考虑到当时"律学未有定疏，每年所举明法，遂无凭准"，所以"广召解律人条《义疏》奏闻"。"疏议"后来发生了变化，它被作为完善立法和统一司法的重要手段。《唐律疏议·名例》前言说:"今之典宪,前圣规模,章程靡失,鸿纤备举,而刑宪之司执行殊异","不有解释,触涂睽误"。因此,"疏议"实际上成了唐律中一个不可缺少的组成部分,与律文"并行",[①]司法官在断狱中也"皆引疏分析之"[②]。

唐律的"疏议"集各朝解释和补充律文方法之大成,撰其要者,主要有以下一些功用:

1. 阐明唐律的指导思想

儒家思想是唐代的统治思想,也是唐律的指导思想。但是,对于这一思想集中表现的礼,原《永徽律》只从律条的规定中得以反映。由于受文字限制,这种反映有一定的局限性,很多问题不能从律条中直接体现出来。"疏议"通过对律条的解释,在发明律意中直接阐发礼。也就是说,"疏议"实际上成为体现礼的一个窗口。《唐律疏议·名例》序言"疏议"说:"德礼为政教之本",强调了以礼为本的原则。《唐律疏议·名例》"十恶"条"疏议"说,礼的作用重大,可以"别嫌明微,考制度,别仁义",指出了礼的作用所在。经过"疏议"的阐明,人们对《唐律》的指导思想了如指掌,也更容易掌握其中的内容,知晓它的本质。

2. 简述律及每一篇目的沿革和篇目之间的联系

唐律的"疏议"还从法制发展史的角度出发,简述了律及一些基本制度的沿革情况,帮助人们了解法制历史,加深理解现行法制。

首先,简述了律的大致发展过程。律是我国封建时期各朝代的主要法律形式,具有稳定、划一等特点,是定罪量刑的依据,故在社会生活中有不可取代的作用。了解律的历史沿革情况,有利于帮助人们认识它的重要性,提高守律的意识。《唐律疏议·名例》序言"疏议"对唐以前律的大致发展过程作了介绍,说:"周衰刑

---

① 《唐六典·刑部》。
② 《旧唐书·刑法志》。

重，战国异制，魏文侯师于里（李）悝，集诸国刑典，造《法经》六篇。”“商鞅传播，改法为律。汉相萧何，更加悝所造户、兴、厩三篇，谓九章之律。魏因汉律为一十八篇。”“晋命贾充等，增损汉、魏律为二十篇。”“隋因北齐”，“唐因于隋”，等等。

其次，简述了律中每一篇目的沿革。唐律共十二篇，每一篇即一律。这十二篇都汲取了唐前各律篇目之长。了解唐律中每一篇目的沿革过程，可使人们加深理解其体例和篇中内容。《唐律疏议·卫禁》序言“疏议”就简述了卫禁篇的产生和变化过程：“卫禁律者，秦汉及魏未有此篇。晋太宰贾充等，酌汉魏之律，随事增损，创制此篇，名为卫宫律。”“至于北齐，将关禁附之，更名禁卫律。随开皇改为卫禁律。”《唐律疏议·断狱》序言“疏议”简述了断狱篇的产生和发展过程，说：“断狱之名，起自于魏，魏分里（李）悝因法而出此篇。至北齐，与捕律相合，更名捕断律。至后周，复为断狱律。”

最后，简述了各篇目之间的联系。唐律十二篇既有分工又有联系，它们的排列还有一定顺序，前后之间按一定的逻辑进行连接。唐律一些篇目的序言“疏议”直截了当地揭示了其中的逻辑，尤其是一些重要篇目。《唐律疏议·名例》序言“疏议”简述了将名例律列为第一篇的原因，即“名”和“例”要在全律中起原则作用。“名训为命，例训为此，命诸篇之刑名，比诸篇之法例。”《唐律疏议·卫禁》序言“疏议”简述了将卫禁律列为第二篇的原因：“卫者，言警卫之法；禁者，以关禁为名。”它们事关敬上防非，于事尤重，故它在名例之下，又居诸篇之首。《唐律疏议·断狱》序言“疏议”简述了将此篇放在最后的原因：“此篇错综一部条流，以为决断之法，故承众篇之下。”

3. 解释律义

《永徽律》律条简约，律意精微。为了避免出现因“伪吏所不能通晓”[①]而枉法的情况,《唐律疏议》用“疏议”对律文中的一些字、词、句专门进行了解释,使其规范化,便于官吏恪守。“疏议”解释律义主要有以下三大类:

首先,对律条中有关字的解释。“疏议”对律条中认为有必要进行解释的字,逐个进行说明,以明确字义。被解释的字涉及范围很广,有法律专用字,也有非法律专用字。例如,《唐律疏议·斗讼》“斗殴以手足他物伤”条规定:“诸斗殴人者,笞四十;伤及以他物殴人者,杖六十。”此条“疏议”对“斗”和“殴”两字作了如下解释:“相争为斗,相击为殴。”又如,《唐律疏议·名例》“十恶”条规定,“吏卒杀本部五品以上官长”的,构成“不义”罪。此条“疏议”对其中的“吏”和“卒”作了如下解释:“‘吏’谓流外官以下。‘卒’谓庶士、卫士。”

其次,对律条中有关词的解释。“疏议”还对律条中有必要释义的词,一一进行解释,以明确词义。被解释的词的范围也很广,只要认为有必要,都在解释之列。《唐律疏议·户婚》“以妻为妾”条规定:“诸以妻为妾,以婢为妻者,徒二年。以妾及客女为妻,以婢为妾者,徒一年半。”此条“疏议”对其中的“客女”作了以下解释:“客女,谓部曲之女,或有于他处转得,或放婢为之。”《唐律疏议·斗讼》“流外官以下殴议贵等”条规定:“诸流外官以下,殴议贵者,徒二年。”此条“疏议”对“流外官”和“议贵”两词作了以下解释:“‘流外官’,谓勋品以下,爰乃庶人。”“‘议贵’,谓文武职事官三品以上,散官二品以上及爵一品者。”“疏议”同时还记载了用词的历史沿革,从动态中把握词义,以便正确理解律义。《唐律疏议·名例》“十恶”条“疏议”概述了“玺”、“印”和“宝”的革袭情况,说:“秦汉以来,天子曰‘玺’,诸侯曰‘印’。开元岁中,改玺曰‘宝’。”《唐律疏议·卫禁》“阑入庙社及山陵兆域门”条“疏议”简述了“山”、“陵”和“山陵”的沿革情况,说:“秦谓天子坟云山,汉

---

① 沈家本:《重刻唐律疏议序》,中华书局1983年版,第669页。

云陵，亦通言山陵。”

最后，对律条中有关句子的解释。“疏议”对律条中有关句子的解释也很普遍。被解释的句子所涉的面也很广，因为这更关系到对律条的正确理解，如无解释，必会影响司法。《唐律疏议·职制》“置官过限及不应置而置”条规定：“诸官有员数，而署置过限及不应置而置，一人杖一百，三人加一等，十人徒二年。”此条“疏议”对“官有员数”和“署置过限及不应置而置”两句话分别作了以下解释：“‘官有员数’，谓内外百司，杂任以上在令各有员数。而‘署置过限及不应置而置’，谓格、令无员，妄相署置。”《唐律疏议·断狱》“拷囚不得过三度”条规定：“若拷过三度及杖外以他法拷掠者，杖一百；杖数过者，反坐所剩。”此条“疏议”对“拷过三度”和“及杖外以他法拷掠”作了以下解释：“‘拷过三度’，谓虽二百杖，不得拷过三度。‘及杖外以他法拷掠’，谓拷囚于法杖之外，或以绳悬缚，或用棒拷打。”

“疏议”除了解释律条外，还解释律条中的注。《唐律疏议·诈伪》“盗宝印符节封用”条对律文“诸盗宝、印、符、节封用”作注说：“谓意在诈伪，不关由所主。”此条“疏议”对注作解释说：“注云‘谓意在诈伪，不关由所主’，谓盗用官印等，不由所当之人；或执印等主司，私盗封用及所主者将印假与他人。”《唐律疏议·杂律》“得宿藏物隐而不送”条对律文作注说：“若得古器形制异，而不送官者，罪亦如之。”此条“疏议”对注解释说：“注云‘若得古器形制异，而不送官者’，谓得古器、钟鼎之类，形制异于常者，依令送官酬直。隐而不送者，即准所得之器。”

4. 概说罪名之间的区别

唐律虽仅有五百零二条，但法网不漏，罪名不少，而且有些罪名非常接近，易混淆。为了帮助司法官正确定罪，“疏议”概说了易混罪名之间的区别。《唐律疏议·名例》“十恶”条“疏议”对“恶逆”与“不睦”两罪的区别作了如下概说：“杀伯叔父母、姑、兄姊、外祖父母、夫、夫之祖父母、父母”的，构成“恶逆”罪，但“自伯叔以下,即据杀讫,若谋而未杀,自当'不睦'之杀"。即仅有"谋"的行为只能构成"不睦"罪,要有"杀"的行为才可构成"恶逆"罪。"十恶"条"疏议"还对"不义"和"杂犯"作了如下区别:凡杀属府主、刺史、县令、见受业师,吏、卒杀本部五品以上官长的,"若杀讫,入'不义';谋而未杀,自从杂犯"。即要"杀讫"才构成"不义"罪,而"谋而未杀"只能被归入"杂犯"。

5. 简说有关刑罚的一些问题

刑罚是唐律中的一个重要组成部分,正确认识它对于依法量刑有着特别重要的意义。因此,唐律在"疏议"中简说了每一刑罚,尤其是五刑。

首先,简说使用每一刑罚的必要性。唐律在每一刑罚律条的"疏议"中,都简要说明使用该种刑罚的必要性,使罪犯认为受罚是应该的,使司法官认为用刑是合理的。《唐律疏议·名例》"笞刑五"条"疏议"对用笞刑的必要性作了这样的说明:"笞者,击也,又训为耻。言人有小愆,法须惩诫,故加捶挞以耻心。""死刑二"条"疏议"对用死刑的必要性也作了说明:"古先哲王,则天垂法,辅政助化,禁暴防奸,本欲生之,义期止杀。"

其次,简说每一刑罚的沿革史。唐律的刑罚源于前代,因此它的每种刑罚都可找到发展轨迹。"疏议"简说了它们的沿革史,以帮助司法官从发展的角度认识现行刑罚。《唐律疏议·名例》"杖刑五"条"疏议"简说了杖刑的变化过程:"蚩尤作五虐之刑,亦用鞭扑。源其滥觞,所从来远矣。汉景帝以笞者、死而笞未毕,改三百曰二百,二百曰一百。奕代沿流,曾微增损,爰洎随室,以杖易鞭。"因此,唐的杖刑"盖循汉制也"。《唐律疏议·名例》"应议请减"条"疏议"还简说了"加役流"的沿革情况。

最后,简说刑罚实施中的一些问题。"疏议"从有利于司法角度出发,简说了刑罚实施中的一些问题,指导司法官正确用刑。《唐律疏议·名例》"笞刑五"条"疏议"对执行笞刑的刑具作了这样的说明:"汉时笞则用竹,今时则用楚。"《唐律疏议·名例》"应议请减”条“疏议”对被缘坐妇人的用刑作了简要说明：“其妇人，有官者比徒四年，依官当之法，亦除名；无官者，依留住法，加杖、配役。”

此外，唐律还利用“疏议”协调律与令、格、式的关系及补充律文等，由于这些问题在本书其他部分已经有述，故此处不再重提。

三、“疏议”对国内外立法的影响

唐律的“疏议”完备了解释和补充法律的功用，它受到唐后各封建朝代和当时一些亚洲国家立法者的关注和效仿。

1．“疏议”对唐后各朝立法的影响

“疏议”对每一律条进行立法解释以明确律文等做法受到唐后各封建朝代立法者的重视，并得以沿用。据《旧五代史·刑法志》载，梁开平四年（910年）十二月颁布的《大梁新定格式律令》共一百零三卷，其中除了令三十卷、式二十卷、格十一卷、律并目录一十三卷外，还有“律疏三十卷”，“疏议”依然存在。到了宋代，《宋刑统》虽在律条后附了令、格、式、敕和起请等法律形式，在体例上与唐律有所区别，但每一律条后仍保留“疏议”，起着与唐律中“疏议”一样的作用。金代也有用“疏议”的习惯。《金史·刑法志》载，金明昌五年（1194年）详定的《明昌律义》，除了“历采前代刑书宜于今者，以补遗缺”外，还“取《刑统》疏文以释之”。明清两代虽不再称“疏议”，但换汤不换药，它们所称的“直解”、“集解”等仍具有“疏议”性质。《明史·刑法志》载，吴王元年（1367年）十二月颁行的《律令直解》，除了“自礼乐、制度、钱粮、选法”及“民间所行事宜，类聚成编”外，还“训释其义，颁之郡县”。以后，洪武三十年（1397年）颁布的《大明律》还在律文后附图，以帮助人们理解律意。《明史·刑法志》载，《大明律》“首列二刑图，次列八礼图”。从用文字解释律意到用图解释律意，可以说是一种发展。清顺治三年（1646年）制成的《大清律集解附例》和雍正五年（1727年）颁行的《大清律集解》等，都用“集解”取代“疏议”，本质相同。

2.“疏议”对当时一些亚洲国家立法的影响

当时一些亚洲国家的统治者了解到“疏议”在完善立法中的特殊地位和作用，十分赞赏，并纷纷效仿用之，其中以日本为最。日本著名法典《大宝律》和《养老律》都是律疏并用。日本学者泷川博士认为，《大宝律》是“注疏并存”；三浦周行博士认为，《养老律》在“注外尚有疏”。[①] 可见，“疏议”影响之深远。

① 参见杨鸿烈:《中国法律在东亚诸国之影响》，商务印书馆 1937 年版，第 213 页。

第三章　唐律律条的协调

律条的协调是历代立法者重视的问题。唐律是我国现存第一部结构严谨、内容完备的封建法典，较为妥善地处理了律条的协调问题。

一、协 调 内 容

唐律律条的协调主要包括以下三方面内容：

1. 十二篇目律条的协调

现存唐律有五百零二条，分别归入十二篇目，因此篇目的内容安排和排列就是一种总体协调。唐律的协调方法是：第一篇名例律规定唐律的一般原则，统领全律内容，类似现代刑法的总则；其余十一篇，即从卫禁律至断狱律，按其犯罪行为分别归类入篇。这样，篇目的内容就与篇目名一致起来，一见篇目名就知其所含内容。

篇目的多少关系到能否总结、归纳各种犯罪行为，合理安排和协调其中内容的问题。篇目太多或太少都有失偏颇。《魏法·序略》认为《法经》的篇目太少，并指出篇目太少的弊端："旧律所难知者，由于六篇篇少故也，篇少则文荒，文荒则事寡，事寡则罪漏，是以后人稍增。"相反，篇目过多则走向另一极端。唐太宗竭力反对造成篇目过多、内容繁杂的做法。他曾说，律条繁杂会使"官人不能尽记"，甚至"更生奸诈"。因此，他在贞观初就言告大臣："用法务在宽简"；在贞观中又重申："国家法令，惟须简约。"[①]唐律的

① 《贞观政要·刑法第三十一》。

十二篇目数正好适中，故后人评说它是“古今律之得其中者”[1]。

唐律的十二篇目名广采众律之长。唐律以前曾使用过三十多个篇目名，它对以前的篇目名进行改造，主要采取以下几种措施：第一，把内容相近的篇目合并，使其更为简明。例如，贼盗律就是把秦汉至北魏时一直使用的贼律与盗律合二为一。第二，变换篇目名的位置，使其更为合理。例如，户婚律是改北齐律的婚户律而成。第三，改变原篇目名，使其更为确切。例如，职制律是改晋律中的违制律而就。还有一些篇目名是沿用前代的，如杂律等。篇目名的改造意味着律条的重新组合或调整，是律条协调的重要方面。

唐律十二篇目排列的次序有其逻辑，而且在前三篇的前言中都作了阐述。第一篇为名例律，规定的是唐律的一般原则，应入篇首。《唐律疏议·名例》前言说：“名者，五刑之罪名；例者，五刑之体例。名训为命，例训为比，命诸篇之刑名，比诸篇之法例。但名因罪立，事由犯生，命名即刑应，比例即事表，故以名例为首篇。”其中，还包括对皇权和封建统治危害最大的“十恶”的规定。第二篇为卫禁律，专门打击危害皇帝人身安全和国家主权的犯罪行为。皇帝是皇权的化身，侵害皇帝的行为是对皇权威胁最大的行为，也是唐律首先要打击的行为。《唐律疏议·卫禁》前言对此直言不讳：“敬上防非，于事尤重，故次名例之下，居诸篇之首。”第三篇为职制律，是规定处罚各级犯罪官吏的法律。庞大的封建国家机器靠层层官吏开动，官吏犯罪会直接影响地主阶级的整体利益，并影响到皇权，故打击官吏犯罪显得特别重要。《唐律疏议·职制》前言说：“宫卫事了，设官为次。”可见，篇目次序排列的逻辑就是维护皇权的逻辑，把对皇权危害大的犯罪排列在前，以示诫人。篇目按这一逻辑排列，律条也自然对号入位了。其余篇目虽未都在前言中详加说明其排列的原因，但实际上并不违反上述逻辑。

---

① 《历代刑法考·汉律摭遗自序》。

唐律篇目排列的次序亦集前律之长。它把名例律列为首篇，对整部法典起到提纲挈领的作用，使体系比较科学，可起到“经略罪法之轻重，正加减之等差，明发众篇之多义，补其章条之不足，较举上下纲领”[①]的效果。因此，唐律改变了自《法经》以后相当长时间内把“贼”作为首篇的体系。唐律还把卫禁律置为第二篇，突出立法者的本意，表明首先要打击的对象，改变了在很长时期内以“盗”为第二篇的定制。

唐律通过对篇目名、数和排列次序诸方面的调整，使律条的归类更为合理和科学，达到了律条总体协调的效应。

2. 前后篇目律条的协调

唐律的律条虽归入十二篇目，但其本身是一个整体，前后篇目的律条又有不可分割的联系，因此它们的协调也就成为律条协调的一个重要内容。

首先，名例律中的律条被其他十一篇律条作为一般原则运用，成为定罪量刑的依据。《唐律疏议·斗讼》“告期亲以下缌麻以上尊长”条“疏议”引名例律的规定：“并相容隐，被告之者，与自首同”，并把它作为本条的定罪量刑原则。故此条规定：“诸告期亲尊长、外祖父母、夫、夫之祖父母，虽得实，徒二年。”《唐律疏议·杂律》“向城官私宅射”条规定：“故令人城及宅中，杀伤人者，各以斗杀伤论；至死者，加役流。”如是“非意杀伤者”，就按此条“疏议”引名例律“本应重，而犯时不知者，得依凡论”的原则，从轻处罚。

其次，名例律大量援引其他十一律的律条解释、明确本篇律条的含义。《唐律疏议·名例》“应议请减”条举用贼盗律中“造畜蛊毒，虽会赦，并同居家口及教令人亦流三千里”和断狱律中“杀小功尊属、从父兄姊及谋反、大逆者，身虽会赦，犹流三千里”的规定，解释本条“及会赦犹流者”的含义。《唐律疏议·名例》“略和诱人等赦后故蔽匿”条引用职制律中“官员有数，而署置过限不应置而

① 《晋书·刑法志》。

置”的规定，明确本条中“置官过限及不应置而置”的真义。

再次，后律大量举用除名例律以外其他律的律条，以保持用刑的一致性。《唐律疏议·贼盗》“盗符节门钥”条“疏议”引用擅兴律中“凡言余符者，契亦同。即契应发兵者，同发兵符法”的规定，对本条“盗发兵契”行为作出“各同鱼符之罪”的科刑。《唐律疏议·杂律》“私发制书官文书印封”条规定：“诸私发官文书印封视书者，杖六十；……若密事，各依漏泄坐减二等。”由于“漏泄”已在职制律中有所规定，故此条“疏议”援用此律中“漏泄大事应密者，绞”的规定，认定本条犯罪行为应科“徒三年”。

最后，除名例律以外的前律也大量援引后律的律条，前后印证。《唐律疏议·户婚》“以妻为妾”条“疏议”援用斗讼律中“媵犯妾，减妾一等。妾犯媵，加凡人一等。余条媵无文者，与妾同”的规定，得出适用本条“夫犯媵，皆同犯妾”的结论。《唐律疏议·贼盗》“盗园陵内草木”条“疏议”举引杂律中“毁伐树木稼穑，各准盗论”的科断，也相应规定：“盗园陵内草木者，徒二年半。若他人墓茔内树者，杖一百。”

前后篇目中律条的互相引证，使前后律条的相关内容保持一致，从而增强了法典内容的整体性。

3. 同一篇目律条的协调

唐律除名例律以外，其他十一篇都包括两类以上相近的犯罪行为。它们是如何共存同一篇目，按什么原则有机组合在一起，这是律条的协调问题。

唐律根据以下两项原则有条不紊地组合各篇律条：

第一项原则是把同类或相类似的犯罪行为排列在一起。卫禁律共有三十三条，其中前二十三条是处罚有关直接危害皇帝的人身安全的犯罪行为，包括非法进入宫、殿、庙和苑等；后十条是制裁有关直接有损国家安全的犯罪行为，包括非法越过关津要塞等。户婚律共四十六条，其中前十三条是惩罚有关违反户籍和财产制度方面的犯罪行为；中间十二条是惩治有关违反田宅和税赋制度方面的犯罪行为;后二十一条是打击有关违反婚姻家庭和继承制度方面的犯罪行为。其他各篇也都如此。经过这样的组合,每篇的内容既有序又严谨,克服了以前每篇律条混杂无序的状况,再也没有"盗律有贼伤之例,贼律有盗章之文,兴律有上狱之法,厩律有逮捕之事"①的情况。

第二项原则是把对皇权危害较大的犯罪行为列为篇首或同一类犯罪行为之首。《唐律疏议·诈伪》把"伪造御宝"条列至篇首,此条"疏议"还专门作了说明:"御宝事重,遂以'伪造八宝'之首。"处罚幅度也能反映这一点。在诈伪律中,只有"伪造御宝"是处斩刑,严厉程度超过同篇中的其他犯罪。《唐律疏议·贼盗》把"谋反大逆"列为篇首,其制裁程度也最为严厉,除犯罪者本人要处斩外,家属还要连坐,严于同篇中的其他犯罪。以上是把对皇权危害较大的犯罪行为列入篇首的两例,此外还有列入同类犯罪行为之首的。在户婚律制裁有关户籍方面的犯罪行为中,首条为"脱漏户口增减年状",这是违反户籍制度的最甚者,故处罚也最重,要"徒三年"。在擅兴律制裁有关擅自调发军队方面的犯罪行为中,首条为"擅发兵",这也是在同类犯罪中的最严重者,所以制裁也最酷,处同类犯罪中所没有的绞刑。

按照以上两项原则编排后的律条非常有条理,既把同类犯罪归并在一起,又把犯罪重者排在前。这可使司法官查律方便,也使百姓易懂易学,便于唐律的实施。

二、协调核心

以上是唐律律条协调的三大内容,有没有贯穿于这些内容的协调核心?回答是肯定的。

唐代皇帝和中国历代封建帝王一样,是封建专制主义的产物,他掌握全国行政、立法、司法等一切最高权力,以最大的地主身份

① 《晋书·刑法志》。

代表整个唐地主阶级行使最高统治权。皇权是皇帝意志的体现，也是唐地主阶级的根本利益所在，动摇皇权就是动摇他们的命根子。可见，皇权的地位举足轻重。“法律是取得胜利、掌握国家政权的阶级的意志的表现。”①唐律作为唐地主阶级意志的表现，竭力维护皇权，并把它作为协调核心，左右律条，也就有其必然性。

以维护皇权为核心协调律条的做法，在唐律中表现得十分明显。在十二篇目律条的协调中，处处突出皇权的重要地位。第一篇名例律就把“十恶”作为重点打击对象，而“十恶”中的前三者即谋反、谋大逆和谋叛都是对皇权的根本威胁，故用刑也最酷，列全律之首。其他篇目的排列顺序也以维护皇权为逻辑，危害大者排列在前，使律条的整体协调牢牢紧扣维护皇权这一核心。在前后篇目律条的协调中，涉及的面较广，各篇律条都前后印证、互相平衡，似乎与皇权关系不大。但是，正是通过这种协调，增强了唐律律条的整体协调效果，使维护皇权这一协调核心的作用得到充分反映，从另一个侧面体现协调核心。在同一篇目律条的协调中，把对皇权危害较大的犯罪行为列在同类犯罪或相类似的犯罪之首，强调维护皇权的重要性，告诫人们皇权神圣不可侵犯，显示了皇权的特殊地位。唐律的立法者处处都注意表现律条的协调核心，可见其良苦之用心。

唐律在突出维护皇权的同时，又在律条的内容方面妥善处理皇权与其他各方面的关系，尤其是与礼法关系。这可以说是唐律的一大成功之处。法与礼是地主阶级的两种统治职能，“一种是刽子手的职能，一种是牧师的职能”②。它们从不同角度维护皇权，殊途同归。唐律较为成功地运用了这两种手段，比以往更自觉地利用它们为维护皇权服务。《唐律疏议·斗讼》“告祖父母父母”条根据礼的“亲亲相隐”原则，规定：“诸告祖父母、父母者，绞。”此

---

① 《列宁全集》第13卷，人民出版社1984年版，第304页。
② 《列宁选集》第2卷，人民出版社1995年版，第478页。

条"疏议"还专门对此作了解释:"父为子天,有隐无犯。如有违失,理须谏诤,起敬起孝,无令陷罪。若有忘情弃礼而故告者,绞。"但是,如果祖父母、父母犯有直接损害皇权的"缘坐之罪"①,子孙告也无罪。此条"疏议"也对此作了说明:"缘坐谓谋反、大逆及谋叛以上,皆为不臣,故子孙告亦无罪,缘坐同首法,故虽父祖听捕告。"可见,唐律的根本任务是维护皇权,礼与法是在维护皇权的基点上得到了统一。

在处理维护皇权与礼法关系方面,唐律比唐后其他律规定得适当。以明律为例,在处理这一关系时出现了重其所重、轻其所轻的情况,即对直接损害皇权的违礼行为,用法比唐律重;而对触犯一般伦理原则的违礼行为,用法又比唐律轻。请见下面的举例比较:

律名	谋反大逆	盗制书即信	弃毁制书
唐律	斩	徒二年	徒二年
明律	凌迟	斩	斩

律名	子孙违犯教令	子孙别籍异财	父母夫丧而自嫁娶
唐律	徒二年	徒三年	徒三年
明律	杖一百	杖八十	杖一百

此外,在明律中被认为是重其所重的范围内,还出现了轻的情况。

律名	箭入御所	宿卫兵仗远身
唐律	斩	杖六十
明律	绞	笞五十

所以,后人认为,明律的律条内容"殊嫌参差"②,其协调不及

① 《唐明律合编·序》。

② 同上。

唐律。清律的情况与明律基本相同。

在唐代，皇权与专制具有一致性。专制是皇权的依附物，国家的最高立法权、行政权和司法权都集于皇权，皇权成了国家最高权力的渊源。专制正是通过这种权力才得以实现的，失去皇权，专制统治也不复存在了。因此，唐律律条的协调核心是维护皇权，也是维护封建专制统治。

三、协 调 背 景

法律是社会上层建筑中的一个组成部分，一方面根植于社会经济基础，另一方面又受社会上层建筑中其他方面的影响。唐律律条的协调有其一定的社会背景。

1. 从唐初的经济、政治看

社会发展的历史表明，法律属上层建筑，由经济基础决定。"生产关系的总和构成社会的经济结构，即有法律的和政治的上层建筑竖立其上并有一定的社会意识形式与之相适应的现实基础。物质生活的生产方式制约着整个社会生活、政治生活和精神生活的过程。"[①]由于隋统治者的荒淫和残忍，社会生产力遭到极大摧残，到了隋末已是"黄河之北，则千里无烟，江淮之间，则鞠为茂草"[②]。人民是"老弱耕稼，不足以充饥馁；妇工纺绩，不足以赡资装"[③]。"父母不保其赤子，夫妻相弃于匡床。"[④]于是，隋末农民大起义爆发，隋朝灭亡。唐初的统治者以隋亡为鉴，努力完善像均田制、租庸调制等一系列有利于生产力发展的措施，使生产关系又一次得到调整，重新适应生产力的发展，并使上层建筑也得到相应修整。唐律律条的协调，正是唐初生产关系与生产力比较协调而在上层建筑法律中的反映。

---

① 《马克思恩格斯选集》第2卷，人民出版社1995年版，第32页。

② 《隋书·杨玄感传》。

③ 《隋书·食货志》。

④ 《隋书·李密传》。

唐初的政治制度也有发展,三省制度得到确立。这三个中央中枢机关不仅有明确分工,还互相制衡。中书主出命,门下主封驳,尚书主执行。它们各司其职,目的是“相防过误”①。这一制度的确立,既使中央集权得到加强,也使立法的审核职能得以实现。门下省是立法的审核机关,设专职官吏行使封驳职责,驳正中书省草拟“不便于时”②的法律。唐律在制定过程中,也受到门下省官员的“监定”③。三省制度的确立为唐律律条的协调提供了组织保障。

此外,从总体上讲,唐初统治阶级内部、统治阶级与被统治阶级之间的矛盾都比较缓和,这就使唐初的统治者有较多时间和精力致力于探索法律律条的协调问题。唐太宗的辅政大臣大多是不拘门户而被择善录用的。其中,有裴炬、高士廉等隋代旧臣,有戴胄、岑文本等地主武装割据势力的统领,也有魏征、徐世勣、秦叔宝等曾经历过农民起义的将领。唐太宗善于听取他们的意见,发挥他们的作用。同时,他还注意缓和陇西和山东这两大地主集团的矛盾,推行“天子以四海为家,不当有东、西之异”④的政策,从而使地方阶级内部的矛盾得到缓和。另外,唐初的统治者注意以民为本,采取了一些缓和与农民阶级之间矛盾的措施,如轻徭薄赋、“布宽大之令”⑤等,因此当时没有发生较大规模的农民起义。这些都在客观上形成了有利于唐初统治者考虑律条协调的客观条件。

2. 从立法协调的思想看

唐初的统治者在总结前人立法协调思想的基础上,形成了一套适于唐代的立法协调思想,这些思想成为协调唐律律条的指导思想。

---

① 《贞观政要·政体第二》。

② 《唐六典·门下省》。

③ 《旧唐书·刑法志》。

④ 《资治通鉴·太宗皇帝》。

⑤ 《旧唐书·刑法志》。

法律内容的一致性是立法协调的基本要求。唐初的统治者认为,法律虽由自己制订,但一旦颁行就是全民的行为准则。唐太宗说:“法者非朕一人之法,乃天下之法。”魏征也说:“法,国之权衡也,时之准绳也。”①因此,法在内容上必须保持一致,否则就会使法官难断、人民难行。唐太宗十分赞赏汉萧何立法“画一”的本领,要求臣下向他学习,说:“萧何起于小吏,制法之后,犹称画一。今宜详思此文,不可轻出诏令。”他还多次告诫立法者,法律内容“毋使互文”②,以免参差。

法律内容的简约性是立法协调的前提。烦文会使律文互错,破坏律条的协调,唐初的统治者似乎明白这一点。唐高祖建唐后,就主张立法要“务在宽简,取便于时”③。唐太宗告诫大臣:“不可一罪作数种条。”④根据这些精神,唐初进行了删简法律的工作。据《旧唐书·刑法志》所载,唐高祖起事时就“约法十二条”,“余并蠲除之”。受禅后,“尽削大业所由烦峻之法”。唐太宗即位后,“蜀王法曹参军裴弘献又驳律令不便于时者四十余事,太宗令参掌删改之”。以后颁布的贞观律再“削烦去蠹”,“不可胜纪”。

法律内容的稳定性是立法协调的必要条件。法律内容不稳定,律条多变,就会使原有的协调体系遭到破坏,律条也就无协调可言,故稳定性不可忽视。唐太宗似乎已意识到这一点,先说:“法令不可数变,数变则烦,官长不能尽记,又前后差违,吏得以为奸。”⑤后又说:“诏令格式若不常定,则人心多惑,奸诈益生。”⑥唐高宗认为:“刑者,成也,一成而不可变。”⑦在这种思想的指导下,

---

① 《贞观政要·公平第十六》。
② 《贞观政要·刑法第三十一》。
③ 《旧唐书·刑法志》。
④ 《贞观政要·刑法第三十一》。
⑤ 《旧唐书·刑法志》。
⑥ 《资治通鉴·太宗皇帝》。
⑦ 《旧唐书·刑法志》。

唐律的律条在贞观定本后改动很小，“用之无所变改”[①]。

3. 从制订唐律的人员看

法律是统治阶级意志的表现，立法过程是统治阶级意志上升为法律的过程。这个过程完全由人的活动实现，因此唐律律条的协调与制订人员的组成有直接关系。据《唐律疏议·进律疏表》载，现存唐律的制订者有长孙无忌、李勣、于志宁等十九人。他们具备以下三个有利条件：

首先，他们有较丰富的统治经验。他们中的绝大多数人出身于地主官僚家庭，从小涉入政治，从政后也表现突出。长孙无忌的祖父曾“用开府仪同三司，袭平原公”；他的父亲曾是“隋右骁卫将军”；其本人也“有筹略”[②]。来济是“隋左翊卫大将军荣国公护子”，“尤晓时务”[③]。李勣“家多僮仆，积粟数千钟”[④]，唐太宗称他“才智有余”[⑤]。许多人还因为治国有方而不断升迁。长孙无忌被誉为“英冠人杰”[⑥]，从贞观元年的吏部尚书迁为尚书右仆射、侍中等。李勣在“并州凡十六年，令行禁止，号为称职”。唐太宗赞扬他说：“朕今委任李勣于并州，遂使突厥畏威遁走，塞垣安静，岂不胜远筑长城耶？”[⑦]以后，他“屡更大任”[⑧]，先后为太常卿、同中书门下、司空等。除中央官吏外，还有地方官吏，如颍州刺史、始平县丞等。由这些人组成的制订唐律的班子，具有从中央到地方的比较完善的统治经验，利于使律条内容满足整个地主阶级的要求。

其次，他们通晓法律。他们中有律学博士。唐代的律学博士是专门从事研究、教授法律工作的人员，“掌教文武官八品以下及

---

① 《新唐书·刑法志》。
② 《旧唐书·长孙无忌传》。
③ 《旧唐书·来济传》。
④ 《旧唐书·李勣传》。
⑤ 《唐语林·卷五》。
⑥ 《旧唐书·长孙无忌传》。
⑦ 《旧唐书·李勣传》。
⑧ 《隋唐嘉话》，浙江古籍出版社 1986 年版，第 63 页。

庶人子为生者，以律令为专业，格式法例亦兼习之”[1]。他们中有人曾参与过律的撰修。例如，长孙无忌在贞观时参加了贞观律的制订。“太宗即位，又命长孙无忌、房玄龄与学士法官更加厘改。”[2]永徽二年(651 年)，以长孙无忌为首，撰定永徽律，参加人员占以后制订《唐律疏议》者近半。他们中还有不少人具有司法经验。其中的刺史、县令和县丞既是地方行政长官，又是地方司法官，具有地方司法经验；中书省、门下省官员也行使司法职能，因为唐代“凡罪抵流、死，皆上刑部，复于中书、门下”[3]。他们有处理重大及疑难案件的经历。由这些通晓法律者制订唐律，能准确反映地主阶级的愿望，并利用已有经验较好协调其中的内容。

最后，他们博识文史。例如，长孙无忌“博涉书史”[4]，褚遂良“博涉文史”[5]。他们特别精通儒学，如于志宁撰过《五经义疏》。在他们的言论、书信中，广泛使用儒家经句，并以此为理论依据分析事物。据《唐书》载录，于志宁和褚遂良在言谈和上疏中引用过《礼》、《春秋》、《易》、《书》等的经句。唐律的制订者博识文史，特别是儒学，便于总结前人的立法经验，引以为鉴；还利于用礼维护皇权，妥善处理礼与皇权的关系。

在以上较为有利的历史条件下，唐律产生了，律条的协调关系也随之出现了。可以这样说，是优越的历史条件造就了协调的唐律，唐律律条的协调是那个时代的必然产物。

四、协调的作用、影响和局限

律条的协调在一定程度上表明法律内容的完善，唐律也是如此。后人给予唐律极高的评价，认为它是一部比唐前任何律都要

---

① 《旧唐书·职官志》。
② 《旧唐书·刑法志》。
③ 《新唐书·百官志三》。
④ 《新唐书·长孙无忌传》。
⑤ 《旧唐书·来济传》。

完备的法典。清人以为:“论历代之律,以汉九章为宗,而唐集其成。”“讲求斯道者,莫不以唐律为最善。”[①]唐律“得古今之平”[②]。今人认为,唐律“条文之简明,规定之精密”,“实凌驾前此诸朝之上”[③]。唐律的完善为司法提供了可靠的保证,从而进一步健全了唐前期法制,稳定了社会,治安情况良好。贞观时,“商旅野次,无复盗贼,囹圄常空,马牛布野,外户不闭”[④]。永徽时,“有贞观之遗风”[⑤]。开元时,“号称治平”,“人罕犯法”[⑥]。法律保障了社会政治、经济的发展,唐前期出现一派蒸蒸日上的景象,人民生活十分安定。正如杜甫在《忆昔》诗中所说:“稻米流脂粟米白,公私仓廪俱丰实。九州道路无豺虎,远行不劳吉日出。”

律条的协调不仅对完善唐律、健全唐代法制、保障唐初政治经济的发展起了重要作用,还对唐后的立法产生了深远影响。唐律的篇目分类为唐后的立法所袭。五代时,除后汉外都进行了立法,它们的篇目及以后宋刑统、金律的篇目均与唐律一致,仍按唐律的方法,用篇目总体协调律条。元、明、清律虽在篇目上与唐律有异,但仍按篇目归纳犯罪行为,没有突破唐律的总体协调原则,甚至还保留了部分唐律的篇目名。大元通制保留了名例、卫禁、职制等篇名,大明律沿用了名例、盗贼、断狱等篇、目名,大清律例也沿袭了名例、职制、诈伪等篇、目名。与此同时,唐律的律条也大量被后世抄用。五代的律条与唐律“并无甚区别”[⑦]。宋刑统的五百零二条律条基本上是唐律内容。大明律共四百六十条,其中删去唐律的一百四十六条,剩下三百五十六条,归并为二百八十五条,新增一百七十五条。这样,唐律的律条在大明律中仍占百分之六十以上。

---

① 《唐明律合编·序》。
② 《四库全书总目提要·唐律疏议提要》。
③ 戴炎辉:《中国法制史料》第一册第一辑,鼎文书局 1982 年版,第 22 页。
④ 《贞观政要·政体第二》。
⑤ 李贽:《史纲评要·唐纪》。
⑥ 《新唐书·刑法志》。
⑦ 戴炎辉:《中国法制史料》第一册第一辑,鼎文书局 1982 年版,第 240 页。

大清律例删去大明律十一条,归并了十六条,新增二条,另把一条分为二条,共四百三十六条,唐律的律条还占近百分之六十。正如《律附音义·序》下的结论:"是见影响之深远。"

此外,唐律的协调律条还对当时一些亚洲国家的立法产生了深刻影响。朝鲜和越南大量抄袭唐律的篇目和律条,为己所用。朝鲜"高后一代之制,大抵皆仿于唐,至于刑法亦采唐律"①。越南"有黎一朝之法典","以唐律为唯一楷模"②。它们的篇目和律条基本与唐律同。日本受唐律的影响更大。在日本法制史上占有重要地位的《大宝律》是模仿中国唐律的产物。③《养老律》也是如此。"就《养老律》之名例、卫禁、职制、贼盗诸篇之律文观之,与《唐律疏议》殆完全相同。"④唐律影响之大,在世界封建法典中尚属少见,不愧为世界封建法典之典范和中华法系之代表。

但是,唐律毕竟是封建社会的产物,当时的历史条件决定了其律条的协调存在一定的自发性,并由此决定了其中必有些不协调因素,这也可以说是它的局限性。在篇目中,唐律过分拘泥于自法经以来的定制,仍把杂律列为一篇。实际上,其中的许多律条归入其他篇目更妥。例如,"坐赃致罪"条可并入贼盗律,"库藏仓燃火"条可划入厩库律,"违令"条可纳入名例律,诸如此类还有一些。这样可使其他篇目中的内容更为完整,律条之间也更协调。此外,律条内容之间也有不协调之处。唐代妻、媵和妾的地位各不相同,妻的地位最高,妾最低,媵居中。《唐律疏议·斗讼》"妻殴詈夫"条作出了正确的规定:"媵犯妻,减妾一等。妾犯媵,加凡人一等。"但是,《唐律疏议·户婚》"以妻为妾"条却把媵与妾的地位

---

① 《高丽史·刑法志》。

② 杨鸿烈:《中国法律对东亚诸国之影响》,中国政法大学出版社 1999 年版,第 503 页。

③ 参见杨鸿烈:《中国法律发达史》,商务印书馆 1930 年版,第 344 页。

④ 杨鸿烈:《中国法律对东亚诸国之影响》,中国政法大学出版社 1999 年版,第 212 页。

并立，规定："以妻为媵，罪同以妻为妾。若以媵为妻，亦同以妾为妻。"这既混同了媵妾地位，又与"妻殴詈夫"条的规定不协调。又如，《唐律疏议·户婚》"许嫁女辄悔"条规定："只言后娶者，知情减一等，不及不知情一层。"[①]律文少了一层意思，出现了漏洞。

唐律的律条虽较为协调，但随着社会矛盾的发展和情况的变化，协调的律条也会不足以用事。因此，唐代后期格敕地位渐高，甚至代律，以致出现司法不依律的状况，"结果让完全不法的状态代替了'法制状态'"[②]。处在这样的"不法状态"中，富人是"厨有臭败肉，库有贯朽钱"[③]，而人民则是"十室八九穷"[④]。于是，农民暴动发生了，此时协调的律条也无法挽救唐王朝必然灭亡的命运了。

---

① 《唐明律合编·户律》"男女婚姻"条。

② 《马克思恩格斯全集》第1卷，人民出版社1979年版，第702页。

③ 白居易：《伤宅》。

④ 白居易：《村居苦寒》。

第四章　唐律与唐令、格、式

唐律自从有了“疏议”后，律条就与一些令、格和式条共存于一部法典，因为“疏议”中引用了大量令、格和式的内容。那么，它们是怎么并存的？

一、唐律、令、格、式都是刑法

唐律、令、格和式属于什么法律？传统的说法大致是：唐律是诸法合体、民刑不分、以刑为主的法典，即多种法律部门共存，并以刑法为主的法典；唐令、格和式是对国家的一些制度、办事程式和细则等方面的规定，大抵属于行政法范畴等。其实不然。

刑法有狭义和广义两种理解。狭义刑法，仅指刑法典。广义刑法，除了指刑法典外，还指散见在其他法律部门中有关刑事方面的规定。人们现称“刑法”，主要是指后者。刑法与其他法的最大区别之一是制裁方式。刑罚是刑法唯一拥有的制裁方式。没有不用刑罚的刑法，也没有刑法不用刑罚。换言之，是否使用刑罚就成了区别刑法与其他法的一个重要标志。

在唐律的律条中，除一般原则等的规定外，大多数律条都由两部分组成，前一部分是罪状，后一部分是法定刑。例如，《唐律疏议·卫禁》“宫殿作罢不出”条规定：“诸在宫殿内作罢而不出者，宫内，徒一年；殿内，徒二年；御在所者，绞。不觉及迷悟者，上请。将领主司知者，与同罪；不知者，各减一等。若于辟仗内误遗兵仗者，杖一百。”这个律条虽长，也涉及几个罪状，但均无例外。有的律条虽也使用了民事和行政制裁方式，但都属附带和辅助性质，刑罚仍是主要制裁方式。这将在“唐律的制裁方式”一章中详述，此处不再冗赘。从律条的内容组成可见，唐律不是一部以刑法为主的综合性法典，而是刑法典。

此外，唐人自己也把唐律作为定罪量刑的依据，即刑法。《唐六典·刑部》载："律以正刑定罪。"还有，从史籍记载的实例看，违反唐律的也以唐律问罪。此举一例证之。《旧唐书·柳浑传》载，德宗贞元二年（786年），"时上命玉工为带"，完成后其中一块掉落摔坏，玉工到市场上买了一块补上。"乃献，上诣曰：'此玉何不相类？'工人伏罪，上命决死。诏至中书，浑执曰：'陛下若便杀则已，若下有司，即须议谳。且方春行刑，容臣条奏定罪。'以误伤乘舆器服，杖六十，余工释放，诏从之。"此判决的依据就是《唐律疏议·职制》的"乘舆服御物持护修整不如法"条。

唐令、格、式与唐律的一个重要区别在于它们的逻辑结构。唐律有完整的逻辑结构，含有假定、处理和制裁三个组成部分。唐令、格和式则仅有假定和处理两部分，大多没有制裁（除少量格外，如刑部格）。这样，违反了令、格和式就要到律中寻找相应的制裁部分内容。事实也是如此。《新唐书·刑法志》载，凡邦国之政，必从事于令、格、式。"其有所违及人之为恶而入于罪戾者，一断以律。"违反令、格和式而以唐律断之的具体内容在这里不再详述，下文会叙。

唐律的律条有限，为了不使任何违反令、格和式的行为逃脱法网，立法者还把一些在律中无明文规定的违反令、格和式的行为都认定为犯罪，并处以刑罚。例如，《唐律疏议·杂律》"违令"条规定："诸违令者，笞五十；谓令有禁制律而无罪名者，别式，减一等。"此条"疏议"还作了解释："'令有禁制'谓仪制令'行路，贱避贵，去避来'之类，此是'令有禁制，律无罪名'，违者，得笞五十。'别式减一等'，谓礼部式'五品以上服紫，六品以下服朱'之类，违式文而著服色者，笞四十，是名'别式减一等'。"这一规定表明：凡违反唐令和式并能在唐律中找到相应罪名和法定刑的，按唐律的有关规定定罪量刑；凡违反唐令和式而又不能在唐律中找到相应规定的，一律按违令或违式处罚，即"笞五十"或"笞四十"。既然违反唐令、格和式都要受到刑罚制裁，那么它们自然也就属于刑法了。

综上所述，唐律、令、格和式都是刑法。它们的并存是不同形式的刑法内容的并存，而不是刑法与其他部门法的并存。

二、唐律、令、格、式的各自特点

《新唐书·刑法志》称："唐之刑书有四，曰：律、令、格、式。"它们有各自的特点，基本情况如下：

1. 唐律

自从商鞅改法为律以后，律便成为各代的主要法典。在唐前，秦有秦律，汉有汉律，魏有曹魏律，晋有晋律，南北朝有宋律、齐律、梁律、陈律和北魏律、北齐律、北周律，隋有隋律等。唐在总结前代撰律的基础上制定了唐律。

唐前曾对律作过不少解释，以反映其特性。首先，律是法。《尔雅·释诂》说："律，常也，法也。"郝氏《文疏》说得更明确："律者，与法则同意。"其他史籍也有类似记载。《汉书·律历志》说："律，法也。"其次，律有广泛的适用范围。《说文解字》说："律，均布也。"段注："律者所以范天下之不一而归于一，故曰均布也。"再次，律是相对稳定的法律。《尔雅·释诂》郝氏《义疏》说，律"俱一定而不可变，是有常意"。最后，律是调整人们行为的一种规范。《管子·七臣七主篇》说："律者所以定分止争也。"《释名》说："律者，累也，累人心使不放肆也。"正因如此，故律应具有公平、划一的性质。《说文解字》说："法，刑也。平之如水，从水"。

唐律对律含义的解释更侧重于以下三个方面：一是强调它的规范作用。《唐律疏议·名例》前言说，律"譬权衡之知轻重，若规矩之得方圆"。把律比作权衡和规矩，说明它衡量和规范人们行为的作用。二是强调它的刑法内容。《唐律疏议·名例》"称日年及众谋"条"疏议"说："律以定刑立制。""八议者"条"疏议"说："定刑之律。"这些都把律作为定刑的法律，即刑法。自从李悝制定

《法经》以后，刑就逐渐失去法的含义。至唐，刑多用于刑法和刑罚。这里是指刑法。三是强调它的指导思想。《唐律疏议·名例》前言说："依义制律"，把"义"作为制律的依据，即为指导思想。由于唐代之"义"生于礼，故最终还是以礼为指导。

唐代先后颁行过的律主要有：武德律、贞观律、永徽律及永徽律疏、开元律等。其中，贞观律为定本，其后改动甚少；永徽律疏对后世影响最大，现存《唐律疏议》即为其翻本。唐律实为集合概念，是以上各律的总称，并不具体指哪一部律。但是，由于现在广泛流传《唐律疏议》，故现称"唐律"实指现存《唐律疏议》。

2. 唐令

令也是一种在唐前就有的法律形式。早在战国时期，商鞅就广泛使用令，颁布过垦草令、开阡陌令和分户令等。秦统一中国后，令与律都作为基本的法律形式。《史记·李斯列传》载："明法度，定律令。"汉令非常繁杂，有甲、乙、丙之分。魏晋南北朝各代也有令。隋有开皇令、大业令等。

唐前对令的说法主要有三：首先，令是最高统治者发布的命令。《贾子·等齐篇》说："天子之言曰令。"《管子·法法篇》说："令者，人主之大宝也。"其次，令的作用侧重于教化、导民。《盐铁论·刑德》说："令者，所以教民也。又诏圣令者，教也。所以导民。"最后，令常对律文进行解释和补充。《史记·杜周列传》载："前主所是著为律，后主所是疏为令。"

唐代赋予令更具体的内涵。首先，令以规定具体的有关国家制度等为主要内容。《新唐书·刑法志》说："令者，尊卑贵贱之等数，国家之制度也。"《唐六典·刑部》说："令以设范立制。"其次，与律相比，令的法律地位比律低，司法官需以律科刑。《唐律疏议·名例》"称日年及众谋"条"疏议"说，律、令义殊，"不可破律从令"。

唐代先后颁布过武德令、贞观令、永徽令、开元令等。从内容上看，令为数不少，有几十卷。在《唐律疏议》中出现过的令有：官品令、祠令、户令、选举令、封爵令、禄令、官卫令、军防令、衣服令、仪制令、卤簿令、公式令、田令、赋役令、厩牧令、关市令、捕亡令、狱官令、营缮令、丧葬令和杂令二十一种。由于完整的唐令现已无存,只有零星记载,故要见全貌困难较大。

3. 唐格

格的产生晚于律、令。最早的格要属东魏孝静帝兴和三年(541 年)制定的《麟趾格》。《魏书·孝静纪》载:兴和三年冬十月癸卯,孝静帝"诏文襄王与群臣于麟趾阁议定新制。甲寅,颁于天下"。此"新制"即为《麟趾格》。以后,格被北齐等朝沿用,直至唐。

关于格的性质,唐前记载甚少,只有笼统的说法。《隋书·刑法志》载:"后平秦王高归彦谋反,须有约罪,律无正条,于是遂有别条权格,与律并行。"《唐六典·刑部》中亦有类似记载。它仅告诉人们,格是一种与律并用,以补充律之不足为目的的法律形式。

唐代第一次对格作了较为详尽的规定:第一,格的作用主要在于打击犯罪。《唐六典·刑部》说:"格以禁违正邪。"第二,格的地位常比律高。《唐律疏议·名例》"彼此俱罪之赃"条"疏议"规定:"其铸钱见有别格,从格断。余条有别格见行破律者,并准此。"除铸钱外,在其他方面,格与律相违时,格都是优先被适用。《唐律疏议·名例》"犯时未老疾"条"疏议"引用"狱官令"的规定说:"犯罪逢格改者,若格轻,听从轻。"第三,格分为两种不同类型:留司格与散颁格,两者有不同的使用范围。《旧唐书·刑法志》说:"分格为两部:曹司常务为留司格,天下所共者为散颁格。其散颁格下州县,留司格但留本司行用焉。"第四,格是经过删定的敕的汇编。《新唐书·刑法志》说,贞观时,曾"删武德以来敕三千余条为七百条,以为格"。

唐代先后颁行过武德格、贞观格、永徽格、垂拱格、开元格、开元后格及格式律令事类、元和格敕、开成详定格等一些主要格。格的篇目按国家机构名分类。例如,贞观格分为:吏部、司封、司勋、考功、户部、度支、金部、仓部、礼部、祠部、膳部、主客、兵部、职方、驾部、库部、刑部、都官、比部、司门、工部、屯田、虞部和水部等。

4. 唐式

早在秦时就有式,《睡虎地秦墓竹简》中的封诊式即是一例。它是对一些诉讼程序和公文程式等的具体规定。式作为一种主要的法律被适用是在西魏,那时颁行了《大统式》。《唐六典·刑部》载:“魏大统十年,命尚书苏绰总三十六条,更损益为五卷,谓之《大统式》。”北齐在司法实践中也广泛使用式。隋明确把式与律、令、格并用。唐沿隋制。

唐前关于式的含义的记载很少,唐第一次较为明确和完整地叙述了式。首先,式是广泛、经常被适用的法律。《新唐书·刑法志》说:“式者,其所常守之法也。”其次,式是对一些办公程序、公文表册格式等的具体规定。《唐六典·刑部》说:“式,以轨物程事。”最后,式的法律地位不及令高。这可从唐律对违式与违令的处罚窥见。《唐律疏议·杂律》“违令”条规定,律所不载的违令行为要“笞五十”,而违式的只要“笞四十”。

唐代先后颁行过武德式、贞观式、永徽式、垂拱式、神龙式、开元格式律令事类等。式的数量比律、令和格多,如贞观式有三十三卷,而律只有十二卷,令才三十卷,格是十八卷。在《唐律疏议》中出现过的式有:刑部式、监门式、主客式、职方式、驾部式、太仆式、库部式、兵部式和户部式等。

三、违反唐令、格、式一断于唐律

这是唐律、令、格和式关系中的基本一面。唐律中有关违反令、格和式而据律断之的例子比比皆是。唐律中所要制裁的犯罪行为,很多是违反令、格和式的行为。这里仅举三例证之:

例一,以律断违令行为。《唐律疏议·户婚》“里正授田课农桑违法”条“疏议”引田令的规定:“应收授之田,每年起十月一日,里正预校勘造簿,县令总集应退应受之人,对共给授。”如违反此令,就要受到唐律的追究。此条律条规定:“其里正皆须依令造簿通送及课农桑。若应合受田而不授,应合还公而不收,应合课田农而不课,应课植桑,枣而不植,如此事类违法者,每一事有失,合笞四十。”

例二,以律断违格行为。《唐律疏议·诈伪》“妄认良人为奴婢部曲”条“疏议”引唐格的规定:“随身与他人相犯,并同部曲法。”即违反此格的规定也要依律处断。此条律条规定:“其妄认随身为部曲者,随身之与部曲,色目略同,亦同妄认部曲之罪”,即要“流三千里”。

例三,以律断违式行为。《唐律疏议·卫禁》“烽候不警”条“疏议”引职方式的规定:“放烽讫而前火烽不举者,即差脚力往告之。”违反这一规定同样要受到律的处罚。此条律条规定:“不即告者,亦徒二年”。

对违令、格和式行为处罚的严厉程度,在很大程度上取决于违令、格和式的程度。对令、格和式的侵害越严重,唐律对这些行为的制裁就越严厉。《唐律疏议·职制》“置官过限及不应置而置”条“疏议”说:“内外百司,杂任以上,在令各有员数。”即唐令对国家机关的编制人数都有规定,如果违反规定,超编置官,超编的人数越多,唐律的用刑就越重。此条律条规定:“诸官有员数,而署置过限及不应置而置,一人杖一百,三人加一等,十人徒二年。”

同时,唐律还区别对待故意与过失违反令、格和式的行为,对故意行为的制裁严于过失行为。《唐律疏议·职制》“贡举非其人”条“疏议”引了唐令的规定:“诸州岁别贡人。”贡举失错或应贡举而不贡举的,虽都要受到唐律的追究,但处罚不同,过失的轻于故意的。此条律条规定:“诸贡举非其人及应贡举而不贡举者,一人徒一年,二人加一等,罪止徒三年。”“失者,各减三等。”

从史籍也能发现违反唐令、格和式受到唐律制裁的实例。唐代各级官吏的俸禄在唐令中有明确规定。“应食禄者,具在禄令。”[1]官吏违反此令，非法谋利，就要依律按赃论处。《旧唐书·李朝隐传》载，开元十年（722年），“武强令裴景仙犯乞取赃积五千匹，事发逃走。上大怒，令集众杀之”。当时任大理卿的李朝隐认为处刑过重，并据律以争，说：“有断自天，处之极法，生杀之柄，人主合专，轻重有条，臣下当守。枉法者，枉理自取，十五匹便抵死刑；乞取者，因乞为赃，数千匹止当流坐。今若乞取得罪，便处斩刑，后有枉法当科，欲加何辟？所以为国惜法，期守律文，非敢以法随人，曲矜仙命。”最后，唐玄宗听取了他的意见，照律免死，处罚为决杖一百，流岭南恶处。此案确认犯赃的依据是唐令，而科刑的依据则是唐律。

违反唐令、格和式要依唐律科刑作为一个原则被唐律确认，违反了要受到刑事制裁。《唐律疏议·断狱》“断罪不具引律令格式”条“疏议”说：“断狱之法，须凭正文。”这里的“正文”是指律、令、格和式文。如有违犯，要处笞刑。此条规定：“诸断罪皆须具引律、令、格、式正文，违者笞三十。”但是，科刑还须据律，就是制敕也不可随便作为后比。《唐律疏议·断狱》“辄引制敕断罪”条规定：“诸制敕断罪，临时处分，不为永格者，不得引为后比。若辄引，致罪有出入者，以故失论。”唐律的这些规定为一断于律提供了法律保障，使其能得到切实执行。

一断于律的产生有其法制原因。唐代的刑法内容主要分布在律、令、格和式中。《新唐书·刑法志》把律、令、格和式都称为“刑书”，唐律又明确规定“刑谓定罪”[2]。如果把这四者都作为定罪量刑的依据，内容势必太多太杂，易造成适用上的混乱。因此，唐代的立法者对它们作了分工，将唐令、格和式均规定为详细、具体的内容，唐律为刑法典。较为严重的违反唐令、格和式的行为分别在唐律中作出规定，设立罪名及相应的制裁手段；较为轻微的违反唐

① 《唐律疏议·职制》“监主受财枉法”条“疏议”。
② 《唐律疏议·职制》“大祀在散斋吊丧问疾”条“疏议”。

令、格和式的行为则以一般违令、违格和违式行为处罚。立法者的这一意图集中体现在一断于律上，这是协调四者关系和便于司法的理想途径。

一断于律对司法有极其重要的作用。法律繁杂，科刑依据有多种，不仅会使百姓难以掌握，而且还会在司法中出现一罪多科的情况，造成司法混乱，甚至被奸吏利用，故意滥刑，破坏法制。这在唐前不属少见。秦时，法律“繁于秋荼，而网密于凝脂”①。司法官乘机弄法，纷纷用重刑，国家也以“杀人众者为忠臣”，以致滥刑，形成了“刑者相半于道，而死人日成积于市”的局面，法制遭到严重破坏。结果，农民大起义爆发，参加人数之多，竟达“天下之半”②，秦王朝寿终正寝。汉代也出现过类似情况。武帝时，律令文书堆积如山。“律令凡三百五十九章，大辟四百九条，千八百八十二事，死罪决事比万三千四百七十二事。文书盈于阁，典者不能遍睹。”③东汉时，这种情况仍未改变，“凡数罪所由当用者，合二万六千二百七十二条，七百七十三万二千二百言”，以致“言数益繁，览者益难”④。汉初，法制被破坏殆尽，阶级矛盾日益激化。唐初的统治者以前人之覆为鉴，一方面指出法律要简约，另一方面又强调司法要依律，杜绝一罪多科的情况。唐律多次阐明了这一立场。《唐律疏议·名例》“称日年及众谋”条“疏议”说：“刑名事重，止可据籍书”，还明示不可破律从令，妄加颠倒。《唐律疏议·贼盗》“谋反大逆”条“疏议”从依律科断的重要性出发，说：“刑法慎于开塞，一律不可两科。”一断于律在司法上适用后产生了积极效果，克服了过去一罪几科的弊端，加强了法制。

---

① 《盐铁论·刑德》。
② 《史记·李斯传》。
③ 《汉书·刑法志》。
④ 《晋书·刑法志》。

四、唐令、格、式补充唐律

这是唐令、格和式与唐律关系的另一个重要方面。它们的补充表现在以下方面：

1. 犯罪主体方面的补充

犯罪主体是指犯罪者，与刑事责任的承担有直接关系。犯罪主体不明确，追究刑事责任就会发生偏差，造成错案。因此，唐律很重视用其他法律形式补充律条中有关犯罪主体的规定。

第一，对犯罪主体概念的补充。唐律律条简约，不可能也没必要对律条中的所有主体概念都作解释。有些概念与司法关系较大，就由唐令等补充，并对一些较为重要的概念作出规定和解释。例如，《唐律疏议·名例》"八议"条规定，凡"八议"者构成犯罪主体的，可以享有司法特权，即"轻重不在刑书"。其中，对"议贵"的范围规定为三品以上职事官和二品以上散官等。但是，对何为职事官和散官，律条没有解释。此条"疏议"引用唐令作了规定："有执掌者为职事官，无执掌者为散官。"把有无执掌作为这两者的主要区别，以便于司法官掌握。

第二，对犯罪主体的范围作了补充。这种补充包括以下两个方面：范围的补充和不包括范围的补充。《唐律疏议·诈伪》"非正嫡诈承袭"条中的"封爵令"对主体的包括范围作了补充。此条规定："非子孙而诈承袭者，从诈假官法。"但是，此律条没对哪些范围内的子孙可享有承袭权利作出规定，而这些范围内的人又是构成此罪的主体。此条"疏议"引用"封爵令"中的规定作了补充："主、公、侯、伯、子、男，皆子孙承嫡者传袭。"即只有这些贵族才可能成为此罪的主体。《唐律疏议·户婚》"相冒合户"条中的"赋役令"对主体的不包括范围作了补充。此条规定："诸冒相合户者，徒二年；无课役者，减二等。"由于有些官僚贵族属免课役对象，故此条"疏议"引"赋役令"对免课役者作了补充："文武职事官三品上若郡王期亲及同居大功亲，五品以上及国公同居期亲，并免课役。”可见,这部分人不属此罪的犯罪主体范围。

2. 犯罪主观方面的补充

犯罪主观方面包括罪过形式、动机和目的等,是犯罪构成中的一个重要方面。唐律的律条本身对这些内容一般都有明确规定,因此唐令、格和式对这方面的补充较少。《唐律疏议·户婚》“奴娶良人为妾”条中的“户令”对犯罪者的“知情”和“不知情”及其与后果的关系作了说明。此条规定:“诸与奴娶良人女为妻者,徒一年半;离之。其奴自娶者,亦如之。”“户令”补充说,对犯罪者所生的孩子,犯罪者“不知情者,从良;知情者,从贱”。即主观方面不同,后果亦不同。

3. 犯罪客体方面的补充

犯罪客体是被犯罪行为侵害的客体,是犯罪构成中的基本要件。唐令、格和式对犯罪客体的补充主要表现在以下三个方面:

首先,对犯罪客体概念的补充。唐律律条中规定的有些犯罪客体的概念,通过唐令等的补充才更明确。例如,《唐律疏议·职制》“大祀不预申期及不如法”条规定:“诸大祀不预申期及不颁所司者,杖六十;以故废事者,徒二年。”但是,此律条未对作为犯罪客体的“大祀”概念作任何说明。此条“疏议”引唐令作了补充:“大祀,谓天地、宗庙、神州等为大祀。”这才明确了这一概念。

其次,对犯罪客体范围的补充。有些犯罪客体所含的内容较多,律条不可能全部罗列,而且有些已在唐令等其他形式中有规定,故唐律就引用这些规定补充其范围。例如,《唐律疏议·户婚》“差科赋役违法”条规定:“诸差科赋役违法及不均平,杖六十。”但是,此条未对作为客体的赋役的范围作出规定。此条“疏议”引用“赋役令”作了说明:“每丁,租二石;调施、绢二丈,绵三两,布输二丈五尺,麻三斤;丁役二十日。”违反此令而差科的,就要按律条制裁。

最后,对犯罪客体的一些有关情况作了补充。唐律中的犯罪客体有些比较简单,有些比较复杂。对那些较为复杂的客体,唐令等作了具体解释,以补充律条的不足。《唐律疏议·名例》"除免比徒"条规定:"诬告道士、女官应还俗者,比徒一年;其应苦使者,十日比笞十。"律条没有对较为复杂的道士情况作更多的说明。此条"疏议"引唐格对其作了补充:"道士等辄著俗服者,还俗";"道士等有历门教化者,百日若使"等,从而使有关道士的情况较为详尽。

4. 犯罪客观方面的补充

犯罪客观方面是指一些与犯罪行为有关的客观事实特征。由于犯罪行为多种多样,故犯罪客观方面的表现也各种各样。唐令、格、式对唐律规定的客观方面的补充主要涉及以下方面:

第一,有关时间的规定。《唐律疏议·杂律》"犯夜"条规定:"诸犯夜者,笞二十",但未及犯夜时间。此条"疏议"引"宫卫令"说:"击六百槌,坊门皆闭,禁人行。"即在此后还行者,属犯夜,要被"笞二十"。这是以某一点作为时间限度,还有以一般时间为时间范围的,超过这一范围同样要构成犯罪。《唐律疏议·擅兴》"遣番代违限"条规定:"若得逃亡奴婢,不送官而卖者,以和诱论",但未言送官时间。此条"疏议"引唐令"五日内合送官司"说,如果在五天时间内不送官而卖者,就构成和诱奴婢罪。

第二,有关地点的规定。《唐律疏议·卫禁》"无著籍入宫殿"条规定,凡入宫殿者,必须按规定的地方入门;若违反,要依阑入罪减刑处罚,"籍在东门而从西门入者,又减二等"。此条"疏议"引唐令从总体上对入门的地点作了补充:"非应从正门入者,各从便门著籍。"若违反,要依律处罚。

第三,有关程序的规定。《唐律疏议·户婚》"立嫡违法"条规定:"诸立嫡违法者,徒一年。"此条"疏议"引唐令对立嫡的程序作了补充:"无嫡子及有罪疾,立嫡孙;无嫡孙,以次立嫡子同母弟;无母弟,立庶子;无庶子,立嫡孙同母弟;无母弟,立庶孙。"违反这一程序就属立嫡违法,要被徒一年。

第四,有关行为的规定。唐令等对行为的补充分两类:作为和不作为。《唐律疏议·卫禁》“赍禁物私度关”条规定:“私家之物,禁约不合度关而私度者”,减坐赃三等科罪。此条“疏议”引“关市令”补充说明律条所说的这一行为是犯罪行为。此令规定,凡丝织品及金、银、铁等金属“不得度西边、北边诸关及至缘边诸州与易”。违反此令而进行贸易,即构成此罪。《唐律疏议·卫禁》“奉敕夜开宫殿门”条规定:“开门出钥迟,又各递减进钥一等。”此条“疏议”引“监门式”证明律条所说的犯罪行为是一种不作为行为。此条规定:“宫城门及皇城门,四更二点出钥开门。京城门,四更一点出钥开门。”到时不开门,就构成了犯罪。

第五,有关工具的规定。《唐律疏议·职制》“增乘驿马”条规定:“诸增乘驿马者,一匹徒一年,一匹加一等。应乘驿驴而乘马者减一等。”此条“疏议”引“驾部式”对这些工具作了补充:“六品以下前官、散官、卫官,省司差使急速者,给马。使回及余使,并给驴。”换乘就等于把交通工具变成了犯罪工具,要按律条科刑。

第六,有关后果的规定。《唐律疏议·斗讼》“妻妾殴詈夫父母”条规定:“殴子孙之妇,令废疾者,杖一百;笃疾者,加一等。”此条“疏议”引“户令”对作为后果的“废疾”和“笃疾”作了补充:“腰脊折,一支废,为废疾。”“两目盲,二支废,为笃疾。”后果不同,处罚也不同,后者重于前者。

5. 适用法律、诉讼程序和执行方面的补充

唐令、格和式除了对犯罪构成中的一些内容作了补充外,还对适用法律、诉讼程序和执行方面的律文进行了补充。

首先,对适用法律的补充。《唐律疏议·诈伪》“妄认良人为奴婢部曲”条“疏议”引格的规定“随身与他人相犯,并同部曲法”,说明对“随身”应适用的法律,解决了“妄认良人为随身,妄认随身为部曲”的问题。

其次,对诉讼程序的补充。《唐律疏议·名例》“八议者”条引唐令对“八议”的程序补充说:“依令,都堂集议,议定奏裁。”

最后,对执行的补充。《唐律疏议·名例》"除免官当叙法"条引唐令对应除名罪犯的执行作了如下补充说明:"除名未叙人,免役输庸,并不在杂徭及征防之限。"

唐令、格和式对律条补充的前提是:律条所规定的犯罪行为是一种直接违犯令、格和式的行为,必须能在令、格和式中找到相应的规定。否则,这种补充就如空中楼阁、无源之水,在唐律中不可能出现。

唐令、格和式对律条的补充大多是一种形式、一条条文补充一条律条,也有少数情况是一种形式、多条条文或多种形式补充一条律条。例如,《唐律疏议·卫禁》"奉敕夜开宫殿门"用三条"监门式"条文补充一条律条;《唐律疏议·杂律》"从征从行身死不送还乡"条用"军防令"、"丧葬令"和"兵部式"三条条文补充一条律条。可见,一条律条规定的犯罪行为大多是违一种法律形式中某一方面的行为,也有少数律条是一条律条中规定的内容同时违反二种或二种以上法律形式所规定的内容。

唐令、格和式主要补充一些律条中较为重要的内容。其中,有些是律条中没有明文规定,如不补充会影响对律文含义的理解,故需通过补充明确律义,上述对"议贵"范围、传袭爵位人等的补充就是如此;有些是律文中规定的内容易混淆,经过补充可以加以区别,明辨彼此,上述对废疾与笃疾、散官与职事官等的补充就属此类;更多的是律条中虽有规定,但不详尽,通过补充可以使律文更为具体,避免偏颇,以上大多数补充都归此类。

经过补充,原来被认为是四种法律形式的律、令、格和式就融为一体,统一起来,使唐立法者的立法意图得到充分体现;同时,也使这四方面刑法内容得到协调,既互相渗透,又互相弥补。这样,不仅有利于百姓掌握唐代法律的主要内容,也有利于司法官依法司法,避免错案。

第五章 唐律的礼与法

唐律是礼法结合过程完成阶段的最终产物。它把礼与法有机地组合在一起,使之相辅相成,就像《唐律疏议·名例》前言所言:“犹昏晓阳秋相须而成者也。”在中国法制史上,唐律是第一部成功处理礼法关系的法典,因此对唐律中礼法问题的了解和研究,有助于加深对古代儒家思想与法律关系的认识。

一、礼是立法的依据

后人评说唐律是一准乎礼。《四库全书总目·唐律疏议提要》载:“论者谓唐律一准乎礼,以为出入得古今之平。”此话不无道理。法把礼作为自己的灵魂,其内容处处可见礼的精神。唐律引用大量儒家经句,把它们作为立法的依据,涉及的经句来自诗、书、礼、易、春秋等。有的篇目还援引得特别多,如名例律仅五十七条,而出现经句就有四十余处。总归起来,儒家经句的依据作用主要表现在以下方面:

首先,儒家经句是确定一般原则的主要依据。唐律把整个法典的一般原则规定在篇首名例律中。它们集中体现了唐律的立法精神和基本原则,对其他十一律的内容均有指导意义。确定这些原则的主要依据是儒家经句。《唐律疏议·名例》“妇人有官品邑号”条规定:“诸妇人有官品及邑号,犯罪者,各依其品,从议、请、减、赎、当、免之律,不得荫亲属。”这类妇人可享受这些特权的依据来自《礼记》中的经句,此条“疏议”作了引证,说:“依礼‘凡妇人,从其夫之爵位’,注云:‘生礼死事,以夫为尊卑。’故犯罪应议、请、减、赎者,各依其夫品,从议、请、减、赎之法。若犯除、免、官当者,亦准男夫之例。”唐律还有用两部不同经典中的经句说明同一律条规定的原则。《唐律疏议·名例》“老小及疾有犯”条规定：“诸年七十以上、十五以下及废疾，犯流罪以下，收赎。”“九十以上，七岁以下，虽有死罪，不加刑。”就这一原则，此条“疏议”运用《周礼》和《礼记》中的两段经句加以论证：“依周礼：‘年七十以上及未龄者，并不为奴。’今律：年七十以上、七十九以下，十五以下、十一以上及废疾，为矜老小及疾，故流罪以下收赎。”“礼云：‘九十曰耄，七岁曰悼，悼与耄虽有死罪不加刑’，受幼养老之义也。”此外，唐律还把律中的原则与经句中的内容联系起来，从沿革的角度寻找依据。“八议”原则就是如此。《唐律疏议·名例》“八议”条“疏议”说：“周礼云：‘八辟丽邦法。’今之‘八议’，周之‘八辟’也。”即律中的“八议”原则来自西周的“八辟”之制。

其次，儒家经句是确定罪名的主要依据。唐律是一部刑法典，罪名是其中不可缺少的组成部分。唐律中的一些重要罪名的设立，都从儒家经句中寻觅根据，其主要表现有二：一是罪名之义取自儒家经句。“十恶”中的不睦罪即是如此。《唐律疏议·名例》“十恶”条“疏议”引用《礼记》和《孝经》中的经句，说明取名“不睦”的理由：“礼云：‘讲信修睦。’孝经云：‘民用和睦。’睦者，亲也。此条之内，皆是亲族相犯，为九族不相叶睦，故曰‘不睦。’”谋反、内乱等罪名的命名也是这样。二是罪名之内容取自儒家经句。“十恶”中不孝罪的“供养有缺”和“闻祖父母父母丧，匿不举哀”两大内容的确定皆以《礼记》经句为依据。《唐律疏议·名例》“十恶”条“疏议”说：“礼云：‘孝子之养亲也，乐其心，不违其志，以其饮食而忠养之。’其有堪供而缺者”，即构成此罪。该条“疏议”又说：“依礼：‘闻亲丧，以哭答使者，尽哀而问故。’父母之丧，创巨尤切，闻即崩殒，擗踊号天。今乃匿不举哀，或拣择时日者，并是。”此外，谋反、谋大逆、大不敬等罪内容的确定也是如此。

最后，儒家经句是确定刑罚的主要依据。唐律中的刑罚亦是一个不可缺少的组成部分，与罪名一起构成律条。五刑是唐律的主要刑罚。五刑的刑种、刑等的确定和它们的来源都与儒家经句有关。《唐律疏议·名例》“徒刑五”条“疏议”从《周礼》中寻找确定徒刑这一刑种的依据，说：“周礼云：‘其奴男子入于罪隶’，又‘任之以事，置以圜土而收教之。上罪三年而舍，中罪二年而舍，下罪一年而舍’，此并徒刑也。”《唐律疏议·名例》“流刑三”条“疏议”引用《尚书》的经句说明流刑分三等的原因，说：“书云：‘流宥五刑’。谓不忍刑杀，宥之于远也。又曰：‘五流有宅，五宅三居。’大罪投之四裔，或流之于海外，次九州之外，次中国之外。”故流刑亦为三等，与之一致。《唐律疏议·名例》“死刑二”条“疏议”引用《春秋》和《礼记》的经句道明绞、斩的来源，说：“春秋元命包云：‘黄帝斩蚩尤于涿鹿之野。’礼云：‘公族有死罪，罄之于甸人。’故知斩自轩辕，绞兴周代。”

儒家思想存在于儒家经典之中，经句是这一思想的直接再现。儒家思想又集中表现为礼，礼成了儒家思想的代名词。唐律就是通过“疏议”大量引用儒家经句，并以此为订律依据，体现礼的存在。唐律作为一部刑法典，一般原则、罪名和刑罚是其三大构成要件，也是其内容所在，而其中的一些主要方面皆以经句为依据。这不能不说是以礼为准。以上事实已能证实这一点。

二、法是维护礼的武器

礼在唐律中的重要地位，决定了法要以维护礼为首任。它一方面确认各种特权，在国和家中都建立人与人之间不平等的等级关系；另一方面又利用刑罚打击各种违礼行为，使礼成为一块神圣不可侵犯的阵地。

在国的范围内，法首先保护的特权是皇权。皇权是国家的最高权力，其占有人皇帝享有最大的特权。法对皇权的保护，突出表现在确认和保护皇帝对国家最高立法、行政和司法三大权的独揽。《唐律疏议·职制》“律令式不便辄奏改行”条、《唐律疏议·断狱》“辄引制敕断罪”条等，通过规定皇帝掌有制定国家法律、修改法律的决定权确立其最高立法权。《唐律疏议·职制》“置官过限及不应置而置”和“官人无故不上”条、《唐律疏议·诈伪》“诈伪制书及增减”和“对制上书不以实”条等，通过规定皇帝把握国家行政的组织、指挥和决策权确认其最高行政权。《唐律疏议·斗讼》“邀车驾挝鼓诉事不实”条、《唐律疏议·断狱》“死囚复奏报决”和“闻知恩赦故犯不得赦原”条等，通过规定皇帝独霸直诉受理权、死刑复奏权和恩赦决定权认定其最高司法权。皇帝具有此法所确认的三大权后，就处在独尊地位，如同《唐律疏议·名例》“十恶”条“疏议”所言：“居宸极之至尊。”皇帝的特权也就与其地位一样，至大无边。

在国中，仅次于皇权的是官僚贵族享有的各种特权。《唐律疏议·名例》“八议者”、“皇太子妃”、“七品以上之官”、“应议请减”和“官当”等条通过对议、请、减、赎和官当的规定，维护各级官僚贵族的司法特权，使其逃脱犯罪后的受刑之苦。由于他们的地位不同，因而享有特权的大小也不同，其中以“八议”者为最，再依次递减，直至赎。广大劳动人民处于社会最底层，没有任何特权，尽管他们是社会财富的直接创造者。由此，可见用法护礼的阶级本质。

在家的范围内，法维护的是父权和夫权。从唐律的规定看，家人之间也存在不平等关系。在家长与子女之间，唐律强调父权；在家长之间，唐律强调夫权。《唐律疏议·户婚》“子孙别籍异财”、“卑幼自娶妻”条和《唐律疏议·斗讼》“子孙违犯教令”条等通过规定父在家拥有的财产、婚姻和教令权，确保父权在家中的绝对地位。《唐律疏议·户婚》“妻无七出而出之”条和《唐律疏议·斗讼》“妻殴詈夫”条等还通过规定夫所有的离婚主动权和高于妻的地位，确定夫权对妻的统治地位。另外，在有奴婢、部曲的家庭中，奴婢和部曲都是被奴役的对象。在法律关系中，他们不是主体，而是客体，如同物一般。《唐律疏议·名例》“官户部曲官私奴婢有犯”条“疏议”说：“奴婢贱人，律比畜产。”他们的地位最低，过的是非人生活。唐律就是用法维护家庭中的这种不平等关系，从而达到在家庭中始终不渝贯彻礼的目的。

法不仅确认礼的存在,还用刑严惩各种违礼行为。这种惩罚又因行为人地位、侵害对象和侵害结果不同而不同。一句话,违礼程度不同,所受的处罚也不同,处罚亦是一种护礼手段。在唐律中,行为人地位的高低是决定受罚程度的重要因素。对于同一犯罪行为,行为人地位高者受罚轻,地位低者受罚重,呈一种反比关系。《唐律疏议·斗讼》"流外官以下殴议贵等"和"九品以上殴议贵"条虽都规定殴打议贵者要受到刑事制裁,但制裁程度不同,前者要"徒二年",后者仅"徒一年",原因无非是后者的地位高于前者。此外,《唐律疏议·斗讼》"妻殴詈夫"条规定:"诸妻殴夫,徒一年";"媵及妾犯者,各加一等"。虽同是殴夫行为,但对媵、妾的制裁比妻要重,原因也是地位有差。另外,侵害对象也是决定受罚程度的一个重要因素。同是一个行为人、一种行为,侵害对象地位高的,行为人受刑重,反之则轻,呈一种正比关系。根据《唐律疏议·名例》"十恶"条的规定,行为人杀害皇帝及府主刺史、县令所构成的罪名是不同的,前者为"谋反"罪,后者为"不义"罪。因此,处罚也不同,前者的行为人除处斩外,还要株连家属、部曲,财产、田宅要没官;[①]而后者,仅追究行为人的刑事责任,不连及家属等。[②]《唐律疏议·贼盗》"谋杀期亲尊长"条规定,凡是子孙谋杀期亲尊长的,处斩;谋杀缌麻以上尊长的,只流二千里,刑等相差三等。此外,侵害结果是决定用刑的又一个重要因素。同是一种行为人、一个侵害对象,由于侵害礼的行为结果不同,行为人受到的处罚也不同。侵害结果越严重,处罚越重,反之则轻,也呈一种正比关系。《唐律疏议·贼盗》"谋杀制使府主等官"条规定,谋杀制使的,"流二千里";已杀伤的,"绞";杀死的,"斩"。《唐律疏议·贼盗》"谋杀期亲尊长"条的规定也是如此。此条规定:"谋杀缌麻

① 参见《唐律疏议·贼盗》"谋反大逆"条。

② 参见《唐律疏议·贼盗》"谋杀制使府主等官"条。

以上尊长,流二千里;已伤者,绞;已杀者,皆斩。”此外,还有一些规定,如违礼行为的程度不同,受刑的程度也不同等,不再一一赘述。总之,唐律的用法轻重依据违礼的程度而定。

唐律以国家意志的形式确定礼的合法地位,并用刑罚手段严惩违礼行为,这不仅使礼成为一种人人必须普遍遵守的行为准则,还使礼与法得到了统一,紧密结合于律中。

三、礼与法的矛盾及解决

唐律中的礼与法(即刑法)虽结合在一起,但两者毕竟不是同一行为规范,存在一定的差别。礼只是原则性的规定,内容不可能十分详尽;法则比较具体,内容可包括主体、客体、主观方面和客观方面诸要素。礼的内容相对稳定,皆需从儒家经典中找到论据;法的内容则变化较大,统治者可根据自己的需要修撰其中的规定,甚至制定新内容。礼没有法律规范逻辑结构中制裁部分的内容;法则有,而且制裁部分的内容与罪名相适应。这些决定了唐律中的礼与法存在不可避免的矛盾。那么,到底有哪些主要的矛盾?唐律是通过什么方式解决的?

唐律中,礼与法的矛盾较突出的有两类:

第一,礼所维护的对象与严重犯罪行为之间的矛盾。据礼的精神,唐律把一部分人纳入享有司法特权的范围,并按照他们享受的不同特权作出明确规定,有的可以免死,有的可以减等受罚等。但是,当他们直接损害了国家政权或统治阶级的根本利益时怎么办?严重危害了社会秩序又怎么办?唐律考虑到了这种矛盾,它把享有的特权控制在一定范围内,以不损害国家政权、统治阶级的根本利益和不对社会秩序造成严重危害为限,超越此限度,特权失效,犯罪者仍须依法论罪,如同凡人。《唐律疏议·名例》“八议者”条规定,八议者犯死罪“议定奏裁”,流罪以下的“减一等”,但是“犯十恶者,不用此律”。也就是说,八议者若犯有十恶罪,议权随即丧失,特权不再有效。请、减、赎和官当等也有类似情况。另外，对老、小和疾者犯罪采用以下处理方法：《唐律疏议·名例》"老小及疾有犯"条把老、小和疾者也纳入可享有司法特权的范围，他们犯罪亦可由赎、请等方式代罚，但也有一定的限度，超出此限度，也须用刑。年七十以上、十五以下及废疾者，犯流罪以下收赎、犯死及加役流等下用此规定；八十岁以上、十岁以下及笃疾者，"犯反、逆、杀人应死者，上请"；盗及伤人者，亦收赎；余皆勿论。唐律在处理礼所维护的对象与严重犯罪行为之间的矛盾中，大多采用以上方式，即在限定的范围内充分用礼，在限定范围外弃礼用法，只有个别情况例外。《唐律疏议·名例》"老小及疾有犯"条还规定："九十以上、七岁以下，虽有死罪，不加刑；缘坐应配没者不用此律。"此条"疏议"特别解释说："父祖反、逆，罪状已成，子孙七岁以下仍合配没。"可见，九十岁以上的老人不论在何种情况下，都不追究其刑事责任。这是唐律中唯一无条件用礼弃法的实例。其实，这一实例没多大意义，一是那时九十岁以上的老人极少；二是即使这样年龄的人犯罪，对社会也不会有大的危害。所以，此规定形同虚设，并不典型。

第二，违礼与不违法的矛盾。唐律是一部刑法典，故此处所说"违法"就是指违反唐律的规定，即犯罪。犯罪是一种危害社会、触犯刑律、应受刑罚处罚的行为。这种行为应在刑法中有所规定。但是，由于各种原因，一些轻微的违礼行为并不在唐律规定之中。对这些违礼不违法行为，唐律也有安排。《唐律疏议·名例》"老小及疾有犯"条规定，十岁以下儿童"盗及伤人者，亦收赎"，但未言及"殴己父母不伤"如何科断。为此，此条"疏议"专门作了说明："其殴父母，虽小及疾可矜，敢殴者乃为'恶逆'。""于律虽得勿论，准礼仍为不孝。""上请听裁。"即十岁以下儿童殴父母，依法是无罪的，但据礼是一种恶逆行为。对于这类违礼不违法行为，唐律本不得处罚，但考虑到社会影响，所以用"上请"方式处理，由皇帝定夺。儿童有违礼不违法行为，成年人也有这类行为。《唐律疏议·职制》"匿父母及夫等丧"条对闻父母及夫丧后匿不举哀行为及处罚方式都作了规定,但未及“居期丧作乐及遣人作”行为,因为“律条无文”。对这一行为应如何处理?此条“疏议”特别作了补充说明:“身服期功,心忘宁戚,或遣人作乐,或自奏管弦,既玷大猷,须加惩诫,律虽无文,不合无罪,从‘不应为’之坐。”其处罚幅度是:“期丧从重,杖八十;大功以下从轻,笞四十。缌麻、卑幼,不可重于‘释服’之罪。”可见,“居期丧作乐及遣人作”也是一种违礼不违法行为,但此种行为仍在处罚之列,依“不应为”制裁。以上两例都有明文规定,还有更多的违礼不违法行为虽在律中无规定,但仍可被罚,其依据是上述的“不应为”。《唐律疏议·杂律》“不应得为”条说,“不应得为”行为是指“律、令五条,理不可为者”,违礼当然属于“理不可为”之内。因此,即使法无规定,违礼行为也非可逍遥法外。此条“疏议”还叙述了立此条的目的:“杂犯轻罪,触类弘多,金科玉律,包罗难尽,其有在律在令无有正条,若不轻重相明,无文可以比附。临时处断,量情为罪,庶补遗缺,故立此条。”不应为行为的被罚幅度是:“情轻者,笞四十;事理重者,杖八十。”这样,大量的违礼不违法行为都将受到制裁,这类矛盾也就解决了。

唐律中虽有礼与法之间的矛盾,但通过限定用礼范围、“上请”、“不应为”等方法使之妥善解决,既维护了礼的尊严,又发挥了法在护礼中的作用。这是唐律比以往各律高明之处,也是它的一个成功点。

四、礼法结合的历史条件

唐律成功地处理了礼法关系,成为礼法结合的典范,这是由当时的历史条件造成的。

我国礼法结合的过程要追溯到西汉。汉武帝罢黜百家,独尊儒术,确立了儒家思想的正统地位后,接着就拉开了礼法结合的帷幕,礼开始入法。一些直接体现和维护礼的制度,如“亲亲得相首匿”、“留养承祀”等相继被确定下来。另外,汉代还以经断狱,用

《春秋》的精神和事例作为审案的依据。魏晋南北朝是礼法结合的重要时期。在这一时期,礼大量入律,唐律中一些反映礼法结合的重要制度在此时的律中先后出现。曹魏律中的"八议"制度、晋律中的"准五服制罪"制度、南朝陈律中的"官当"制度、北朝北齐律中的"重罪十条"规定等,都是这个时期的杰作。它们为礼法结合的最终完成奠定了基础。唐律是在前律的基础上,集各律之长,把礼法融为一体,最终完成了礼法结合大业。

唐初统治者对儒学的重视和儒学的进一步发展,是促进唐律礼法结合的催化剂。唐律的定本是贞观律,颁行于贞观十一年(637 年)。在这以前,由于唐太宗重视儒学,使儒学进一步发展。他即位后,就推崇儒家先哲,重视儒学教育。《贞观政要·崇儒学第二十七》载,唐太宗于贞观二年(628 年)"诏停周公为先圣,始立孔子庙堂于国学,稽式旧典,以仲尼为先圣,颜子为先师,两边俎豆干戚之容,始备于兹矣"。同年,他还"大收天下儒士,赐帛给传,令诣京师,擢以不次,布在廊庙者甚众。学生通一大经已上,咸得署吏。国学增筑学舍四百余间,国子、太学、四门、广文亦曾置生员,其书、算各置博士、学生,以备众艺。太宗又数幸国学,令祭酒、司业、博士讲论,毕,各赐以束帛。四方儒生负书而至者,盖以千数"。"国学之内,鼓箧升讲筵者,几至万人,儒学之兴,古昔未有也。"贞观四年(630 年),唐太宗又令儒生撰定《五经正义》,把儒家经典的内容规范、定型。《贞观政要·崇儒学第二十七》续载,唐太宗于贞观四年"诏师古与国子祭酒孔颖达等诸儒,撰定五经疏议,凡一百八十卷,名曰《五经正义》,付国学施行"。这些不仅使儒家思想广为传播,其正统地位进一步巩固,还为礼法结合创造了有利的社会条件,促进了唐律礼法结合的最终完成。

唐初统治者的礼法并用思想是终成唐律礼法结合之业的直接思想原因。唐太宗、魏征、王珪等人都主张治国必须礼法并用,他们吸取前人的教训,认为只用严刑而弃礼义定会亡国。唐太宗说:

"秦乃恣其奢淫,好行刑罚,不过二世而灭。"[①]魏征说:"虽董之以严刑,震之以威怒,终苟免而不怀仁。貌恭而心不服",这样必"覆舟"[②]。王珪说:"重武轻儒,或参以法律,儒行既亏",定会"淳风大坏"[③]。因此,他们都极力主张发挥礼教的作用。岑文本说,治国"礼义为急"[④]。王珪说:"人识礼教,治致太平。"[⑤]他们都强调只有礼法并用,方能治国安民。其中,魏征的说法十分典型,他说:"设礼以待之,执法以御之,为善者蒙赏,为恶者受罚,安敢不企及乎?安敢不尽力乎?"[⑥]礼法并用思想在唐律中也得到充分反映。《唐律疏议·名例》前言说:"德礼为政教之本,刑罚为政教之用。"

最后,还需特别提及的是,唐律能较好地处理礼法关系与当时的社会状况关系甚大。唐代是我国封建社会的充分发展时期,特别是在唐前期,社会发展比较快,各种社会矛盾相对缓和。在这样的社会历史条件下产生的唐律,其内容必然比较宽平,礼法关系也相对协调。这与唐后,特别是明、清的立法情况明显有别。与唐律相比,大明律与大清律例如果确有重其所重和轻其所轻之处,究其根本原因只是社会状况不同罢了。

通过对唐律中礼法关系的透视,可见儒家思想对我国古代立法的巨大影响。这也可从一个侧面反映儒家思想与我国古代法律的关系所在。

---

① 《贞观政要·君臣鉴戒第六》。
② 同上。
③ 《贞观政要·政体第二》。
④ 《贞观政要·太子诸王定分第九》。
⑤ 《贞观政要·政体第二》。
⑥ 《贞观政要·择官第七》。

第六章　唐律的一些制度

在唐律中，有些制度颇具特色，在我国古代法制发展中起到了承前启后的作用。对它们的了解，有助于知晓我国古代法律的一些侧面。

一、加役流制度

加役流是一种介于"三流"与死刑之间的重刑，由于这一刑罚第一次在唐律中作了全面规定，故在此专作介绍。

1. 加役流的产生及内容

加役流定于唐太宗贞观六年(632 年)，在《唐律疏议·名例》"应议请减"条"疏议"对其发展过程作了简要说明："加役流者，旧是死刑，武德年中改为断趾"，"贞观六年奉制改为加役流"。《旧唐书·刑法志》把当时议定加役流的过程记载得更为详细："及太宗即位，又命长孙无忌、房玄龄与学士法官，更加厘改。"魏征等人又说旧律令重，"于是议绞刑之属五十条，免死罪，断其右趾。应死者多蒙全活"。以后，唐太宗又怜悯受刑之苦，"谓侍臣曰：'前代不行肉刑久矣，今忽断人右趾，意甚不忍。'谏议大夫王珪对曰：'古行肉刑，以为轻罪。今陛下矜死刑之多，设断趾之法，格本合死，今而获生，刑者幸得全命，岂惮去其一足？且人之见者，甚足惩诫。'"唐太宗回答："本以为宽，故行之。"但是，他每使用这一刑罚仍很悲伤，而且不能忘怀。以后，他又对陈叔达等人说，死者不可再生，从怜悯出发，故简死罪五十条，从断右趾，但"'朕复念其受痛，极所不忍。'叔达等咸曰：'古之肉刑，乃在死刑之外。陛下于死刑之内，改从断趾，便是以生易死，足为宽法。'上曰：'朕意以为如此，故欲行之。又有上书言此非便，公可更思之。'其后蜀王法曹参军裴弘献又驳律令不便于时者四十余事,太宗令参掌删改之。弘献于是与玄令等建议,以为古者五刑,刖居其一。及肉刑废,制为死、流、徒、杖、笞凡五等,以备五刑。今复设刖足,是为六刑。减死在于宽弘,加刑又加烦峻。乃与八座定议奏闻,于是又除断趾法,改为加役流三千里,居作二年"。

加役流是原有"三流"的延伸,犯者要被流三千里并居作三年,即使累流也不得超过居作四年,因为《唐律疏议·名例》"犯罪已发已配更为罪"条明确规定:"即累流、徒应役者,不得过四年。"在唐律中,有居作四年加役流的规定。《唐律疏议·名例》"工乐杂户及妇人犯流决杖条"条规定:"诸工、乐、杂户及太常音声人","犯加役流者,役四年"。

唐律把加役流归入不得减赎的"五流"之中,犯者不在减赎范围之内。《唐律疏议·名例》"应议请减"条规定:"加役流、反逆缘坐流、子孙犯过失流、不孝流、及会赦犹流者,各不得减赎,除名、配流如法。"即使一些明确规定流以下可赎的,也与加役流无缘。《唐律疏议·名例》"老小及疾有犯"条规定:"诸年七十以上、十五以下及废疾,犯流罪以下,收赎。"但是,犯加役流的"不用此律",即不在赎列。究其原因,此条"疏议"作了解释:"加役流者,本是死刑,元无赎例,故不许赎。"但是,"会降"属例外。《唐律疏议·名例》"应议请减"条"疏议"补充说:"止如加役流、反逆缘坐流、不孝流,此三流会降,并听收赎。"

犯加役流者远在三千里外役满三年后,户口不得再回原籍。《唐律疏议·名例》"犯流应配"条规定:"加役流者,流三千里,役三年。役满及会赦免役者,即于配处从户口例。"其他一些规定皆同犯"三流"者。

2. 加役流适用的犯罪

加役流的适用范围较广泛。在唐律中,加役流涉及条目不下二十,除名例律外的其他十一律中,仅厩库律无加役流的规定。总括起来,它主要适用于以下几大类犯罪:

第一,危害皇帝人身安全的犯罪。庙、社和禁苑均为皇帝出没之处,皆有专人护卫,严禁向这些地方放弹、投瓦石等。如有此类行为,并因此而杀死人的,要受重罚,故用加役流。《唐律疏议·卫禁》“犯庙社禁苑罪名”条规定:“向庙、社、禁苑射及放弹、投瓦石杀伤人者,各以斗杀伤论,致死者加役流。”

第二,侵害其他人身安全的犯罪。夜间无故入人家而被拘获的,入城、宅而故杀人的,故杀死囚的等一些故意杀人行为,虽与一般故杀有别,但也因杀人而侵害他人生命,不可轻饶,唐律均判定为加役流。《唐律疏议·贼盗》“夜无故入人家”条规定,夜间无故入人家者,“已就拘执而杀伤者,各以斗杀伤论,至死者加役流”。《唐律疏议·杂律》“向城官私宅射”条规定:“故令入城及宅中,杀伤人者,各以斗杀伤论;至死者,加役流。”《唐律疏议·断狱》“死罪囚辞究竟废倩人杀”条规定:“死囚犯若不遣雇倩,及辞未穷竟而杀,各以斗杀罪论,至死者加役流。”

第三,侵犯公私财产的犯罪。对于一些情节严重或侵犯公私财物数额较大的侵犯公私财产的犯罪,唐律仍予以严惩,甚至用加役流。唐律把掘他人之墓的行为看做严重的盗毁财物行为,处以加役流。《唐律疏议·贼盗》“发冢”条规定:“诸发冢者,加役流。”神职人员盗、毁神像,情节十分严重的,也须用加役流。《唐律疏议·贼盗》“盗毁天尊佛像”条规定:“道士、女官盗毁天尊像,僧、尼盗毁佛像者,加役流。”偷窃数额在五十匹以上的,也在加役流之列。《唐律疏议·贼盗》“窃盗”条规定,窃盗“五十匹加役流”。此外,抢劫罪之类也适用加役流。《唐律疏议·贼盗》“本以他故殴人因而夺物”条规定:“诸本以他故殴击人,因而夺其财物者,计赃以强盗论,至死者加役流。”

第四,职务上的犯罪。唐律对于一些官吏利用职权行私或违反行职、司法的行为,处罚较严,多处使用加役流。《唐律疏议·职制》“监主受财枉法”条规定,监临主司受财而枉法的,“十五匹绞”;不枉法的,“三十匹加役流”。《唐律疏议·户婚》“里正官司妄脱漏增减”条规定，里正及官司妄脱漏增减以出入课役而赃重的，“入己者以枉法论，至死者加役流”。《唐律疏议·断狱》“主守导令囚翻异”条规定，主守受囚财物，导令翻异的，受财“十五匹加役流”。“监临自以杖捶人”条规定，监临主司违法捶拷囚犯，“至死者加役流”。

第五，其他犯罪。一些重大犯罪，如走私、妻妾殴伤已故夫之祖父母与父母、诈乘驿马、囚犯脱逃伤人等，也都适用加役流。《唐律疏议·卫禁》“越度缘边关塞”条规定，越度缘边关塞而与化外人私相交易的，价值“十五匹加役流”。《唐律疏议·斗讼》“妻妾殴詈故夫父母”条规定，妻妾殴故夫之祖父母、父母并折伤的，加役流。《唐律疏议·诈伪》“诈乘驿马”条规定，诈乘驿马的，加役流。《唐律疏议·捕亡》“被囚禁拒捍走”条规定，囚犯拒捍官司而走并伤人的，加役流。

3. 加役流的袭变

宋刑统全盘袭用唐律中有关加役流的规定。无论是加役流适用的罪名还是犯罪情节等，宋刑统皆沿唐律未革，甚至大多连法条的字句都与唐律相同，如其中的“犯庙社禁苑罪名”、“发冢”、“窃盗”、“越度缘边关塞”等条。可以说，宋刑统是唐律所规定的加役流制度的忠实继承者。

宋刑统中虽有加役流的规定，但执行时与唐律的规定有别。这主要是因为宋初实行折杖法，用杖刑替代除死刑以外其余四刑的执行，加役流可折脊杖二十。《宋史·刑法志》载：“太祖受禅，始定折杖之制。凡流刑四：加役流，脊杖二十。”这样，犯加役流者不需再至三千里外服役三年。唐律则没有这样的规定。

大明律中已没有“加役流”字样，但似乎有替代者。替代者为流与法杖一百、拘役三年并用。《明史·刑法志》载：“三流并决杖一百，拘役三年。拘役者，流人初止安置，今加以居作，即唐、宋所谓加役流也。”其实，此与唐律中的加役流有别，主要有二：一是唐律中的加役流不在三流之列，而大明律的规定却是三流，亦含其他流；二是唐律中的加役流无须加杖，而大明律的规定要加杖。

在唐律适用加役流的法条中，除“越度缘边关塞”、“夜无故入人家”、“盗毁天尊佛像”、“诈乘驿马”等少数条目外，大多数均能在大明律中找到相应的内容。其中，多用“杖一百，流三千里”刑。在此列举数例。《明律·刑律》“有禄人”与“无禄人”条都规定，官吏不枉法赃的，皆“罪止杖一百，流三千里”。《明律·刑律》“发冢”条规定：“凡发掘坟冢见棺椁者，杖一百，流三千里。”《明律·刑律》“窃盗”条规定，凡窃盗的，“罪止杖一百，流三千里”。但是，也有少数条目的用刑与加役流相比，有或重或轻的情况。《明律·兵律》“向宫殿射箭”条规定，凡向太庙、社等放弹、投砖石而伤人的，皆处“斩”；唐律则规定，要杀死才处加役流。可见，大明律此条用刑明显重于唐律。《明律·户律》“脱漏户口”条规定，里长脱漏户口的，“罪止杖一百”；县官脱漏口的，“罪止杖八十”。此条规定的量刑明显轻于唐律。从大明律的有关规定可见，唐律中的加役流在大明律中多为杖一百和流三千里，仅有少数重于或轻于加役流。这也从一个侧面反映出，大明律与唐律相比，确有畸重畸轻现象。大清律例遵大明律之制。

加役流的产生有一定的法制原因，主要是刑罚制度。在笞、杖、徒、流和死五刑中，流与死虽仅一刑种之差，但却关系到人的生命，非同其他刑种之差。为了使这两个刑种间有个缓冲的余地，挽救部分可死可不死的罪犯，唐太宗时已用断右趾刑。但是，此刑毕竟是肉刑，比较残酷，如唐太宗自己听言：“念其受痛，极所不忍。”唐的主刑为五刑，再加一个断右趾，变成了六刑，更不符唐的刑制，故议定加役流，划归流刑，并把原有的部分死刑犯罪纳入加役流范围。这样，既不影响原有的刑制，又缓解了流与死的刑差，可算两全其美。

二、上请制度

上请是指由于身份等原因，司法官无权对一些罪犯作出判定，而只能弄清案情并提出审理意见，上报皇帝，由皇帝直接作出终审判决。上请制度是唐律中的一个重要制度，能集中反映特权和中央集权统治的存在。

1. 唐前关于上请的规定

我国在汉代就已实行上请，《汉书》中有多处关于上请的记录。《汉书·高帝纪》载，汉高祖七年（前200年）下诏："郎中有罪耐以上，请之。"《汉书·宣帝纪》载，汉宣帝曾诏："吏六百石位大夫，有罪先请。"《汉书·平帝纪》载，汉平帝亦诏："令公、残侯嗣子有罪耐以上，先请之。"《后汉书·光武纪》载，东汉光武帝在位时也下诏："吏不满六百石，下至墨绶长相，有罪先请之。"

从以上《汉书》的记载可见：一是上请仅适用于官吏贵族罪犯，不见有其他的适用对象。二是适用的范围不断扩大。这又可从两个方面看：一方面，适用的官吏范围扩大，先言适用三千石，后又言适用六百石，最后六百石以下等都在适用之列；另一方面，适用的犯罪范围扩大，先定耐以上可请，后又定有罪皆可请。这些不仅说明汉的上请是一种法定的特权，也说明这种特权在不断延伸，成为越来越多官吏贵族的护身符。

汉的上请在形式上是汉前法定特权的发展。在《周礼·秋官·小司寇》中，就已有"凡命夫命妇不躬坐狱讼，凡王之同族，有罪不弃市"和"以八辟丽邦法"的记载。以后，尽管有不少地主阶级思想家竭力主张"刑无等级"、"法不阿贵"，但特权仍不时在法律中被认可。云梦秦简《法律答问》中有对贵族后代用赎的记载："内公孙无爵者，当赎刑，得比公士赎耐不得？得比焉。"到了汉代，地主阶级的统治已十分稳固，中央集权也进一步发展，"刑不上大夫"的呼声在统治阶级内部越来越强烈，上请就此被推上了法制舞台。

魏晋南北朝时期较多使用"八议"，有以"八议"取代"上请"之势，故各代罕见"上请"之规定，而常见"八议"之适用。据《九朝律考》所载，魏律考、晋律考、后魏律考、北齐律考、后周律考等中皆有关于“八议”的实例。

2．唐律关于上请的规定

唐律第一次全面、完整地规定了上请制度，主要内容包括以下四个方面：

第一，上请的适用范围。唐律中规定的上请的适用范围比以往广泛，归结起来有以下四大类：第一类是官僚贵族犯罪。《唐律疏议·名例》“皇太子纪”条规定：“诸皇太子妃大功以上亲、应议者期以上亲及孙、若官爵五品以上，犯死罪者，上请。”第二类是罪犯有可矜情节的。《唐律疏议·名例》“犯死罪应侍家无期亲成丁”条规定：“诸犯死罪非十恶，而祖父母、父母老疾应侍，家无期亲成丁者，上请。”“老小及疾有犯”条规定：“八十以上、十岁以下及笃疾，犯反、逆、杀人应死者，上请。”第三类是违礼不违律行为。上条“疏议”说：“殴父母，虽小及疾可矜，敢殴者乃为‘恶逆’。或愚痴而犯，或情恶故为，于律虽得勿论，准礼仍为不孝。老小重疾，上请听裁。”第四类是非故意的重大犯罪。《唐律疏议·卫禁》“阑入宫殿门及上阁”条规定：“持仗及至御在所者，斩。迷误者，上请。”“宫殿作罢不出”条规定：“在宫殿内作罢而不出者”，且是因为“不觉及迷误者，上请”。《唐律疏议·斗讼》“诬告谋反大逆”条规定：“诸诬告谋反及大逆者，斩；从者，绞。若事容不审，原情非诬者，上请。”

第二，上请的程序。上请有特定的程序：由审案的司法官先写明犯罪者的犯罪情况、适用的刑罚和应上请的理由，然后直接上奏皇帝，由其裁定。这一过程在《唐律疏议·名例》“皇太子妃”条及其“疏议”中是这样规定的：“请，谓条其所犯及应请之状，正其刑名，别奏请。”“条其所犯者，谓条录请人所犯应死之坐。”“正其刑名者，谓录请人所犯，准律合绞、合斩。”“别奏者，不缘门下，别录奏请，听敕。”但是，也有个别条款的上请程序有别于以上程序，如“申刑部”过程。《唐律疏议·名例》“犯死罪应侍家无期亲成丁”条“疏议”说：“据令应侍，户内无期亲年十一以上、五十九以下者，皆申刑部,具状上请,听敕处分。”

第三,不适用上请的限制。唐律中的上请是一种有条件被适用的制度,在许多情况下无效,而且不同的条目中有不同的限制条件。《唐律疏议·名例》“皇太妃”条规定:“犯十恶,反逆缘坐,杀人,监守内奸、盗、略人、受财枉法者,不用此律。”即不用上请的规定。“犯死罪应侍家无期亲成丁”条“疏议”说:“若有曾、玄数人,其中有一人犯死罪,则不上请。”即须按律处罚,亦不适用上请。

第四,确定上请的原因。唐律的制订者确定上请及其适用有一定的原因,并在有关条款的“疏议”中作了说明。《唐律疏议·名例》“老小及疾有犯”条“疏议”对老、小及疾者犯反逆、杀人应死而上请的原因作了如下说明:老、小及疾者应执行“三赦”之法,“有不可赦者,年虽老小,情状难原,故反、逆及杀人,准律应合死者,曹司不断,依上请之式,奏听敕裁”。《唐律疏议·卫禁》“宫殿作罢不出”条“疏议”对因不觉或迷误而在宫殿作罢不出者适用上请的原因作了解释:“营作之所,院宇或别,不觉众出,或迷误失道,错向别门,非故不出”,所以“得上请”。

与以往关于上请的规定相比,唐律不仅大大扩大了其适用范围,把一些有可矜情节的犯罪、违礼不违律的行为、非故意的重大犯罪等归入上请轨道,而且还对上请的程序、限制等作了详尽、规范的规定,甚至还对一些上请的原因作了学理解释,真可谓举世无双。

3. 唐后上请制度的袭革

宋刑统照搬唐律中所有关于上请的内容,绝大多数法条都一字不漏地再现,仅个别条款有个别无关紧要的字、词的变动。例如,《宋刑统·卫禁律》“阑入庙社宫殿门”门规定:“若持仗乃至御所者斩。注云,迷误者上请。”唐律的规定仅无“注云”两字,其他均同。可以这样认为,宋刑统只是把唐律中有关上请的规定“依样画葫芦”而已。

大明律与宋刑统不同,它较大幅度地改变了唐律中的上请制度，主要表现在以下几个方面：首先，大明律虽仍用“上请”之词，但却大量地用“取自上裁”、“奏闻请旨”等取而代之，而且还把唐律中使用上请的程序分为两类：一类是直接上报皇帝，由其定夺。《明律·名例律》“职官有犯”条规定：“凡京官及在外五品以上官有犯，奏闻请旨，不许擅问。”这类似于唐律中的规定。另一类是在上奏前还有议的过程。《明律·名例律》“老小废疾收赎”条规定：“八十以上、十岁以下及笃疾，反逆杀人应死者，议拟奏闻，取自上裁。”这一过程似乎更接近于大明律中有关“八议”的规定，但又不属于“八议”范围。《明律·名例律》“应议者犯罪”条规定，凡八议者犯罪，“开具所犯及应议之状，先奏请议，议定奏闻，取自上裁”。其次，与唐律的一些条目相比，大明律亦有或严或宽的情况。《明律·名例律》“犯罪存留养亲”条规定：“凡犯死罪，非常赦所不原者，而祖父母、父母老、疾应侍，家无以次成丁者，开具所犯罪名奏闻，取自上裁。”与唐律的“犯死罪应侍家无期亲成丁”相比，在适用罪名方面，大明律严于唐律，因为前者为“常赦所不原”，后者为“十恶”；在适用主体方面，大明律又宽于唐律，因为前者无期亲及亲等限定，后者则明确规定为“无期亲成丁”。所以，清代学者薛允升在《唐明律合编·名例》“犯罪存留养亲”条后评说：“存留养亲，本系悯犯亲之衰老无依，并非谓犯人之情可宽恕也。唐律系犯死罪非十恶，明律改为非常赦不原，似较唐律为严，惟唐律死罪应侍家无期亲成丁者，方准上请，流犯权留养亲，仍须流配，情法原属不背，明律删去期亲及亲终等语，则又较唐律为宽。”此话确有道理。最后，唐律中适用上请的另一些条目在大明律中有的被删去；有的虽有相应条文，但不再使用上请。例如，大明律已无唐律中的“诬告谋反大逆”条目，也无相应内容，上请自然不存。又如，大明律中虽有关于“宫殿造作罢不出”与“宫殿门擅入”的规定，但均无唐律所规定的“迷误”、“不觉”的情节，因此上请也不复存在了。由此可见，与唐律中有关上请的规定相比较，大明律不仅适用范围缩小，而且还有严宽不均的现象，这与它的整体内容大致吻合。

大清律例中有关上请的规定与大明律同，只是其翻版罢了。

4. 上请制度的实质

上请制度是中央集权制在法制中的直接体制。在我国古代的中央集权制度中，皇帝把持着最高司法权，决定着臣民的生死，上请就是表现之一。皇帝通过上请，直接插手司法，根据自己的意志和愿望，决定官僚贵族的生杀和一些特殊案件的定夺。集权在上请制度中得到淋漓尽致的反映。不仅如此，上请制度还随着中央集权制度的发展而发生变化。据史籍记载，这一制度有明确规定是在汉代，即中央集权制度的巩固时期；这一制度有完整规定是在唐代，即中央集权制度进一步发展时期；到了明、清，这一制度似乎在适用范围上有些缩小，而会审制度却得到充分发展，并以会审与上请双管齐下，且中央集权制度已发展到顶峰。可见，上请制度的发展与中央集权制度的不断加强同步。另外，上请制度也为中央集权统治效尽犬马之劳。上请使皇帝对司法权的控制合法化，可堂而皇之地利用它，自由地挥动法律大棒；同时，也使这种控制具体化，从中体现集权的存在。综上所述，上请制度的本质在于，它既是中央集权统治的法制产物，又是维护这种统治的工具。

上请制度又大量、经常地表现为维护特权。这又可分为以下两个方面：一是上请虽也适用于一些特殊案件，但大量和经常地适用于官僚贵族犯罪。汉代的上请仅对官僚贵族敞开大门。唐及以后各代的规定也都把较高官品和较高地位者列为当然上请之内，一般百姓非特殊情况不能沾边。二是上请仅让高官贵族享受。不是所有官僚均可享受上请，它有特定范围。当然，可上请者的地位和特权均不及“八议”者，这可通过比较窥见。据唐律的规定，“八议”主要为三品以上职事官及皇亲国戚享用，上请则主要为四、五品职事官和太子妃大功以上亲享有；“八议”的不适用条件仅为“十恶”，上请除“十恶”外还包括反逆缘坐、杀人、监守内奸等。这不仅说明上请规定的特权不及“八议”大，同时也告诉人们，特权因官僚贵族的地位不同而不等，高者大，低者小。

最后，还需补充的是，从广义的角度看，“八议”也是一种上请。“八议”和上请都由皇帝最后一锤定音，本质上无别，故在唐律中也有把“八议”称为“上请”的。《唐律疏议·名例》“八议者”条“疏议”在解释八议“犯十恶者，不用此律”时说：“其犯十恶者，死罪不得上请，流罪以下不得减罪，故云‘不用此律’。”此句中的“上请”就是指议。

三、反坐制度

唐律中的反坐制度也是一个值得注意的制度。

1. 唐前有关反坐的规定和实例

我国早在西周时就已有反坐存在。《尚书·吕刑》载：“五过之疵，惟官、惟反、惟内、惟货、惟来，其罪惟均，其审克之。”其中，“其罪惟均”指与罪犯一样处罚，具有反坐之意。秦代续用反坐，主要适用于诬告犯罪。《法律答问》说：“当黥城旦而以完城旦诬人，可(何)论?”应当黥和劓。[①] 汉代也有反坐的记载。《后汉书·彭城靖王恭传》载，东汉安帝时，彭城靖王怒责儿子，致他自杀。“相赵牧以状上，因诬奏恭祠恶言，大逆不道。有司奏请诛之。恭王上书自讼。”安帝“遣御史大夫毋丘俭案其事实，无证。赵牧反坐下狱，会赦不诛”。魏晋南北朝时期也有类似记载。《魏书·曹爽传》载：“宣王乃忿然曰：‘诬人以反，于法何应?’主者曰：‘科律反受其罪，乃收(桓)范于阙下。’”此外，《晋书》、《后魏书》等也都有诬告反坐的实例。

综观唐前有关反坐的规定和实例，反坐主要适用于诬告犯罪，对诬告者的处罚大多与所诬告的罪同。只有个别规定适用于司法官因违法审判而构成的犯罪，如“吕刑”中的规定。另外，当时有关反坐的内容缺乏完整性，只见一些零星记载。唐律第一次对反坐作了较为全面、系统的规定，其中包括适用反坐的一般原则、犯

---

① 参见《睡虎地秦墓竹简》，文物出版社1978年版，第203页。

罪和反坐的种类等。

2. 唐律规定适用反坐的一般原则

唐律在名例律中对反坐的一般原则作了规定。《唐律疏议·名列》"称反坐罪之等"条规定，诸称"反坐"，"止坐其罪；死者，止绞而已"。这一原则适用于大多数适用反坐的犯罪。《唐律疏议·名例》"犯罪未发自首"条"疏议"用例说明了此原则："如户内止隐九口，告称隐十八口，推勘九口是实，诬告者不得反坐，以本条隐九口者，罪止徒三年，罪至所止，所诬虽多，不反坐。"但是，也有例外情况。《唐律疏议·斗讼》"诬告府主刺史县令"条规定："诸诬告本属府主、刺史、县令者，加所诬罪二等。"此条"疏议"作了详细的说明和补充："诬告本属府主等，加所诬罪二等，谓诬告一年徒罪，合徒二年之类。若告除名、免官、免所居官等事虚，亦准此徒法加罪。"这是一个反坐重于原罪的规定。

3. 唐律规定适用反坐的犯罪

唐律中的反坐主要适用于诬告罪。诬告者要按所诬告的罪而反坐被罚，具有监察职能的官吏挟私弹劾他人的也如此受罚。《唐律疏议·斗讼》"诬告反坐"条规定："诸诬告人者，各反坐。即纠弹之官，挟私弹事不实者，亦如之。反坐致罪，准前人入罪法。"这一规定也适用于告发一人数罪和数人数罪的情况。在告发一人数罪中，诬告人只承担其中不实之罪的反坐责任，实者不予追究；所诬告的罪再多，也只以高者论罪，不采用合并论罪的原则。在告发数人数罪中，诬告人也只依虚者量刑，实者不论。此条规定："若告二罪以上，重事实及数事等，但一事实，除其罪；重事虚，反其所剩。即罪至所止者，所诬虽多，不反坐。其告二人以上，虽实者多，犹以虚者反坐。"唐律中有关于诬告反坐的明确规定。《唐律疏议·斗讼》"教令人告事虚"条规定："诸教令人告，事虚应反坐。"

唐律还对一些特殊的诬告反坐作了规定。第一，受雇诬告的同自诬。即受唆使而诬告他人的，受唆使的人要负全部刑事责任。

《唐律疏议·斗讼》“为人作辞牒加状”条规定：“受雇诬告人罪者，与自诬告同。”第二，诬告人在被诬告人受罚前就承认诬告事实的可减轻处罚。这仅适用于流以下罪。《唐律疏议·斗讼》“诬告人流罪以下引虚”条规定：“诬告人流罪以下，前人未加拷掠，而告人引虚者，减一等。”但是，也有例外，即“诬告期亲尊长、外祖父母、夫、夫之祖父母，及奴婢、部曲诬告主之期亲、外祖父母者，虽引虚，各不减”。第三，告发之事与调查后所得不同的也要依诬告论。《唐律疏议·斗讼》“告小事虚”条规定，如告发人的所告之事“离其事，则依本诬论”。此条“疏议”还专门举例作了说明，即如果“告人盗马，检得铸钱之属”，则“得诬告盗马之罪”。

除诬告适用反坐外，有些违犯司法的行为也适用反坐。《唐律疏议·断狱》“拷囚不得过三度”条规定：“诸拷囚不得过三度，数总不得过二百，杖罪以下不得过所犯之数。”“杖数过者，反坐反剩。”即以超过部分反坐司法官。“官司出入人罪”条中亦有类似规定：“诸官司入人罪者，若入全罪，以全罪论；从轻入重，以所剩论；刑名易者：从笞入杖、从徒入流亦以所剩论，死罪亦以全罪论。其出罪，各如之。”

4. 唐律规定的反坐种类

综合唐律中有关反坐的内容，主要可分为以下四种：

第一，以原罪反坐。这是反坐原则的直接体现，即反坐“止坐其罪”。唐律中的大多数反坐均属此类。诬告者的受刑与所诬告的罪同，即“反坐致罪，准前人入罪法”。司法官“出入人罪”的，如出入全罪也“以全罪论”等，都是如此。

第二，重于原罪的反坐。对于某些犯罪，唐律规定适用重于原罪的反坐，以增加处罚的严厉性。此类反坐在唐律中都有明确规定，诬告官吏即是如此。《唐律疏议·名例》“除免比徒”条规定：“诸除名者，比徒三年；免官者，比徒二年；免所居官者，比徒一年。”“以轻罪诬人及出入之类，故制此比。”此条“疏议”还举例作了说明：“假有人告五品以上官，监临主守内盗绢一匹，若事实，盗者合杖八十，仍合除名；若虚，诬告人不可止得杖罪，故反坐比徒三年。”诬告人得杖罪，反坐却是徒罪，这说明反坐重于原罪。此外，免官、免所居官等也适用重于原罪的反坐。

第三，轻于原罪的反坐。唐律中，还有些反坐的量刑轻于原罪。这类犯罪很少，且在律中有明文规定。《唐律疏议·斗讼》“诬告谋反大逆”条规定：“诸诬告谋反及大逆者，斩。”此反坐轻于原罪，因为谋反及大逆者除本人处斩外，还要缘坐家族、资宅田等。

第四，以所剩反坐。这适用于司法官因违反司法而构成的一些犯罪。此类反坐在唐律中亦专有规定，如上述“拷囚不得过三度”条规定的司法官拷囚过数要以所剩反坐，“官司出入人罪”条规定的司法官出入人罪也要以所剩反坐。

在以上四种反坐中，只有第一种是常见形式，其他三种都是特殊形式，故须明文规定，作为例外处理。

唐律中有关反坐的规定对后世的立法产生了不同程度的影响。宋刑统全面承袭唐律的规定，可谓是亦步亦趋。大明律和大清律例除了沿用唐律中有些反坐规定外（如官司出入人罪的规定基本同唐律），在总体上还加重了对反坐的用刑。两律的“诬告”条都规定：“凡诬告人笞罪者，加所诬罪二等；流徒杖罪加所诬罪三等，各罪止杖一百，流三千里。”同时，两律还较多地使用加、减反坐用刑的形式，仅在“干名犯义”条中就出现多次。此条规定，诬告小功缌麻尊长的，“若诬告罪重者，各加所诬罪三等”。不在干名犯义之限的，“诬告者期亲减所诬罪三等”；“若诬告妻及妻诬告妾，亦减所诬罪三等”；等等。①

反坐是我国古代统治者喜欢使用的一种惩罚手段，它有助于减少诬告现象和提高司法官的司法责任，从而有利于预防犯罪。正因如此，在我国古代的立法中总少不了反坐，唐律还使它不断成

① 参见《明律·刑律》和《大清律例·刑律》。

熟，并成为一项律中的重要制度。

四、立法审核制度

唐代统治者在总结前人立法经验和教训的基础上，建立了比以往更为完备的立法审核制度，并将其规定于唐律中，保障其实施。

1．唐代立法审核制度的政治和思想基础

唐代建立较为完备的立法审核制度有多种原因，首推政治和思想两个方面。

唐代的立法审核制度直接派生于政治制度。自秦统一中国后，古代政治制度步入了一个新的阶段，朝着有利于加强中央集权的方向不断发展。秦和西汉初，宰相权力较大，“掌丞天子，助理万机”[①]。西汉后期，立大司徒、大司空和大司马，三分宰相之权。魏晋南北朝时期，出现了中书、门下和尚书三省，中书、门下两省的地位低于尚书省，而且它们的职权也不甚明确。三省并列为三个中枢机关，而且职责明确，是在唐代。“唐初，始合三省，中书主出命，门下主封驳，尚书主奉行。”[②]唐代确立三省制度的目的不仅是分权，而且要使它们互相牵制，防止篡权。这一点后人讲得十分清楚：“事无巨细，遍经三省，无出一己，使擅其权。”[③]三省制度不仅有利于皇帝对国家政权的控制，还形成了门下省审核中书省立法的立法审核格局。

唐初还具有较完整的有关立法审核的思想，首推唐太宗。他认为，门下省须经过封驳实行审核职能。贞观三年(629 年)，唐太宗对侍臣说：“中书、门下，机要之司，擢才而居，委托实重。诏敕如

---

① 《汉书·百官公卿表》。
② 《魏晋政柄·所归条注》。
③ 《宋会要辑稿·职官》。

有不稳便,皆须执论。”[①]他还说:“中书诏敕或有差失,则门下当行驳正。”[②]唐太宗认为,设立门下省的目的之一就在于避免立法错误。他在贞观三年对黄门侍郎王珪说:“国家本置中书门下,以相检察。”[③]他还说:“中书所出诏敕,颇有意见不同,或兼错失而相正以否之置中书、门下,本拟相防过误。”[④]为使立法审核制度充分发挥作用,唐太宗常以隋亡为鉴,提醒臣下都“须灭私徇公,坚守直道”,否则将会“家国俱丧”[⑤]。

唐代的政治制度和较为完整的立法审核思想,为唐代建立立法审核制度奠定了政治和思想基础。

2. 唐律规定的立法审核制度

唐律把唐代的立法审核作为一个重要制度确定下来。《唐律疏议·名例》“同职犯公坐”条“疏议”作了较为全面的规定:“尚书省应奏之事,须缘门下者,以状牒门下省,准式依令,先门下录事勘,给事中读,黄门侍郎省,侍中审。有乖失者,依法驳正,却牒省司。若实有乖失,不驳正者,录事以上,减省下从一等。既无迭减之文,即侍中以下,同减一等。律以既减下从,得罪最轻,若更迭减,余多无坐,驳正之法,唯在录事以上,故所掌主典,律无罪名。”

根据以上规定,门下省是唐代审核立法的中央机关。它要“准式依令”,对中书省草拟的法律进行“勘”、“读”、“省”和“审”的工作。这正好与三省的分工一致。《文献通考·职官考》载:“中书取旨,门下覆奏,尚书施行。”

门下省用“封驳”方式行使审核权。具体的过程是:门下省通过审议,认为中书省制定的敕令无误、可行,即行签署并交尚书省施行。《唐会要·职官》载有这样的过程:中书省拟定敕令诏书必

① 《贞观政要·政体第二》。
② 《资治通鉴·卷一百九十三》。
③ 同上。
④ 《贞观政要·政体第二》。
⑤ 同上。

须“留门下省为案，更写一遍，侍中注‘可’，印署讫，送尚书省施行”。在现今唐太宗明陵博物馆库房里存留的一块石碑的碑文，也证实了这样的过程。此碑文记载了贞观十五年(641 年)正月给临川公主爵号的诏书内容，落款是这样的：中书省于正月十五日拟立，门下省在第二天通过，尚书省在同一天向有关部门下达。如果门下省认为中书省草拟的敕令等有误，就“封驳”，将其退回，要求修改或重拟，直至无误，才可放行。这就是上述规定中的“有乖失者，依法驳正，却牒省司”。《新唐书 · 崔植传》载有一个封驳的实例：元和年间，有人“建言减百官俸”，还拟完诏书。门下省认为不当，即“封还诏书”。

审核立法的程序不仅适用于拟订敕令、诏书的过程，也存在于撰修律、令、格和式的过程。撰修这些法律形式，通常由一些皇帝任命的重要官吏和法律专家承担，他们拟订的法律也须经门下省审核。例如，永徽四年(653 年)颁行的《唐律疏议》在拟完后，就经过门下省的审核。《旧唐书 · 刑法志》载：“条疏义奏闻，仍使中书、门下监定。”

在门下省，行使审核职能的主要是侍中、黄门侍郎、给事中和录事等。侍中是门下省的长官，负责门下省的全部工作，凡是“出纳帝命”[①]，皆须经其签署后，方可交付尚书省实践。黄门侍郎“掌贰侍中之职，凡政之弛张，事之与夺，皆参议焉”[②]。给事中“掌侍奉左右参判省事，凡为百司奏抄，侍中审定，则先读而署之，以驳正违失”[③]。他们之间的工作联系如上文所规定：“录事勘，给事中读，黄门侍郎省，侍中审。”在这些环节中，录事和给事中最为重要，因为他们进行具体的审核工作，要提出详细的处理意见。

在审核立法的过程中，各官吏均须依法尽职，如有违犯，就要

① 《唐六典 · 门下省》。
② 同上。
③ 同上。

受到制裁。“封驳有误，于法当罚。”[①]具体的规定前已阐述。

3. 立法审核制度的特点、作用、影响和局限性

与唐前历史相比，唐律确立的立法审核制度的一个显著特点是，它规定由专门的中央中枢机关和官吏负责此项制度的执行。这为审核立法工作提供了组织保障。唐前也有封驳。“汉哀帝欲封董贤，丞相王嘉，封还诏书。”[②]但是，后人评说，唐前“虽有封驳之制”，“然并无专官”[③]。这一结论是中肯的。唐律规定这一制度，标志着我国封建立法已发展到一个成熟阶段。

立法审核制度的作用在于，使立法完备，使法律内容协调。唐律本身就是立法完备的产物。唐律被公认为“旧律之最全者”和“法家最可宝贵之书”。难以想象，如果没有立法审核制度，唐律怎会负此盛名。

唐律规定的立法审核程序为后世效仿。宋时，沿用过唐代的三省制，并仍由门下省执行立法审核职能。《宋会要辑稿·职官》载，宋徽宗宣和七年（1125年）颁诏：“中书议而论之，门下省而驳之，尚书承而行之。有不当者，自可论奏。”明代虽取消三省制，但仍有审核立法专官。《唐明律合编·职制》载：“虽罢门下省长官，而独存六科给事中，以掌封驳之任。”

唐代的立法审核制度毕竟是封建社会的产物，因此不可避免地存在局限性。首先，立法审核制度的建立是为了完备立法，健全封建法制，最终维护和加强封建专制统治，而这与农民阶级的根本利益是相违的。因此，这一制度无法解决唐代地主阶级与广大农民之间的根本矛盾，也无力使唐王朝长存不亡。其次，唐代地主阶级的历史地位决定了立法审核制度带有自发性。在唐代中期以后，特别是在后期，随着中央集权的加强，宰相权力又一次受侵，三

① 《旧唐书·高宋本纪》。
② 《日知录·卷九》。
③ 《国史旧闻·卷二十四》，中华书局1980年版。

省制约作用日趋丧失，门下省的封驳作用也就名存实亡了。唐代宗永泰元年(765 年)，设立内枢密使，专用宦官执掌机密以及章奏发诏，而三省长官只是“受成命，行制敕，讲典故，治文事而已”[①]。由此可见，唐律规定的立法审核制度只是皇权的附属品，无非是根据皇帝的需要存亡而已。

---

① 《资治通鉴·卷二百八十二》。

第七章 唐律的一些问题(上)

在唐律中,还有一些问题令人注目。了解它们,有助于进一步认识唐律本身与我国古代立法中的一些方面。

一、佛、道教问题

唐律制订时,在我国较有影响的宗教是佛、道两教。唐律中有关于两教的一些内容。

1. 唐前的佛、道教及有关规定

约在公元前五六世纪,佛教起源于印度,以后便逐渐向周围国家传播。一般认为,佛教在两汉之际传入我国。《三国志·魏志·东夷传》载:“昔汉哀帝元寿元年,博士弟子景卢受大月氏王使伊存口授《浮屠经》。”《资治通鉴·汉纪》载,汉明帝“闻西域有神,其名曰佛,因遣使之天竺,求其道,得其书及沙门以来”。至东汉末年的桓、灵二帝时,有关佛教的文献记载渐多。从一些史料可知,那时对佛教的信奉主要在上层贵族,对民间的影响不大。由于佛教与儒学内容相悖,却与道家的方术有表面的相似之处,故人们把它作为一种道术传播。《后汉书·襄楷传》载,襄楷在上书中把黄老、浮屠归为一道,说:“闻宫中立黄老、浮屠之祠,此道清虚,贵尚无为,好生恶杀,省欲去奢。”三国、西晋时,佛道依附玄学,对佛经进行翻译,寺庙和僧尼的人数也有所增加。东晋时的佛教广泛流传于南北,出现了道安、慧远和僧肇三位代表人物。南北朝时期,地方门阀进一步支持和扶植佛教,用因果报应说诱导人们安分守己、努力行善、遵守封建的道德观。由于南北朝的社会发展情况不同,佛风也有异。北朝偏重佛教的修持,南朝则侧重佛教理论的思考。此时的佛教开始走上独立发展的道路,在我国扎下根来,并以自己的寺院经济为依靠。据史料记载，北朝魏末时，江北地区有寺三万余所，僧尼二百万人；南朝梁时，亦有寺近三千所，僧尼八十余万人。这些寺僧还拥有大量的土地和财富，并剥削农民，跻身于地主阶级队伍。隋时，佛教走向兴盛期。

与佛教不同，道教是在我国文化土壤中形成的宗教。早在西汉末年，我国已出现道士。《汉书·王莽传》载："先是卫将军王涉，素养道士西门君惠。"但是，那时的道士大多秘密活动于民间，人数也有限。东汉末年，道教在民间公开传布，信奉者也越来越多。《册府元龟·帝王部·尚黄老》载，延熹九年(166年)，祠黄老于濯龙宫，"于是百姓稍有奉者，后遂转盛"。原始道教在当时产生。由于汉末的黄巾起义利用过道教，所以曹魏时对原始道教采取了镇压和笼络手段，道教队伍出现分化，有的被屠杀，有的成了地主阶级的座上客。东晋的葛洪是官方道教理论和仪式的奠基人，当时道教也从民间转为官方。南北朝时，道教被确立为国教，国家参与国教活动。《魏书·释老志》载，北魏太武帝在国都平城建立道场，"重坛五层，遵其新经之制"，每日祈祷六次，"月设厨会数千人"，集道士一百二十人。他还改年号为太平真君，并"亲至道坛"，"备法驾，旗帜尽青，以从道家之色也"。北魏的这些做法延续到北周。隋时，道教亦走向兴盛期。

佛、道两教能扎下根并不断发展有许多原因，其中最为重要的是得到统治阶级的培植和支持。当时的统治者认为，百姓相信"成佛"的说教，一心追求彼岸世界，就会安分守己，忍受现实社会的剥削和压迫，这将十分有利于政教。正如南朝宋时任侍中的何尚之所说，如佛教"遍于宇内，则仁人百万矣。夫能行一善则去恶，去一恶则息一刑。一刑息于家，则百刑息于国，则陛下言坐致太平是也"[①]。统治者还认为，百姓信道，沉浸于成仙之中，这些善男信女同样会忍受现实的剥削制度，从而达到助教目的。关于这一点，葛

---

① 梁僧祐：《弘明集》，载《何尚之答宋文帝语》。

洪讲得十分明确，即道教可“匡夫弼违，醒迷衬过”，最终“贵于助教”①。

正因为佛、道两教是有用的统治工具，故唐前的统治者就用法律手段保护这两教。《北史·苏琼传》载，北齐皇建中时，“徐州城中五级寺，忽被盗铜像一百躯，有司征检四邻防宿及纵迹所疑，逮系数十人。琼一时放遣，后十日抄贼姓名及贼处所，经收掩，悉获”。隋时，隋文帝“尤崇佛道”②，并“雕得灵相，图写真形，卒士瞻仰”③。同时，他还严惩毁盗佛、道像行为。《隋书·文帝纪》载，开皇二十年（600年），隋文帝下诏：“敢有毁坏偷盗佛及天尊像，岳镇海渎神形者，以不道论。”僧、道有以上行为者要加重处罚，即“沙门坏佛像，道士坏天尊者，以恶逆论”。

2．唐律有关佛、道教的规定

唐律的制订者根据当时的宗教政策和前人的立法经验，在唐律中对佛、道两教的有关问题作了比以往更为完备的规定，主要内容有：

第一，明确僧、尼和道士、女官的法律地位。僧和尼都是佛教的神职人员，僧为男性，又称“和尚”；尼为女性，又称“尼姑”。道士和女官是道教的神职人员，道士为男性；女官为女性，又称“女冠”。他们都是出家人，法律地位不同凡人，故唐律作了专门规定。《唐律疏议·名例》“称道士女官”条规定：“诸称‘道士’、‘女官’者，僧尼同。”即他们的法律地位相同。他们与师主的关系，如同他们与伯叔父母的关系。“若于其师，与伯叔父母同。”此条“疏议”解释师主身份说，他们是“于观寺之内，亲承经教”者。观寺中的“三纲”与部曲、奴婢的关系，如同家主的期亲亲属与部曲、奴婢的关系。“观寺部曲、奴婢于三纲，与主之期亲同。”“疏议”解释“三

---

① 《抱朴子·外篇·应嘲》。

② 《隋书·刑法志》。

③ 《隋书·文帝记》。

纲”为观里的“上座、观主、监斋”和寺里的“上座、寺方、都维那”。僧、尼和道士、女官与部曲、奴婢的关系如同家主缌麻亲与部曲、奴婢的关系，“与主之缌麻同”。明确了法律关系后，僧、尼和道士、女官都依此享有权利，承担义务。此条“疏议”举例作了说明：若他们詈师主，即构成詈“伯叔父母之罪”，要被“徒一年”。

第二，禁止“私入道”行为。私入道是指未经官方批准而擅自充当僧、尼和道士、女官的行为。唐代规定，凡出家的僧、尼和道士、女官皆可免赋役。国家为了保证赋役来源，严格控制入道人数。出家人在得到官方批准并取得凭证的情况下才可入道。私入道是犯罪行为，要受到刑事处罚。《唐律疏议·户婚》“私入道”条规定，凡私入道的，都要“杖一百”。让人非法入道或由家长做主教唆子女私入道的，当事人或家长也要受到相同的处罚。如果后果严重，已被注销了户籍的，还要加重处罚，判为“徒一年”。户籍所在地州、县的主管官吏和寺院、道观中的主持知情，并容忍私入道行为的，亦要受到与私入道人相同的制裁。僧、尼和道士、女官因犯法而应该还俗，但判决为不还俗的，判决人也要依私入道被惩罚。

第三，打击诬告僧、尼和道士、女官的行为。唐代规定，出家人皆应穿僧、道服装，如果任意穿着俗服，就是违法，要被逐出寺、观，回家还俗。因此，僧、尼和道士、女官如被控告有此行为并属实，就须按律处理。《唐律疏议·名例》“除免比徒”条“疏议”说：“假有人告道士等辄著俗服，若实，并须还俗。”如果是诬告，则反坐处罚诬告人。“疏议”接着说：“既虚，反坐比徒一年。”另外，诬告僧尼和道士、女官有其他不轨行为而造成他们被迫还俗的，诬告人也要受到相应处罚。此律条规定：“若诬告道士、女官应还俗者，比徒一年。”诬告造成他们做苦役的，诬告人也要反坐受罚，以笞代役。此条同时规定：“其应若使者，十日比笞十。”官吏在受理此类案件中有所出入的，亦按反坐被罚。此条“疏议”说：“应断还俗及苦使，官司判改；或不应还俗及苦使，官司枉入：各依此反坐徒、杖之法。”

第四,严惩僧、尼和道士、女官的行奸行为。唐代亦禁止男女之间的不正当性行为,犯者就是犯罪。《唐律疏议·杂律》"凡奸"条规定:"诸奸者,徒一年半;有夫者,徒二年。"僧、道教皆有"八戒"的规定,其中之一即是"不邪淫",具体地说是"不淫欲乱伦"。僧、尼和道士、女官都须严守这一戒律,如有违犯,要按奸罪加重二等处罚。《唐律疏议·杂律》"监主于监守内奸"条规定:"诸监临主守,于所监守内奸者,加奸罪一等。""若道士、女官奸者,各又加一等。"即要徒二年半。此条"疏议"还补充说:"僧、尼同。"即亦按此规定适用。

第五,保护佛、道神像。佛、道神像是两教存在的象征,也是人们朝拜的对象。唐代保护这些神像,凡有盗毁行为者,都将根据情节而受到严厉制裁。《唐律疏议·贼盗》"盗毁天尊佛像"条规定,凡人"盗毁天尊像、佛像者,徒三年"。"道士、女官盗毁天尊像,僧、尼盗毁佛像者,加役流",大大严厉于凡人的同等行为。此条"疏议"解释说,因为他们"盗毁所事先圣形象,故加役流,不同俗人之法"。以上两者仅盗毁真人像和菩萨像的,"各减一等"。如果仅盗未毁,而且目的是供奉,而"非贪利",只需"杖一百"。对于盗毁其他神像,"若化生神王之类"律条没有规定,此条"疏议"作了补充:要以"不应为从重"处罚,即杖八十。

此外,唐律还把佛、道教中的一些教规认可为法律,有关"十直日"的规定即是其中之一。《唐律疏议·断狱》"立春后秋分前不决死刑"条规定:"其所犯虽不待时,若于断屠月及禁杀日而决者,各杖六十。"其中的"禁杀日"就是十直日。十直日又称"十斋日",是佛、道教中有关每月中有十天禁止屠宰牲畜、钓鱼及不准施刑的规定。此条"疏议"罗列了这些日子,它们是每月中的"一日、八日、十四日、十五日、十八日、二十三日、二十四日、二十八日、二十九日、三十日"。凡在这些日子内行刑,唐律要追究行为人的刑事责任,以"杖六十"进行处罚。

3. 产生唐律中有关佛、道教规定的主要原因

唐前期，佛、道两教充分发展，逐渐达到全盛期，原因是多方面的，而主要是当时统治者的大力扶植和支持。例如，唐太宗以为，隋末爆发农民起义是因为那时“赋繁役重，官吏贪求，饥寒切身，故不暇顾廉耻耳”[①]。因此，统治者便有意识地通过各种途径发展佛、道教，把它们作为麻醉剂，腐蚀人民的反抗意志，以使百姓“顾廉耻”。用唐太宗自己的话说就是：“朕膺期驭宇，兴隆教法。深思利益，情在护持。”其目的是“永固福田”[②]。为此，统治者寻找各种理由发展佛、道两教，下举三例：

其一，以佛、道人曾帮助过自己即位为由，修建寺观作为回报。李渊父子在起事时得到过道士的帮助，即位后便予以报答。道士歧晖知晓李渊父子的起事消息后，“知真主将出，尽以观中资粮给其军”[③]。李渊称帝后，于武德二年(619 年)敕楼观，令鼎新修营老君殿、天尊堂及尹真人庙，应观内屋宇，务令宽博。道士王远知曾拥立唐太宗为帝。唐太宗即位后，作了回报，颁敕“润州于茅山置太受观，并度道士二十七人”[④]。少林寺僧人在唐太宗讨伐王世充的过程中多次相助，以后也得到了相应的回报。凡此等等，极大地推动了唐代宗教的发展。

其二，以道教的创始人李耳即老子是唐皇帝的祖先为由，推崇道教。道教在与佛教争夺正统地位时，为了证实自己早于佛教产生，把老子作为自己的创始人。《魏书·释老志》载：“道家之原，出于老子。”有人甚至提出“老子化胡说”，说老子出函谷关到印度去教化胡人。其实，老子的道也不是道教，“老子化胡说”更是离奇。但是，因老子姓李，与唐皇帝同姓，为了推崇道教的需要，唐统治者便伪托其为祖先。唐太宗在贞观十五年(641 年)时曾说：“今

① 《资治通鉴·唐纪：高祖武德九年》。
② 《旧唐书·太宗纪》。
③ 《混元圣纪·卷八》。
④ 《旧唐书·王远知传》。

李家据国，李老（老子）在前。”[①]他用崇拜自己祖先的方式，推崇道教，弘扬宗教。

其三，以佛、道的特殊地位为由，听任寺院经济的发展。唐统治者认为，佛、道两教不同于其他组织，有其特殊地位，可以有自己的经济，并亲自赐田送物。唐高祖于武德八年（625 年）赐少林寺地四十顷。唐高宗于显庆元年（656 年）下诏置西明寺，赐田百顷，车五辆，绢布二千匹，等等。此外，私置的寺院土地更多。浙江的天童寺有田一万三千亩，年租达三万五千斛。由于国家的纵容，寺院经济不断发展，结果“凡京畿之丰田美利，多归寺观，吏不能制”[②]。“天下之寺盖无其数，一寺多陛下一宫，壮丽之甚矣，用度过之矣。是十分天下之财，而佛有七八。”[③]有寺院经济为依托，佛、道两教便如虎添翼，快速发展起来。

在唐前期统治者的大力支持下，佛、道两教迅速发展，达到全盛期。唐律作为唐代统治者意志的反映，有必要保护这两个宗教，使它们能更好地为唐王朝的统治服务。唐律中有关确立僧道人员法律地位、打击诬告僧道人员行为、保护佛道神像等的内容，都直接有助于这种服务。

唐初就有规定，出家人可免调役，即“调课不输，丁役俱免”[④]。因此，僧道人员的大量存在会直接影响国家的经济收入。当时的统治者似乎已觉察到这一点，并在数量上加以一定的限制。唐太宗在贞观三年（629 年）时曾下诏，诸州可增僧尼，但总数以三千为限，目的在于控制僧尼队伍的无限扩大。与这一精神一致，唐律打击私入道行为，企图由国家掌握出家人数量。

出家人应遵守戒律，守纪奉法，但实际情况并非如此。在唐初，已有出家人“多有愆过，违条犯章，干烦正术”的情况，而且“佛

---

① 《集古今佛道论衡·卷三》。

② 《旧唐书·王缙传》。

③ 《旧唐书·辛替否传》。

④ 《法琳别传·卷上》。

戒虽有严科,违者却无惧犯”[1]。为此,唐律不得不使用刑罚手段,严惩擅自穿俗衣、行奸等一些严重违反教规的僧道人员,促使他们自重,使两教能更好地为唐统治者所利用。

最后还需提及的是,唐律中有关佛、道两教的规定与以往法典相比,最为完备。这除了与唐代这两教的充分发展有关外,还与当时的立法技术有关。唐律的制订者利用较高的立法技术,尽可能根据当时的社会状况,对有关内容作了完善的规定。唐律被公认为“疏而不漏”,其中就有关于佛、道两教的内容。正因为唐律的这些规定很周全,故唐后的一些封建朝代相继沿用,直至清末。

二、阴阳五行问题

阴阳五行说在我国古代的思想理论领域占有很重要的地位,有人称其为“中国人的思想律”[2]。它也影响到包括唐律在内的法律。

1. 阴阳五行说对唐前法律的影响

据史籍记载,阳阴和五行作为人们对自然现象的朴素认识,起源很早。《诗经》、《尚书》等都有阴阳之词。《诗经·大雅》载:“既景乃冈,相其阴阳。”《尚书·禹贡》载:“岷山之阳,……南至于华阴。”另外,《史记·历书》载:“黄帝考定星历;建立五行,起消息。”这里的一些阴阳和五行无非是表示日影、方向、天文、气象之类,没有任何政治和法律色彩。

我国古代的统治者很早就用阴阳和五行为自己的统治服务,使它们与法律联系起来,作为用刑的依据。《尚书·甘誓》载:“有扈氏威侮五行,怠弃三正,天用剿绝其命。”即把触犯五行作为受刑的原因。以后的统治者根据阴阳五行化的《礼记·月令》中有关春夏“省囹圄”、“事毋刑”和秋冬“戮有罪,严断刑”、“罪无掩蔽”

---

① 《法琳别传·卷上》。

② 顾颉刚:《古史辨五》,上海古籍出版社 1982 年版,第 404 页。

的规定，实行秋冬行刑制度。不过，在春秋战国以前，阴阳五行思想还不成体系，在政治和法律中的运用也只局限在个别领域。

春秋战国时期，百家争鸣。阴阳五行思想经过孔子、老子等的发挥，特别是邹衍的发明，逐渐成为一种理论。《史记·孟子荀卿列传》载，邹衍“深观阴阳消息而作迂怪之变，终始大圣之篇十余万言”。其内容是：“称引天地剖判以来，五德（五行之德）转移，治各有宜，而符应若兹。”遗憾的是，此十余万言的“终始大圣之篇”早已无存，故无法知晓其详况。但是，从有关史料看，邹衍把土、木、金、火、水五行之间依次转移、相胜的关系运用在朝代的更替等领域。他认为，五行中的任何一个后者总克胜前者，木胜土，金胜木，火胜金，水胜火，土再胜水，往复无穷。每个朝代都代表五行之一，而且后者总是胜前者，因为新朝的兴起总与旧朝的衰落联系在一起，并为旧朝所无法克胜。从这一理论出发，每个新建朝代的各个方面都应与其新代表的五行相一致，包括法律。

秦始皇统一中国以后，邹衍理论的信奉者把这套学说进献给秦始皇。《史记·封禅书》载：“齐威宣之时，邹子之徒论著终始五德之运。及秦帝，齐人奏之。”秦始皇欣然接受，并“采用之”，付诸实践，其中包括使法律内容符合阴阳五行的要求。《史记·秦始皇本纪》载：“始皇推终五德之传，以为周德火德，秦代周，德从所不胜，方今水德之始。改年始朝贺皆自十月朔。衣服旄旌节旗皆上黑。数以六为纪。符法冠皆以六寸；而舆六尺。六尺为步。乘六马。更名河曰德水，以为水德之始。”从此，阴阳五行说大量侵入法律领域。

汉代是法律内容阴阳五行化的重要时期。在这一时期，随着儒家思想的正统化和阴阳五行化，法律内容进一步阴阳五行化。一些儒生注重用阴阳五行理论解释法律中的一些基本问题。贾谊认为，根据阴阳五行理论，秦为水德，汉继秦应为土德，因此要有一套符合土德而不同于水德的法律内容，包括“易服色制度”，“草具其仪法,色上黄,数用五”。总之,要“更定”所有法律。[①] 董仲舒则用阴阳解释刑和德的关系,认为“天道之大者在阴阳。阳为德,阴为刑;刑主杀而德主生”。但是,天“任德不任刑”,所以“为政而任刑,不顺于天”。因此,当政者要施仁政,讲德而不专刑。儒生的有些观点还被汉统治者接受,直接影响司法。董仲舒“治国,以《春秋》灾异之变推阴阳”[②],还把《春秋》作为定罪量刑的依据。《汉书·应劭传》载:“朝廷每有政议,数遣廷尉张汤,亲至陋巷,问其得失。于是,作春秋决狱二百三十二事。”春秋决狱一直沿用至魏晋南北朝,至隋唐才废而不用。

2. 唐律中的阴阳五行说

隋唐是阴阳五行说的完备时期,《五行大义》于此时完成。同时,阴阳五行说也随着儒家思想一起与法结合为一体,代表作是唐律。唐律中有的内容直接或间接地反映了阴阳五行说的观点,主要包括:

一是用《周易》经句解释律中内容。《周易》是我国第一部系统阐述阴阳关系的著作,其内容充满阴阳观点和阐发阴阳的理论。唐律引用《周易》经句说明制订唐律的依据。《唐律疏议·名例》前言说:“易曰:‘理财正辞,禁人为非曰义。’故铨量轻重,依义制律。”它告诉人们,唐律的制订者是依据义确定唐律的内容的。这里有个很重要的阴阳观点,即认为任何事物都有阴阳两个方面,尽管表现不同,但最终的归宿都是阴阳。仁和义也表现为阳和阴,前者注重教化,后者侧重用刑。唐律是一部刑法典,以义为依据,恰与阴阳观点吻合。唐律还引用《周易》经句论证所规定内容的合理性。《唐律疏议·职制》“私有玄象器物”条“疏议”援引《周易》中“玄象著明,莫大于日月,故天垂象,圣人则之”之句,说明自然界的最大阴阳现象是日月,而且只有最高统治者才能掌握这一现

---

① 参见《汉书·贾谊传》。
② 《汉书·董仲舒传》。

象。所以，此条规定，有关观察说明天文、气象的用具书籍包括玄象器物、天文、图书、兵书、太一和雷公式等，“私家不得有”，违者要被“徒二年”。

二是唐律中的一些内容体现了阴阳五行的精神和原则。在唐代，阴阳五行说的内容已与法律融合在一起，尽管唐律没有明指阴阳五行，但其很多内容都体现了阴阳五行的精神和原则。根据阴阳五行的精神，妻与夫的关系就是一种阴阳关系，而且天是亲阳而疏阴，所以夫的地位自然高于妻。汉代的阴阳五行大师董仲舒在《春秋繁露·基义》中说，“夫妇之义”是“聚诸阴阳之道”，“夫为阳，妻为阴”，“阳为夫而生之，阴为妇而助之”，但“天之亲阳而疏阴”。以此为出发点，原来就存在的男女、夫妻不平等关系披上了阴阳五行外衣，有了一个新的理论根据。唐律中大量维护夫权的规定亦是这种理论的一个表现。《唐律疏议·断狱》“立春后秋分前不决死刑”条规定的秋冬行刑制度也是阴阳五行说的表现。阴阳五行说认为，从阴阳可以引申到五行，即土、木、金、火、水，而且许多自然现象都可以从五行中得到解释。《左传·昭公二十五年》中有一段郑国子大叔与晋国赵简子的对话：“吉也闻诸先大夫子户曰：天地之经，而民实则之。……用其五行，气为五味，发为五色，章为五声……”至于一年四季，也有五行。梁启超在《阴阳五行说之来历》一文中，根据阴阳五行的原则，揭示了一年四季与五行的关系，他说：“一年四季分配五行：春木，夏火，秋金，冬水；所余之土不可归，则于夏秋交界时为拓一位置。”[①]每个季节中所能做的事在《礼记·月令》中作了具体规定，其中就有只能在秋冬行刑的限制。据此，唐律亦确立了秋冬行刑制度，违反者亦属犯罪，要受到“杖六十”的处罚。

3. 唐律中阴阳五行说的影响和对阴阳五行说的限制

唐律作为我国古代封建法典的楷模和中华法系的代表作，对

---

① 顾颉刚：《古史辨五》，上海古籍出版社1982年版，第352页。

唐后的封建朝代和当时一些东亚国家的立法产生了很大影响，其中的阴阳五行说也影响到这些朝代和国家。

唐律中一些受阴阳五行说影响而确立的制度和具体内容，大多为唐后一些封建朝代的法典所沿用。宋刑统、大明律和大清律例等都在不同程度上继承了唐律中的有关规定。例如，唐律中"立春后不决死刑"的规定，宋刑统把它归入断狱律的"决死罪"门，内容与唐律同。大明律把它纳入刑律"死囚复奏待报"条，和死罪不复奏的内容同条，内容较唐律简单，用刑又较唐律重，具体规定："若立春以后、秋分以前决死刑者，杖八十。"大清律例的这一内容基本与大明律同。阴阳五行化的唐律波及唐后封建各代。

唐律中反映阴阳五行观点的内容还渗透到当时一些东亚国家的立法。唐代是我国古代对外文化交流的重要时期，阴阳五行说和阴阳五行化的唐律也流传到一些东亚国家，并对它们的立法产生了影响。一位日本学者认为："隋唐时期的《五行大义》对日本带来深刻的影响。阴阳五行思想约在六世纪甚至更早时候传入日本，盛行于七世纪。"①几乎与此同时，日本著名的《大宝律》诞生了。此律大量抄袭唐律的内容，实为唐律翻版。阴阳五行化的唐律从而在日本生根、开花。朝鲜、越南等国也都有类似情况。

阴阳五行说被引入政治和法律以后，就具有了明显的政治目的。邹衍当时作"终始大圣之篇"，是因为他"睹有国者益淫侈，不能尚德，若大雅整之于身，施及黎庶矣"②。董仲舒大讲阴阳五行也有其目的。他在《春秋繁露·王道三》中说："古之造文者，三画而连其中，谓之王。三画者，天地与人也。而连其中者，通其道也。""故王者唯天之施，施其时而成之，法其命而循之诸人。"概言之，为维护君权制造理论依据。由于政治目的有阴阳五行的粉饰，故被淡化了。但是，阴阳五行说本身具有神秘色彩，用它解释自然

① 〔日〕井上聪：《交叉点上话源流》，载《研究生界》1990 年第 6 期。

② 《史记·孟子荀卿列传》。

和社会现象具有很大的随意性，因此错误解释屡见不鲜。就连阴阳五行大师董仲舒也难免失误，甚至为此误了仕途。《汉书·董仲舒传》载："仲舒治国，以《春秋》灾异之变推阴阳所以错行，故求雨，闭诸阳，纵诸阴，其止雨反是；行之一国，未尝不得所欲。中废为中大夫。先是辽东高庙、长陵高园殿灾，仲舒居家推说其意，草稿未上，主父偃候仲舒，私见，嫉之，窃其书而奏焉。上召视诸儒，仲舒弟子吕步舒不知其师书，以为大愚。于是下仲舒吏，当死，诏赦之。仲舒遂不敢复言灾异。"这种随意性在人们普遍相信这一学说的年代里对统治者是一种威胁，因为它易被他人利用，制造对统治者不利的舆论。为了防止思想混乱，我国古代的统治者把阴阳五行说控制在一定范围内，并打击那些任意扩大、歪曲阴阳五行理论的行为。北朝魏时就已多次规定，禁止百姓挟藏"阴阳图纬方伎之书"，违者要"以大辟论"①。唐律的规定非常完备，它把阴阳五行迷信化的言论和出版物称为妖言妖书，并严惩行为人。《唐律疏议·贼盗》"造袄书袄言"条把这些"观天画地，诡说灾祥，妄陈吉凶"的书语都认定为"妖书妖言"，渲染和制造者中，重者处绞，轻者徒、杖。大明律和大清律例也分别在刑律中设立"造妖书妖言"罪，把"造谶纬"也列入此罪范围，规定："凡造谶纬妖书妖言及使用惑众者，皆斩。"其用刑严于唐律。可见，我国古代的统治者很害怕阴阳五行说被人利用，总是想方设法把它的影响限制在对自己统治有利的范围内。

还需提及的是，从汉代独尊儒术起，阴阳五行说便逐渐与儒学结合在一起，成为正统思想中的一个组成部分。《易经》成为五经之一，包括董仲舒在内的许多儒生都大讲阴阳五行的理论。到了唐代，阴阳五行作为儒家思想的一个组成部分与法结合，因此唐律的儒家化也就是阴阳五行化了。

二十世纪以后，随着我国封建法制的逐步解体，唐律的影响也

---

① 《历代刑法志·后魏律考》。

渐渐失色，但阴阳五行说仍在近代法制中的某些方面顽强地表现出来，尽管其影响已大大不如以往了。辛亥革命后，临时参议院曾定国旗为红、黄、蓝、白、黑五色旗，这五色正好与五行色吻合。所以，梁启超认为："中华民国国旗实为此种观念（阴阳五行观念）最显著之表象。"①足见阴阳五行之力量。

三、青少年犯罪和保护青少年问题

唐律是我国第一次系统规定有关青少年犯罪和保护青少年问题的法典，主要内容包括以下几方面：

1. 有关罪与刑的规定

唐律没有明指哪些是青少年犯罪的罪与刑，从规定的内容看，以下犯罪、量刑与青少年犯罪关系较为密切：

第一，不孝罪。不孝罪的起源较早。《孝经·五刑》载："五刑之属三千，罪莫大于不孝。"章太炎在《孝经本夏法说》中认为，夏朝已有此罪，以后一直被沿用。北朝的《北齐律》把不孝罪列入"重罪十条"，隋唐时改为"十恶"。唐律对它作了较为完整的规定。《唐律疏议·名例》"十恶"条"疏议"对"不孝"作了明确说明："善事父母曰孝。既有违犯，是名'不孝'。"此律条还罗列了构成不孝罪的各种行为，包括："告言、诅詈祖父母父母，及祖父母父母在，别籍、异财，若供养有缺；居父母丧，身自嫁娶，若作乐，释服从吉；闻祖父母父母丧，匿不举哀，诈称祖父母父母死。"犯有以上任何行为之一的，即构成此罪，要被判刑。《唐律疏议·斗讼》"告祖父母父母"条规定，控告祖父、父母的，处"绞"。《唐律疏议·户婚》"子孙别籍异财"条规定，父母还健在就要求分家析产的，"徒三年"。"居父母夫丧嫁娶"条规定，在父母的丧期内嫁或娶的，也要"徒三年"。

第二，赌博罪。我国古代把赌博称为"博戏"。赌博罪在唐前

---

① 顾颉刚：《古史辨五》，上海古籍出版社1982年版，第353页。

已有,唐律使之完备。《唐律疏议·杂律》“博戏赌财物”条规定,凡以赌财物的赌博者,皆需“杖一百”;赌注大的,要依偷盗论,即“一尺杖六十,一匹加一等;五匹徒一年,五匹加一等,五十匹加役流”[①]。但是,有两种情况例外:一是以习武赌博的不构成此罪。“弓射既习武艺,虽赌物,亦无罪名。”二是以饮食赌博的亦不构成此罪。“赌饮食者,不坐。”

第三,违犯教令罪。唐代规定家长有教令权,可通过斥责、殴打等方式教育子女遵守教令。子孙违犯教令,不服管教的,就构成违犯教令罪并受到处罚。《唐律疏议·斗讼》“子孙违犯教令”条规定,子孙违犯教令的,“徒二年”。此条“疏议”还专为此规定作了解释:“祖父母、父母有所教令,于事合宜,即须奉以周旋,子孙不得违犯。”但是,有两点值得注意:一是教令本身违法,子孙不服从的,不构成犯罪。“若教令违法,行即有愆”,“不合有罪”。二是必须由祖父母、父母告诉,司法官才进行追究。“须祖父母、父母告,乃坐。”

第四,私入道罪。私入道是指未经官府同意而私自成为和尚、道士、尼姑、女官之类。唐代禁止私入道的行为。《唐律疏议·户婚》“私入道”条规定,凡私入道者,“杖一百”。但是,由于家长的原因而私入道的,私入道者不负刑事责任,处罚对象是家长。“若由家长,家长当罪。”处罚的幅度与私入道者同。

第五,擅自结婚罪。唐代的结婚年龄很低。唐玄宗曾规定,男十五、女十三为嫁娶期,从今天的角度看,属青少年时期。唐代沿袭西周以来的定制,要求结婚者听从父母之命、媒妁之言,不可擅自为婚,如有违犯,就会受到制裁。《唐律疏议·户婚》“卑幼自娶妻”条规定,卑幼婚姻要“从尊长”,违犯的会被“杖一百”。

第六,盗殴罪。它包括偷盗和殴斗两个罪。唐律中有关盗殴罪的内容不少,这里仅举两则与青少年关系最密切的为例。《唐律

① 《唐律疏议·贼盗》“贼盗”条。

疏议·贼盗》“卑幼将人盗己家财”条严禁子孙伙同外人偷盗自己家中财产。凡有此类行为，将依偷盗的财产数额而受到惩处，量刑幅度为：“十匹笞十，十匹加一等，罪止杖一百。”《唐律疏议·斗讼》“殴兄姊等”条禁止弟妹殴打兄姊的行为，否则即构成犯罪，并按照伤害程度追究其刑事责任，处罚幅度为：凡殴者，“徒二年半；伤者，徒三年；折伤者，流三千里；刃伤及折支，若瞎其一目者，绞；死者，皆斩”。

2．有关责任年龄、特权和株连的规定

唐律除规定了一些与青少年犯罪关系较大的罪与刑外，还规定了有关责任年龄、特权和株连的内容。

第一，责任年龄。唐律把青少年的刑事责任年龄划分为十五岁以上，十五岁以下、十岁以上，十岁以下、七岁以上，七岁以下四档，分别承担不同的刑事责任。《唐律疏议·名例》“老小及疾有犯”条规定，十五岁以上者要负全部刑事责任；十五岁以下、十岁以上者犯流罪以下的可以铜赎罪，犯死罪的依律执行；十岁以下、七岁以上者犯有谋反、谋大逆、杀人罪而应处死者，上请皇帝裁决，其他罪均允许赎；七岁以下者一般不负刑事责任。

第二，特权。唐律是一部维护封建特权的法典，在青少年犯罪问题上也是如此。一些享有特权的官僚贵族子孙也可荫承家长的特权，犯罪时可与一般青少年同罪异罚。家长的地位越高，犯罪子孙享有的特权越大。《唐律疏议·名例》“皇太子妃”、“七品以上之官”、“应议请减”等条对此都有相应规定，其内容主要是：八议者的子孙犯死罪的，上请；犯流以下罪的，减一等。四、五品官的子孙犯流以下罪的，减一等。六、七品官的子孙犯流以下罪的，可赎。四品以下官的子孙犯死罪的，均依法科刑。但是，青少年犯了“十恶”、反逆缘坐流、杀人、盗等罪的，“不用此律”，即仍须按律定科。

第三，株连。株连在唐代虽已受到很大限制，但仍存在。对一些社会危害较大的犯罪，唐律继续使用株连，以增加威慑力，其中包括对无辜青少年的株连。《唐律疏议·贼盗》“谋反大逆”条规定，除构成谋反、谋大逆罪的本人处斩外，十六岁以上的儿子处绞，十六岁以下的儿子、孙子和女儿全部没为官奴婢，兄弟的儿子要“流三千里”。这些青少年本人并无罪，只是因为他们的家长或家人犯有谋反、大逆罪而牵连受罚。唐律中的谋叛等罪也有类似规定。

3. 有关保护青少年的规定

唐律从儒家的仁义出发，主张在敬老的同时，还需爱幼。因此，在唐律的某些条款中还规定了保护青少年的内容，主要有：

第一，禁止遗弃养子。唐代允许已婚而无子女者收养同宗的小儿为养子。户令规定："无子者，听养同宗于昭穆相当者。"[①]一旦收养就为己子，要好生相待，不可遗弃。遗弃养子是犯罪行为，要受到处罚。《唐律疏议 · 户婚》"养子舍去"条规定："诸养子，所养父母无子而舍去者，徒二年。"

第二，禁止拐卖青少年。唐律严禁拐卖青少年，并严厉打击这一行为。《唐律疏议 · 贼盗》"略人略卖人"、"略卖期亲以下卑幼"等条都对此作了规定，主要内容是：凡拐卖青少年为他人奴婢的，拐卖者处"绞"。拐买卖十岁以下儿童的，虽是买卖自愿，也以拐卖罪论处。特别是不可把期亲以下卑幼作奴婢。拐卖弟妹的，"徒三年"；拐卖子孙的，徒一年半。

第三，禁止妻殴夫之弟妹。唐律设专条禁止妻殴夫之弟妹的行为，对违犯者的用刑重于同类犯罪。《唐律疏议 · 斗讼》"殴兄妻夫弟妹"条规定，妻殴打丈夫的弟妹，按"加凡人一等"量刑处罚；妾殴打丈夫的弟妹，再"加一等"。唐律这些加重处罚的规定是从维护礼教角度出发的。此条"疏议"说，殴夫之弟妹的行为是"礼敬顿乖"，所以用刑比凡人重。

第四，禁止与青少年亲属发生性行为。唐律严格禁止家庭成员中的长者与女性青少年发生性行为。《唐律疏议 · 杂律》"奸缌

---

① 《唐律疏议 · 户婚》"养子舍去"条。

麻以上亲及妻”、“奸父祖妾”等条都对此作出规定，主要内容是：与“妻前之女及同母异父姊妹通奸”的，“徒三年”；强奸的，“流二千里”。与兄弟之女奸的，“绞”。这些规定都严于一般奸罪。“凡奸”条规定：“诸奸者，徒一年半；有夫者，徒二年。”其刑等之差，轻者三等，重则七等。

4. 唐律有关青少年犯罪和保护青少年规定的特点

唐律比以往各律都更为全面地规定了有关青少年犯罪和保护青少年的问题，并形成了自己的一些特点：

第一，指导思想是礼。唐律被公认为一准于礼，其内容处处体现礼的要求，在青少年犯罪和保护青少年问题上同样如此。规定不孝罪、擅自结婚罪、违犯教令罪等，是为了维护父权；规定禁止妻殴夫之弟妹、禁止与青少年亲属发生性行为，是为了维护封建的家庭伦理观念；规定特权，是为了维护封建等级名分等。这些无一不是礼的精神的直接反映。

第二，用刑很重。唐律对犯罪青少年和损害青少年的行为用刑都很重，主要表现在以下两方面：其一，量刑幅度高。唐律把控告祖父母、父母等不孝行为，都列入“十恶”，作为重点打击对象，量刑重者要处死。殴夫之弟妹、与青少年亲属发生性行为等量刑也严于同类犯罪。其二，个别违礼不违法的行为也在可罚之列。唐律对青少年殴父母等违礼不违法行为，规定要上请听裁，不排除受罚的可能性。这些都是我国古代严刑酷法的表现，尽管唐律已比以往更慎刑，但仍没摆脱历史的窠臼。

第三，具有两重性。唐律在对待青少年的问题上，既有制裁青少年犯罪的一面，也有保护青少年的一面，明显具有两重性。但是，从规定的内容看，它强调的侧面是打击青少年犯罪，有关保护青少年的条款明显少于打击青少年犯罪的条款，而且有些还是间接的。其原因主要是我国古代推崇“三纲五常”，鄙视卑幼者，因此在法律中自然也保护尊长者，轻视青少年。

四、扩大罪刑适用问题

唐律的制订者想尽办法，扩大律条中罪刑适用的范围，主要有：

1. 唐前的比

唐前的比是扩大罪刑适用的一种主要形式。当统治者认为某一行为对社会的危害程度已达到犯罪，并且又无法律正条时，就引用与这一行为最相近法条断狱，这就是比。由于受打击的行为在法律中无明文规定，因此用相近条款断狱实际上就是扩大了此法条对罪刑的适用范围。比的作用在于可弥补法律条文的不足，故在唐前就深受不少统治者的青睐，并不时被加以运用。

我国早在先秦时就已用比。《尚书·吕刑》中有"上下比罪"的记载。《荀子·大略篇》中有"有法以法行，无法以类举"之说。秦代把比广泛适用在司法实践中。《法律答问》说："'殴大父母，黥为城旦舂。'今殴高大父母，可论？比大父母。"[①]此类规定在《法律答问》中有十一处之多。

汉代的法律形式主要是律、令、科、比。比在当时以一种独立的、主要的法律形式出现。汉高祖七年（前200年）下诏："廷尉所不能决，谨具为奏，傅所当比律令以闻。"[②]随着比的发展，汉代把比分为决事比、死罪决事比和辞讼比等几类。决事比适用于一般犯罪，涉及范围广泛。"今律其有断事，皆依旧事断之，其无条，取比类以决之，故云决事比。"[③]死罪决事比仅适用于构成死罪的案件。"于定国为廷尉，集诸法律凡九百六十卷，大辟四百九十条千八百八十二事，死罪决比凡三千四百七十二条，决诸断罪当用者，合二万六千二百七十二条。"[④]辞讼比也只适用于诉讼案件。陈宠

① 《睡虎地秦墓竹简》，文物出版社1978年版，第184页。

② 《汉书·刑法志》。

③ 《周礼·秋官·大司寇》注。

④ 《魏书·刑罚志》。

"少为州郡吏"时,有人曾"撰辞讼比七卷,决事科条,皆以事类相从","其后公府奉以为法"①。日积月累,汉代比的数量越来越多,有些奸吏便乘机玩法,出入人罪。《汉书·刑法志》载:"其后奸猾巧法,转相比况,禁纲寖密,死罪决事比万三千四百七十二事,文书盈于几阁,典者不能遍睹";"奸吏因缘为市,所欲活则傅生议,所欲陷则予死比"。死罪决事比尚且如此,何况决事比与辞讼比。比易为破坏法制者利用,故汉后不再作为一种主要的法律形式存在。

2. 唐律扩大罪刑适用的几种形式

唐律在总结前人用法经验的基础上,使用多种形式扩大罪刑适用的范围。

第一,举重以明轻和举轻以明重。也就是说,当唐律律条无明文规定时,把需科刑的行为比照最类似的律文内容,通过用施刑重的条文比照轻的行为和用施刑轻的条文比照重的行为的方法,分别作出不构成犯罪和构成犯罪的处理结果。《唐律疏议·名例》"断罪无正条"规定:"诸断罪而无正条,其应出罪者,则举重以明轻;其应入罪者,则举轻以明重。"此条"疏议"还举例对此作了说明:"依贼盗律:'夜无故入人家,主人登时杀者,勿论。'假有折伤,灼然不坐。"这就是举重以明轻。此条"疏议"又说:"贼盗律:'谋杀期亲尊长,皆斩。'无已杀、已伤之文,如有杀、伤者,举始谋是轻,尚得死罪;杀及谋而已伤是重,明从皆斩之坐。"这就是举轻以明重。使用这一方法可使许多律中无规定的行为明辨为有罪或无罪,并依相似律条惩治有罪者。

第二,比附。唐律还通过比附方法扩大一些律条规定的罪刑适用的范围。凡被比附的行为都将受到刑事处罚,这是与以上第一种方式的主要区别之一。根据唐律的比附规定,比附可分为定罪比附、量刑比附与定罪量刑比附三种。首先,定罪比附。这是一种套用律中罪中适用于律无规定行为的比附。这种比附侧重于罪

① 《汉书·陈宠传》。

名，被比附行为要依被比附罪名再量刑。唐律中“与同罪”、“准×罪”、“以×罪论”等是这一比附的主要表现形式。《唐律疏议·卫禁》“宿卫冒名相代”条规定：“诸宿卫者，以非应宿卫人冒名自代及代之者，入宫内，流三千里；殿内绞。”如果主司“知而听行，与同罪”。《唐律疏议·卫禁》“向宫殿射”条规定：“宿卫人，于御在所误拔刀子者，绞；左右并立人不即执捉者，流三千里。”此条“疏议”补充规定：“余人在御在所亦不得误拔刀子。其有误拔及傍人不即执捉，一准宿卫人罪。”《唐律疏议·断狱》“死罪囚辞穷竟雇倩人杀”条规定：“诸死罪囚辞究竟，而囚之亲故为囚所遣，雇倩人杀之及杀之者，各依本杀罪减二等。囚若不遣雇倩，及辞未穷竟而杀，各以斗杀罪论。”以上三例中的后者皆依前者比附定罪，并均因律条中无明确规定而设。此外，“罪亦同”、“与×罪同”等也都属于此类比附。其次，量刑比附。这是一种引用律中对某罪使用的法定刑适用于另一些行为的比附。这种比附侧重于刑罚，被比附行为只要按被比附的法定刑或有所加减即可。“得×罪”、“减×等”、“加×等”等是这一比附的主要表现形式。《唐律疏议·斗讼》“斗殴杀人”条规定：“诸斗殴杀人者，绞。以刃及故杀人者，斩。”此条“疏议”作了补充规定：“用兵刃杀人者，与故杀同，亦得斩罪。”“殴兄姊等”条规定：“诸殴兄姊者，徒二年半；伤者，徒三年；折伤者，流三千里。”“过失杀伤者，各减本杀伤罪二等。”“流外官以下殴议贵等”条规定，流外官以下“殴伤九品以上，各加凡斗伤二等”。以上三例都用比附用刑的方法，使被比附行为受到处罚。最后，定罪量刑比附。这是一种移用律中罪刑的完整规定适用一些行为的比附。这种比附包括罪名和法定刑两个部分，被比附行为只要照搬适用即可。“准×法”、“同×律”、“同×法”等是这一比附的主要表现形式。《唐律疏议·贼盗》“穿地得死人”条规定，穿地得死人不更理的，“徒二年”。此条“疏议”补充说：“若穿地得死人，可识知是缌麻以上尊长，而不更理，亦从徒二年上迭加一等，卑幼亦从徒二年上迭减一等，各准‘烧棺椁’之法。”《唐律疏议·斗讼》"诬告反坐"条规定："诸诬告人者，各反坐。"此条"疏议"进一步规定："据令应合纠弹者，若有憎恶前人，或朋党亲戚，挟私饰诈，妄作纠弹者，并同'诬告'之律。"《唐律疏议·户婚》"里正不觉脱漏增减"条规定："诸里正不觉脱漏增减者，一口笞四十，三口加一等；十口加一等，罪止徒三年。若知情者，各同家长法。"以上三例经过定罪量刑比附，使原律条中无明文规定的行为都受到刑律的追究。唐律的比附虽与唐前的比十分相近，但它更为完备，是比所不可比拟的。

第三，依礼科断。唐律中有些违礼行为虽在律文中无明文规定，但仍在科刑之列，依照相近条款断狱，即把一些唐律条文适用于一些律无规定的违礼行为。这也是一种重要的扩大罪刑适用的方式。唐律利用"疏议"多次使用这一方式，使一些律条无规定的行为亦受到制裁。《唐律疏议·职制》"造御膳有误"条只规定："诸造御膳，误犯食禁者，主食绞。若秽恶之物在食饮中，徒二年；简择不精及进御不时，减二等。不品尝者，杖一百。"不及其他行为。但是，此条"疏议"补充说："依礼，饭齐视春宜温，羹斋视夏宜热之类，或朝夕日中，进奉失度及冷热不时者：减罪二等，谓从徒二年减二等。"《唐律疏议·职制》"乘舆服御物持护修整不如法"条"疏议"也如此，依礼对律条未规定的内容作出了规定："依礼'授立不跪，授坐不立'之类，各依礼法，如有乖失违法者，合杖一百。"以上两例皆依礼科断，唐律还有依礼、令科刑的，违礼亦作为用刑原因。《唐律疏议·职制》"大祀不预申期及不如法"条"疏议"规定："黍稷以下，不依礼、令之法，一事有违，合杖七十。"此规定中要处罚的行为也为律条无明文规定的内容。《唐律疏议·户婚》"同姓为婚"条只规定不得同姓为婚，未言"同姓为妾"。此条"疏议"作了补充规定，同姓为妾，"依准礼、令，得罪无别"，即仍依同姓为婚科断。唐律把一些律无规定的违礼行为也按相近律条断罪，实际上也扩大了这些律条罪刑适用的范围。

此外，还有用"不应为"等一些方式扩大罪刑适用的范围的，由于本书在其他部分已有详述,此处不再重述。

3．扩大罪刑适用的理论及其他

唐律使用多种形式扩大罪刑的适用,有其理论依据。

唐律认为,立法者在订律时,为了不使律文繁杂,只能以一般情况和人为出发点,并以此确定律文内容。因此,再好的法律也不可能包罗万象、样样俱全,总会有些特殊情况无法预料,有些次要、轻微的犯罪行为不在律文规定之中,会成为“漏网之鱼”。《唐律疏议·贼盗》“以毒药药人”条“疏议”说:“律条简要,止为凡人生文。”《唐律疏议·杂律》“不应得为”条“疏议”说:“杂犯轻罪,触类弘多,金科玉条,包罗难尽。”

唐律又认为,国家绝不可让这些漏网的犯罪者逍遥律外,胡作非为,因此有必要采取包括扩大罪刑适用的范围在内的各种方法,以杜绝犯罪者的侥幸心理,并将所有犯罪者都捉拿归案,使其受到应有的惩罚。《唐律疏议·贼盗》“亲属为人杀私和”条“疏议”说:“金科虽无节制,亦须比附论刑。岂为在律无条,遂使独为侥幸。”《唐律疏议·杂律》“不应得为”条“疏议”说:“其有在律在令无有正条,若不轻重相明,无文可以比附。”因此,有必要“临时处断,量情为罪,庶补遗缺”。

于是,唐律在多处明言,尽管律条无文,但有些行为仍须科断处罚。这似乎成为一种定制。《唐律疏议·户婚》“奴娶良人为妻”条“疏议”规定,对奴娶客女为妻者,“律虽无文,即须比例科断”。“杂户官户与良人为婚”条“疏议”也规定,官户私嫁女与良人的,“律无正文,并须依首从例”。《唐律疏议·诈伪》“父母死诈言余丧”条“疏议”规定,对于嫌恶前人而妄告父母身死之人,“律、令虽无正法,宜从‘不应为重’科”。

从总体上看,唐律对扩大罪刑适用只限定在较小范围内。这有利于依法断狱,维护法制的严肃性。《唐律疏议·断狱》“断罪不具引律令格式”、“辄引制敕断罪”、“官司出入人罪”等条都要求官吏严格依法断狱,违律者要受到刑法的追究。唐律扩大罪刑适用的目的在于填补法网因疏而漏之洞，因此不可能被广泛使用，否则依法断狱不复存在，司法混乱不可避免，法制遭破坏也只是时间问题。

唐律扩大罪刑适用的方法既来自前人的经验，又高于、完备于前人的做法，确使唐律的密而不漏名副其实。唐律的这一成功方法为后人相继仿用，宋刑统几乎将此全都继承了下来。

第八章　唐律的一些问题(下)

唐律内容涉及面广,值得研究的问题较多。本章拟再对以下五个重要问题进行一些述评。

一、换刑制度问题

唐律中有换刑制度,即由于各种原因,可以把律条中所规定的法定刑转换成其他刑罚执行的制度。这一制度只适用于一小部分情况比较特殊的犯罪。转换的用刑只在五刑之间,不包括赎刑等其他一些处罚方式,而且换用的刑罚不比律条所规定的法定刑轻,其程度大致相同。这一制度不太引人注意,却很重要,对我们正确认识“五刑”及其实施都有积极的意义。

唐律对可以换刑的主体有一定限制,主要有以下五种人员:

第一种是有特殊手艺的人员。这些人包括工、乐、太常音声人等。他们在太常、少府等机构工作,具有特殊的手艺,所以被判为流刑后,一般可换以决杖和徒刑代替执行。《唐律疏议·名例》“工乐杂户及妇人犯流决杖”条规定:“诸工、乐、杂户及太常音声人,犯流者,二千里决杖一百,一等加三十,留住,俱役三年;犯加役流者,役四年。”此条“疏议”还对这些人可以适用换刑的原因作了如下说明:“此等不同百姓,职掌吟诗在太常、少府等诸司,故犯流者不同常人例配。”

第二种是妇女。除了个别犯罪外,妇女所犯绝大多数罪都可用换刑的方式作出处罚。《唐律疏议·名例》“工乐杂户及妇人犯流决杖”条对妇女犯流换刑问题作出了规定:“其妇人犯流者,亦留住,造畜蛊毒应流者,配流如法。”其中的“造畜蛊毒应流者”属于例外情况,妇女在这种情况下仍需被流。《唐律疏议·贼盗》

“造畜蛊毒”条对这一犯罪及其用流刑作出规定：“诸造畜蛊毒及教令者，绞；造畜者同居家口虽不知情，若里正知而不纠者，流三千里。造畜者虽会赦，并同居家口及教令人，亦流三千里。”另外，“工乐杂户及妇人犯流决杖”条“疏议”还对妇女可以换刑和例外情况作了解释：“妇人之法，例不独流，故犯流不配，留住，决杖、居作。”“造畜蛊毒，所在不容，摈之荒服，绝其根本，故虽妇人，亦须投窜，纵令嫁向中华，事发还从配遣，亦依流配之法，三流俱役一年，纵使遇恩，不合原免。”

第三种是一部分贱民。唐律把官户、部曲、官私奴婢等都归入贱民。他们都依附于一定机构和主人，不具有完整的人格。在犯徒、流罪后，他们不可像常人那样独自受刑，离开原住地。因此，当他们犯有此罪时，唐律就用换刑方式进行处理，使他们既受罚又不脱离所依附的机构和主人，一举两得。《唐律疏议·名例》“官户部曲官私奴婢有犯”条“疏议”首先确定了这些贱民的依附地位：“官户隶属司农，州、县元无户贯。部曲，谓私家所有。”“奴婢贱人，律比畜户”，这样他们的依附性更强了。确定了他们的这一地位后，此条便作出了换刑的规定：凡是官户、部曲、官私奴婢，“若犯流，徒者，加杖，免居作”，即用杖刑替代流、徒刑的执行，不再服劳役。

第四种是“家无兼丁”者。在一般情况下，“家无兼丁”者犯了徒罪，也可用换刑的方法，免受徒刑。这里的“一般情况”不包括盗和伤人的犯罪，即“盗及伤人者，不用此律”①。也就是说，犯了这两种罪，不可换刑。这里的“家无兼丁”是指户内全无成年男子的情况，其中亦包括二十一岁以上的妻子等。《唐律疏议·名例》“犯徒应役家无兼丁”条“疏议”对此作了法定解释：“‘而家无兼丁者’，谓户内全无兼丁。妻同兼丁，妇女虽复非丁，据礼‘与夫齐体’，故年二十一以上同兼丁之限。”此条同时对“家无兼丁”者的

---

① 《唐律疏议·名例》“犯徒应役家无兼丁”条。

换刑方法作了规定:“诸犯徒应役而家无兼丁者,徒一年,加杖一百二十,不居作,一等加二十。流至配所应役者亦如之。”可见,“家无兼丁”者犯了徒罪可以用杖代替执行,犯了流罪同样可以用杖替代施刑。此条“疏议”还对流罪的换刑问题作了说明:“流人应合居役,家无兼丁,应加杖者,亦准此。”

从唐律所规定的换刑看,涉及的刑罚主要是用“五刑”中的杖和居作刑等代替徒和流刑的执行。犯徒罪的,用杖替代,免去居作,不再服役。替代的数额是:徒一年用杖一百二十代行,以后每加一等就加杖二十,即徒一年半为杖一百四十,徒二年为杖一百六十,徒二年半为杖一百八十,徒三年为杖二百,即“徒一年,加杖一百二十,不居作;一等加二十”①。犯流罪的,换刑后用杖和居作代行。其中,流二千里决杖一百,以后每加一等都加杖三十,即“合流二千里者,决杖一百;二千五百里者,决杖一百三十;三千里者,决杖一百六十”。同时,犯这三流者都需在本地服役三年;犯加役流的,除了杖一百六十以外,还要服役四年,即“俱留住,役三年;犯加役流者,役四年”②。但是,有些律条只规定“流”,没有规定流的里程。在这种情况下,这一“流”就用杖二百换刑。《唐律疏议·斗讼》“部曲奴婢过失杀伤主”条规定:“诸部曲、奴婢过失杀主者,绞;伤及詈者,流。”《唐律疏议·杂律》“奴奸良人”条规定:“诸奴奸良人者,徒二年半;强者,流。”这两个律条中的“流”都用杖二百替换,即流“不言里数者,为止合杖二百故也”③。以上只是一般情况,也有例外,即妇女犯流换刑后的决杖数额少于以上的规定,具体是:流二千里用杖六十换刑,每加一等就加杖二十。这样,流二千五百里为杖八十,流三千里为杖一百。另外,她们都需在本地服役三年;加役流的,杖一百并服役四年,即“妇人流二千里,决杖六

① 《唐律疏议·名例》“犯徒应役家无兼丁”条。

② 《唐律疏议·名例》“工乐杂户及妇人犯流决杖”条及其“疏议”。

③ 《唐律疏议·斗讼》“部曲奴婢过失杀伤主”条“疏议”。

十;流二千五百里,决杖八十;流三千里,决杖一百。三流俱役三年。若加役流,亦决杖一百,即是役四年"[1]。可见,妇女犯流换用杖刑后,用杖的数额明显少于一般规定。这主要是从生理上考虑,体现了恤刑原则,照顾受刑妇女。

综观唐律的换刑制度,换刑不是一种特权,它与议、请、减、赎、当等特权不同。换刑制度仍以施用实刑为前提,而且这一实刑并不轻;而特权制度则以不再实施实刑为条件,两者差别甚大。另外,换刑制度的实施对象的等级身份不高,只是有一些不可替代的特殊实际情况存在,换刑是必须为之。有特殊手艺人员有其专门技艺,他人不易替代;妇女有自己的生理特点,其他人不具备,也无法代替;贱民的身份极低,律比财物,归属主人所有,有很大的依附性,不可由其他人换位;"家无兼丁"者是一种特殊的家庭成员,不能由其他家庭成员顶替。唐律换刑主体的这一不可替代性,决定了唐律的制定者不得不在确定"五刑"制度的同时,再确立一个换刑制度作为补充,以解决实际问题,从而有利于"五刑"的执行。这是建立换刑制度的一个重要原因。

唐律的换刑制度对后世影响很大。宋刑统基本是唐律的翻版,承袭了唐律的规定,也建立了相应的换刑制度。大明律和大清律例也都建立了换刑制度,只是在内容上不完全与唐律相同。比如,《大明律·名例》"工乐户及妇人犯罪"条同样规定了换刑问题,但与唐律的规定相比,有不同之处,主要是:流刑的决杖数不作区分,全为杖一百,唐律则有区分;拘役时间全为四年,唐律则为三年,只有加役流为四年;妇女犯有徒、流罪的,全为决杖一百,其余的用赎刑处理,唐律则只规定犯流罪的换刑办法,不及徒罪。[2] 此条规定:"凡工匠、乐户犯流罪者,三流并决杖一百,留住拘役四年。"妇女"若犯徒流罪,决杖一百,余罪收赎"。《大清律例·名

---

① 《唐律疏议·名例》"工乐杂户及妇人犯流决杖"条"疏议"。

② 大明律和大清律例中的"拘役"类似于《唐律疏议》中的"居役"。

例》“工乐户及妇人犯罪”在大明律的基础上有所改进，只规定工乐户犯徒罪的换刑，不言犯流罪问题。此条规定：“凡工匠、乐户犯徒罪者，五徒并依杖数决讫，留住照徒年限拘役。”妇女犯徒、流罪的换刑与大明律规定的相同。可见，唐律的这一制度一直影响到清朝，前后有一千余年，影响可谓不小。

二、化外人相犯处理制度问题

唐律建立了化外人相犯的处理制度，并在《唐律疏议·名例》“化外人相犯”条中作了明确规定。这里的“化外人”是指在中国的外国人，即“蕃夷之国，别立君长者”。这些国家有自己的制度、法律，与唐朝的不相同，“各有风俗，制法不同”。化外人相犯处理制度是指外国人之间在中国相犯以后所适用法律的制度。根据“化外人相犯”的规定，这一处理制度贯彻了属人主义和属地主义两个原则。同一国家的外国人在中国相犯的，实行属人主义原则，即适用该国的法律；不同国家的外国人在中国相犯的，则推行属地主义原则，适用中国的法律。这一律条的内容为：“诸化外人，同类自相犯者，各依本俗法；异类相犯者，以法律论。”为了便于正确理解这一条文，防止出现歧义，此条“疏议”还对其作了解释：“其有同类自相犯者，须问本国之制，依其俗法断之。异类相犯者，若高丽之与百济相犯之类，毕以国家法律，论定刑名。”宋朝也有这一制度，宋刑统设有“化外人相犯”的条目，其内容与唐律相同。

有人从赞赏的角度评价唐律的这一制度，认为这是唐朝的立法者充分考虑到在唐外国人的具体情况而制定的条款。当时，唐朝是亚洲最为强大的国家，吸引了包括亚洲国家在内的许多国家的外国人。他们的风俗习惯各异，法律制度不同。为了便于案件的处理和解决，对于来自同一国家的外国人，使用他们本国的法律比较妥当。

笔者持有不同的看法，认为唐律的这一制度既难操作，代价又太大。可以设想：如果同一外国的原、被告到唐朝的衙门要求审判,那里的司法官能听懂他们的语言、知晓他们国家的法律吗?如果不能,怎么贯彻属人主义原则?“依本俗法”断案?可见,这一规定的操作性很差。如果可以操作,不管是唐朝的司法官,还是从外国请来的司法官,都采用外国的法律在唐朝的衙门、国土判案,则意味着唐朝司法权的丧失。这样的代价太大了。从这一意义上说,唐律“化外人相犯”的处理制度实是一个败笔,也是一大弊端。

“前车之覆,后车之鉴。”明、清两朝的立法者看到了唐律中“化外人相犯”处理制度的失误,随即改变了原有的规定。《大明律·名例》“化外人有犯”条全面贯彻了属地主义原则,规定所有在明朝相犯的外国人全部适用明朝的法律。此条明文规定:“凡化外人犯罪者,并依律拟断。”清朝的《大清律例·名例》也作了同样的规定。至此,“化外人相犯”的问题得到了妥善的解决。即凡是在中国碰到外国相犯的案件,不论是同一国家的外国人,还是不同国家的外国人,都适用中国法律。这样,既无操作上的烦恼,也无丧失司法权的风险。可以说,大明律与大清律例为维护中国的司法权作出了贡献;也可以说,这两部律在立法上又取得了一大进步。

三、过失犯罪问题

唐律规定的犯罪中,也有故意与过失之分。其中,过失犯罪比较复杂,也特别引人注目,值得述评。唐律没有专门对过失作一般的解释,只是根据具体的过失犯罪作出具体的说明,主要在三个律条中作了较为完整的规定。《唐律疏议·名例》“称乘舆车驾及制敕”条规定:“若于东官犯、失及宫卫有违,应坐者亦同减例。”此条“疏议”对其中的“失”举例作了说明:“失者,谓合和皇太子药误不如本方及封题误,并守备不觉阑入东宫宫殿门,如此之类,谓之为‘失’。”《唐律疏议·厩库》“故杀官私马牛”条规定,误杀官私马牛的,不被追究刑事责任,即“其误杀伤者,不坐”。此条“疏议”对“误杀伤”作了解释:“谓目所不见,心所不意,或非系放畜产之所而误伤杀，或欲杀猛兽而杀伤畜产者，不坐。”《唐律疏议·斗讼》“过失杀伤人”条规定，过失杀伤人的，根据具体情况，以赎论，即“诸过失杀伤人者，各依其状，以赎论”。此条专门对其中的“过失”作了注释：“谓耳目所不及，思虑所不到；共举重物，力所不制，若乘高履危足跌及因击禽兽，以致杀伤之属，皆是。”以上对“过失”的解释虽不尽相同，但有较为一致之处：犯罪人没有考虑到，也没有观察到。这与现代刑法中的过失相比，似乎更接近于疏忽大意的过失，而与过于自信的过失相差较远。

唐律中的过失，除使用“失”、“误”、“过失”外，还使用“不知情”、“迷误”、“不知”、“不觉”、“错认”等一些字、词表示。绝大多数的过失犯罪都可用减轻用刑、免刑或“上请”等方法处理。《唐律疏议·卫禁》“不应度关而给过所”条对责任人“不知情”的过失犯罪作出规定：“主司及关司知情，各与同罪；不知情者，不坐。”当然，也不是所有的不知情的过失犯罪都可免刑，有的不知情犯罪也会受到处罚，只是减刑而已。《唐律疏议·卫禁》“私度有他罪”条就追究不知情者的刑事责任，只是用刑轻于知情的故意犯罪罢了。“诸私度有他罪者，主司知情，以重者论；不知情者，依常律。”此条“疏议”还对其中的“依常律”作了说明，即按“‘不觉故纵’之法”处罚。《唐律疏议·卫禁》“阑入宫殿门及上阁”条规定，故意阑入宫门的要被徒二年，但是因迷误而犯有阑入宫门的过失犯罪则用“上请”的办法处理，即“迷误者，上请”。此条“疏议”还对这一处理作了补充：“迷误，谓非故阑入者，上请听敕。”《唐律疏议·卫禁》“宫殿作罢不出”对“不知”的过失犯罪作了规定，其中包括量刑。它用减刑的办法进行处理，即“将领主司知情者，与同罪；不知者，各减一等”。《唐律疏议·厩库》“库藏主司不搜检”条对“不觉”的过失犯罪作了规定，其用刑轻于故意犯罪。“诸有人从库藏出，防卫主司应搜检而不搜检，笞二十；以故致盗不觉者，减盗者罪二等。若夜持时不觉盗，减三等。”《唐律疏议·杂律》“错认良人为奴婢部曲”条对错认良人为奴婢的过失犯罪作了规定：“诸错认良人为奴婢者，徒二年。”这一量刑轻于同类故意犯罪。故意把良人认做奴婢的，要被流三千里。[1] 另外，“误发”、“误毁”、“误损毁”等也有类似情况。[2] 可见，在唐律中，过失的表达有多种，而且依据不同的情况使用不同的字、词，有点复杂。

关于唐律中的过失犯罪，还有以下六个方面的问题要引起注意：第一，有的犯罪没有过失，只是故意。《唐律疏议·职制》“刺史县令等私出界”条规定，官吏私自出界的犯罪只是故意，没有过失。“诸刺史、县令、折冲、果毅，私自出界者，杖一百。”第二，有的犯罪只是过失，没有故意。《唐律疏议·职制》“合和御药有误”条所规定的犯罪，就是过失犯罪，没有故意犯罪的内容。“诸和合御药，误不如本方及封题误者，医绞。”第三，有的过失犯罪可以不被追究刑事责任。《唐律疏议·斗讼》“殴缌麻小功亲部曲奴婢”条规定，过失殴打缌麻以上亲属的部曲、奴婢致死的，可以不负刑事责任。“诸殴缌麻、小功亲部曲奴婢，折伤以上，各减杀伤凡人部曲奴婢二等，大功，又减一等。过失杀者，各勿论。”第四，有的过失犯罪虽不直接用刑，但要承担相应的赔偿、赎等责任。《唐律疏议·厩库》“故杀官私马牛”条规定，故意杀死官私马牛的，要被追究刑事责任；如果是误杀伤，则不需承担刑事责任，但要承担赔偿责任。“其误杀伤者，不坐，但偿其减价。”《唐律疏议·斗讼》“过失杀伤人”条则明确规定，过失杀伤人的，依据情况，以赎作出处理。第五，有的故意犯罪以过失犯罪追究刑事责任。《唐律疏议·断狱》“监临自以杖捶人”条把监临官故意用杖捶打致人死亡等犯罪，以过失杀人而不是按故意杀人法量刑。“诸监临之官因公事，自以杖捶人致死者，各从过失杀人法。”第六，有的犯罪不论故意还是过失都一样用刑，没有差别。《唐律疏议·擅兴》“乏军兴”

---

① 参见《唐律疏议·诈伪》“妄认良人为奴婢部曲”条。

② 参见《唐律疏议·杂律》“私发制书官文书印封”、“毁人碑碣石兽”、“弃毁器物稼穑”条。

条所规定的“乏军兴”犯罪，不管是故意还是过失都一样处罚，没有差别。“诸乏军兴者斩，故、失等。”此条“疏议”还专门为此作了说明，认为“军兴”事情重大，所以过失“乏军兴”仍不可减刑。“兴军征讨，国之大事”，“为其事大，虽失不减”。以上这些问题，有的与现代刑法的规定有相似之处，有的则明显不同，这从一个侧面反映了唐朝刑法中的一些特殊方面。

唐律中关于过失犯罪的规定同样对后世有影响。宋刑统全面继承了唐律的内容，包括过失犯罪的一系列规定。大明律对过失犯罪的认定有了进一步的规定。《大明律·刑律》“戏杀误杀过失杀伤人”条对于过失的认定，范围广于唐律的规定，有的在《唐律疏议·斗讼》“过失杀伤人”条中没有规定，其中包括“因事投掷砖、瓦，不期而杀人者。或因升高险，足有蹉跌，累及同伴。或驾船使风，乘马惊走，驰车下坡，势不能止”等行为。另外，大明律在处理这类犯罪时还特别强调了唐律所没有规定的赔偿。“凡初无害人之意，而偶致杀伤人者，皆准斗殴杀、伤人罪，依律收赎，给付被杀、被伤之家，以为营葬及医药之资。”其中的“给付”规定具有赔偿之意，唐律则没有规定。大清律例中关于过失犯罪的规定基本同于大明律。

四、奴婢在法律关系中的地位问题

在不同情况下，奴婢在法律关系中的地位也不尽相同，而且还会发生变化。总体而论，他们在法律关系中扮演的角色是客体、主体等。

奴婢在唐代地位极低。唐律常常把他们作为法律关系中的客体，说“奴婢同于资财”、“奴婢贱人，律比畜产”[①]等。因此，奴婢在有些规定中就以客体的角色出现，侵犯了他们，行为人还会受到唐

---

① 《唐律疏议·名例》“彼此俱罪之赃”条“疏议”和《唐律疏议·名例》“官户部曲官私奴婢有犯”条“疏议”。

律的惩处，以保护奴婢所有人的权益。比较突出的规定有以下一些方面：

奴婢作为主人的一种私有财产，由其主人进行处分，如有违犯，要被追究刑事责任。《唐律疏议·户婚》"杂户官户与良人为婚"条规定："奴婢和嫁女与良人为妻妾者，准盗论。"原因是：奴婢及其女儿都是主人的财产，不可不经主人同意擅自出嫁。这一犯罪行为意味着窃取了主人的财产，所以要以窃盗罪论处。此条"疏议"还专门作了解释："奴婢既同资财，即合由主处分，辄将其女私嫁与人，须计婢赃，准盗论罪，五匹徒一年，五匹加一等。"

官私奴婢是官私的财产，受到法律的保护。如果有人要诱导他们逃亡，就是侵害了官私的财产权。唐律要以"盗"追究这类犯罪人的刑事责任，并要求他们赔偿。《唐律疏议·捕亡》"官户奴婢亡"条规定："诱导官私奴婢亡者，准盗论，仍令备偿。"此条"疏议"还对此作了解释，即这种犯罪行为"不降入己，导引令亡者，并准盗论，五匹徒一年，五匹加一等，仍令备偿"。

官奴婢是官府所有的财产，与官府的其他财产一样，也受到法律的保护。责任官员有非法借用等行为并构成犯罪的，要被唐律追究刑事责任。《唐律疏议·职制》"役使所监临"条规定："诸监临之官，私役使所监临，及借奴婢、牛马驼骡驴、车船、碾硙、邸店之类，各计庸、赁，以受所监临财物论。"《唐律疏议·厩库》"监主借官奴畜产"条也规定："诸监临主守，以官奴婢及畜产私自借，若借人及借之者，笞五十；计庸者，以受所监临财物论。"奴婢与动物、财物相提并论，可见其法律地位了。

奴婢虽在唐律中是一种"畜产"，但他们毕竟与其他"资财"、"畜产"不同。他们是人，有人的各种特征，只是被唐律贬低为"资财"、"畜产"而已。他们有思想，有行为，也有可能被拐骗。唐律不允许拐骗奴婢，因为这是一种侵犯奴婢所有人财产权的行为。对于这种拐骗的犯罪行为，唐律根据情况，按照赃值以"强盗"或"窃盗"论处。《唐律疏议·贼盗》"略和诱奴婢"条规定："诸略奴婢者，以强盗论；和诱者，以窃盗论。各罪止流三千里。”此条“疏议”还专门强调了以赃论罪的量刑办法，特别是“略奴婢者”，要“计赃以强盗论”。当然，以窃盗论也是如此。

奴婢被法律贬为财产、动物，因此有价格。唐律对此一点都不避讳，直言：“奴婢有价。”[①]但是，奴婢是价格较高的商品，与马、牛等动物有相似之处，在交换时必须立“市券”。违犯了，就意味着增加了交易风险，交换人因此要受到刑法的追究。《唐律疏议·杂律》“买奴婢牛马不立市券”条规定：“诸买奴婢、马牛驼骡驴，已过价，不立市券，过三日笞三十；卖者，减一等。”

在以上规定中，唐律都把奴婢当做其所有人的财物，实是法律关系的客体。唐律用刑法手段保护奴婢所有人的权益。侵犯了奴婢，就是侵害了其所有人的权益，并被确定为一种犯罪行为。为此，侵害人便要受到刑罚的惩罚。但是，奴婢毕竟不同于其他财物，他们是活生生的人，在生理上与任何人都一样，亦具有人的其他一切特性。在某些情况下，唐律不得不把奴婢也作为法律关系的主体，使其以犯罪人和受害人的面目出现。这样，奴婢便具备了双重身份，即刑事法律关系的客体和主体，多数情况下主要是客体，不是主体。

在唐律中，奴婢虽是法律关系中的主体，但他们在唐朝这样一个等级森严的社会中，地位是低的，被称为“家仆”、“贱流”[②]等。这种地位很难改变，就连他们的后代也属其所有人所有。《唐律疏议·名例》“以赃入罪”条“疏议”说：“赃婢所生，不合从良，止是生产蕃息，依律随母还主。”综观整部法律，只有在个别情况下，奴婢才享有“良人”的“待遇”，即按“良人”的犯罪人和受害人进行处理。《唐律疏议·名例》“官户部曲官私奴婢有犯”条对奴婢可准

---

① 《唐律疏议·诈伪》“诈除去死免官户奴婢”条“疏议”。

② 《唐律疏议·斗讼》“部曲奴婢过失杀主”条“疏议”和《唐律疏议·户婚》“以妻为妾”条“疏议”。

以“良人”论的犯罪作了规定：“诸官户、部曲、官私奴婢有犯，本条无正文者，各准良人。”此条“疏议”还专门对具体的适用范围作了进一步说明：“本文有正文者，谓犯主及殴良人之类，务从正条。其‘本条无正文’，谓阑人、越度及本色相犯，并诅詈祖父母、父母、兄姊之类，各准良人之法。”《唐律疏议·名例》“犯罪未发自首”条则对损伤奴婢以“良人”论作了规定，即损伤了奴婢的身体，按损伤“良人”处理。“损，谓损人身体。伤，谓见血为伤。虽部曲、奴婢伤损，亦同良人例。”

在唐律的大量规定中，奴婢的主体地位极低，受到明显的歧视。唐律明文规定，当奴婢作为犯罪人而侵犯他人时，会受到比其他犯罪人更为严厉的制裁。以下两例十分典型：当奴婢殴伤良人时，对他们的用刑要重于其他罪犯。《唐律疏议·斗讼》“部曲奴婢良人相殴”条规定：“诸部曲殴伤良人者，加凡人一等。奴婢，又加一等。若奴婢殴良人折跌支体及瞎其一目者，绞；死者，各斩。”如果是良人殴伤良人并折跌支体及瞎一目，则只需“徒三年”，而且在“辜内平复者，各减二等”[①]。相比之下，对奴婢用刑之重，跃然纸上。如果奴奸良人，其量刑同样要重于良人奸良人。《唐律疏议·杂律》“奴奸良人”条规定：“诸奴奸良人者，徒二年半；强者，流。”如果是良人奸良人，则量刑明显轻于奴奸良人二等以上。《唐律疏议·杂律》“凡奸”条规定：“诸奸者，徒一年半”；“强者，各加一等”。

当奴婢成为受害人时，犯罪人又会因其地位高于他们而受到较侵害其他人轻的刑罚。这从另一个侧面说明，虽然奴婢可以是法律关系的主体，但其地位仍然非常低。《唐律疏议·斗讼》“主杀有罪奴婢”条规定，奴婢不论是有罪还是无罪，被主人杀死后，主人所承担的刑事责任很轻，只是被杖或徒。“诸奴婢有罪，其主不请官司而杀者，杖一百。无罪而杀者，徒一年。”可见，唐律对奴婢

① 《唐律疏议·斗讼》“殴人折跌支体瞎目”条。

的保护微乎其微，甚至形同虚设。相反，唐律对奴婢主人的保护却十分有力，当他们受到奴婢的侵犯时，奴婢会受到相当严厉的处罚。奴婢谋杀主人的，要被判为斩刑。“诸部曲、奴婢谋杀主者，皆斩。”[①]奴婢过失杀主人的，要被处以绞刑。“诸部曲、奴婢过失杀主者，绞。”[②]这两条规定与以上主人杀奴婢的规定相比，用刑的反差非常大。

唐律中关于奴婢在法律关系中地位的规定对中国以后的立法也产生了影响。宋刑统沿用了绝大多数唐律的内容，包括对奴婢在法律关系中地位的规定。在大明律和大清律例中，这类规定明显减少，唐律中的有些内容没有在其中得到反映。唐律中的“买奴婢牛马不立市券”、“官户奴婢亡”等条都被废止，其中的相关内容也不复存在了。就是在有少量内容相似的律条中，其处罚也有所不同。《大明律·刑律》“略人略卖人”条规定：“若略卖、私诱他人奴婢者，各减略卖、私诱良人罪一等。”这与唐律规定的以强盗、窃盗论明显不同。另外，在另一些律条中，仍可看到奴婢的地位在明清还是很低。《大明律·刑律》“奴婢骂家长”条规定：“凡奴婢骂家长者，绞。”如果是一般的人骂人，仅笞十。[③] 其刑差极大，主要原因是奴婢的地位太低，没有得到根本改变。大清律例的相关规定与大明律同。可见，唐律关于奴婢在法律关系中地位的规定的影响，前后持续了一千多年。

五、预防犯罪的法定诀窍问题

中国古代的统治者也企图构建和谐社会，主张“和为贵”，而对这一社会威胁最大的是犯罪。于是，他们便千方百计地预防犯罪，以减少犯罪，使自己的朝代能够维持一个和谐状态，长治久安。

---

① 《唐律疏议·贼盗》“部曲奴婢谋杀主”条。

② 《唐律疏议·斗讼》“部曲奴婢过失杀伤主”条。

③ 参见《大明律·刑律》“骂人”条规定：“凡骂人者，笞一十。”

规定见危相助的义务是他们预防犯罪的一个法定诀窍。唐律中有关于这一诀窍的内容,总结起来包括以下三方面:

第一方面,当出现殴伤、盗窃和强奸等犯罪时,在场人员有见危相助的义务,应该把犯罪人抓获,送至官府处理。《唐律疏议·捕亡》“被殴击奸盗捕法”条有这一规定:“诸被人殴击折伤以上,若盗及强奸,虽傍人皆得捕系,以送官司。”这里的“傍人”即在场人员,就是见危相助义务人,他们不仅仅是受害人的家人。“虽非被伤、被盗、被奸家人及所亲,但是傍人,皆得捕杀以送官司。”如果犯罪人拒捕、逃跑,见危相助人可以合法地将其杀死。“持仗拒捍,其捕者得格杀之;持仗及空手而走者,亦得杀之。”如果是家人之间的相犯,那么就不适用以上规定,即不可捕捉,因为他们之间本身就有“同居相为隐”的义务。“若男女俱是本亲,合相容隐,既两俱有罪,不合捕格、告言。”

第二方面,官吏在公开场合追捕犯罪人而力量不够时,可向道路上的行人求救,这时行人就有了见危相助的义务。如果他们有能力而不相助的,就构成了犯罪,要被追究刑事责任,处以杖刑。如果他们力量不够,则不会被追究这一责任。《唐律疏议·捕亡》“道路行人不助捕罪人”条对此作了规定:“诸追捕罪人而力不能制,告道路行人,其行人力能助之而不助者,杖八十;势不得助者,勿论。”其中,有例外情况。如果官吏有急事,行人有救疾病或办丧事等情况,他们不相助也不构成犯罪,不会被追究刑事责任。“官有急事,及私家救疾赴哀,情事急速,亦各无罪。”

第三方面,当邻居被犯罪者强盗、窃盗或被杀时,周围邻居就有了见危相助的义务。这一义务包括以下内容:当被告知邻居被害后,应立刻去救助;闻听邻居被害后,应立即进行救助,无救助力量的,应速告附近官府等。如果没有履行以上义务,就构成了犯罪,要被追究刑事责任,受到刑罚处罚。《唐律疏议·捕亡》“邻里被强盗不救助”条对此作了规定:“诸邻里被强盗及杀人告而不救助者,杖一百;闻而不救助者,减一等;力势不能赴救者,速告附近官司,若不告者,亦以不救助论。其官司不即救助者,徒一年。盗窃者,各减二等。”

在这里还要提及的是,官府接报后,应立即出发救助,如果不救助,同样要被追究刑事责任,处以刑罚。“若其所在官司知而不即救助者,徒一年。”

从以上三方面内容可见,唐律关于见危相助义务的规定中有些问题值得注意。首先,相关的犯罪主要有两类:一类是对社会和谐危害较大的犯罪。殴伤、杀人、强盗等都是如此。这类犯罪直接扰乱人们的正常生活,都是严重的刑事犯罪,是百姓十分痛恨的犯罪。另一类是对公共秩序危害较大的犯罪。它们都发生在人口较多的公共场合,要么是在道路上,要么是在人口聚集的居民区。这种犯罪的场合决定了它们对社会的公共秩序危害较大,易产生不和谐状态。其次,具有见危相助义务的人员都在犯罪地周围,有进行救助的便利。“傍人”、“行人”和“邻里”都是如此。这是一部分与犯罪作斗争的社会资源。动用这一资源,可以弥补国家资源的不足,有利于打击犯罪,构建和谐环境。最后,规定的内容具有一定的合理性。唐律在确定见危相助义务人时,已考虑到他们要与犯罪分子作斗争,必须具备能制止犯罪的能力,因此便作了一定合理的规定,包括行人力不足时可以不被追究刑事责任、邻里力势不能救的需速告官府等。此外,唐律考虑到前后文的协调,规定亲人间的相犯,不可由傍人捕杀,因为唐律中另有“同居相为隐”的规定等。这些都告诉我们,唐律的制定者在设定见危相助义务时,有过深思熟虑,不是心血来潮。

唐律规定的这一预防犯罪的诀窍为后世所重视和采纳,并规定在法典里。宋刑统全盘接受了唐律的相关规定,只是在内容的结构上稍作调整。《宋刑统·捕亡律》把“旁人捕送”和“道路助捕”的义务归入“将吏追捕罪人”门;“被强盗邻里不救助”虽另设为门,但其规定的内容与唐律基本无异。见危救助也成了宋刑统所规定的一种义务,同时也是宋朝统治者预防犯罪的一个法定诀窍。

见危相助义务的确定实是中国古代连坐制度的一种延伸和扩大。中国古代长期使用连坐制度，它使一些本人没有犯罪、只是与犯罪者有某种联系的人员，也受到刑法的追究。唐朝也施行连坐制度，唐律中就有规定。比如，家里一旦有人犯了“谋反”罪，除了本人要被处以死刑外，还要连坐父母、子女、妻妾、祖孙、兄弟、姊妹、伯叔父、兄弟之子等。连坐是一种重刑的反映，以此加大刑法的威慑力，达到防范犯罪的目的。这符合中国传统的法律思想。这一思想主张“以刑止刑，以杀止杀”，于是不惜使用重刑，甚至连坐，只要达到“止刑”、“止杀”的目的即可。见危相助被唐律确定以后，便成了一种法定义务，原来没有这一义务的“傍人”、“行人”和“邻里”都不得不加入与罪犯作斗争的行列，否则就要被追究刑事责任。这种扩大受刑范围的做法与连坐如出一辙。

见危相助的规定有助于提高人们与犯罪作斗争的意识，扩大与犯罪作斗争的队伍，是预防犯罪的一个法定诀窍。一方面，人们有了随时可能参与与犯罪作斗争的准备，有利于形成全民与犯罪作斗争的局面和良好的社会风尚。另一方面，这会使犯罪分子有一种巨大的精神压力，一旦犯有那些法律所规定的特定犯罪，就会有一批人与其斗争，像打过街老鼠一样，从而减少他们的犯罪成功率，增加他们的犯罪成本。这两个方面都十分有利于预防犯罪。可以说，见危相助的规定是中国古代预防犯罪体系中的一个组成部分，从一个侧面提高了预防犯罪的效率。

中国古代的统治者运用这一法定诀窍有其社会背景，其中非常突出的是中国是个农耕社会。在这一社会中，人们聚居在一起，而且还安土重迁，居住地比较固定，人员流动也不大，人与人之间的关系十分密切。这样，要使社会安定，不断向前发展，人与人之间的和谐就显得特别重要了。但是，犯罪对此具有极大的破坏性，会冲击正常的社会秩序与和谐关系，以致使社会处于混乱的无序状态，使社会、国家、人民都遭殃。所以，中国古代的许多统治者都致力于预防、打击犯罪，构建和保持人与人之间的和谐，并因此设计了预防犯罪的体系，其中就有见危相助义务的规定。

今天，中国正在构建社会主义和谐社会，同样需要预防犯罪，与犯罪作斗争，促进人与人、人与社会以及人与自然的和谐。中国古代关于见危相助义务的规定，如今已不复存在。现在提倡的是见义勇为的精神，但不是法定义务，也没有法律的强制性。如何更有效地动员和利用社会资源预防犯罪，仍是一个值得深思的问题，希望我们能从古代预防犯罪的做法中得到某种启示和借鉴。

第九章　唐律的制裁方式

唐律规定了多种制裁方式，主要有刑事、民事和行政三种。

一、刑事制裁方式

唐律是一部刑法典，刑事制裁方式也就成了最常见和最主要的制裁方式。它又可分为以下几种：

1. 五刑

五刑，是指笞、杖、徒、流和死五种刑事制裁方式。笞刑是一种用荆条捶击罪犯臀、腿部的刑事制裁方式。这是五刑中最轻的一种。《唐律疏议·名例》"笞刑五"条"疏议"说："笞击之刑，刑之薄者也。"杖刑是一种用竹板捶击罪犯背、臀和腿部的刑事制裁方式。它较笞刑为重，相当于唐前的鞭扑刑。《唐律疏议·名例》"杖刑五"条"疏议"说，古之鞭扑刑"犹今之杖刑者也"。徒刑是一种把罪犯囚禁于一定范围并强制其服劳役的刑事制裁方式。徒刑较笞、杖都重，带有被奴役的性质。《唐律疏议·名例》"徒刑五"条"疏议"说："徒者，奴也，盖奴辱之。"流刑是一种把罪犯遣送到边远地区并强制其服劳役的刑事制裁方式。这是一种仅次于死刑的重刑，适用于一些较为重大的犯罪者，带有宽宥的性质。《唐律疏议·名例》"流刑三"条"疏议"说，流刑是因为"不忍刑杀"而"宥之于远也"。死刑是一种剥夺罪犯生命的刑事制裁方式。它是五刑中最重的一种，适用于重大犯罪者，相当于奴隶制时期的大辟。《唐律疏议·名例》"死刑二"条"疏议"说："绞、斩之坐，刑之极也"，"即古'大辟'之刑是也"。

唐律五刑中的每一刑种又可分为若干刑等，每等的受刑数不同，请见下表：

刑种 受刑数 刑等	笞刑	杖刑	徒刑	流刑	死刑
第一等	十次	六十次	一年	二千里	绞
第二等	二十次	七十次	一年半	二千五百里	斩
第三等	三十次	八十次	二年	三千里	
第四等	四十次	九十次	二年半		
第五等	五十次	一百次	三年		

流刑可分为常流和加役流。常流即表中的第三等流刑，唐律称之为“三流”。犯常流者均服苦役一年。《唐律疏议·名例》“犯流应配”条规定：“诸犯流应配者，三流俱役一年。”加役流的制裁重于常流，由于本书有专文谈涉加役流制度，故在此不再重复。工、乐、杂户以及妇女犯流罪的，以杖代替流并在原籍服役。《唐律疏议·名例》“工乐杂户及妇人犯流决杖”条规定：“诸工、乐、杂户及太常音声人，犯流者，二千里决杖二百，一等加三十，留住，俱役三年；加役流者，役四年。”“妇人犯流者，亦留住，流二千里决杖六十，一等加二十，俱役三年。”男性犯流罪的，妻、妾要随往，父、祖、子孙愿随往的也可同去。《唐律疏议·名例》“犯流应配”条规定，犯流者“妻妾从之”，“父祖子孙欲随者，听之”。

唐律中多处提及“居作”。这是一种在监管情况下服役的刑事制裁方式。它与徒刑相似，又不全等于徒刑。徒刑是个刑名，侧重从刑种方面体现。居作在唐律中作为一种具体的执行方式，侧重从刑罚的执行方面表现。例如，《唐律疏议·名例》“犯徒应役家无兼丁”条规定：“诸犯徒应役而家无兼丁者，徒一年，加杖一百二十，不居作；一等加二十。”此条“疏议”对“不居作”作出解释：“既已加杖，故免居作。”在这一律条中，“徒一年”是依法应处刑罚，但是由于它为“杖一百二十”所代，不再执行，故称“不居作”。当徒刑与居作在同一条款中并适用于同一情况时，两者都是指服役，后者可直接代替前者使用，上条规定即是如此。但是，当流刑与居作同适用于一种情况时，含义就不同了。流刑由流遣与服役两部分组成，当犯流者免居作时，只免后者，即只免服役，不免流遣。例如，《唐律疏议·名例》"老小及疾有犯"条规定，年七十以上、十五以下及废疾者犯流的，"至配所，免居作"，即只流遣，不居作。此条"疏议"解释其原因时说："矜其老小，不堪役身，故免居作。"

五刑中的一些刑罚在有些情况下可被代替执行。其中，有的是以一种刑罚代替另一种刑罚执行。例如，《唐律疏议·名例》"诸犯徒应役而家无兼丁"条中就有用杖代替徒执行的规定，即凡"犯徒应役而家无兼丁"者，可用杖一百二十代替徒执行。还有的是用一种刑罚代替另一种刑罚中的一部分执行，如用杖代替流中的流遣而不涉及居作。以上《唐律疏议·名例》"老小及疾有犯"条中的规定就是一例。由于情况不同，故一刑可代替另一刑的具体数额也不同。例如，《唐律疏议·名例》"工乐杂户及妇人犯流决杖"条规定，工、乐、杂户及太常音声人犯流，以杖二百代替流二千里，一等加三十。但是，妇人犯流，用杖六十代替流二千里，一等加三十。可见，前后差距悬殊。

五刑是一个整体，它的二十刑等都互相衔接，加减刑时上下贯通。《唐律疏议·名例》"称加减"条"疏议"举例作了解释："假有人犯杖一百，合加一等，从徒一年；或应徒一年，合加一等，处徒一年半。""又有人犯徒一年，应减一等，处杖一百；或犯杖一百，应减一等，决杖九十。"但是，也有特例，如死刑二等和流三等在减刑时均作一等减。同条"疏议"继续解释说："假有犯罪合斩，从者减一等，即至流三千里。或有犯流三千里，合例减一等，即处徒三年。"

唐律对五刑的执行有严格规定，司法官如有违犯，即要追究其法律责任。笞、杖的执行必须符合唐令的要求。《唐律疏议·断狱》"决罚不如法"条"疏议"载唐令的有关规定："决笞者，腿、臀分受。决杖者，背、腿、臀分受。须数等。拷讯者亦同。笞以下，愿背、腿分受者，听。""杖皆削去节目，长三尺五寸。讯囚杖，大头径三分二厘，小头二分二厘。常行杖，大头二分七厘，小头一分七厘。笞杖，大头二分，小头二分二厘。”违反以上规定的，司法官要按情节受到笞、徒的处罚。五刑中其他刑罚的执行也都有严格规定。

2. 赎刑

赎刑，是指用铜代替五刑执行的一种刑事制裁方式。唐的赎刑与五刑联系在一起，是对五刑的一种补充。赎刑对五刑的折算方法见下表：

刑种 铜数 等	笞刑	杖刑	徒刑	流刑	死刑
第一等	一斤	六斤	二十斤	八十斤	一百二十斤
第二等	二斤	七斤	三十斤	九十斤	一百二十斤
第三等	三斤	八斤	四十斤	一百斤	
第四等	四斤	九斤	五十斤		
第五等	五斤	十斤	六十斤		

唐律虽有赎的规定，但不是任何犯罪、任何罪犯都可用铜赎刑，它有一定的适用对象。唐律明确规定，可赎的范围主要包括：第一，官吏犯流以下罪。官吏本人犯流以下罪，一般可用赎抵罪。《唐律疏议·名例》“应议请减”条规定：“诸应议、请、减及九品以上之官”，“犯流罪以下，听赎”。这里还包括“假版官”和任官以前的犯罪者。《唐律疏议·名例》“以理去官”条规定：“假版官犯流罪以下，听以赎论。”此条“疏议”还专门对此作了解释：“假版授官，不著令、式，事关恩泽”，所以可“听以赎论”。“无官犯罪”条对任官以前的犯罪者作了如下规定：“诸无官犯罪，有官事发，流罪以下以赎论。”用官品抵罪，罪轻不尽其官或官少不尽其罪的，也可用赎。《唐律疏议·名例》“以官当徒不尽”条规定：“诸以官当徒者，罪轻不尽其官，留官收赎；官少不尽其罪，余罪收赎。”另外，有官品及邑号的妇人犯罪，同样可用铜赎罪。《唐律疏议·名例》“妇人有官品邑号”条及其“疏议”规定：“诸妇人有官品及邑号，犯罪者，

各依其品”,“留官收赎”。第二,官吏亲属犯流以下罪。赎刑还荫及官吏亲属,他们犯流以下罪也可以铜抵罪。《唐律疏议·名例》“应议请减”条规定:“官品得减者之祖父母、父母、妻、子孙,犯流罪以下,听赎。”有些妾也可享有这一特权。《唐律疏议·名例》“五品以上妾有犯”条规定:“诸五品以上妾,犯非十恶者,流罪以下,听以赎论。”第三,老、小、废、疾者犯流以下罪。老、小、废、疾者犯有除加役流、反逆缘坐流、会赦犹流外其他流以下罪的,可适用赎刑。《唐律疏议·名例》“老小及疾有犯”条规定:“诸年七十以上、十五以下及废疾,犯流罪以下,收赎。犯加役流、反逆缘坐流、会赦犹流者,不用此律。”此条“疏议”对老、小、废、疾者可赎的原因作了说明,即“矜老小及疾,故流罪以下收赎”。第四,妇女犯流以下罪。唐律规定,妇女犯流以下罪的,亦属可赎范围。《唐律疏议·名例》“老小及疾有犯”条“疏议”规定:“妇人流法,与男子不同:虽是老小,犯加役流,亦合收赎,征铜一百斤。”第五,有些受牵连的犯罪者。唐律对一些因受牵连而构成的犯罪也适用赎刑,其对象主要是两类人:一类是犯罪者本人已死,受牵连者可赎罪;另一类是犯罪者本人已自首、免罪或减罪的,受牵连者亦可赎罪。《唐律疏议·名例》“犯罪共亡捕首”条规定:“因罪人以致罪,而罪人自死者”,“若罪人自首及遇恩原减者”,“其应加杖及赎者,各依杖、赎例”。第六,过失杀伤人。过失杀伤人也属可赎范围。《唐律疏议·斗讼》“过失杀伤人”条规定:“诸过失杀伤人者,各依其状,以赎论。”第七,疑罪。疑罪同样可以赎论。《唐律疏议·断狱》“疑罪”条规定:“诸疑罪,各依所犯,以赎论。”

唐律除规定可赎的范围外,还明确规定不可赎的范围,主要是:第一,“十恶”。“十恶”是对唐统治秩序危害最大的犯罪,故在一般情况下,犯“十恶”者不可收赎。《唐律疏议·名例》“无官犯罪”和“五品以上妾有犯”等条都把犯“十恶”排斥在可赎范围之外。但是,也有个别情况例外。《唐律疏议·名例》“老小及疾有犯”条“疏议”作了这样的例外规定:“矜老小废疾,虽犯十恶,皆许

‘收赎’。”第二，五流。五流是指加役流、反逆缘坐流、子孙犯过失流、不孝流和会赦犹流。这些也是严重的犯罪，故在一般情况下也不可赎。《唐律疏议·名例》“应议请减”条明确规定：“加役流、反逆缘坐流、子孙犯过失流、不孝流及会赦犹流者，各不得减赎。”但是，也有例外。加役流、反逆缘坐流和不孝流遇降时，可赎。上条“疏议”作了补充说明：“加役流、反逆缘坐流、不孝流，此三流会降，并听收赎。”第三，其他犯罪。还有些犯罪，如子孙犯过失杀伤、殴人至废疾、男夫犯盗和妇人犯奸等也都不在可赎之列。《唐律疏议·名例》“应议请减”条规定：“其于期以上尊长及外祖父母、夫、夫之祖父母，犯过失杀伤，应徒；若殴人至废疾，应流；男夫犯盗及妇人犯奸者：亦不得减赎。”

司法官在适用赎刑时必须严格依律，应赎而不赎或不应赎而赎的，都将构成犯罪并受到刑法的追究。《唐律疏议·断狱》“断罪应决配而收赎”条规定：“诸断罪应决配之而听收赎，应收赎而决配之”，“各依本罪，减故、失一等”。

3. 官当

官当，是一种用官品抵罪的刑事制裁方式。它是官吏享有的一种特权。官当以官品折抵五刑的执行，也是对五刑的一种补充。官当与赎的主要区别在于：前者用官品抵罪，后者则用铜抵罪。

唐律中官当的计算单位是用官品折抵徒刑。三流均按四年徒计算。《唐律疏议·名例》“官当”条规定：“以官当流者，三流同比徒四年。”如果所犯罪行低于可当官品，那就不必用官当，只要赎即可。《唐律疏议·名例》“以官当徒不尽”条规定：“诸以官当徒者，罪轻不尽其官，留官收赎。”

官品可抵罪的数额须由官品的高低和所犯罪的性质决定。犯私罪的，五品以上官可当二年徒刑，六品至九品官可当一年徒刑。犯公罪的，五品以上官可当三年徒刑，六品至九品官可当二年徒刑。《唐律疏议·名例》“官当”条规定：“诸犯私罪，以官当徒者，五品以上，一官当徒二年；九品以上，一官当徒一年。若犯公罪，各加一年当。”此条对“私罪”与“公罪”作了明确解释：私罪是指“私自犯及对制诈不以实、受请枉法之类”；公罪是指“缘公事致罪而无私、曲者”。此条“疏议”还举例作了说明：“对制虽缘公事，方便不吐实情，心挟隐欺”和“受人嘱请，屈法申请”等均属私罪；“不晓敕意而违”和“虽违敕意，情不涉私”等都属公罪。

唐代有职事官、散官、卫宫和勋官数种。在官当中，仅以二官计算，前三者为一官，后者为一官。对其原因，《唐律疏议·名例》“官当”条“疏议”作了说明：“职事、散官、卫官计阶等者，既相因而得，故同为一官。其勋官，从勋加授，故别为一官。是为‘二官’。”官当时，应先以其中高者当。同条规定：“有二官，先以高者当，次以勋官当。”现任官当完后，仍有余罪或更犯的，可以历任官再来当。同条继续规定：“若有余罪及更犯者，听以历任之官当。”所有官都当完后，仍有余罪要当的，可赎。《唐律疏议·名例》“以官当徒不尽”条规定：“诸以官当徒者”，“官少不尽其罪，余罪收赎”。

官吏在官品当尽之后，即成为无官之人，一年以后，仍可降原任官一等继续任官。《唐律疏议·名例》“除免官当叙法”条规定：“官当者，期年之后，降先品一等叙。”

司法官必须依律适用官当，适用不当的，要受到处罚。《唐律疏议·断狱》“断罪应决配而收赎”条规定：“应官当而不以官当及不应官当而以官当者，各依本罪，减故、失一等。死罪不减。”

4. 没官

没官，是一种把与罪犯有一定联系的人和物没为官府所有的刑事制裁方式。没官的主要对象是违禁物和赃物。违禁物系公民不可占有之物，赃物是非法所得之物，故均在没官之列。没官适用在这类犯罪中具有消除犯罪条件等作用。《唐律疏议·名例》“彼此俱罪之赃”条规定：“诸彼此俱罪之赃，及犯禁之物，则没官。”此条“疏议”专门作了解释：甲弩、矛矟、旌旗、禁书、宝印等类，“私家不应有者，是名‘犯禁之物’”，“若盗人所盗之物，倍赃亦没官”。

没官常与五刑一起适用，作为五刑的一种附加刑，以增加制裁的严厉性。《唐律疏议·杂律》“违令”条“疏议”在解释律条时规定，违犯礼部式，“式文而著服色者，笞四十”；同时，“物仍没官”，使其受到双重制裁。

没官的对象除物以外，还有人。《唐律疏议·贼盗》“谋反大逆”条把犯罪者的家庭成员和部曲都作为没官对象，规定：“诸谋反及大逆者，皆斩；父、子年十六以上皆绞，十五以下及母女、妻妾、祖孙兄弟、姊妹若部曲、资财、田宅并没官。”在这一规定中，因没官对象本身是无辜的，故又具有连坐性质。

司法官违律没官的，要被追究刑事责任。《唐律疏议·断狱》“缘坐没官不如法”条规定：“诸缘坐应没官而放之，及非应没官而没之者，各以流罪故、失论。”

5. 连坐

连坐，是一种与罪犯有一定身份联系的无辜者受到刑事追究的刑事制裁方式。唐律中的连坐还以“缘坐”等形式出现。唐律虽用刑明显轻于以往，但仍可见有关连坐的规定。

唐律中的连坐适用于一些比较重大的犯罪，按其对象，主要可分为家庭成员连坐、邻伍连坐和职务连坐三大类。

唐律中的家庭成员连坐也称“缘坐”，并专门设立“缘坐之罪”。《唐律疏议·名例》“犯罪未发自首”条“疏议”说：“缘坐之罪，谓谋反、大逆及谋叛已上道者，并合缘坐。”可见，此“缘坐之罪”是指“十恶”中的前三大犯罪。缘坐的范围很广泛。《唐律疏议·贼盗》“谋反大逆”条规定，除谋反大逆本人要处斩外，其“父子年十六以上皆绞，十五以下及母女、妻妾、祖孙、兄弟、姊妹若部曲、资财、田宅并没官”，“伯叔父、兄弟之子皆流三千里，不限籍之异同”。谋叛罪的缘坐范围虽比谋反大逆罪小，但也涉及三族。《唐律疏议·贼盗》“谋叛”条规定：“诸谋叛者，绞。已上道者皆斩，妻、子流二千里；若率部众百人以上，父母、妻、子流三千里。”此外，唐律中还有一些罪也适用缘坐的规定。例如，《唐律疏议·贼盗》“杀一家三人支解人”条规定：“诸杀一家非死罪三人，及支解人者，皆斩；妻、子流二千里。”唐律中的缘坐既包括人，也包括物。凡同居的缘坐对象，资财和田宅都要没官，只有非同居者例外。《唐律疏议·贼盗》“缘坐非同居”条规定：“诸缘坐非同居者，资财、田宅不在没限。”

唐律中还有邻伍连坐的规定。唐代规定，五户为一连坐单位，称“保”。保内有人犯罪，其他人须告发，否则就构成犯罪，要被追究刑事责任。只有三种情况例外：一是家中只有妇女及未满十五岁的男孩；二是犯罪者的罪较轻，只在杖一百以下；三是他人犯罪时，保中之人不在家中。对被连坐之人的处罚程度依据犯罪者的被罚程度而定，一般相差两个刑种。这些内容在《唐律疏议·斗讼》“监临知犯法不举劾”条中都作了规定：“同伍保内，在家有犯，知而不纠者，死罪，徒一年；流罪，杖一百；徒罪，杖七十。其家唯有妇女及男年十五以下者，皆勿论。”此条“疏议”说：“依令‘伍家相保’之内，在家有犯，知死罪不纠，得徒一年；知流罪不纠，杖一百；知徒罪不纠，杖七十；犯百杖以下，保人不纠，无罪。其伍保之家，唯有妇女及男十五以下，不堪告事，虽知不纠，亦皆勿论。虽是伍保之内，所犯不在家中，知而不纠，不合科罪。”

除以上两类连坐外，还有职务连坐。唐律中的职务连坐分为两类：监临主司连坐与同职人连坐。

监临主司的范围很广，凡统摄官和掌领人都属此类，连里正、村正和坊正都包括在内。他们与被监临人有连坐关系。被监临人犯罪，监临主司必须揭发，不揭发的亦算犯罪，也要被处罚，其幅度比被监临者轻三等；如果是具有纠弹职责的监临主司，只轻二等。《唐律疏议·贼盗》“监临知犯法不举劾”条规定：“诸监临主司知所部有犯法，不举劾者，减罪人罪三等。纠弹之官，减二等。”

同职人连坐也是一种职务连坐。《唐律疏议·名例》“同职犯公罪”条“疏议”解释“同职”时说：“同职者，谓连署之官。”同职人连坐因有公罪与私罪的区别，在处罚时也不同。如犯公罪，按四等划分同职人员，各自以自己的主责处理。上述律条规定：“诸同职犯公坐者，长官为一等，通判官为一等，判官为一等，主典为一等，各以所由为首。”此条“疏议”还举例作了说明：“假如大理寺断事有违，即大卿是长官，少卿正是通制官，丞是判官，府吏是主典，是为四等。各以所由为首者，若主典检请有失，即主典为首，丞为第二从，少卿、二正为第三从，大卿为第四从，即主簿、录事亦为第四从。”如犯私罪，连坐人员不知情的，以过失犯罪论。此条规定：“若同职有私，连坐之官不知情者，以失论。”此条“疏议”也举例作了解释：“假有人犯徒一年，判官曲理断免，余官不觉，自依失出之法，有私者为首，不觉者为从，仍为四等科之，失出减五等，失入减三等之类。”

唐律有不少条款都含有职务连坐的内容，这里仅举一例证之。《唐律疏议·卫禁》“宫殿作罢不出”条规定：“诸在宫殿内作罢而不出者，宫内，徒一年；殿内，徒二年；御在所者，绞。将领主司知者，与同罪；不知者，各减一等。”此条中的将领主司被罚，就属职务连坐之类。

职务连坐中还适用自觉举，并以一人自觉举，余者可以原罪为原则。《唐律疏议·名例》“公事失错自觉举”条规定：“诸公事失错，自觉举者，原其罪；应连坐者，一人自觉举，余人亦原之。”“其官文书稽程，应连坐者，一人自觉举，余人亦原之。”但是，有两种情况例外：一是司法官错判并已执行的，“不用此律”；二是官文书稽程，“主典不免”，即自觉举也要追究其法律责任。

唐律对连坐的执行也有规定，司法官不依律执行缘坐的，都属犯罪并要受到处罚。《唐律疏议·断狱》“缘坐没官木如法”条规定：“诸缘坐应没官而放之，及非应没官而没之者，各以流罪故、失论。”

二、民事制裁方式

唐律除规定有刑事制裁方式外，还规定有民事制裁方式，主要有以下几种：

1．赔偿

赔偿,是指一种行为人对被害方进行经济补偿的一种民事制裁方式。唐律把赔偿称为"备偿"。《唐律疏议·杂律》"负债违契不偿"条规定:"诸负债违契不偿,一匹以上,违二十日笞二十,二十日加一等,罪止杖六十;三十匹,加二等;百匹,又加三等。各令备偿。"赔偿的对象主要是物,也有人。《唐律疏议·捕亡》"官户奴婢亡"条中有关于赔偿奴婢的内容,此条规定:"诱导官私奴婢亡者,准盗论,仍令备偿。"

唐律中的赔偿按其额可分为以下几类:第一,赔偿全部。即赔偿全部损失。《唐律疏议·厩库》"官私畜损食物"条规定:"诸放官私畜产,损食官私物者,笞三十;赃重者,坐赃论。失者,减二等。各偿所损。"这里的"各偿所损"要求各自都要赔偿实际损失。第二,加倍赔偿。即按实际的损失数额加倍赔偿。这在唐律中称为"倍偿"。《唐律疏议·名例》"赃还原主"条规定:"盗者,倍偿。"此条"疏议"对此规定作了如下解释:"盗者以其贪财既重,故令人倍偿,谓盗一尺,征二尺之类。"第三,赔偿一半。即只赔偿实际损失的一半。这在唐律中称为"偿减价之半"。《唐律疏议·厩库》"犬伤杀畜产"条规定:"诸犬自杀伤他人畜产者,犬主偿其减价;余畜自相杀伤者,偿其减价之半。"此条"疏议"对"偿其减价之半"作了解释:"假有甲家牛,抵杀乙家马,马本直绢十匹,为抵杀,估皮肉直绢两匹,即是减八匹绢,甲偿乙绢四匹,是名'偿减价之半'。"第四,赔偿实际损失。即只赔偿所造成的实际损失。唐律把它称为"偿减价"。它与赔偿全部的区别在于:前者的被损物可折价处理,故只赔偿除折价处理外的那部分损失;后者所造成的损失是无可挽回的,也不可折价处理,故只能赔偿全部。《唐律疏议·厩库》"故杀官私马牛"条中有"偿减价"的内容,它规定:"诸故杀官私马牛者,徒一年半。赃重及杀余畜产,若伤者,计减价,准盗论,各偿所减价。"此条"疏议"对"减价"举例作了说明:"'减价',谓畜产直绢十匹,杀讫,唯直绢两匹,即减八匹价。"

唐律的赔偿适用于公、私财物的损害,而且赔偿数额一致。《唐律疏议·厩库》"官私畜毁食官私物"条规定:"诸官私畜产,毁食官私之物,登时杀伤者,各减故杀伤三等,偿所减价。"其中并未对公、私畜产的赔偿作出区别。

但是,对于故意犯罪和过失犯罪,赔偿的处理是不同的。《唐律疏议·杂律》"水火损败征偿"条规定:"诸水火有所损败,故犯者,征偿;误失者,不偿。"在这一规定中,只有故意犯罪才赔偿,过失则不赔偿。

不是损害任何公、私财物都使用赔偿。在某些情况下,只追究行为人的刑事责任,不要其赔偿。《唐律疏议·厩库》"官私畜损食物"条规定:"若官畜损食官物者,坐而不偿。"

唐律的赔偿均与刑事制裁联系在一起,类似于现在附带民事诉讼中的民事赔偿。在追究犯罪者刑事责任的同时,还要求其赔偿所造成的经济损失,以上所及律条都是如此。

2. 复故、改正、征收和还官主

唐律中的民事制裁方式除赔偿外,还有复故、改正、征收和还官主等,大致情况如下:

第一,复故。这是一种令行为人把被损坏物恢复成原样的民事制裁方式。它类似于现代民法中的恢复原状。唐律中除复故外,"依旧"、"修立"、"改去"等也具有此种含义。唐律规定,对公共场所的侵占适用复故。《唐律疏议·杂律》"侵巷街阡陌"条规定:"诸侵巷街、阡陌者,杖七十。若种植垦食者,笞五十。各令复故。"此条"疏议"解释其原因说:"公行之所,若许私侵,便有所废",故除处以刑罚外,还要"各令依旧"。复故不适用于赦,即使令赦仍须执行,这有明确规定。《唐律疏议·杂律》"舍宅车服器物违令"条规定:"诸营造舍宅、车服、器物及坟茔、石兽之属,于令有违者,杖一百。虽会赦,皆令改去之。"故犯与误犯的,都要复故,其主要区别在于:前者要负刑事责任,后者可免刑事责任。《唐律疏议·杂律》"毁人碑碣石兽"条规定:"诸毁人碑碣及石兽者,徒一年;即毁人庙主者,加一等。其有用功修造之物,而故损毁者,计庸,坐赃论。各令修立。误损毁者,但令修立,不坐。"

第二,改正。这是一种令行为人恢复被侵害对象的身份或本来面目,清除其影响的一种民事制裁方式。它近似于现代民法中的清除影响。唐律中的"还正"亦指改正。改正与复故有联系,两者都具有恢复性质,恢复对象都是被侵害者。但是,两者亦有明显区别:前者主要是对名誉权、身份权等的恢复,后者则主要是对物权的恢复。前者的适用范围较大。《唐律疏议·名例》"会赦应改正征收"条规定:"以嫡为庶、以庶为嫡、违法养子,私入道、诈复除、避本业,增减年纪、侵隐园田、脱漏户口之类,须改正。"这一原则规定在具体律条中也能得到体现。《唐律疏议·户婚》"养杂户等为子孙"条规定:"诸养杂户男为子孙者,徒一年半;养女,杖一百。官户,各加一等。与者,亦如之。若养部曲及奴为子孙者,杖一百。各还正之。"此外,"放部曲奴婢还压"、"以妻为妾"等条也都有还正规定。改正也有不适用于赦的,即会赦仍须执行,否则要追究当事人的法律责任。《唐律疏议·名例》"会赦应改正征收"条规定:"诸会赦,应收正、征收,经责簿账而不改正、征收者,各论如本犯律。"即按原有罪论处。

第三,征收。这是一种官府收缴非法占有物的民事制裁方式。它与现代民法中的收缴非法占有物相似。《唐律疏议·名例》"会赦应改正征收"条对征收对象作了规定:"监临主守之官,私自借贷及借贷人财物、畜产之类,须征收。"不是所有非法占有物都须征收,在有些情况下可不征收,其要者为二:一是非法占有的食品已被食尽,二是营造事宜已告结束。《唐律疏议·厩库》"放散官物"条规定:"诸放散官物者,坐赃论。物在,还官;已散用者,勿征。"此条"疏议"举例作了说明:"若祠祀礼毕,宴会食尽及营造事讫,皆勿征。"征收与改正一样,会赦仍应征收而抗拒征收的,当事人要按原罪处罚。具体内容在《唐律疏议·名例》"会赦应改正征收"条有规定,上已引用,此处不再复引。

第四,还官主。这是一种令当事人返还非法占有并归还存在财产的一种民事制裁方式。它与现代民法中的返还财产相似。由于当事人非法侵占他人财产,故唐律令其归还原主。还官主与征收有相同之处,都要收回非法占有物。但是,两者也有不同点:前者从非法侵占者的角度出发,要求其归还被侵占物,而且归还对象有官府和公民两类。这由被侵占物的所有人决定,如果是官府,物归官府;如果是公民,物归公民。后者从官府的角度出发,要求其收回被非法侵占物,归还对象也只是官府。还官主以物仍存在为前提,物在要还,物不在不还。《唐律疏议·厩库》"放散官物"有"物在,还官;已散用,勿征"的规定。犯"六赃"是还官主的主要适用对象。《唐律疏议·名例》"以赃入罪"条规定:"诸以赃入罪,正赃见在者,还官、主。"此条"疏议"解释说:"在律,'正赃'唯有六色:强盗、窃盗、枉法、不枉法、受所监临及坐赃。""官物还官,私物还主。"归还物主要包括赃物的转换物和孳息物。其中,奴婢亦属物之类。同条规定:"转易得他物,及生产蕃息,皆为见在。"此条"疏议"还举例对此作了解释:"转易得他物者,谓本赃是驴,回易得马之类。及生产蕃息者,谓婢产子,马生驹之类。"另外,虽遇大赦,但有的犯罪仍须还官主。同条规定:"会赦及降者,盗、诈、枉法犹征正赃。"

唐律中的复故、改正、征收和还官主不单独适用,总与五刑联系在一起,并以五刑为主要制裁手段,以上所列律条无一例外。因此,这些民事制裁方式只是辅助制裁方式,类似于当今附带民事诉讼中的一些内容。

3. 离婚

离婚,在唐律中是一种解除男女之间婚约的民事制裁方式。唐律中的"离"即指离婚。唐律的户婚律中有十余条是关于离婚的,按离婚形式划分主要有三种:第一,允许离婚。当妻子犯有"七出"情况时,唐律允许丈夫提出离婚,离婚的主动权在丈夫手中。《唐律疏议·户婚》"妻无七出而出之"条"疏议"明确规定,妻子无

“七出”情况的，“不合出之”。这一规定反证妻有“七出”情况，是允许离婚的。第二，强制离婚。唐律中的多数离婚规定都属此类。强制离婚主要适用于违律为婚和“义绝”情况，其中包括妄冒为婚，有妻再娶，居父母丧期娶妻，同姓为婚，各种身份、地位不同人为婚和夫妻一方殴杀对方尊亲属等。对于此类离婚，唐律的律条中都有“离之”字样。例如，《唐律疏议·户婚》“有妻更娶”条规定：“诸有妻更娶妻者，徒一年；女家，减一等。若欺妄而娶者，徒一年半；女家不坐。各离之。”有的律条甚至规定，如不离婚的，须追究当事人的刑事责任。《唐律疏议·户婚》“义绝离之”条规定：“诸犯义绝者离之，违者，徒一年。”第三，两愿离婚。除有以上两种离婚方式外，唐律还有两愿离婚的规定，前提是夫妻之间关系不和谐，双方都愿意离婚，而且还不具有关于允许离婚和强制离婚的情节。《唐律疏议·户婚》“义绝离之”条规定：“若夫妻不相安谐而和离者，不坐。”此条“疏议”解释说：“彼此情不相得，两愿离者，不坐。”

综合有关离婚的条款，唐律规定的离婚原因主要是：第一，有违一夫一妻原则。唐律认为，一夫只能有一妻，其他配偶不可为妻，如有妻再娶就是一种违律行为，必须离婚。《唐律疏议·户婚》“有妻更娶”条“疏议”说：“一夫一妇，不刊之制。有妻更娶，本不成妻。”故除了对当事人处以徒刑外，还要离婚。第二，有违封建等级原则。唐律以为，无论在社会还是在家庭，都有等级，结婚也不可逾越这等级鸿沟，凡违反封建等级原则的婚姻都不能成立，必须解除。违反这一原则的行为主要是：以婢、妾、客女为妻，以妻为妾；奴以良人女为妻；杂户与良人为婚等。《唐律疏议·户婚》“以妻为妾”条“疏议”说：“妻者，齐也，秦晋为匹。妾通卖买，等数相悬。”“若以妻为妾，以婢为妻，违别议约，便亏夫妇之正道，黩人伦之彝则，颠倒冠履，紊乱礼经。”“奴娶良人为妻”条“疏议”说：“人各有耦，色类须同。良贱既殊，何宜配合。”“杂户官户与良人为婚”条“疏议”说：“杂户配隶诸司，不与良人同类，止可当色相娶，不合与良人为婚。”正因如此，故凡有以上情节而为婚的，除要受到处罚外，还要离婚。第三，有违夫权。唐律认为，夫为妻天，妻要奉守夫权，即使夫亡，也不得在丧期内出嫁。《唐律疏议·户婚》“夫丧守志而强嫁”条“疏议”说：“妇人夫丧服除，誓心守志。”如在此时嫁，即属非法婚姻，亦须离婚。第四，有违婚约。唐律以为，具备婚约是认定婚姻合法性的一个重要条件，违约而妄冒的婚姻是不能成立的。《唐律疏议·户婚》“为婚妄冒”条说：“为婚之法，必有行媒，男女、嫡庶、长幼，当时理有契约。”故女家有违，就要被罚，同时还要解除已成之约。第五，有违同姓不得为婚原则。唐律继承了在西周时就已确立的同姓不得为婚原则。如有违犯，即为非法，必须离婚。《唐律疏议·户婚》“同姓为婚”条“疏议”说：“同宗共姓，皆不得为婚。”为婚者除要被处罚外，还要离婚。此外，“七出”和“义绝”也是离婚原因。

唐律中有违律为婚而不离的特例，如与无夫且会被赦免罪的逃亡女为婚，可不离婚。《唐律疏议·户婚》“娶逃亡妇女”条规定：“无夫，会恩免罪者，不离。”

身份不同而为婚的，除要离婚外，还须还正，恢复其原地位。《唐律疏议·户婚》“杂户官户与良人为婚”条规定：“诸杂户不得与良人为婚，违者，杖一百。官户娶良人女者，亦如之。良人娶官户女者，加二等。即奴婢私嫁女与良人为妻妾者，准盗论；知情娶者，与同罪。各还正之。”

唐律规定，离婚与还正均不适用于赦，虽遇赦仍须依律执行。《唐律疏议·名例》“违律为婚离正”条规定：“诸违律为婚，当条称‘离之’、‘正之’者，虽会赦，犹离之、正之。”

唐律禁止不依律而擅自离婚的行为。如不依律离婚，就属犯罪，并要受到制裁。《唐律疏议·户婚》“妻无七出而出之”条规定：“诸妻无七出及义绝之状，而出之者，徒一年半；虽犯七出，有三不去，而出之者，杖一百。”

唐律中的离婚与以上几种民事制裁方式一样，都与五刑并用，而且以五刑为主，因此也是一种辅助制裁方式，作为五刑的附加制裁方式。

三、行政制裁方式

唐律中还有行政制裁方式，主要包括以下几种：

1. 除名

除名，是指一种免去违法官吏的官职、官品、爵位和名号等的行政制裁方式。官员犯有重大犯罪的，如“十恶”、故意杀人、监临主守在监守内犯奸或盗、受财枉法等，除了要被追究刑事责任外，一般还要受到行政制裁。例如，《唐律疏议·名例》“除免比徒”条“疏议”说：“监临主守内盗绢一匹，若事实，盗者合杖八十，仍合除名。”

除名不在赦限，虽会赦，官吏仍须除名。《唐律疏议·名例》“除名”条规定：“诸犯十恶、故杀人、反逆缘坐，狱成者，虽会赦，犹除名。即监临主守，于所监守内犯奸、盗、略人，若受财而枉法者，亦除名。”“杂犯死罪，即在禁身死，若免死别配及背死逃亡者，并除名。”但是，也有特例：第一，犯“十恶”等大罪，狱未成就遇赦的，可从赦免之法。上条“疏议”说：“犯十恶等罪，狱成之后，虽会大赦，犹合除名，狱若未成，即从赦名。”第二，犯有受财枉法等罪，狱成而遇赦的，作免“所居官”处理。上条规定：“监临主守，于所监内犯奸、盗、略人，若受财而枉法者”，“狱成会赦者，免所居官”。第三，杂犯死罪并“会降”的，按官当及赎的规定处理。上条规定：“杂犯死罪，即在禁身死，若免死别配及背死逃亡者”，“会降者，听从当、赎法”。

官吏除名后，官职、官品、爵位等都被免除，赋税、徭役都须按入仕前的身份征服，六年以后按原身份和国家的规定，继续做官。《唐律疏议·名例》“除免官当叙法”条规定：“诸除名者，官爵悉除，课役从本色，六载之后听叙，依出身法。”此条“疏议”还专门对“课役从本色”和“叙法”、“出身”作了解释：“课役从本色者，无荫同庶人，有荫从荫例。”“犯除名人年满之后，叙法依选举令：‘三品以上，奏闻听敕。正四品，于从七品下叙；从四品，于正八品上叙；正五品，于正八品下叙；从五品，于从八品上叙；六品、七品，并于从九品上叙；八品、九品，并于从九品下叙。若有出身品高于此法者，听从高’。”“‘出身’，谓籍荫及秀才、明经之类。”

除名相当徒三年，诬告官吏以致除名的，须以徒三年反坐，不论被诬告的官吏是否构成徒罪。《唐律疏议·名例》“除免比徒”条规定：“诸除名者，比徒三年。”此条“疏议”补充说，如有人诬告官吏，规定要杖八十，那么“诬告人不可止得杖罪，故反坐比徒三年”。

唐律中的除名皆适用于犯罪官吏，是对刑事制裁的补充，使官吏受到双重处分，以增加处罚的严厉性。从这种意义上说，除名也是一种辅助制裁手段。

2. 免官

免官，是指一种免去违法官吏的官职、官品和名号，保留爵位的一种行政制裁方式。免官与除名的一个重要区别在于，前者可保留爵位，后者则不能。《唐律疏议·名例》“应议请减”条“疏议”说：“犯除名者，爵亦除；本犯免官、免所居官及官当者，留爵收赎。”

免官比除名适用的犯罪轻。上条“疏议”举例作了规定：“故殴小功尊属至废疾，及男夫于监守内犯十恶及盗，妇人奸入‘内乱’者，并合除名。若男夫犯盗，断徒以上及妇人犯奸者，并合免官。”《唐律疏议·名例》“免官”条的规定更为详尽，此条规定：“诸犯奸、盗、略人及受财而不枉法；若犯流、徒，狱成逃走；祖父母、父母犯死罪，被囚禁，而作乐及婚娶者：免官。”

凡免官者，“二官”全免。上条“疏议”还专门对此作了解释：“‘二官’为职事官、散官、卫官为一官，勋官为一官。此二官并免。”

免官官吏在三年后，按原官品降二等继续任官。《唐律疏议·名例》“除免官当叙法”条规定:“免官者,三载之后,降先品二等叙。”此条“疏议”作解释说:“正四品以下,一阶为一等;从三品以上及勋官,正、从各为一等。假有正四品上免官,三载之后,得从四品上叙。上柱国免官,三载之后,从上护军叙。”

免官相当于徒二年。诬告官吏以致免官的,须以徒二年反坐,不论被诬告的官吏是否构成徒二年罪。《唐律疏议·名例》“除免比徒”条规定:“免官者,比徒二年。”此条“疏议”举例作了这样的解释:如果有人诬告官吏犯盗罪应徒一年,那么“反坐不可止科徒一年,故比徒二年”。

免官也与五刑连用,作为一种辅助制裁手段。上条“疏议”说:“五品于监临外盗绢五匹,科徒一年,仍合免官。”

3. 免所居官

免所居官,是指一种免去违法官吏的官职及所带散官品位,保留勋官名位的行政制裁方式。唐律对需免所居官的范围有明确规定。《唐律疏议·名例》“免所居官”条规定:“诸府号、官称犯父祖名,而冒荣居之;祖父母、父母老疾无侍,委亲之官;在父母丧,生子及娶妾,兄弟别籍、异财,冒哀求仕;若奸监临内杂户、官户、部曲妻及婢者:免所居官。”此外,一些应除名而狱成会赦的,也要免所居官。《唐律疏议·名例》“除名”条规定:“监临主守,于所监内犯奸、盗、略人,或受财而枉法者”,“狱成会赦者,免所居官”。

唐律把唐代官分为“二官”,免所居官仅免一官,如有二官者,保留一官。《唐律疏议·名例》“免所居官”条规定,免所居官“谓免所居之一官。若兼带勋官者,免其职事”。此条“疏议”的解释更为明确:“称免所居官者,职事、散官、卫官同阶者,总为一官。若有数官,先追高者;若带勋官,免其职事;如无职事,即免勋官高者。”唐律中有免所居官一官的具体规定。《唐律疏议·名例》“十恶”条“疏议”说:“男夫居丧娶妾,合免所居之一官。”

免所居官相当于徒一年,诬告官吏以致免所居官的,要以徒一年反坐,不论被诬告官吏是否构成徒罪。《唐律疏议·名例》“除免比徒”条规定:“免所居官者,比徒一年。”此条“疏议”举例作了如下解释:如果有人诬告官吏在监临内奸婢应杖九十,那么“反坐不可止得杖罪,故比徒一年”。

免所居官与除名、免官一样,也与五刑联系在一起,并以五刑为主要制裁手段。《唐律疏议·名例》“除免比徒”条“疏议”规定:“监临内奸婢,合杖九十,奸者合免所居官。”

在除名、免官和免所居官三种行政制裁方式中,除名最重,免所居官最轻,免官居中,从三者的比徒折算中就可得出此结论。《唐律疏议·名例》“除免比徒”条“疏议”也讲得十分清楚:“除名、免官、免所居官,罪有差降,故量轻重,节级比徒。”即以不同轻重的三种行政制裁手段适用于犯有不同罪名、情节的违法官吏。

除名、免官、免所居官与官当都适用于官吏,它们有相近之处,也有区别:首先,前者不可折抵徒刑的执行,后者可在一定范围内拆徒免刑。其次,前者在唐律中不可单独适用,总与五刑联系在一起,作为五刑的一种辅助制裁手段;后者可单独适用,无须与五刑合用。再次,前者在制裁期满后的叙法中形式多样,除名需在六年后才依出身法叙官,免官需在三年后降先品二等叙官,免所居官需在一年后降先品一等叙官;后者则是单种,全在一年后降先品一等叙官。

四、制裁方式的特点

综观唐律中的刑事、民事和行政三大制裁方式,并与以前的制裁方式相比较,可见以下一些主要特点:

1. 儒家经义是指导思想

唐律中主要制裁方式的确定皆以儒家经义为依据,五刑即是。每一五刑条的“疏议”中都引用经义,以论证五刑产生的理论渊源,证实其存在的合理性。先后出现在五刑条“疏议”中的有《尚书》、《礼记》、《周礼》、《孝经》和《春秋》等。其中,有的是用一本经书中的经句说明一个刑种,也有的是用两本以上经书中的经句说明一个刑种。杖、徒刑分别用《尚书》和《周礼》的经句加以说明;笞刑用了《尚书》、《孝经》和《礼记》的经句加以说明;死刑用了《春秋》、《礼记》和《尚书》的经句进行引证。除五刑外,有些制裁方式的确立也以经义为依据,离婚就是一例。《唐律疏议·户婚》"有妻更娶"条"疏议"说:"依礼,日见于甲,月见于庚,象夫妇之义。一与之齐,中馈斯重。"如有妻再娶,即是违反此义,故不仅要徒,还要"各离之"。

用儒家经义作为确定制裁方式的指导与唐律整个法典用礼作为指导相吻合。用经义作为制裁方式的指导正是唐律以礼为指导的直接体现。从整体看,唐律制裁方式受礼的支配和影响比以往法典的规定更大,因为它是我国法制史上第一部成功地把礼与法有机结合的法典。

2. 慎刑是主要原则

慎刑原则非唐律首创,早在西周时就明确提出过"明德慎罚"的主张和法制要求,以后有不少统治者也以此标榜自己,而在制裁方式中能全面、完整地体现和贯彻这一原则的还属唐律。《法经》是一部较完整和较早的封建法典,也是我国封建法典的蓝本,在我国法制史上占有很重要的地位。但是,当时在法家重刑轻罪思想的指导下,用刑偏重,连窥宫者都要膑,拾遗者都要刖。秦始皇把"法治"推向极端,秦法用刑的严厉程度令人咋舌,"枭首"、"腰斩"、"车裂"、"夷三族"、"具五刑"和"凿颠"等被广泛使用,故史称当时是"死人日成积于市"[①]。汉初的统治者奉行"与民休息"政策,用刑渐平。可汉武帝以后,用刑又滥,至成帝时已是"大辟之刑千有余条,律令烦多,百有余万言",以致"明习者,不知所由"[②]。魏晋南北朝时,除有规定制裁用刑过重的一面外,还有过多用赦的一面,以致出现个别制裁废弛的朝代,梁武帝就是这样。他"每年

① 《史记·李斯列传》。
② 《汉书·刑法志》。

数赦，卒至倾败”[1]，连自己的统治都断送了。

唐律的立法者以隋亡为鉴，总结前人的用刑经验，在隋《开皇律》的基础上，撰修唐律，于贞观定本。唐律全面贯彻慎刑原则，在制裁方式方面尤为突出。它大量减少死刑的适用范围，比《开皇律》要少九十二条；增加加役流，代替部分死刑的执行；确立死刑“三复奏”制度等，对死刑这一生命刑的适用采取了极为谨慎的态度。它对笞、杖、徒和流的适用和执行也作了详尽规定，并明确司法官的责任，违反者要被追究刑事责任，十分严肃。它对老、幼、废、疾和妇的用刑采取恤刑方法，从生理特点出发，把他们与一般成年公民的量刑相区别，并用赦、免和换刑等形式作特殊处理，充分表现了对用刑的慎重态度。它大量减少连坐的适用范围，仅对谋反、谋大逆、谋叛和恶逆等一些重大犯罪使用这一刑罚，而且除谋反、谋大逆受连坐范围较大外，其余只涉及父母、妻和子，恶逆还不及父母，与唐前各代法典相比可算慎之又慎。

唐律的慎刑原则和唐初统治阶级的慎刑思想，特别是唐太宗的思想，与政策有密切关系。唐太宗亲眼目睹隋亡，深深感到人民的力量不可轻视，他们与朝廷的关系是水与舟的关系。他多次说：“舟所以比人君，水所以比黎庶，水能载舟，亦能覆舟。尔方为人主，可不畏慎！”出于对李家王朝永久性统治的考虑，他确定使“百姓安乐”[2]的政策，强调以民为本，“假令于身有益，于百姓有损，朕必不为”[3]。这些思想表现在制裁方式上就具体化为慎刑原则，用唐太宗的话说就是“赏罚不可轻行”[4]。

3. 五刑是主要制裁方式

唐律中虽有多种制裁方式，但以五刑为主。凡须制裁的，轻则笞、杖，重则徒、流甚至死，五刑是主要制裁手段。唐律中有关罪名

---

① 《贞观政要·赦令第十三》。
② 《贞观政要·教戒太子诸王第十一》。
③ 《贞观政要·征伐第三十五》。
④ 《贞观政要·择官第七》。

和处罚的律条无一不是如此。有些律条中出现两种或两种以上制裁方式,但五刑以外的制裁手段都是辅助性的。唐律中的民事制裁方式,如赔偿、复故、改正、征收、还官主和离婚等只属附带民事诉讼。唐律中的行政制裁方式,如除名、免官和免所居官等也只是附带行政处分而已。它们仅适用于一些较为特殊的犯罪。例如,犯罪行为损害了公私财物,故在使用五刑时还令犯罪人依法进行赔偿。又如,官吏犯了较为严重的罪行,故在处以五刑时还给予一定的行政处分。五刑的适用则是广泛的,唐律规定的犯罪行为没有一个可以逃脱五刑的制裁。

用刑的轻重在很大程度上取决于犯罪行为所侵害的客体。一般来说,侵害的客体越重要,适用的五刑就越重,反之则越轻。唐律规定的谋反、谋大逆和谋叛三罪侵害的是封建国家政权和皇权,是对李唐统治者根本利益的危害,故用刑最重,要斩犯罪者;对违式而不违律行为的处罚则较轻,仅笞四十。

被判处五刑者不一定都会受到五刑的制裁。除了犯有"十恶"等大罪外,贵族官吏是不受实刑的主要群体。唐律规定,他们可享有议、请、减、赎、官当等特权,逃脱五刑的追究。如"八议"者,他们犯了死罪,先由大臣们议,然后由皇帝裁决,不依法典的规定执行;犯流以下的,依律减一等判决。刑减轻后,"八议"者仍可用赎、官当等方法代替五刑的执行。可见,对贵族官吏来说,五刑在很大程度上只是虚设而已。

就某个具体犯罪行为而言,唐律的五刑多为一罪一刑,即一个犯罪者仅受五刑中其中一刑的处罚。但是,也有例外,如唐律对"更犯流者"就规定使用杖、徒两种刑罚。《唐律疏议·名例》"犯罪已发已配更为罪"条规定:"诸犯罪已发及已配而更为罪者,各重其事。即重犯流者,依留住法决杖,于配所役三年。"此条"疏议"作了详细说明:"犯流未断,或已断配讫,未至配所,而更犯流者,依工、乐留住法:流二千里,决杖一百;流二千五百里,决杖一百三十;流三千里,决杖一百六十;仍各于配所役三年,通前犯流应役一年，总役四年。”即应流而不流的，要用杖与徒两刑代替执行。此外，妇女犯流、工乐杂户犯流等也适用类似规定。

唐律以五刑为主要制裁方式也正好说明，唐律是一部刑法典，而不是诸法合体的综合性法典。

4. 一罪多罚是常用惩罚手段

唐律不仅把五刑作为主要制裁手段，还把五刑与其他制裁手段共用，形成一罪多罚的惩罚格局。从对某个犯罪行为的制裁角度看，一罪多罚表现为二：一是五刑与其他刑事制裁方式同罚。例如，一般公民构成了谋反、大逆罪的，本人要处斩，家属要连坐，受绞或流的处罚；同时，资财和田宅等都要没官。即对于这一犯罪使用了五刑中的斩与连坐、没官连用的制裁方式。二是五刑与民事、行政等制裁方式同罚。例如，官吏犯了“十恶”、故意杀人、在监守范围内奸、盗、略人等罪的，不仅要受五刑制裁，还要受行政制裁，被除名。又如，公民违律结婚的，包括同姓为婚、良贱为婚等，除了要被杖、徒外，还要离婚。即把五刑中的一些刑罚与民事制裁中的离婚连用。

与五刑连用何种制裁方式，取决于犯罪的性质。对于那些严重危害国家政权和皇权的犯罪行为，五刑与其他刑事制裁方式连用，如连坐、没官等。对于那些官吏犯罪，五刑与行政制裁连用，如除名、免官和免所居官等。对于那些经济损害犯罪，五刑与民事制裁方式连用，如赔偿等。

一罪多罚增加了惩罚的严厉性，从某种意义上说也有利于预防犯罪，用唐律自己的语言表达就是“以刑止刑，以杀止杀”、“俱期无刑”[①]。为此，唐律使用一罪多罚的律条不是个别情况，而是一种常用惩罚手段。例如，唐律的《户婚律》共四十八条，五刑与离婚并用的律条占四分之一，有十二条，另外还有四处使用“还正”。又如，《厩库律》共二十八条，其中五刑与赔偿连用的律条亦

---

① 《唐律疏议·名例》前言和“笞刑五”条。

占四分之一，有七条，另外还有一处使用“还官”。

把各种制裁方式有机地联系在一部法典中，而且一罪多罚能被合理地适用，唐律当属第一，这也可以说是中国封建立法成熟的一个标志。

5. 规范化和完备化是基本特征

唐律的制裁方式虽在唐前大多已有所见，但都不及唐律的规范和完备。以五刑这一主要制裁方式为例，奴隶制五刑以肉刑为主要特征，显得十分残酷，进入封建社会后就呈现逐渐被淘汰的趋势。汉文景时，首次对肉刑进行改革，以徒、笞和死代替黥、劓和斩左右趾。这虽有进步意义，迈出了改革肉刑的第一步，但刑种间跨度太大，不能适应制裁犯罪的需要。当时改斩左趾为笞、改折右趾为死的做法，被认为是“外有轻刑之名，内实杀人”[①]。魏晋南北朝时期的立法继续对改革肉刑作了尝试，并取得了可喜的成绩。曹魏律把刑种改定为死、髡、完、作、赎、罚金和杂抵罪等七等；晋律又改为死、流、徒、杖和鞭五种；北齐律再改为死、流、耐、鞭、杖；北周律把每一刑种的刑等都分为五等。这一改革过程体现了唐前立法者对刑制的探索，对唐律五刑的形成有重要意义。但是，刑种都不规范，如曹魏律中死与其他刑种之间的距离过大，缺少中间刑种。唐律五刑正是吸取了前人的立法经验和教训，选择了最佳刑种和刑等，它们既来之于前代，又不同于前代，而胜于前代。

唐律的单个刑种是完备和规范的，不同制裁方式的合理并用也是完备和规范的。唐前刑事制裁方式之间的连用较多，各种肉刑、死刑等与连坐等的并用较为普遍，也有刑事制裁与一些行政制裁的并用。但是，在一部法典中能有条不紊地把刑事、民事和行政三大制裁方式综合在一起，并使它们成为一种规范和完备的制裁制度，在唐前未有所见。唐律把不同的制裁方式组合成一体，针对不同的犯罪，使用除五刑以外不同的相适应的制裁方式，而且制裁

① 《汉书·刑法志》。

的程度也把握得比较好。后人评说这是“宽严亦俱得平”[1],不无道理。

正因为唐律的制裁方式比较规范和完备,能适应地主阶级的统治需要,故后世相继沿革。五刑一直被沿用至清末,其他制裁方式也多为后世所用。例如,除名在宋刑统中照搬被用,在大明律中被稍作修改为“除名当差”等。

当然,唐律的制裁方式也不是尽善尽美的。像连坐这种在奴隶社会都曾一度被废止的刑种在唐律中仍被合法使用,显得有些残酷。这也可以说是唐律制裁方式中的一个局限之处。

---

① 《唐明律合编·卷首》。

第十章　唐律与制敕

唐律与制敕都是唐代立法中的一个重要方面，它们的关系如何？此处作一初探。

一、唐律与制敕的区别

在唐代，唐律与制敕都是重要的法律形式，但亦有区别。唐律是比较稳定、适用范围较为广泛的刑法典。“律以正刑定罪。”[①]唐制敕则是皇帝就特定的人或事发布的命令。唐玄宗时，明确“命曰制、敕”[②]。制敕（特别在唐玄宗前）常与诏令具有同等意义。唐律与制敕主要有以下区别：

第一，在颁行的时间方面。唐律与制敕在颁行时间上有先后。据《旧唐书·刑法志》所载，唐代第一部律即武德律开始制订于唐高祖武德元年（618 年）十一月，颁行于武德七年（624 年）。“武德七年五月奏上”，“于是颁行天下”。在此以前，唐高祖已通过制敕形式先后颁布了“宽大之令”、“约法十二条”和“五十三条格”等。唐律颁行在后，制敕颁行在前，有个时间差，这是区别之一。

第二，在反映的意志方面。唐律与制敕都是唐代法律的组成部分，也都是唐地主阶级意志的反映，但各有侧重。唐律侧重反映唐地主阶级的整体意志，制敕侧重反映唐皇帝的个人意志。这可从制订者的组成和制订时间两个方面看。唐律通常由各方面官吏制订，而且制订时间较长。据《旧唐书·刑法志》和《进律疏表》记载，武德律、贞观律、永徽律及律疏等的制订，都有十余人参加，其

---

① 《唐六典·刑部》。

② 《资治通鉴·玄宗开元元年》。

中包括行政官、立法官、司法官、监察官和律博士等；花费时间较长，如武德律用了近七年，贞观律用了十余年。参加人员较多、制订时间较长，有利于总结前人的立法经验和教训，充分考虑律的内容，正确反映整个地主阶级的意志和愿望。制敕的制订通常在较短时间内完成，参加人员也较少。在现保存在唐太宗明陵博物馆库房里的一块给临川公主爵号的诏书石碑上，落款只有中书和门下两省的负责人，前后只用了两天。在时间短的情况下，立法者首先考虑的是反映皇帝的意志，满足皇帝的要求。唐皇帝虽是唐地主阶级的总代表，但他的意志要受到各种条件的限制，有时难免会与唐地主阶级的整体意志不尽一致。这就与唐律反映的意志有些差异，这是区别之二。

第三，在规定的内容方面。唐律是唐代的主要法典，也是刑法典，有体系，而且内容较完整，共分为十二篇。前一篇为一般原则，如"五刑"、"十恶"、"八议"等。后十一篇为各种犯罪，律条结构分为罪状和法定刑两部分，类似于现行刑法典的法条。例如，《唐律疏议·户婚》"里正不觉脱漏增减"条规定："诸里正不觉税漏增减者，一口笞四十，二口加一等，过杖一百，十口加一等，罪止徒二年。"前部为罪状，后部为法定刑。制敕是皇帝随人或事发布的命令，内容一般比较简单。唐玄宗时，守文融犯了罪，唐玄宗就"制穷治其事，融坐流岩州"①。同时，制敕大多是一些皇帝指定某机关或官吏去办某事的命令，涉及刑法的较少。据统计，在《贞观政要》中所载的六十三个制敕中，仅有四个与刑法有关。在《资治通鉴》记载的唐玄宗开元前十一年所颁布的六十一个制敕中，也只有十个与刑法有关。概言之，唐律是有体系的刑法典，而制敕较为简单，内容与刑法有关的也不多，这是区别之三。

第四，在适用范围方面。唐律是全国定罪量刑的主要依据，适用范围极广。《新唐书·刑法志》载，凡违反了唐令、格和式"而入

---

① 《资治通鉴·玄宗十一年》。

于罪戾者，一断以律”。唐律也是这样认为的。《唐律疏议·名例》前言把唐律比做“权衡之知轻重，若规矩之得方圆”，说是“同符画一者矣”。制敕的适用范围比较狭窄，仅适用于制敕中所指的人或事，而对其他人或事无效。司法官也不得擅自引用制敕去断其他案件，否则将构成犯罪，并要受到处罚。唐律的适用范围较广，制敕则较窄，这是区别之四。

第五，在作用方面。唐律与制敕对社会的作用也随着时间的推移而有所不同。一般来讲，唐律在唐玄宗前是司法官定罪量刑的主要依据。唐玄宗后，制敕的地位日益提高，甚至可以代律、破律，司法官以制敕不以律断狱的情况也越来越普遍。这种情况还得到了朝廷的许可。长庆三年(823 年)曾规定：“自今以后，两司检详文法，一切取最向后敕为定。”①唐律与制敕作用的变化还可从它们的撰修情况看。唐玄宗前，分别在武德元年(618 年)、贞观元年(627 年)、永徽二年(651 年)和三年(652 年)、垂拱元年(685 年)、开元二十二年(734 年)、天宝四年(745 年)七次撰修唐律。撰修律是当时主要的立法活动，律发挥着应有的作用。但是，在唐玄宗后，情况为之一变，先后在贞元元年(785 年)、元和二年(807 年)、元和十三年(818 年)、太和七年(833 年)、开成四年(839 年)、大中五年(851 年)、大中七年(853 年)进行的七次主要立法活动中，每次都与编纂制敕有关，而与唐律无缘。唐律实际地位下降，不为社会所重视，取而代之的是制敕。可见，唐律在唐前期的司法活动中起主要作用，后期则让位于制敕，这是区别之五。

此外，唐律与制敕在制订程序、数量等方面也不尽相同，这里就不再一一展开。

---

① 《宋刑统·断狱》“断罪引律令格式”门。

二、唐律与制敕的联系

唐律与制敕有区别的一面，也有互相联系、互为影响的一面，主要表现在：

第一，唐律吸收了制敕中的某些原则和内容。即在撰修唐律的过程中，把制敕中的某些原则或内容体现于或收入唐律，使其成为唐律的一个组成部分。

唐制敕是唐皇帝根据统治需要而制订的，它的产生和存在具有一定的现实性和合理性，有的还有一些普遍意义，直接有助于维护唐地主阶级的统治秩序。因此，在撰修唐律的过程中，把那些行之有效的制敕原则或内容融合在唐律中也就十分必要。可以说，这是唐地主阶级的本能。贞观律是唐律的定本，颁行于贞观十一年(637 年)正月，有不少在此前颁行的制敕的原则或内容就成了唐律的组成部分。

一是唐律吸收了制敕的一些原则，并在律文中得到具体反映。唐太宗执政时，针对原有法律中的不合理部分，提出了自己的看法，并在制敕中作了原则的规定，以后的立法者使其具体化。贞观律中体现的用法宽简的原则就属此种情况。唐太宗即位后，就曾对侍臣们说："前代不行肉刑久矣，今忽断人右趾，意甚不忍。"他主张用刑要宽简。从这一原则出发，唐太宗"令参掌删改之"①。在以后颁行的贞观律中，这个原则确实得到了充分体现。《旧唐书·刑法志》载，贞观律与隋代量律相比，削烦去蠹、变重为轻者，不可胜纪。

二是唐律直接引入制敕中的内容。这适用于制敕的内容具有普遍意义、不经大的变动就可为唐律所用的情况。唐太宗时期制敕中规定的春夏时不得执行死刑的制度被引入唐律就是典型的一例。《旧唐书·刑法志》载，唐太宗曾"制在京见禁囚，刑部每月一

---

① 《旧唐书·刑法志》。

奏,从立春至秋分,不得奏死刑。其大祭祀及致斋、塑望、上下弦、二十四气、雨未晴、夜未明、断屠日月及假日,并不得奏死刑。"这些内容都为唐律所吸取。《唐律疏议·断狱》"立春后秋分前不决死刑"条规定:"诸立春之后、秋分以前决死刑者,徒一年";"若于断屠月及禁杀日而决者,各杖六十"。此条"疏议"还作了进一步解释:"大祭祀及致斋、朔望、上下弦、二十四气、雨未晴、夜未明、断屠月日及假日,并不得奏决死刑。"①

三是唐律采纳了经修改后制敕的内容。这运用于制敕的内容在总体上能被广泛使用、只是个别地方需修正的情况。父兄缘坐问题就属此种情况。《新唐书·刑法志》载,旧律规定:"兄弟分居,荫不相及,而连坐则俱死。"唐太宗在一次录囚时发现"同州人房强以弟谋反当从坐",并为之"动容",说:"反逆有二:兴师动众一也,恶言犯法二也。轻重固异,而钧谓之反,连坐皆死,岂定法耶?"他于是下令:"反逆者,祖孙与兄弟缘坐,皆配没;恶言犯法者,兄弟配流而已。"遵照这一敕令,"玄龄等遂与法司增损隋律",并将其纳进唐律,以致"降大辟为流者九十二,流为徒者七十一"。但是,入律后的内容与原制敕不完全相同。重点缘坐的是"兴师动众"者兄弟,没有过分追究"恶言犯法"者兄弟。《唐律疏议·贼盗》"谋反大逆"条是这样规定的:诸谋反及大逆者的兄弟"没官",而虽谋反但"词理不能动众,威力不足率人者"的父子、母女、妻妾"并流三千里",未言兄弟。

第二,唐制敕重申、补充或破唐律。唐统治者还利用制敕的特点,发挥唐律所起不到的作用。

一是唐制敕重申唐律的规定。唐律虽是司法官定罪量刑的主要依据,但由于受到各种因素的干扰,司法官也会偏律断狱。为了维护唐律的尊严,唐皇帝用制敕重申律的内容,纠正错断倾向。这在唐太宗时就已存在。贞观五年(631 年),唐太宗杀了张蕴古后,

① 《新唐书·刑法志》。

"法官以失出为诫,有失入者,又不加罪,自是吏法稍密"。他发现后,就问大理卿刘德成造成此状况的原因。刘德成认为:"律,失入减三等,失出减五等。今失入无辜,而失出为大罪,故吏皆深文。"唐太宗听后很吃惊,遂命"失出入者皆如律"。此命令后来收到了较好的效果,"自此吏亦持平"①。

二是唐制敕补充唐律。补充唐律是制敕的一大功能,具体又分为以下几种:

首先,制敕在程序上补充唐律。例如,武德律没对死刑的集议作过规定,为了防止产生冤狱,唐太宗认为朝廷大臣应负起此职,"古者断,讯于三槐、九棘"。他在贞观元年(627年)下诏:"死罪,中书、门下五品以上及尚书等平议之。"②

其次,制敕在罪名上补充唐律。例如,唐律只规定私铸钱是犯罪行为,但未言及私销和私贮钱的行为。《唐律疏议·杂律》"私铸钱"条只规定:"诸私铸钱者,流三千里。"以后的制敕对此作了补充,认为私销和私贮钱也是犯罪行为,同样要受到处罚。宝历元年(825)八月的敕规定:"销铸见钱为佛像者,同盗铸钱论。"③元和十二年(817)正月的敕又规定:"所有私贮见钱,并不得过五千贯。如有过此,许从敕出后,限一月内,任将市别物收贮。……如限满后有违犯者,白身人等,宜付所司,决痛杖一顿处死,其文武官及公主等并委有司闻奏,当重科贬。"

最后,制敕在刑罚上补充唐律。这种补充形式是多方面的,主要有:其一是增加新刑种。唐律规定的刑罚主要是"五刑",制敕却规定了"五刑"以外的刑罚,杖杀就是一种。建中三年(782年)八月二十七日的敕规定:"其十恶中恶逆以上四等罪,请准律用刑。其余应合处绞、斩刑,自今以后,并决重杖一顿处死,以代

---

① 《新唐书·刑法志》。
② 《贞观政要·刑法第三十一》。
③ 《唐会要·郊议》。

极法。”[①]其二是合并用刑。唐律规定以一罪一刑为原则，而制敕却有合并用刑，出现不少一罪二刑的情况。例如，元和六年(811年)九月，“富平县人梁悦，为父杀仇人秦果，投县请罪”。唐宪宗为此下敕曰：梁悦“志在徇节，本无求生之心，宁失不经，特从减死之法。宜决一百，配流循州”[②]，同时使用了杖与流两种刑罚。其三是扩大连坐范围。例如，唐律对官吏犯赃并未规定连坐，但制敕却规定官吏犯赃要罪及长官。《唐会要·卷四十一》载，建中元年(780年)一月二十一日，京兆尹魏少游奏曰：“今以后丞、簿、尉有犯赃私，连坐县令，其罪减所犯官二等。冀递相管辖，不得为非。敕旨：依。天下诸州准此。”

三是唐制敕破唐律。唐制敕不仅补充唐律，还破唐律，即其规定明显不同于唐律，与唐律的内容相矛盾。这主要表现在以下一些方面：

首先，制敕在用刑上重于唐律。“安史之乱”以后，这一现象较为普遍。例如，唐律规定，子孙别籍异财的只徒三年。《唐律疏议·户婚》“子孙别籍异财”条规定：“诸祖父母、父母在，而子孙别籍异财者，徒三年。”但是，乾元元年(758年)四月颁布的敕却规定，要杖、流并施。此敕规定：“百姓中有事亲不孝，别籍、异财。玷污风俗，亏败名教，先决六十，配隶碛西。有官品者，禁身奏闻。”[③]

其次，制敕在用刑上又轻于唐律。制敕在用刑上有重于唐律的一面，也有轻于唐律的一面。据《唐书·刑法志》载，元和八年(813年)，唐宪宗从治国“必先德化”出发，下诏规定：“两京、关内、河东、河北、淮南、山南东西道死罪十恶、杀人、铸钱、造印，若强盗持仗劫京兆界中及它盗赃逾三匹者，论如故，其余死罪皆流天德五城，父祖子孙欲随者，勿禁。”唐律内死罪律条共有二百三十三

① 《宋刑统·名列》“五刑”门。
② 《旧唐书·刑法志》。
③ 《册府元龟·刑法》。

条,此诏规定在上述六大地区的判死罪者仅限于六种,用刑不能不说是轻于唐律。

最后,制敕甚至用行政处分代替唐律规定的刑罚。唐代用罚俸等行政处分形式代替唐律规定的刑罚的情况也不少见。《唐律疏议·职制》“官上无故不上”条规定,凡官吏超假不按时到任的,“一日笞二十,三日加一等;过杖一百,十日加一等”。可制敕的规定却不然,只要罚俸即可。《唐会要·卷八十二》载,贞元二十一年(805年),御史奏曰:“今请准例三品以上,假满日,正衙见,如有违越,请准乾元元年三月敕,每犯夺一月俸。依奏。”可见,这与唐律的规定大相径庭。此类实例也屡见于史册。《唐律疏议·斗讼》“于宫内忿争”条规定,官吏“于宫内忿争者,笞五十”,“殿内,递加一等,伤重者,各加斗伤二等”。但是,《旧唐书·敬宗上》载,宝历二年(826年),“右赞善大夫李光现与品官李重实急忿,以笏击重实流血”,仅“罚两月俸料”。《唐律疏议·职制》“上书奏事误”条规定,凡是上书或奏事有误的,“杖六十”;口误,“减二等”。但是,《唐语林·卷四容止》载,大中十二年(858年)正月,柳公权止奏时把尊号“圣敬文思和武光孝皇帝”误说成“光武和孝”,也只“罚一季俸”。

三、唐代需要制敕的历史原因

唐律颁行后,为什么还需有制敕?这有一定的历史原因,主要包括:

第一,唐律不能包罗所有的犯罪行为。人的主观思想与客观现实总有一定的距离。特别是在当时的历史条件下,唐立法者不可能把所有的犯罪行为都列入唐律。关于这一点,唐律本身也直言不讳。《唐律疏议·杂律》“不应得为”条“疏议”说:“杂犯轻罪,触类弘多,金科玉条,包罗难尽。”这些行为在不同程度上损害了封建统治秩序,不可不处罚,而唐律却又显得无能为力，因为它主张“犯罪之人，皆有条制。断狱之法，须凭正文”[①]。在这种情况下，就须有一种能起到“临时处断，量情为罪，庶补遗缺”[②]作用的法律形式为唐统治者服务。制敕就是这样一种较为理想的形式。

第二，社会情况在不断变化。社会总在千变万化之中，每天都有新情况产生，常有新的法律关系需由唐律调整。但是，唐律却满足不了这种需要，因为我国古代有这样的惯例：后代皇帝不敢随便刊改“祖宗之制”，唐代即如此。开成元年(836 年)三月，一位刑部侍郎曾上奏说：“律、令、格、式，著目虽始于秦、汉，历代增修，皇朝贞观、开元又重删定，理例精详，难议刊改。”[③]要以不变的律去应万变的情况，显然不足以成事，实际状况也如此。唐律中有些内容是维护均田制和租庸调制的。《唐律疏议·户婚》“卖口分田”条规定：“诸卖口分田者，一亩笞十，二十亩加一等，罪止杖一百；地还本主，财没不追。”但是，在唐开元、天宝之际，均田制已随着大批农民沦为客户或逃户而逐渐瓦解。唐律中的这类规定实成具文，诸如此类的还有不少。形势要求有一种能以变应变的法律形式补律之不足，而制敕是最佳者。

第三，制敕是一种较为灵活的法律形式。唐制敕具有一种律、令、格、式等都不及的特点——灵活性。皇帝可根据需要，随时发布制敕，以应事为。唐律给予皇帝这种权力，确认其为合法。《唐律疏议·断狱》“辄引制敕断罪”条“疏议”说：“事有时宜，故人主权断制敕，量情处分。”由于制敕具有唐律等相对稳定的法律形式所不具有的特点，可随时反映统治阶级的意志，而且得到唐律的认可，所以由它补充唐律的不足就十分顺当了。

第四，制敕的法律地位高于律。制敕要适应李唐皇帝的统治

---

① 《唐律疏议·断狱》“断罪不具引律令格式”条。

② 《唐律疏议·杂律》“不应得为”条。

③ 《唐会要·定格令》。

需要，不仅要补律，还要破律，这就需要赋予制敕比律更高的法律地位，否则司法官仍不敢用与唐律相冲突的制敕断狱。李唐皇帝也明白这一点，所以他们下诏重申制敕的法律地位，强调司法官必须依敕办案，在唐后期尤其如此。唐穆宗对以敕断案的态度十分明确："敕旨：宜依。"[①]当然，唐律中的相应规定就自然失效了。也因为如此，制敕破律便从可能变为现实了。

唐制敕应运而生以后即一发而不可收，它与唐律的矛盾随之而来，在唐太宗时已经如此。《贞观政要·公平第十三》载，在贞观的"朝廷大开选举"时，有"诈伪阶资者"进行破坏。于是，唐太宗下敕："令其自首，不首，罪至于死。"但是，此敕与律相违，"据法断流"。此敕造成了司法混乱，如唐太宗自己所说："朕初下敕，不首者死，今断从法，是示天下以不信矣。"此外，还有制敕互相矛盾的。《贞观政要·纳谏第五》载，贞观三年（629 年），唐太宗先敕："关中免二年租税，关东给复一年。"不久，他又颁敕："已役已纳，并遣输纳，明年总为准折。"两规定前后抵牾，以至知前者时"老幼相欢，或歌且舞"，闻后者后又"道路之人，咸失所望"。这种情况在唐玄宗后更趋恶化。《旧唐书·刑法志》载，唐德宗在大历十四年（780 年）的赦书中不得不承认："自至德已来制敕，或因人奏请，或临事颁行，差互不同，使人疑惑。"再后的情况更糟。《唐书·刑法志》载，到了唐的后期，制敕也是"一切临时苟且，或重或轻，徒为繁文"。

唐代的统治者似乎已觉察到上述弊端，早在贞观时唐太宗就说："诏令格式，若不常定，则人心多惑，奸诈益生。"[②]于是，他们采取了一些措施进行补救：

其一，设门下省审制敕。唐把中央中枢机关分为中书、门下和尚书三省。其中，门下省行使审核中书省所拟制敕的职能，凡

① 《宋刑统·断狱》"断罪引律令格式"门。
② 《贞观政要·赦令第三十二》。

要颁行的制敕皆须经门下省同意,否则就“封驳”,退回中书省修改,直至放行为止。门下省审核的目的之一是防止唐律与制敕间的不协调。这一程序可简单地表述为:“中书取旨,门下复奏,尚书施行。”[①]

其二,要求国家官吏及时汇报不便施行的制敕。唐代的一些统治者还要求各级官吏及时反映不便于实施的制敕,唐太宗就是一个典型。贞观三年(629年),唐太宗对侍臣们说:“中书、门下,机要之司,擢才而居,委任实重。诏敕如有不稳便,皆须执论。”“自令诏敕疑有不稳便,必须执言,无得妄有畏惧,知而寝然。”贞观四年(630年),他又“令诸司,若诏敕颁下有未稳便者,必须执奏,不得顺旨便即施行,务尽臣下之意”[②]。贞观十一年(637年),他再一次说:“不可轻出诏令,必须审定。”[③]

其三,重视对制敕的编纂。为了避免制敕过多易乱的情况,唐代还多次组织编纂,删去不稳便者。编纂后的制敕为格。唐从武德至大中先后删定格十七次,反复调整其内容。

但是,由于社会矛盾的激化和朝廷的腐败,以后这些补救措施收效甚微,立法的混乱状况没有得到根本改变。开元十九年(731年),侍中裴光庭和中书令肖嵩就感到,制敕“与格文相违,于事非便”。大和七年(833年),刑部同样认为,不少制敕“或事非久要,恩出一时,或前后差殊,或书写错误”[④]。诸如此类,不胜枚举。

唐代制敕虽在某些时期、在一定程度上有利于唐地主阶级的统治,但同时又导致了唐法制的腐败,不少贪官奸吏乘机弄法,坑害百姓。“如闻近年长吏,不守法制,分外征求,致使力农之夫,转

---

① 《文献通考·职官四》。
② 《贞观政要·政体第二》。
③ 《贞观政要·赦令第三十二》。
④ 《旧唐书·刑法志》。

加困弊。"[1]百姓有冤"诉于州县,州县不理",以致"冤不得理,屈不得伸"[2],不得不以起义求生。咸通十五年(874年),黄巢领导的唐末农民大起义终于爆发,敲响了唐亡的丧钟。

---

① 《唐会要·租税下》。

② 《全唐文》卷八〇四,刘允章的直谏书。

第十一章　唐律与专制统治

唐律是专制统治的产物，专制统治又需要唐律，它们互相依存，共同对唐的政治发生作用，成为当时政治生活中的两个重要组成部分。本章试对其中的一些问题作些探索。

一、唐律对专制统治的维护

专制统治需有集权为基础。唐律虽无“集权”两字，但处处可见集权的影子。它通过规定皇帝独霸立法、行政和司法的最高权力，确立其合法集权地位，实现专制统治的目的。

1. 皇帝掌有最高立法权

根据唐律的规定，皇帝可以决定国家的立法，掌有国家的最高立法权。

第一，皇帝有制定国家法典的决定权。皇帝有权决定国家法典的制定，唐律本身的撰订过程就可说明这一点。《旧唐书·刑法志》载，唐高祖即位后，颁敕命裴寂、肖瑀等十二人“撰定律令，大略以开皇律为准”，并于武德七年(624 年)下诏“颁行天下”。此谓武德律。唐太宗继位后，又命长孙无忌、房玄龄与学士法官“更加厘改”，“定律五百条，分为十二卷”，于贞观十一年(637 年)颁于天下。此为贞观律。以后撰修的永徽律、永徽律疏、开元律等都如前律，无一不是受皇帝之命而进行的。唐律竭力维护皇帝的这一权力，把任何擅自改动律等法典、企图篡夺立法权的行为都认为是犯罪，并予严惩。《唐律疏议·职制》“律令式不便辄奏改行”条规定，对法律“若不申议，辄奏改行者，徒二年”。

第二，皇帝有颁行单行法规的决定权。成文法典的内容一般比较完整，且有体系，不可朝令夕改，要保持相对的稳定。但是，社会情况千变万化,常使法典不能应对。这就需利用颁布制敕等单行法规的形式弥补不足。唐律把单行法规的颁行决定权也给予皇帝。《唐律疏议·断狱》“辄引制敕断罪”条规定,允许皇帝以“制敕断罪,临时处分”。此条“疏议”还为此作了解释:“事有时宜,故人主权断制敕,量情处分。”

第三,皇帝有修改法律的决定权。皇帝除有制定法律(包括法典和单行法规)的决定权外,还有修改法律的决定权。法律颁行后,特别是经过一段时间的司法实践后,必会暴露一些问题,修改法律就成为必要。唐律确定修改法律的决定权也为皇帝所有。它要求官吏发现不适时的法律内容时,必须随时上报尚书省,经过京官议定后,交皇帝最后决定。《唐律疏议·职制》“律令式不便辄奏改行”条规定:“诸称律、令、式,不便于事者,皆须申尚书省议定奏闻。”此条“疏议”还对上报程序作了具体补充:“称律、令、式条内,有事不便于时者,皆须辨明不便之状,具申尚书省,集京官七品以上,于都座议定,以应改张之议奏闻”,由皇帝决定是否修改。换言之,皇帝掌握着国家法律的最终修改权。

唐律赋予皇帝制定法典、单行法规和修改法律的各项决定权,实际上就是给予其国家的最高立法权,使“朕即法律”成为事实。

2. 皇帝掌有最高行政权

唐律在规定皇帝掌有最高立法权的同时,还规定其掌有最高行政权。

第一,通过规定国家行政机构的编制和官吏职守中的一些主要问题确保皇帝的行政组织权。国家的行政管理是国家行政组织机构的管理。没有此类组织机构,行政管理也就成了空谈。因此,行政管理机构的组成及这种机构组织权的取得就显得格外重要。特别是后者,它对取得整个行政权都有决定意义。唐皇帝通过自己认定的唐律,对国家行政管理机构的编制和官吏职守中的一些重要问题作出规定,并惩治有违规定的官吏,确保自己的最高行政组织权。《唐律疏议·职制》“置官过限及不应置而置”条规定,官署的人数编制都由国家核定，不可随意增加，凡“署置过限及不应置而置”的，要按超编人数追究刑事责任，其量刑幅度为：“一人杖一百，三人加一等，十人徒二年。”“官人无故不上”条规定，官吏皆须按时到岗行职，无故不到者，要按所缺时间受罚，具体为：“一日笞二十，三日加一等，过杖一百，十日加一等，罪止徒一年半。边要之官，加一等。”此律还对官吏的其他一些违职犯罪行为作了规定，这里不一一列举。唐律就是通过这些规定，使皇帝紧紧把握行政组织大权，组成一个有利于自己统治的行政管理机构。

第二，通过规定官吏必须绝对服从制敕实现皇帝的行政指挥权。发布制敕是唐皇帝实现行政指挥权的重要手段。官吏受制，按制从事，服从皇帝的指挥，实现皇帝的行政管理意志，这是制敕的一种特有功用。因此，制敕也就象征着最高行政指挥权，任何违犯制敕的行为都会直接有损于这一权力，是绝对不能容忍的。唐律在《职制律》和《诈伪律》中都规定了各种需严惩的违犯制敕行为，在此仅举两例证之。“被制书施行有违”条规定，官吏受制后，即须据制意办事，不可有违，如果“有所施行而违者”，就要被“徒二年”。“诈伪制书及增减”条规定，妄称制敕或增减制敕内容的行为都是绝对禁止的，犯者要危及生命。“诸诈伪制书及增减者，绞；未施行者，减一等。”唐律就是用重刑强迫官吏不折不扣地服从皇帝的指挥，确立皇帝的独尊地位。

第三，通过规定官吏必须及时无误地反映所辖范围的情况保证皇帝行使行政决策权。行政组织权和指挥权的行使均以决策为基础，决策错误会导致组织失措和指挥失败，因此行政决策至关重要。决策又以真实的情况反映为前提，不反映情况或反映不真实的情况都会使决策失误。唐律通过规定各级官吏必须及时反映本辖区的真实情况保证皇帝的决策正确，从而实现皇帝的最高决策权。唐律的《职制律》和《诈伪律》对此均有规定。“事应奏不奏”条规定，官吏必须依法上奏请旨，如应奏不奏或不应奏而奏的都要构成犯罪，受罚的程度相同。“事应奏而不奏，不应奏而奏者，杖八十。”“对制上书不以实”条规定，官吏上奏必须真实，不可欺瞒皇帝，否则将受到重罚。“诸对制及奏事、上书，诈不以实者，徒二年；非密而妄言有密者，加一等。”唐律企图用奏书形式保持上下渠道的畅通，保证皇帝最高决策无误及决策权的行使。

有了以上三权，唐皇帝就可合理地行使最高行政权，发号施令，成为无人之下、万人之上的最高行政官。

3. 皇帝掌有最高司法权

唐皇帝不仅是最高立法官、行政官，还是最高司法官。唐律规定，皇帝有以下一些重要的司法权：

第一，直诉的受理权。唐代允许百姓在冤抑深重的情况下直诉。《唐六典·刑部》载：“凡有冤滞不申，欲诉理者”，可以直诉。其形式有三：“经三司陈诉，又不伏者，上表。受表者又不达，听挝登闻鼓”；如有老、幼“不能自申者”，还可立肺石，即“立肺石之下”。直诉案件由皇帝受理和审定，无须再经过基层司法机构的审理。在这类案件中，皇帝既是一审也是终审法官，他的判定具有最高法律效力。唐律承认直诉的合法性，并要求上诉内容必须可靠无误。《唐律疏议·斗讼》“邀车驾挝鼓诉事不实”条规定：“诸邀车驾及挝登闻鼓，若上表，以身事自理诉，而不实者，杖八十。”

第二，议的裁决权。封建法是特权法，唐律也是如此。议即“八议”，是高官贵族享有的司法特权，而最终决定这一特权的是皇帝。在一般情况下，“八议”者犯有死罪的可不按一般司法程序依法处死，而是上报皇帝，由他裁决。《唐律疏议·名例》“八议者”条规定：“诸八议者，犯死罪，皆条所坐及应议之状，先奏请议，议定奏裁。”皇帝的裁决具有终审性质，无可争辩。

第三，上请的决定权。唐律规定，一些较为特殊的案件由上请解决，即直接由皇帝判定。这些案件包括：违礼不违律行为，老、幼、笃疾犯重罪，非诬告谋反等。例如，《唐律疏议·名列》“老小及疾有犯”条规定：“八十以上、十岁以下及笃疾，犯反、逆、杀人应死者，上请。”上请的判定即为终定。

第四，死刑的复奏权。自唐太宗起，唐代始有完备的死刑案件复奏制度，当时为“三复奏”。《旧唐书·刑法志》载，唐太宗下制：“凡决死刑，虽杀即杀，仍三复奏。”唐律从维护这一制度角度出发，明确死刑不复奏和提前行刑的都属犯罪。《唐律疏议·断狱》“死囚复奏报决”条规定：“诸死囚，不待得奏报下而决者，流二千里。即奏报应决者，听三日及行刑，若限未满而行刑者，徒一年。”

第五，恩赦的确定权。唐代反对多赦，但恩赦仍存，并有特定程序。《旧唐书·刑法志》载：“有赦之日，武库令设金鸡及鼓于宫城门外之右，勒集囚徒于阙前，挝鼓千声讫，宣诏而释之。其赦书颁诸州，用绢写行下。”恩赦依诏执行，恩赦权归皇帝所有。唐律认定恩赦为合法，并从堵塞规避法律的角度出发，规定企图利用恩赦而故犯的不在恩赦之列。《唐律疏议·断狱》“闻知恩赦故犯不得赦原”条规定，“闻知恩赦而故犯”者，“不得以赦原”。

以上五个方面都是司法中的重要组成部分，对司法有决定意义。唐律把这些权力交给皇帝，实际上就是承认他在司法上的专断。唐皇帝就是最高司法官，一点也不假。

为了不使皇帝的这三大权旁落，唐律还用军队作为后盾，规定了军队的最高指挥权非皇帝莫属，对任何擅自动用军队的行为都将严惩不贷。《唐律疏议·擅兴》“擅发兵”条规定：“诸擅发兵，十人以上徒一年，百人徒一年半，百人加一等，千人绞。”

国家的最高权力最终都归入以上三大权，掌握了这三大权就等于控制了国家的最高权力，掌握者也就成了名副其实的“现实的专制君主”[①]，即皇帝。唐律从立法的角度肯定并保障皇帝对这些权利的控制，就是承认唐代实行“东方专制制度”[②]的合法性。为了维护这种制度，唐律严惩危害专制统治的行为。特别是“十恶”中的前三大罪，即谋反、谋大逆和谋叛，不仅本人要被处死，还要株

---

① 《马克思恩格斯全集》第46卷上，人民出版社1972年版，第473页。
② 同上。

连家属。

二、与唐前后之律及同期外国法典的比较

唐律对专制统治的维护自有特点。这些特点通过与唐前、唐后封建朝代的律及国外同期的法典相比较而得到反映。

1. 与唐前之律相比较

我国自秦建立第一个中央集权朝代以后，专制统治便走向一个新阶段，各代的律无一不是竭力维护这种统治，并随着这种统治的发展而不断发展。唐律对它的维护建立在唐前各代立法的基础之上，并形成了自己的特点。与之前的律相比，唐律有以下两点非常突出：

第一，唐律规定的内容更为专制。

这又可从两个方面看：

一方面，唐律中有些关于专制的内容未曾在唐前的律中出现。上述要求官吏必须及时反映本辖区情况的规定就是一例。唐前，官吏遇有重要情况虽也会以上书形式向皇帝报告，但未见在律中有强制性规定。唐代把向皇帝汇报情况作为一种决策需要和专制的重要条件，除了用其他法律形式规定应奏范围外，还在唐律中设立专门罪名，明确规定“应奏不奏”和“对制上书不以实”等行为都属犯罪，要处以刑罚。这些规定与当时的统治者的思想有直接关系。唐太宗十分强调下情上达，把它作为专制统治的必要手段，特别是对法律的适用情况，他多次要求臣下及时反映此类情况。据《贞观政要·政体第二》载，贞观三年(629 年)，唐太宗对侍臣们说：“自今诏敕有不隐便，必须执言，无得妄有畏惧，知而寝然。”贞观四年(630 年)，他又“令诸司，若诏敕颁下有未隐便者，必须执言，不得顺旨便即施行，务尽臣下之意”。贞观六年(632 年)，他再次对侍臣们说：“凡大事皆于小事，小事不论，大事又将不可救，社稷安危，莫不由此。”唐太宗的这种重视程度在唐前实属罕见，他的这些思想又直接对唐律的制定产生了切实的影响。

另一方面,唐律对严重危害专制统治行为的制裁更为严厉。唐律虽在总体上与前律相比有轻刑之称,但对一些严重危害专制统治行为的制裁却有过之而无不及,尤其是对谋反罪的制裁。首先,缘坐范围扩大。唐前犯此罪的缘坐范围主要为三族,即“夷三族”。唐律规定的缘坐范围远远超过三族,连伯叔父、兄弟之子及部曲等都在缘坐之列。其次,“谋”也属真反。唐律的“十恶”罪名源于北齐律的“重罪十条”。但是,“重罪十条”中只言“反逆”,未言“谋反”,“谋”不在此罪之限。唐律却把“谋”也归为此罪,并明确“谋”为“图谋”,处罚“同真反”①。谋反与真反无别,可见受罚对象扩大了。最后,口误也要受重罚。唐律规定,口误者也要被“流二千里”②。这些在唐前的律中都未有所见。唐律对此罪的严厉用刑,从一个侧面反映了它为专制统治服务的狰狞面目。

第二,唐律规定的内容更为完整和规范。

唐律被公认为内容比较完整,有关专制的内容也不例外。唐律通过对集权的规定实现专制的目的,内容面面俱到,不仅立法、行政和司法皆全,连军队的保障作用和对损害集权行为的制裁等诸方面都包括在内。每个方面中的重要之处也都详有规定。例如,在司法方面,唐律把一些重要的司法大权,包括直诉的受理权、议的裁决权、上请的决定权、死刑的复奏权和恩赦的确定权等,全都囊括于皇帝手中。这种完整程度是以往各律所远远不能比拟的。

唐律的这种完整性是博采唐前各律之长而成,续以司法为例。议的裁决权源自《曹魏律》,此律第一次把“八议”的内容规定在律中。死刑的复奏权来自《北魏律》,此律首次把这一制度纳入律内。其他制度也是如此。唐律把它们集中起来,融为一体,使有关集权的内容达到空前完整的程度。

---

① 《唐律疏议·贼盗》“谋反大逆”条“疏议”。

② 《唐律疏议·贼盗》“口陈欲反之言”条。

同时,唐律又不是简单地拿来各律的内容,而是有一个升华过程,特别是加以规范化的加工。以死刑复奏为例,唐律在一条律条中对死刑的应复次数、奏前奏后的用刑区别、时间计算等都作了规范的规定,用刑也因造成的危害程度而有轻重之别。《唐律疏议·断狱》"死囚复奏报决"条规定,不待复奏结果就擅自处决的,"流三千里";复奏后还须在三天后才可行刑,不到期就行刑的,"徒一年";过了应行刑期限而不行刑的,按"违一日杖一百,二日加一等"推算科刑。唐律规定得如此规范,史无前例。这不仅说明唐律的制定者已具备较高的立法技术,也说明他们比以往更重视用法律手段规定集权制度和维护专制统治。

2. 与唐后之律相比较

唐律的内容虽被后世大量袭用,但改动也不少,其中亦有关于维护专制统治方面的内容。通过唐律与唐后之律相关内容的比较,可从另一个侧面看到唐律中有关专制内容的一些特点。在唐后之律中,尤以明、清两代律较为典型,故以它们为比较对象。经过比较可见,以下三点非常突出:

第一,明、清律增加了新罪名。明、清律通过设立新罪名的方法,更严厉地打击侵害专制统治的行为。大明律中新设的"奸党"罪十分典型。有人把它作为与唐律的一大区别,说:"自唐永徽定律之后,宋元皆因其故,惟明代多有更改,又增奸党一章。"[①]事实也是如此。《大明律·吏律》规定,"在朝官员交结朋党紊乱朝政"等四种行为都属"奸党"范围。构成此罪者,不仅本人要被处"斩",还要"妻子为奴,财产入官"。这在唐律中无。此外,大明律还另设"擅勾属官"、"交结近侍官员"、"上言大臣德政"等罪名,防止官吏勾结,以巩固专制地位。沈家本在评论这些罪名时说,其目的是"防闲大臣",而且"前人论其苛刻者非一人矣"[②]。大清律例

① 《岱南阁丛书·重刻唐律疏议序》。

② 《历代刑法考·明律目笺三》。

全盘继承大明律中的有关规定，所不同的是用例的形式补充说明罪名的范围，使它更适合清的情况。例如，《大清律例·吏律》“交结近侍官员”条附例两则，其中的一则规定：“罢闲官吏在京潜住有擅出入禁门交结者，各门盘诘拏送法司问实，发烟瘴地面充军。”此为大明律所无。

第二，明、清律扩大原有罪的用刑范围。明、清律中的有些罪名虽与唐律同，但内容有别，主要是扩大了用刑范围。例如，唐、明律中都有违犯“死囚复奏报决”罪，唐律仅制裁违反复奏规定的行为，[①]而大明律则把“立春以后秋分以前决死刑”行为也列入受罚之列。[②] 又如，唐、清律都有“谋叛”罪，唐律规定的谋叛仅指“背国从伪”，[③]而大清律例则用例扩大其外延，把“异姓歃血订盟结拜兄弟”[④]等也归入“谋叛”之中。

第三，明、清律的用刑更酷。明、清两代律对有损专制统治行为的用刑酷于唐律。大明律除续用唐律中的五刑外，另增设凌迟等一些酷刑。“明律承唐，以笞、杖、徒、流、死列入五刑之目，而律文中又有凌迟若干条。”[⑤]所增酷刑用于重罪，主要是对专制统治危害较大的犯罪。《明史·刑法志》载：“二死之外，有凌迟，以处大逆不道诸罪者。”事实亦如此。大明律规定，谋反者本人处凌迟。[⑥] 另外，大明律对缘坐对象的用刑也酷于唐律。唐律规定，谋反者的十五岁以下子和祖、孙、兄弟、伯叔父、兄弟之子等虽缘坐，但可免死。[⑦] 大明律则规定，这些人不分姓及籍之异同，一律处斩，用刑明显酷于唐律。[⑧] 清律继承明律。

---

① 参见《唐律疏议·断狱》“死囚复奏报决”条。
② 参见《大明律·刑律》“死囚复奏报决”条。
③ 参见《唐律疏议·贼盗》“谋叛”条。
④ 《大清律例·刑律》“谋叛”条。
⑤ 《历代刑法考·明律目笺一》。
⑥ 参见《大明律·刑律》“谋反大逆”条。
⑦ 参见《唐律疏议·贼盗》“谋反大逆”条。
⑧ 参见《大明律·刑律》“谋反大逆”条。

从以上的比较看，明、清律在打击损害专制统治的犯罪中，罪名比唐律多，受罚范围比唐律大，法定刑比唐律酷。可见，明、清律比唐律更严厉地惩治此类犯罪。同时，从法律的角度看，明、清两代的专制统治已发展到一个更高的阶段。

3. 与唐同期国外的法典比较

唐律是中华法系的代表法典，对蒙古、朝鲜、日本、越南和硫球群岛等一些国家的立法产生了很大影响。这些国家的律大量抄袭唐律内容，实为唐律翻版，有关维护专制统治的内容同样如此。例如，在日本文武天皇大宝元年（701 年）颁行的《大宝律》中，“谋反大逆”的罪名及内容全与唐律同。其他国家律的有关规定也与日本的类似。

在西亚和南亚较有影响的是伊斯兰法，它东起印度河，西达大西洋岸，横跨亚、非、欧三大洲。伊斯兰法与伊斯兰教紧密联系在一起，宗教法就是国法。同时，当时政教合一，封建君主通过宗教法控制人民，进行专制统治。在这种情况下，虽然伊斯兰法对专制的维护自有特点，但由于国家没有脱离宗教的独立的法典，宗教法中有关专制的内容远不及唐律的规定发达。伊斯兰教的经典是古兰经和圣训，但只一般规定人们要维护君主哈里发的绝对权威，反对他就是反对安拉之神，是不能容忍的；法律是安拉对穆斯林社会下达的命令，人们必须遵守，并做服从哈里发的奴隶等。它们并没有像唐律那样详尽而又完整地规定维护专制的内容。

在欧洲，几乎与唐律制定同期的一些国家都刚进入封建社会，专制制度还未充分发展，有关维护专制统治的内容零星而不成体系。下面以法兰克王国的撒利法典和西撒克逊国王伊尼的法典为例。公元五世纪，日耳曼部落联盟成功地入侵罗马帝国，并建立了法兰克封建王国。在罗马法学家的帮助下，五世纪末六世纪初，撒利法典诞生了，它的制定时间比唐律稍早。它的内容是习惯法的记载，有关专制的规定很少，较为直接的是维护国王的司法权。它在“法庭传唤”中规定：“凡经遵照王命，被传唤到法庭去，而拒绝不到者，要受到罚款处罚。”[①]比唐律稍晚的是在公元七世纪末八世纪初产生的西撒克逊国王伊尼的法典。自五世纪中叶起，盎格鲁撒克逊等日耳曼部落侵入不列颠，建立了一些盎格鲁撒克逊封建王国。其中，在伊尼当政时曾发布过一些法令，汇编成册，现称伊尼法典。此法典也是习惯法的记载，有关专制的内容同样极少，只涉及保护国王的住宅安全。此法典第四十五条规定，如有人以强力进入国王的住宅，其人必须交赔偿金一百二十先令。[②] 经过比较发现，这些欧洲国家封建法典中有关维护专制统治的内容也不及唐律发展。究其原因，主要有二：一是社会发展状况不同。唐律的制定时期正是我国封建社会的鼎盛时期，各个方面都充分发展，专制统治也发展到一个新的阶段，这为制定一部竭力维护专制统治的法典奠定了社会基础。几乎与此同时的一些欧洲国家刚从奴隶制社会脱胎出来，还处在封建社会的初期，不具备制定专制法典的客观条件。二是立法基础不同。自《法经》以后，我国封建立法不断完善，到了唐代便集其大成，唐律应运而生，它的各方面内容都比较完备，有关专制的也是如此。欧洲一些国家的立法则还是封建初期的立法，由于入侵者都是从原始部落联盟中来，所以法典内容只是习惯法的记载和汇编，与唐律相比就显得落后和低级了。

三、产生唐律中专制内容的历史根源

唐律中有关专制内容的产生有一定的历史根源，总括起来主要是政治、经济和思想理论三大方面。

1. 在政治方面

唐王朝建立后，并没有停止加强中央集权和强化专制统治的

---

① 法学教材编辑部：《外国法制史资料选编》（上册），北京大学出版社 1982 年版，第 171 页。

② 同上书，第 195 页。

步伐，相反还采取了一些新措施。在确定唐律的贞观时期也是如此。唐太宗出台了一些新招，以牢牢控制国家政权。在中央，唐虽然沿用隋制，仍设中书、门下和尚书三省，但由于三省长官品位崇高而不可轻易授人，所以启用那些品位较低而又有一定才能的官吏，授以"同中书门下"等名号出任相位，参议政事。这样，一方面便于控制那些品位较低的官吏，任意摆布；另一方面用低品位官吏任相职，实际上也降低了三省的地位，相应提高了皇帝的地位。在地方，唐虽也沿袭隋的州、县两级制，但长官的任命与隋不同。隋的地方官由吏部择定，"大小之官，悉由吏部"①。唐太宗却亲自选任地方刺史，县令也须有五品以上京官推举。他在贞观十一年(637年)决定："刺史朕当简择；县令诏京五品已上，各举一人。"其目的似乎是"合境苏息"②，实为取得地方官吏的任命权，进一步加强皇帝对地方的控制。此外，当时还确立和完善了科举制度。唐太宗用考试形式收罗有一定文化知识并效忠朝廷的各种人士，委以官职，为自己的专制统治卖命。用他自己的话说，就是"天下英雄"都入我的控制范围之中了。③ 这些措施表明，在唐律制订时，唐代的专制统治已发展到一个新阶段。法律作为一种统治工具必会与专制的发展同步，故唐律中有关维护专制统治的内容比以往的律更为完备，也发展到了一个新阶段。

2. 在经济方面

唐初实行的经济制度主要是均田制和租庸调制。均田制的主要内容是："凡天下丁男，给田一顷；笃疾废疾给四十亩；寡妻妾，三十亩，若为户者，加二十亩。所授之田，十分之二分为世业，余以为口分。世业之田，身死则承户者授之。口分则收入官，更以给人。"④在这里，口分田占大多数，而且受田人无所有权，只有使用

① 《隋书·刘炫传》。
② 《贞观政要·择官第七》。
③ 参见《唐摭言·卷一》。
④ 《唐会要·租税上》。

权，身亡后由国家收回。这说明，以国家面貌出现的唐皇帝仍控制着全国大多数土地，是这些土地的“所有者或唯一的所有者”①。土地在封建社会的经济制度中独占鳌头，因为它“是一个大实验场，是一个武库，既提供劳动资料，又提供劳动材料”②。因此，谁所有土地，谁就等于把握了国家的经济命脉。为了保障这种土地所有制，唐代在政治上采用了专制形式，使政治制度与土地制度合拍。

租庸调制的主要内容是：“凡赋役之制有四：一曰租，二曰调，三曰役，四曰杂徭。课户每丁租粟二石。其调随乡土所产绫绢絁各二丈，布加五分之一。输绫绢絁者绵二三两，输布麻三斤，皆书印焉。凡丁岁役二旬；无事则收其庸，每日三尺。有事而加役者，旬有五日免其调，三旬则租调俱免。”③这是唐代对农民的剥削形式。在这种形式中，农民依附在土地上，皇帝以国家身份每年向农民收缴租调，要他们服徭役，以满足自己及整个国家机器的各种消费。皇帝操纵着国家的经济来源，剥削着广大农民，是最大的地主。这一地主需有专制的统治形式，否则他就无法进行这种全国性的剥削。

法律属于上层建筑，由经济基础决定，并“只是表明和记载经济关系的要求而已”④。唐代的经济制度以及由它决定的专制统治形式反映在唐律中，就是那些维护专制统治的内容，而不可能出现维护其他统治形式的内容。又因为唐初的政治与经济充分发展，专制统治也随之发展，不断完善，故唐律中有关专制的内容也空前完备。

唐律中专制的内容既由唐初的政治与经济状况决定，又反作用于政治与经济，使当时社会安定，经济繁荣，成为我国的一个大

① 《马克思恩格斯全集》第 46 卷上，人民出版社 1972 年版，第 473 页。

② 同上书，第 472 页。

③ 《唐六典 · 户部》。

④ 《马克思恩格斯全集》第 4 卷，人民出版社 1958 年版，第 122 页。

治时期。

3. 在思想理论方面

我国在汉武帝时确立了儒家思想的统治地位，到了唐代已是根深蒂固，礼法结合的过程也就此完成。封建的专制统治需要儒家思想，因为它可成为这种统治的思想理论基础。儒家思想的一个基本点就是强调等级名分，改造以后正好与专制体制吻合。在唐代的等级关系中，皇帝处在最高点上，他享有最多的权力和最大的特权，表现在政治制度上就是独占立法、行政和司法三大权。这就是专制。这一切都可用儒家思想加以解释和说明。唐律多处引用儒家经句，论证制裁触犯专制统治行为的合理性。唐律认为，"人君者与天地合德，与日月齐明"[1]，地位最尊。如要反皇帝，有损他的专制统治，就是一种乱、反的行为，正如"左传云：'天反时为灾，人反德为乱'"。如有这种行为，"则必诛之"，因为"公羊传云：'君亲无将，将而必诛'"[2]。可见，儒家思想是唐律确认专制内容的思想理论依据。

唐律中有关专制统治的内容对于正处在封建社会高度发展时期的唐代来说有一些积极意义。在一定时期内，它有利于防止出现分裂割据局面，发展封建经济，巩固统一的中央政权。特别是在唐太宗当政时，利用专制手段严惩犯罪官吏，有助于廉政。史载，唐太宗即位后，"深恶官吏贪浊，有枉法受财者，必无赦免。在京流外有犯赃者，皆遣执奏，随其所犯，置以重法。由是官吏多自清谨，制驭王公、妃主之家，大姓豪猾之伍，皆畏威屏迹，无敢侵欺细人"[3]。故史称当时是"贞观之治"。以后还有"永徽之治"和"开元盛世"。这些不能说与当时唐律所维护的专制制度没有一点关系。

---

① 《唐律疏议·贼盗》"谋反大逆"条"疏议"。

② 《唐律疏议·名例》"十恶"条"疏议"。

③ 《贞观政要·政体第二》。

但是，专制统治毕竟具有很大的弊端。权力过分集中，皇帝个人的品质对国家的影响过大，易产生决策与执行错误，在法制方面同样如此。唐皇帝大量颁行的制敕格之间及它们与唐律之间的内容经常发生矛盾，以致不得不经常进行修撰法律的工作，仅大规模的全唐就有二十余次。尽管如此，法律内容前后抵牾的状态始终没能彻底解决。《旧唐书·刑法志》载，高宗时已是"律通比附，条例太多"。玄宗时，格后制敕"与格文相违，于事非便"。肃宗时，"或因人奏请，或临时颁行，差互不同，使人疑惑"。文宗时，"或事非久要，恩出一时，或前后差殊，或书写错误"。立法内容的参差，会使百姓无所适从，奸吏弄法，最终破坏法制。另外，由于唐皇帝在司法中的专断，以致错杀非死罪者也时有所见。就是在唐太宗执政时，也非仅一而已。《旧唐书·刑法志》载，大理丞张蕴古因与罪犯李好德"弈棋"，并"阿纵好德"，使太宗大怒，遂下令斩不应处死的张蕴古于东市，"既而悔之"[①]。以后，"交州都督卢祖尚，以忤旨斩于朝堂"，也非死罪，太宗"亦追悔"。唐太宗尚且如此，其他皇帝无须再论。长孙无忌曾对唐高宗说："陛下喜怒不妄加于人，刑罚自然适中。"这句话直观地道出了专制统治与司法的密切关系。皇帝制定专制的法律，又破坏自己制定的法律，这就是专制法制的悲剧所在。其结果必是加剧各种社会矛盾，最终爆发农民起义，导致朝代的灭亡。唐王朝就是这样。

---

① 《旧唐书·刑法志》。

第十二章　唐律在发展唐前期经济中的作用

唐前期的统治者从巩固自己的封建统治出发，以隋亡为训，注意用法律手段发展社会经济。由于统治者的暴政，隋后期法制严酷，徭役不已，人民处在水深火热之中。随之，社会经济崩溃，人民揭竿而起，隋王朝结束。唐前期的统治者目睹这一惊心动魄的事实，并以此为鉴。他们认为，要使唐王朝长治久安，就需大力发展社会经济，满足人民最基本的生活需要，即所谓"使民衣食有余，则自不盗"[①]。要发展经济，不使用法律不行。唐前期的统治者把一些较为重要的发展经济的手段规定在唐律内，充分发挥唐律在发展经济中的作用。

一、作　　用

唐律在发展唐前期经济中发挥了很重要的作用，总归起来主要表现在以下几个方面：

1. 保护土地所有权和使用权

唐前期的土地分为永业田和口分田两种，前者农民拥有所有权和使用权，后者农民只拥有使用权。唐律从保护这些土地的所有权和使用权出发，对分田、卖田、占田、盗耕田和侵夺田等犯罪行为都作了明确规定。《唐律疏议·户婚》"里正授田课农桑违法"条规定，里正应依令"授人田"，如有违反，"应受而不授"的，要被"笞四十"。"卖口分田"条规定，农民对口分田只有使用权，没有

---

① 《唐鉴·卷三》。

所有权，故不可买卖，否则要被追究刑事责任。“卖口分田者，一亩笞十，二十亩加一等，罪止杖一百。”此外，“盗耕种公私田”条规定，凡盗耕公私田者，“一亩以下笞三十，五亩加一等；过杖一百，十亩加一等，罪止徒一年半”。“在官侵夺私田”条规定，官吏以强凌弱，侵夺私田的，“一亩以下杖六十，三亩加一等；过杖一百，五亩加一等，罪止二年半”。这些规定都使农民保有土地，有了生活和生产的依靠，也有利于提高他们的生产积极性。

2. 严究诈欺和毁坏公、私财物的行为

诈欺和毁坏公、私财物的行为直接危害国、民的合法经济利益，有损社会生产力的正常发展，故唐律严究这类行为。《唐律疏议·诈伪》“诈欺官私财物”条规定，凡通过诈欺手段非法侵占公私财物的，要“准盗论”，即盗价值相当于一尺绢的要被杖六十，一匹加一等，五十匹加役流。《唐律疏议·杂律》“弃毁器物稼穑”条规定，凡故意“弃毁官私器物及毁伐树木、稼穑者，准盗论”，过失的“减三等”。这些规定直接保护了包括生产工具、生产对象在内的公、私财物，有助于社会生产有秩序地进行。

3. 维护国家的税、赋和徭役制度

税、赋和徭役是封建国家剥削农民的主要形式，也是国家生存和发展的主要经济来源，唐律竭力维护这类制度。《唐律疏议·户婚》“输课税物违期”条规定，凡违期不交国家规定应交课税之物的，“以十分论，一分笞四十，一分加一等”。“差科赋役违法”条规定，地方官吏应依法收赋派役，违者“杖六十”。《唐律疏议·擅兴》“丁夫杂匠稽留”条规定，被役者都要按期赴役，不赴者“一日笞三十，三日加一等，罪止杖一百”。这些规定都有利于国家税、赋和徭役制度的贯彻和执行，从而保证国家重点经济建设项目的资金和劳力来源。

4. 重罚赃罪

唐代的赃罪包括受财枉法、受财不枉法、受所监临、窃盗、强盗和坐赃，简称“六赃”。赃罪既有直接有损国、民经济利益的一面，如窃盗、强盗和坐赃；又有因为官吏违法而损害国、民经济利益的一面，如受财枉法、受财不枉法和受所监临。这些都严重危害了国家的经济秩序，不惩治将有碍于社会经济的发展，故唐律重罚赃罪。《唐律疏议·职制》“监主受财枉法”条规定，监临官接受所监人财物而枉法的，“一尺杖一百，一匹加一等，十五匹绞”。《唐律疏议·贼盗》“强盗”条规定，用暴力手段强取他人财物的，“不得财徒二年，一尺徒三年，二匹加一等；十匹及伤人者，绞；杀人者，斩”。《唐律疏议·杂律》“坐赃致罪”条规定，坐赃者，“一尺笞二十，一匹加一等；十匹徒一年，十匹加一等，罪止徒三年”。这些规定有助于减少、杜绝利用非法手段侵害他人财物和利用职务所进行的经济犯罪活动，保护唐代的生产方式。

5. 保护债权人权益

债务关系在唐前期已很广泛，它是社会经济发展的必然产物，也促进着社会商品的流通与交换。唐律对债的问题也有规定，其中主要是保护债权人的权益。《唐律疏议·杂律》“负债违契不偿”条规定，负债不还者，“一匹以上，违二十日笞二十，二十日加一等，罪止杖六十；三十匹，加二等；百匹，又加三等”，并“各令备偿”。“负债强索财物”条规定，国家保护债权人权益，由官司负责解决债务问题，“公私债务，违契不偿，应牵掣者，皆告官司听断”。这些规定中的受益人无疑主要是那些剥削阶级成员，同时也可促使债的履行和促进正常的经济交往。

6. 严禁非法兴造

唐前期的统治者出于集中人力和物力进行大规模经济建设的需要，严禁非法兴造各种工程，制裁非法兴造行为。《唐律疏议·擅兴》“兴造不言上待报”条规定，兴造较大的工程项目都须上报，违者，在动工前的要“笞五十”，在动工后的要按“坐赃论减一等”处罚。“工作不如法”条规定，兴造的工程都须依法进行，违者要被“笞四十”。这些内容有助于保证国家重点经济建设项目的顺利进行。

7. 打击其他扰乱经济秩序的犯罪

唐律还打击私铸钱币、短斤缺两、价格不公和走私等扰乱社会经济秩序的犯罪。《唐律疏议·杂律》"私铸钱"条严惩私自制造钱币的行为,规定有私造工具而未铸成币的,"徒二年";已铸成的,"流三千里"。"私作斛计秤度"条规定,凡私造量衡工具而造成短斤缺两的,要"计所增减准盗论"。"市司秤物不平"条规定,在公私交易中,市场管理人员必须持平,违反此规定的,要"计所贵贱,坐赃论;入已者,以盗论"。《唐律疏议·卫禁》"携禁物私度"条规定,凡走私的,均按"坐赃论"。以上规定都有利于稳定社会经济秩序,促进经济发展。

二、特　　点

总汇唐律的以上规定,与以往法典相比较,唐律在促进社会经济发展的作用方面有以下特点:

1. 唐律规定的内容与当时的经济制度和状况相吻合

唐前期的主要经济制度是均田制和租庸调制。唐律中有关分田、卖田、占田、盗耕田和侵夺田的规定是为了保证均田制的贯彻,有关税赋徭役的规定是为了保障租庸调制的施行。这就使唐律的有关规定与当时的经济制度和状况相适应,起到促进经济发展的作用,发挥法律应有的效能。

2. 唐律规定的内容比较完整和协调

唐律通过两种方法对唐前期的一些主要经济关系作了规定:一是在律内明确规定一些较为重要的经济法律关系,制裁经济犯罪。以上归纳的七类均属此种情况。二是把违反令、式中规定的具体经济措施而律中无明文规定的内容,也确认为犯罪,并按违令、式处罚。根据《唐律疏议·杂律》"违令"条的规定,违令的笞五十,违式的笞四十。这样,唐律就使生产、流通、交换和消费中的各环节都有章可循,各种经济关系都受到法律保护,内容比较完整。另外,唐律中规定的内容也较协调。以量刑为例,它对每一犯罪中的故意与过失、既遂与未遂、危害性大小等都作了区别，处罚合理。《唐律疏议·杂律》“校斛斗秤度不平”条根据监校者故意和过失两种不同的主观因素，规定故意者杖七十，过失者杖六十。“私铸钱”条根据既遂与未遂、危害程度，分别作出处罚。内容协调，有助于增强法律的力量，更有力地打击各种经济犯罪。

3. 唐律的制裁比较严厉

唐律在制订过程中虽大量削繁去蠹，变重为轻，但对于经济犯罪的处罚仍重于一般犯罪。下面列举官、民两例为证。《唐律疏议·职制》“上书奏事有误”和“事应奏不奏”两条规定，官吏渎职以致上书奏事有误或事应奏不奏的，最高处刑为“杖八十”；而《唐律疏议·职制》“事后受财”条规定，官吏在收受他人财物后，即使不违法，也要构成犯罪，最高处刑是“流二千里”，用刑明显重于前者。《唐律疏议·斗讼》“斗殴以手足他物伤”条规定，在斗殴中致使对方“血从耳目出及内损吐血”的，也只“杖一百”；而《唐律疏议·贼盗》“强盗”条规定，强盗不得财的，也要“徒二年”，用刑亦重于前者。这也从一个侧面说明，唐前期的统治者很重视用严厉的制裁手段为发展社会经济服务。

4. 唐律通过治吏打击经济犯罪

唐律重视通过打击犯罪官吏维护国家的经济法制。这可从规定内容的多少和量刑幅度两个方面理解。唐律中规定的经济犯罪大多与治吏有关。以六赃为例，受财枉法、受财不枉法和受所监临三赃纯属职务犯罪，直接用于治吏；其他三赃针对一般公民，亦含官吏。此外，在近似或相同的犯罪中，对官吏的处罚严于百姓。以侵占私田行为为例，《唐律疏议·户婚》“妄认盗卖公私田”条规定，公民侵占私田的，“一亩以下笞五十，五亩加一等；过杖一百，十亩加一等，罪止徒二年”。“官侵夺私田”条则规定，官吏侵占私田的，“一亩以下杖六十，三亩加一等；过杖一百，五亩加一等，罪止徒二年半”。可见，后者重于前者。这一规定告诉人们，唐初统治者开始重视治吏在发展社会经济中的特殊作用。

唐律在发展唐前期的经济中发挥了很重要的作用,也收到了较好的效果。那时,经济秩序良好,“弘舸巨舰,千舳万艘,交贸往还,昧旦永日”①。社会经济也持续发展,物价平允。唐太宗时,“天下大稔,流散者咸归乡里,斗米不过三四钱”②。唐高宗时,人们可以一匹细绢换一匹马,就是连“秦汉之盛,未始闻也”③。唐玄宗开元、天宝年间,经济发展到了顶峰。此时,“耕者益力,四海之内,高山绝壑,耒耜亦满”④。国家财政收入情况也使人满意,以至在“安史之乱”以前,唐玄宗平均每隔六年就有一次减免全年的租庸,在中国历史上也属罕见。经济的繁荣促进了社会的昌盛,人口、户数都有长足的增长。以户口数为例,全国户数在唐高祖时为二百余万,唐太宗时上升到三百万,唐高宗时增加到三百八十万,唐玄宗时猛增到八百九十一万四千七百零七。由此,唐不愧为盛世。

唐律作为唐前期统治者发展封建经济的一种强有力手段,的确起过积极作用。但是,唐律中的有关规定过于分散,十二篇目中有七篇都有内容,不易掌握。另外,唐律是唐前期的产物,只适用于唐前期的经济状况。到了后期,社会情况发生了较大的变化,以格敕补律、代律、破律的情况普遍存在,唐律的作用也就黯然失色了。

---

① 《唐鉴·卷三》。
② 《旧唐书·卷九十四》。
③ 《张说之文集·卷十二》。
④ 《元次正集·卷七》。

第十三章　唐律的实施

唐律的内容无可非议，它的实施情况如何？本章从以下两个方面作一窥视。

一、以 格 断 狱

唐格是唐皇帝制敕的汇编，亦是司法官判案的依据。自唐高祖受禅颁行了"五十三条格"[①]后，唐代的修格活动连续不断，先后撰订过贞观格、垂拱格、开元格等。

《新唐书·刑法志》载，违反格要依唐律的规定制裁，即"一断于律"。其实不尽然。在实际司法中，依格断狱的情况从未间断过。这与格自身的条件有直接关系。与令、式不同，有些格条由罪名和法定刑两大部分组成，完全可以单独适用。神龙散颁刑部格中有这么一个规定："流外行署、州县杂任，于监主犯赃一匹以上，先决杖六十；满五十匹以上，先决一百；并配入军。"[②]这一格条是完整的刑法法条，根本不需再依唐律科断。另外，其他格也有类似情况。开元户部格中有这样的规定："其孝义人如中间有声实乖违，不依格文者，随事举正。若容隐不言，或检复失实，并妄有申请者，里正、村正、坊正及同检人等各决杖六十。"[③]格的这一有利条件，为司法官以格断狱打开了方便之门。

从现存唐格的残卷文看，它有补充唐律的作用，归纳起来表现在以下三个方面：首先，唐格规定了唐律所没有规定的罪名。唐统

---

① 《旧唐书·刑法志》。

② 刘俊文：《敦煌吐鲁番唐代法制文书考释》，中华书局 1989 年版，第 247 页。

③ 同上书，第 277 页。

治者根据自己的需要，在格中设定律中所没有的罪名，以此弥补律之不足。神龙散颁刑部格规定了“诱诱官私奴婢”罪，凡构成此罪者，“先决杖一百”，再“依法与罪”①，即按唐律《贼盗律》的“略和诱奴婢”行为处罚。唐律中无此罪。《唐律疏议·贼盗》“略和诱奴婢”条只规定“略”和“和诱”奴婢这两种行为都是犯罪行为，要被处罚。此条规定：“略奴婢者，以强盗论；和诱者，以窃盗论。虽罪止流二千里。”但是，此条没有言及“诱诱”。以上刑部格中所涉“诱诱官私奴婢”罪不同于唐律中的“略和诱奴婢”罪，属新设罪名。其次，唐格规定了唐律所没有规定的刑罚。唐统治者还突破唐律规定的范围，在格中使用了新刑种。唐律明确规定，刑罚主要为笞、杖、徒、流和死五刑，而且在一般情况下是一罪一刑。格却不然。在上述刑部格的一条规定中，出现了“配入军”的刑罚。它不是流刑，流刑不需入军，却有点像以后的充军。此条还规定，须“先决一百”后再“并配入军”，变成了一罪两刑。格所规定的这一刑罚与唐律中规定的五刑相去甚远，实是标新立异。最后，唐格扩大了受罚范围。有些罪名虽唐格和唐律皆有，但处罚不同，前者规定的受罚范围比后者大。神龙散颁刑部格还规定，凡“私铸钱”的，除了本人要受罚外，“其家民资财并没”，“邻保处徒一年”，“里正、坊正各决杖一百”②。唐律中也有关于私铸钱的内容。《唐律疏议·杂律》“私铸钱”条规定，私铸钱者，“流三千里”。但是，此条未言及要处罚其他人。可是，唐格的规定却株连至邻保人、里正、坊正，受罚人员数量大大超过唐律的规定。唐格能弥补唐律的缺陷，自然受到唐统治者和司法官的偏爱，故不断被修撰，一直使用。

唐格除了补律外，还破律。神龙散颁刑部格规定，犯有“伪造官文书印若转将行用”、“盗用官文书印及亡印而行用”和“伪造前代官文书印若将行用，因得成官，假与人官，情受假”三种行为的，

---

① 刘俊文：《敦煌吐鲁番唐代法制文书考释》，中华书局1989年版，第249页。

② 同上。

都“先决杖一百”，然后流配，并“不在会赦之限”[①]。这一规定与唐律的不同。唐律在《诈伪律》中也对此三种行为作过规定，用刑分别是“流二千里”和“徒二年”，而且没有“不在会赦之限”。在唐格与唐律规定不一致的情况下，司法官依格处断，因为格的法律地位比律高。这在唐律中已有先例。《唐律疏议·名例》“彼此俱罪之赃”条“疏议”明确规定：“其铸钱见有别格，从格断。余条有别格见行破律者，并准此。”这一规定告诉司法官以格破律和以格断狱都是合法的，其前提只能是格的地位高于律。

以唐格补律、破律是为了满足唐统治者的需要，因为唐格比唐律更灵活，能随时应变，而这正是唐律的不足之处。但是，这又易造成司法混乱，破坏法制。唐统治者似乎也注意到这一点，故不断修格，可仍无济于事，至后期还是免不了厄运。

二、唐前、后两期实施唐律的概况

以“安史之乱”为界限，此前为唐前期，此后为唐后期。新、旧唐书《刑法志》的记载已基本能反映唐律在这两个时期的实施概貌，故本文以它们为依据阐述此问题。

1. 唐前期唐律的实施情况

唐前期，除个别时期外（如武则天执政时的一段时期），唐律的实施情况是较好的，具体表现在以下几个方面：

第一，撰修唐律的情况正常。自唐高祖的武德律颁行以后，撰修唐律的活动不断，贞观律、永徽律、永徽律疏、开元律和律疏等先后问世。唐律经不断撰修，更适合各时期的需要，尽管在贞观律后改动很少。这从一个侧面说明，唐律始终在被使用，因在使用过程中发现了问题，故不断改进，以更好地发挥其作用。如果弃而不用，那就无撰修的必要了。

第二，依唐律断狱。在唐前期，唐律实施情况较好的另一个表

---

① 刘俊文：《敦煌吐鲁番唐代法制文书考释》，中华书局1989年版，第247页。

现是司法官能依唐律断狱。贞观时，“曹司断狱，多据律文，虽情在可矜，而不敢违法，守文定罪，或恐有冤”。那时，他“以宽仁治天下，而于刑法尤慎”。唐高宗时，也注意用唐律科刑。他“遵贞观故事，务在恤刑”，继承太宗之法。唐玄宗在位前期，唐律的执行情况也令人满意。“开元之际，刑政赏罚，断于宸极，四十余年，可谓太平矣。”对于那些违律用峻刑者，他严惩不贷。“执事者务欲峻刑以取威，尽诛其族，以令天下。”在这里还需注意的是，当时出现违律情况后，立即就有补救措施。大理卿刘德威曾对唐太宗说：“律，失之减三等，失出减五等。令失入无辜，而失出为大罪，故吏皆深文。”唐太宗听后就采取了措施，“遂命失出入者皆如律，自此吏亦持平”。就是唐太宗本人用律错误后，也自觉采用了弥补方法。贞观五年(631 年)，大理丞张蕴古“阿纵”狱中李好德，“太宗怒，遂斩蕴古，既而大悔”，于是下诏“死刑虽令即决，皆三复奏”，以此避免错案。

第三，平反冤狱。武则天执政时曾一度是唐前期唐律执行情况较差时期。她启用酷吏周兴、来俊臣等人滥用酷刑，违律断狱，故杀无辜。那时，“周兴、来俊臣等，相次受制，推究大狱。乃于都城丽景门内，别置推事使院，时人谓之‘新开狱’”。来俊臣又与侍御史侯思止、王弘义等人“招集告事数百人，共为罗织，以陷良善。前后枉遭杀害者，不可胜数”。不仅如此，他们还违律用酷刑逼供。“俊臣每鞫囚，无问轻重，多以醋灌鼻”，惨不忍睹，被认为“其毒虐所致，自古未之有也”。但是，在正直大臣的谏诤之下，武则天最终还是省悟并为受冤者昭雪。“时司刑少卿徐有功常驳酷吏所奏，每日与之廷争得失，以雪冤滥，因此全济者亦不可胜数。”“及俊臣、弘义等伏诛，刑狱稍息。前后宰相王及善、姚元崇、朱敬则等，皆言垂拱已来身死破家者，皆是枉滥。则天颇亦觉悟。”于是，武则天下制：“令录来俊臣、丘神勣等所推鞫人身死籍没者，令三司重推勘，有冤滥者，并皆雪免。”在同一时期内，出现了冤狱，又能进行平反，亡羊补牢，恢复了法律的尊严。这也可以说是执法情况较好的一个标志。

第四，治安情况较好。唐律是一部刑法典，其实施与社会治安有直接关系。唐律执行得好，治安情况也相应较好；反之，则较差。因此，唐前期的治安情况可从另一角度反映唐律的实施状况。总体来说，唐前期的治安情况良好。唐太宗时，“虽存宽典，而犯者渐少”。贞观四年(630年)，“天下断死罪二十九人”，实为奇迹。唐玄宗即位后，励精政事，“二十年间，号称治平，衣食富足，人罕犯法。是岁刑部所断天下死罪五十八人，往时大理狱相传鸟雀不栖，至是有鹊巢其庭树，群臣称贺，以为几致刑错”，确为太平盛世。这些事实都为唐律在唐前期的良好实施打上了注脚。

唐律在唐前期的较好实施与当时的皇帝注重法制建设关系甚大。唐高祖不仅“爰命群才，修定科律”，“斟酌繁省，取合时宜，矫正差遗，务从体要”，还特别强调依律司法。他在颁行武德律时下诏说：“吏曹简肃，无取悬石之多；奏谳平允，靡竞锥刀之末。”唐太宗非常重视唐律的制定，组织一个专门的修律班子，花了十一年时间才挂笔定稿。此律内容比较完备，故“自房玄龄等更定律、令、格、式，讫太宗世，用之无所变改”。同时，他还重视唐律的实施，定制“在京见禁囚，刑部每月一奏”，“京师决死，莅以御史、金吾，在外则上佐，余皆判官莅之”。唐高宗时，颁行永徽律及律疏，“自是断狱者皆引疏分析之”。武则天篡位后，立法工作仍照例进行，“其律令惟改二十四条，又有不便者，大抵依旧”。唐玄宗即位后，除颁行开元律疏外，还非常重视司法官吏的选任。他“常自选太守、县令，告诫以言，而良吏布州县，民获安乐”，通过任用良吏保证包括唐律在内的法律的正常实施。他们重视法制，是较好实施唐律的重要原因。

2. 唐后期唐律的实施情况

“安史之乱”以后，唐律的实施情况每况愈下，大大不如以往。

第一，停止撰修唐律。唐后期，撰修唐律工作不再进行，取而代之的是大量制订格、敕和刑统的活动。宪宗时，“删天宝以后敕为开元格后敕”。文宗时,“命尚书省郎官各删本司敕”,取名为“大和格后敕”。开成三年(838 年),他又“采用元二十六年以后至于开成制敕,删其繁者”,定名为“开成详定格”。宣宗时,“以刑律分类为门,而附以格敕”,此为“大中刑律统类”。唐后期的立法活动已与唐律无缘。这告诉人们,唐律的作用已不同于唐前期,已不为统治者所重视,也不再是司法官断狱的主要依据。同时,格、敕和刑统等一些在唐前期不是主要的断狱依据或未曾有过的法律形式却大显身手,深受当时统治者的欢迎,一再修订,多次颁行。

第二,不依唐律用刑的情况频见。按唐律实施,就须按唐律的规定定罪用刑。唐后期,不依唐律用刑的情况频频可见。肃宗时,达奚挚、李有孚等二十一人“于京兆府门决重杖死”。另外,“达奚珣、韦恒乃至腰斩”。德宗时,除谋反、谋大逆、谋叛、恶逆四者外,“其余当斩、绞刑者,决重杖一顿处死,以代极法”。以上杖死非唐律所规定刑罚。唐律规定死刑分二等,即绞和斩,未及杖死。故杖死属律外之刑。此刑比绞、斩更为残酷,也不符合唐律的恤刑原则。宪宗时是另一种情况,他“用刑喜宽仁”。当时,“两京、关内、河东、河北、淮南、山南东西道死罪十恶,杀人、铸钱、造钱,若强盗持仗劫京兆界中及它盗赃踰三匹者,论如故。其余死罪皆流天德五城,父祖子孙欲随者,勿禁”。这又明显不同于唐律的规定。大量犯死罪者免死,其结果是“民未知德,而徒以为幸也”。故实是“弛民之禁,启其奸,由积水而决其防”。用刑畸重畸轻的情况在唐后期已不鲜见。

第三,滥刑不足为奇。唐后期还屡更大狱,滥刑情况不足为奇。肃宗“喜刑名”,他当政时“屡起大狱”。文宗虽好治,但“诛杀大臣,夷灭其族,滥及者不可胜数”。武宗执职时,“大刑举矣,而性严刻”。因滥刑而受害者中,有的是无辜者被罚,有的是轻罪者受重罚。肃宗时,“河南尹达奚珣等三十九人,以罪为重,与众共弃。珣等十一人,于子城西伏诛”,“陈希烈等赐自尽于诸中者七人,其余决重杖死者二十一人”。文宗滥杀以后,“心知其冤,为之饮恨流涕,而莫能救止”。以上只是举例证之,其实唐后期的滥刑情况已不稀罕,绝非肃宗、文宗时仅有。

唐律在唐后期的实施情况不如唐前期的原因是多方面的。当时,社会不安定,“兵革遂兴,国家多故”。社会情况大变,使在唐前期制定的唐律力不从心,有些犯罪在律中无规定,有些犯罪用刑过轻等,而修律又非易事。于是,制敕和格等一些较为灵活的法律形式就乘虚而入,占了重要位置,唐律自然退至次要地位。此外,这还与当时的统治者有极大关系。唐后期的皇帝不是无大志,就是不能致力于法制建设。当时的“人主规规,无复太宗之志。其虽有心于治者,亦不能讲考大法,而性有宽猛,凡所更革,一切临时苟且,或重或轻,徒为繁文”。在这样的情况下,唐律的实施自然不如唐前期理想。

司法不能以唐律为准则,唐律的地位下降,其结果必然是使唐律成为具文,对“高祖、太宗之法,仅守而存”。同时,制敕与格的大量出现,又使它们之间及它们与唐律之间的内容互相冲突,以致一罪几罚,最终导致整个法制的崩溃。

从唐前、后两期唐律的不同实施状况可见司法的重要性,正如韩愈在上书中所言:“夫律虽本于圣人,然执而行之者,有司也。”唐律再好,若不按其实施,不仅不足以周事,相反还会败事。唐后期的法制情况就是实证。

还有一些与唐律实施有关的问题,如唐律与制敕、“上请”、“不应为”、依礼科刑等,在本书中另有阐述,故在此不再续述。

第十四章　唐律在唐后的变革

唐律内容虽被唐后各代大量沿用，但也不无变革。此处以宋刑统、大明律和大清律例为比较对象，探索它们对唐律的主要变革点及其原因。

一、体例的变革

宋刑统、大明律和大清律例均在体例方面作了不同程度的变革。

1. 卷条的变革

卷条是我国古代法典的一个组成部分，卷条数的多少可从一个侧面反映法典内容的繁简。一般来说，多易繁，少则简。唐律在唐太宗贞观定本时为五百条，十二卷。《旧唐书·刑法志》载："房玄龄等遂与法司定律五百条，分为十二卷。"这一卷条数比以往的律大为减损，故《旧唐书·刑法志》说，凡削烦去蠹者，"不可胜纪"。唐高宗永徽三年（652 年），诏长孙无忌等撰编律疏，《唐律疏议》即为三十卷，条数依旧。《旧唐书·刑法志》又载，长孙无忌等"参撰律疏，成三十卷"。

宋刑统为五百零二条，三十卷。《宋史·刑法志》载，宋太祖诏窦仪等"新定刑统三十卷并颁天下"。宋刑统的五百零二条是把唐律的职制律与斗讼律中各一条分为二条，这与现传《唐律疏议》一致。宋刑统在卷条安排上与唐律的主要区别是变动了一些卷中的条目数。变条数的有五卷，占总数的六分之一。变动情况有三：一是移唐律上卷中的条目至下卷。"唐律卷一凡七条，刑统移未条入第二卷。”[①]二是移唐律下卷中的条目至上卷。“唐律卷三凡一十条,刑统移前四条入上卷。”[②]卷九、十也有类似情况。三是移唐律同一卷中的条目至上、下卷兼有。“唐律卷二凡十一条,刑统前移入上卷一条,后移入下卷四条。”[③]卷条的移位说明卷中的内容有变,宋刑统就是如此,下文会涉及此问题。

大明律虽仍为三十卷,但仅有四百六十条,比唐律少四十条。《明史·刑法志》载,大明律“为卷凡三十,为条四百有六十”。不仅如此,在卷条的分布上,大明律也与唐律有较大的区别。大明律的名例律为一卷,四十七条;唐律则为五卷,五十七条。大明律的其他二十九卷、四百一十三条由六律分割;唐律的其他二十五卷、四百四十三条则被十一律分享。从这一区别也可见,大明律在体例上与唐律有明显区别。

大清律例卷条情况与大明律相似。它有四十七卷,四百三十六条。这四十七卷除增加了律目、图、服制、总例、比引条例等共十一卷外,还把大明律中的一些卷一分为二。例如,名例律在大明律中为一卷,而在大清律例中则为二卷。大清律例的条数比大明律少二十四条。其中,吏律少四条,户律少十六条,兵律少四条。

从以上三部法典的卷条状况看,宋刑统与唐律的差异很小;大明律和大清律例比较接近,但与唐律有一定距离。

2. 篇目结构的变革

唐律的篇目结构比较简单,仅分为十二篇,分别是名例、卫禁、职制、户婚、厩库、擅兴、贼盗、斗讼、诈伪、杂律、捕亡和断狱。《旧唐书·刑法志》载,房玄龄等与法司撰定贞观律,分为十二篇:“一曰名例,二曰卫禁,三曰职制,四曰户婚,五曰厩库,六曰擅兴,七曰贼盗,八曰斗讼,九曰诈伪,十曰杂律,十一曰捕亡,十二曰断狱。”

① 《宋刑统》,中华书局 1984 年版,第 514 页。

② 同上。

③ 同上书,第 515 页。

以后，唐高宗时撰修的《永徽律疏》即《唐律疏议》只是在律条后附以“疏议”，明了、阐发律意，无更大的变化。

宋刑统的篇目结构与唐律有异，主要表现在以下三个方面：首先，在篇中分门，共有二百十三门，每一门中含有数条律条。《玉海·卷六十六》载，宋刑统有“二百十三门，律十二篇，五百零二条”。门的具体分布情况是：名例律有二十四门，卫禁律有十四门，职制律有二十二门，户婚律有二十五门，厩库律有十一门，擅兴律有九门，贼盗律有二十四门，斗讼律有二十六门，诈伪律有十门，杂律有二十六门，捕亡律有五门，断狱律有十七门。其次，在律条后附以令、格、式、敕条和起请等法条。宋刑统是宋代刑律统类的简称，故除律条外，还附有上述一些法律形式中的相应条款。《玉海·卷六十六》载，宋刑统有“疏令格式敕条一百七十七，起请条三十二”。唐律则无，只是在“疏议”中引用令、格和式的某些条文，说明律条的内容，与宋刑统另附在后并变成一种综合性法典的形式不同。最后，唐律中的“疏”与“议”总是连在一起，不单独存在。宋刑统则常把“疏”与“议”分列，使其各自阐述自己的内容。其中，“疏”的内容为律条文，“议”的内容为解释文，后者更近似唐律中的“疏议”。《宋刑统·擅兴律》“私有禁兵器”门的“疏”说：“诸私有禁兵器者，徒一年半。”“议”说：“私有禁兵器，谓甲弩、矛矟、具装等，依令私家不合有。”这是对“禁兵器”的解释。尽管宋刑统的篇目结构与唐律有异，但总体结构无重大变化，仍为十二篇，连篇名和排列顺序也与唐律同。

大明律篇目结构的变化较宋刑统要大。它打破了唐律十二篇目的框架，仿效元典章，改用七篇，除首篇仍为名例外，其余六篇均按中央六部官制编目，分别为吏、户、礼、兵、刑、工。故近代学者沈家本评说，大明律“以六曹分类，遂一变古律之面目矣”①。此外，大明律还模仿宋刑统篇下分门的做法，在除名例以外的其他六篇

① 沈家本：《历代刑法考》，中华书局1985年版，第1129页。

中皆设若干目，在每一目中又含若干律条。目的分布情况是：吏律中有职制和公式两目，户律中有户役、田宅、婚姻、仓库、课程、钱债和市廛七目，礼律中有祭祀和仪制两目，兵律中有宫卫、军政、关律、厩牧和邮驿五目，刑律中有贼盗、人命、斗殴、骂詈、诉讼、受赃、诈伪、犯奸、杂犯、捕亡和断狱十一目，工律中有营造和河防两目。一目为一卷，每目中的律条不等，如吏律职制目中有十五条，而公式目中却有十八条。

尽管大清律例比大明律少了二十四条律条，但篇目结构仍袭大明律而成，变化甚微，主要有：一是在律条后附了例条，有的数量还较多，甚至超过律条。如《大清律例·名例律》的"五刑"条，律条仅为六条，而附例文十八条，大大多于律条。二是在律条中附有注。此注的作用类似唐律中的"疏议"。例如，"五刑"条规定："赎刑：纳赎，收赎，赎罪。"在"纳赎"后有注："无力依律决配，有力照律纳赎。"在"收赎"后有注："老幼废疾、天文生及妇人折杖，照律收赎。"在"赎罪"后亦有注："官员正妻及例难的决并妇人有力者，照律赎罪。"经过"注"的说明，把纳赎、收赎和赎罪都区别开了。

以上三部法典的篇目结构显示，宋刑统虽有改变之处，但与唐律差别不大；大明律和大清律例相似，但均与唐律和宋刑统差别较大。

法典的体例虽只是法典的外在表现形式，但却与法典的内容息息相关，可直射内容的轮廓。宋刑统、大明律和大清律例对唐律体例的改动程度，与它们对唐律内容的改动程度一致。

二、一般原则的变革

宋刑统、大明律和大清律例与唐律一样，都把一般原则规定在名例律中，但它们又对其中的一些作了改革，主要表现在以下四个方面：

1. 取消一些原则

大明律和大清律例取消了唐律规定的一些原则。《唐律疏议·名例》“皇太子妃”、“官当”、“除免比徒”等条规定的一些原则均被废除。其中,有的是因为被其他规定取代,如“皇太子妃”条中确定的“上请”被“取自上裁”等规定代替,已没有存在的必要;有的是因为它们的存在易起反作用,如“官当”条规定的以官品代罚的原则不利于治吏,故弃而不用;有的是因为不适时,如“除免比徒”规定以除名、免官比照徒刑的原则已不适应明、清的情况,故也在废除之例。

2. 合并一些原则

宋刑统、大明律与大清律例还合并了唐律规定的一些原则。《宋刑统·名例律》“老幼疾及妇人犯罪”条把《唐律疏议·名例》“老小及疾有犯”和“犯时未老疾”两条中规定的原则归并在一起,既规定各种老、小和疾人员犯罪可享受赎、上请、不加刑等特殊处理方法及不适用这些方法的附加条件,又规定了老、疾人员犯罪时年龄、条件的折算方法。大明律与大清律例都把《唐律疏议·名例》中“笞刑五”、“杖刑五”、“徒刑五”、“流刑三”和“死刑二”五条合并为“五刑”一条,内容基本相同,都规定唐律中五刑的刑种、刑等等。经过合并,唐律中一些较为相近的内容都集中在一起了,这样既避免了条目内容分散的情况,又可使阅律者便于查找。

3. 修改一些原则

唐律在名例律中规定的有些原则还被大明律、大清律例作了不同程度的修改。首先,续用原律条名,但改动其中的某些内容。大明律和大清律例都在名例律中设立“无官犯罪”条,与唐律同,但内容有别。《唐律疏议·名例》“无官犯罪”条规定:“诸无官犯罪,有官事,流罪以下以赎论。卑官犯罪,迁官事发;在官犯罪,去官事发;或事发去官:犯公罪流以下各勿论,余罪论如律。其有官犯罪,无官事发;有荫犯罪,无荫事发;无荫犯罪,有荫事发:并从官荫之法。”由于明代不用官荫法,故《明律·名例律》“无官犯罪”条删去有关官荫的规定。薛允升对此有过评价,他说:大明律的“无官犯罪”条“与唐律略同,惟明代并无用荫之法,故律无文”[①]。大清律例除续大明律的修改外,又作进一步改动。《大清律例·名例律》“无官犯罪”条规定:“凡无官犯罪,有官事发”,犯公罪要在处笞、杖以上的,才可“依律纳赎”;“在任犯罪,去任事发”,犯公罪须处笞、杖以下的,也要“依律降罚”等,均与大明律有异。“以理去官”等条也属此种情况。其次,律条名与内容均有变更。大明律和大清律例皆在名例律中设有“亲属相为容隐”条,与此条对应的是唐律中的“同居相为隐”条,除条名有异外,内容也有所变动。《唐律疏议·名例》“同居相为隐”条规定:“诸同居,若大功以上亲及外祖父母、外孙,若孙之妇、夫之兄弟及兄弟妻,有罪相为隐;部曲、奴婢为主隐:皆勿论。”“其小功以下相隐,减凡人三等。若犯谋叛以上者,不用此律。”《明律·名例律》“亲属相为容隐”条扩大相隐范围,把“妻之父母、女婿”也列入功可相隐之内。薛允升对此也有评说,他说:大明律的规定“与唐律大略相同,惟妻之父母与女婿缌麻服也,而与大功以上同律,唐律本无此层”[②]。大清律例的规定与大明律同。大明律与大清律例中“立嫡子违法”、“赋役不均”等条也属此类情况。

4. 增加一些原则

宋刑统、大明律和大清律例除取消、合并、修改了唐律的一些原则外,还增加了一些新原则。宋刑统通过“议”的形式,把原来唐律所没有规定的内容穿插在法典中。这种情况在宋刑统的名例中不是个别的,在此仅举例说明。《唐律疏议·名例》“称反坐罪之等”条规定:“诸称‘反坐’及‘罪之’、‘坐之’、‘与同罪’者,止坐其罪;称‘准枉法论’、‘准盗论’之类,罪止流三千里,但准其罪:并不在除、免、倍赃、监主加罪、加役流之例。称‘以枉法论’及‘以盗论’之类,皆与真犯同。”《宋刑统·名例律》“杂条”门不仅照用唐

---

① 《唐明律合编·名例律》“无官犯罪”条。

② 《唐明律合编·名例律》“亲属相为容隐”条。

律的规定，还用“议”规定了新内容：“反坐、罪之、坐之、与同罪，流以下止是杂犯，不在除免、加役之例。若至绞，即依例除名。”“七品以上犯在枉法，仍合减科。男夫犯准盗，仍合用荫收赎。”“称以盗、以斗减一等，处同真犯。”吴兴、刘承干在校勘宋刑统与唐律以后也认为，以上内容“唐律无”[①]，实属新增而为。大明律和大清律例则在名例律中增加专条，增添新原则。两律均新设“职官有犯”和“天文生有犯”条，对文职官与天文生的犯罪作了新规定，采用特殊处理方法，皆为唐律所无。“文武官犯公罪”、“文武官犯私罪”、“犯罪得累减”等条也是如此。

法典中一般原则的规定至关重要。一方面，它是国情的变化和立法指导思想的直接反映，它的改变意味着国家形势和统治阶级的治国政策也随之有变。另一方面，它是法典内容的核心，它的改变也必然会导致法典内容的变化。宋刑统、大明律与大清律例在不同程度上对唐律一般原则的改变，不仅告诉人们宋、明、清与唐的情况与国策不同，也预示它们会在内容上有不同程度的变革。

三、罪名的变革

宋刑统、大明律、大清律例与唐律一样，罪名是其中的重要内容。它们除了大量袭用唐律规定的罪名外，还对其中的一些作了变动。变动情况主要有以下四大类：

1. 改变罪名

这是指改变唐律设定的一些罪名。它主要包括两种情况：一是原罪名的内容基本没变，但称谓有变；二是原罪名的称谓没变，但内容有变。宋刑统在名例律的“十恶”中把唐律的“大不敬”罪名改为“大不恭”，是为了避讳。“宋避翼祖讳，易‘敬’字作‘恭’。”[②]但是，内容依旧。宋刑统还扩大“恶逆”罪的范围，把道

---

① 《宋刑统》，中华书局1984年版，第518页。
② 同上书，第514页。

士、女冠和僧、尼杀师主行为也归入此罪。《宋刑统·名例律》“杂条”的“议”规定：“杀师主入恶逆。”这被认为是“唐律无”[①]，纯属宋刑统之为。大明律与大清律例也有上述情况。大明律与大清律例与唐律一样，都设有“诈为制书”罪，但内容有别。《唐律疏议·诈伪》“诈为制书”条规定：“诸诈为制书，及增减者，绞。口诈传及口增减，亦是。”大明律与大清律例在刑律的“诈为制书”条中却规定：“凡诈为制书及增减者，皆斩。”区别有二：一是后者的用刑重于前者，用斩代绞；二是后者无“口诈传”的内容（前者有），故仅指制书诈传，“口诈传”的内容被纳入新罪“诈传诏旨”之中。大明律与大清律例还都设定“不应为”罪，虽与唐律的“不应得为”有一字之差，但内容无别。大明律与大清律例在刑律的“不应为”条中规定：“凡不应得为而为之者，笞四十；事理重者，杖八十。”《唐律疏议·杂律》“不应得为”条规定：“诸不应得为而为之者，笞四十；事理重者，杖八十。”两者如出一辙。

2. 归并罪名

这是指把唐律中两个或两个以上罪名归并为一个罪名。这种情况在宋刑统、大明律和大清律例中都有。宋刑统由于采取了篇下分门的形式，一门中往往由数条律条组成，罪名也随之合几为二，故归并罪名的情况在宋刑统中不属个别，在此仅举一例证之。《宋刑统·户婚律》“脱漏增减户口”门中规定的脱漏增减户口罪是把《唐律疏议·户婚》中“里正不觉脱漏增减”、“州县不觉脱漏增减”和“里正官司妄脱漏增减”三条中规定的里正、州县不觉脱漏或妄脱漏增减户口三罪合为一体而成，内容基本没变，都把里正、州县官脱漏或增减户口的行为作为惩治对象。大明律与大清律例的律条皆少于唐律，其中有一部分也是采取归并方式，故也存在归并罪名情况。例如，《明律·刑律》“弃毁制书印信”条规定的弃毁制书印信罪是《唐律疏议·杂律》“弃毁符节印”、“弃毁制书

① 《宋刑统》，中华书局1984年版，第519页。

官文书"、"官物亡失簿书"和"亡失符节求访"四条中规定的弃毁符节印罪、弃毁制书官文书罪、官物亡失簿书罪和亡失符节求访罪组合而成,内容相差不大。对此,沈家本说:"唐目'弃毁符节印'、'弃毁制书官文书'、'官物亡失簿书'、'亡失符印求访'四条,并在《杂律》中,明并为一条,改入此律。"①罪名也因此相应合并。大清律例的此条情况同大明律。归并以后,宋刑统、大明律和大清律例中一些罪名的外延扩大,内容也相应增加,罪名数量随之减少。

3. 增加罪名

这是指增加了一些唐律所没有的罪名。宋刑统、大明律和大清律例都根据本朝代的统治需要,增加了一些唐律中所没有的罪名。从这些罪名的内容看,主要有调整经济、民事法律关系和打击有损专制统治的行为两大类。《宋刑统·户婚律》的"户绝资产"、"死商钱物"和"典卖指当论竞物业"门皆是新增。《刑统跋》说:"这些门都属'唐律无'。"②其中的内容均与经济、民事法律关系有关。例如,"户绝资产"门对户绝者财产的处理作了明确规定:"今后户绝者,所有店宅、畜产、资财,营葬功德之外,有出嫁女者,三分给与一分,其余并入官。如有庄田,均与近亲承佃,如有出嫁亲女被出,及夫亡无子,并不曾分割得夫家财产入已,还归父母家,后户绝者,并同在室女例。"对这些内容,唐律无规定。大明律与大清律例一方面增加一些有关调整经济、民事法律关系的内容,如它们均在户律中新增了"盐法"、"私茶"、"匿税"等条,严禁私营盐、茶和匿税不纳等行为,违者都要受到处罚,以此保证国家对盐、茶的专营和税收的收入;另一方面还特别增添了一些有关打击有损专制统治行为的内容,仅在刑律中就设有"大臣专擅选官"、"文官不许封公侯"、"擅勾属官"、"奸党"、"交结近侍官员"等条,对官吏的

① 沈家本:《历代刑法考》,中华书局1985年版,第1830页。

② 《宋刑统》,中华书局1984年版,第508页。

活动作出新的限制,并惩治违犯者,如凡大臣专擅选用官吏的,要“斩”,以此强化专制统治,维护皇帝对国家的绝对控制权。经过增加罪名,宋刑统、大明律和大清律例的内容得到了更新。

4. 弃去罪名

这是指弃去唐律规定的一些罪名。宋刑统、大明律和大清律例还把唐律中规定的一些罪名弃而不用。宋刑统的内容基本同于唐律,弃去唐律的罪名属于个别情况。例如,《宋刑统·诈伪律》“诈欺官私取财”门把《唐律疏议·诈伪》“诈取官私财物”、“妄认良人为奴婢部曲”和“诈除去死免官户奴婢”条中规定的罪名集于一体,独不见“诈为官私文书及增减”条中规定的罪名。大明律与大清律例弃去唐律的罪名较宋刑统为多,仅在户婚律中就有不少。《唐律疏议·户婚》“卖口分田”、“妄认盗卖公私田”、“资耕人墓田”、“里正授田课农桑违法”和“应复除不给”等条中规定的一些罪名,大明律和大清律例都已删去不用。

罪名是唐律和宋刑统、大明律、大清律例中的一个重要组成部分,罪名的变化标志着这些法典内容的变化,而且罪名变化得越多,内容也就变化得越大,这是一种正比关系。宋刑统、大明律和大清律例通过改变、归并、增加和弃去唐律罪名的方式,变革自身的内容。其中,宋刑统的变革幅度不大,大明律和大清律例的变革幅度较宋刑统为大,变革的罪名较宋刑统为多。这从另一个侧面反映出大明律和大清律例在改革唐律内容方面,步子迈得比宋刑统要大。

四、法定刑的变革

法定刑亦是以上这些法典的一个重要组成部分,因为刑法法条皆由罪状和法定刑两大部分构成。宋刑统、大明律和大清律例在变革唐律罪名的同时,还变革了其中的一些法定刑,主要表现在以下三个方面:

1. 换刑

换刑就是用唐律规定的五刑中的某种刑罚取代其他刑罚或用其他制裁方式换代五刑。宋刑统与大清律例中都有换刑的规定。宋刑统有关于折杖法的规定,即用杖刑代替除死刑以外刑罚的执行。《宋刑统·名例律》"五刑"门对折杖法作了以下规定:"加役流决脊杖二十,配役三年。流三千里决脊杖二十,配役一年。流二千五百里决脊杖十八,配役一年。流二千里决脊杖十七,配役一年。""徒三年决脊杖二十放。徒二年半决脊杖十八放。徒二年决脊杖十七放。徒一年半决脊杖十五放。徒一年决脊杖十三放。""杖一百决臀杖二十放。杖九十决臀杖十八放。杖八十决臀杖十七放。杖七十决臀杖十五放。杖六十决臀杖十三放。""笞五十决臀杖十下放。笞四十、三十决臀杖八下放。笞二十、一十决臀杖七下放。"与此同时,适用折杖法也不乏其例。《宋刑统·厩库律》"故杀误杀官私马牛并杂畜"门规定,故杀官私马牛者,"决脊杖二十,随处配役一年放";故杀官私施骡驴者,"决脊杖十七放"等。大清律例中有用罚俸代笞的规定。《大清律例·名例律》"文武官犯公罪"条规定:"凡内外大小文武官犯公罪该笞者,一十罚俸一个月,二十、三十各递加一月,四十、五十各递加三月。该杖者,六十罚俸一年。""文武官犯私罪"条也有类似规定。此外,大清律例中还有用鞭责代笞杖的,条件是旗人犯罪。《大清律例·名例律》"犯罪免发遣"条规定:"凡旗人犯罪,笞杖各照数,鞭责。"唐律中无这些换刑的规定。宋刑统、大清律例通过换刑,把原五刑的执行灵活化,尽管它有一定的条件限制。从某种意义上说,这种灵活化也是对五刑制度的一种变革。

2. 两刑同罚

两刑同罚就是把两种刑罚同时适用于一种犯罪。唐律仅在个别情况下使用两刑同罚,大明律与大清律例则广泛使用两刑同罚,其中最为常见的是在徒、流中加杖。《清史稿·刑法志》载,大明律规定:"徒自杖六十徒一年起,每等加杖十,刑期半年,致杖一百徒三年，为徒五等。流以二千里、二千五百里、三千里为三等，而皆加杖一百。”《明律·名列律》“五刑”条规定，徒刑“一年杖六十。一年半杖七十。二年杖八十。二年半杖九十。三年杖一百”。流刑“二千里杖一百。二千五百里杖一百。三千里杖一百”。此规定适用的犯罪很多，在此仅举一例。《明律·刑律》“诬告”条规定：“若囚已决配，而自妄诉冤枉，摭拾原问官吏者，加所诬罪三等。罪止杖一百，流三千里。”大清律例中有关徒、流加杖的规定与大明律同，其适用的犯罪也不少，在此也举一例。《大清律例·刑律》“略人略卖人”条规定：“凡设方略而诱良人，及略卖良人为奴婢者，皆杖一百，流三千里；为妻妾子孙者，杖一百，徒三年。”此外，还有刺字与徒、流并用的。大明律与大清律例都在刑律的“白昼抢夺”条中规定：“凡白昼抢夺人财物者，杖一百，徒三年。计赃重者，加窃盗罪二等。伤人者，斩。为从各减一等。并于右小臂膊上刺抢夺二字。”两刑同罚的广泛使用，改变了唐律一罪一刑的定制，亦是对唐律法定刑的一种变革。

3. 增加新刑种

唐律的刑罚以五刑为主，另附以没官、连坐等。唐后在此以外另增加了一些新刑种，主要有以下几种：

第一，杖死。这是一种用杖处死罪犯的行刑方式。唐律规定死刑为二，即绞和斩。宋刑统认可杖死也为死刑。《宋刑统·名例律》“五刑”门准“十恶中恶逆以上四等罪，请准律用刑，其余应合处绞、斩刑，自今以后，并决重杖一顿处死，以代极法”。

第二，刺字。刺字近似过去的墨刑，唐律废而不用。大明律与大清律例中皆有关于使用刺字的规定，主要适用于一些与盗有关的犯罪。大明律与大清律例均在刑律的“窃盗”条规定，窃盗“得财以一主为重，并赃论罪。为从者，各减一等。初犯并于右小臂膊上刺窃盗二字。再犯刺左小臂膊”。

第三，充军。这是一种将重犯押至边远地区服苦役的刑罚。它常适用于一些死罪减等者，用刑很严。《明史·刑法志》载：“明制充军之律最严，犯者亦最苦。”大明律与大清律例中都有关于充军的规定。《明律·名例律》“杀害军人”条规定：“凡杀死军人者，依律处死，仍将正犯人余丁抵数充军。”充军还有与杖并用的。《明律·兵律》“宫殿门擅入”条规定：“入皇城门内者，杖一百，发边远充军。”大清律例对充军作了规范的规定，内容包括充军的里程、发遣部门等。《大清律例·名例律》“充军地方”条规定：“凡问该充军者，附近发二千里，近边发二千五百里，边远发三千里，极边烟瘴俱发四千里。定地发遣充军人犯，在京兵部定地，在外巡抚定地，仍抄招知会兵部。”律中多处使用充军。《大清律列·户律》规定：“诈称各卫军人不当军民差役者，杖一百，发边远充军。”其他的不再赘列。

第四，凌迟。这是一种用刀脔割罪犯使其慢慢痛苦死去的酷刑。此刑在辽时入律，明、清都沿用，适用于一些最严重的犯罪。《明律·刑律》“谋反大逆”条规定：“凡谋反及大逆，但共谋者，不分首从皆凌迟处死。”“杀一家三人”条规定：“凡杀一家非死罪三个及支解人者，凌迟处死。”大清律例的规定与以上同。

此外，还有枭首等，在此不一一罗列。以上这些刑罚皆为唐律无，也不列入五刑范围，成为一种五刑之外的律中之刑。对此，薛允升很不满意，他说：“唐律无凌迟及刺字之法，故不载于五刑律中，明律内言凌迟、刺字者指不胜屈，而名例律并未言及，未知其故。”“复枭首、凌迟之刑，虽曰惩恶，独不虑其涉于残刻乎。死刑过严，而生刑过宽，已属失平。”①

宋刑统、大明律和大清律例对唐律刑制的改革，不仅在某些方面突破了唐律的框框，还有用刑渐重之势。除折杖法外，无论是两刑同罚还是增设的新刑种，均酷于唐律规定的五刑。用刑是用法的测量计，用刑渐重直接反映用法的加重，它可帮助人们从一个侧面知晓宋、明和清刑事立法的概要和趋势。

---

① 《唐明律合编·名例律》“五刑”条。

五、变革的原因

法律既属上层建筑，又是国家意志，其变革必有多种原因。唐后对唐律的变革也是如此。究其原因，主要有：

1．社会情况的变化

法律是一种应时性很强的统治工具，社会情况的变化是对其进行变革的主要原因之一。如果法律不适时，就会变成具文，失去它应有的作用，这是任何统治阶级都不会袖手旁观的。唐律的内容虽然很周全，集古者立法之大成，但是唐后的社会情况发生了变化，其中有些内容不同程度地落后于现实，有的甚至已无存在的意义。因此，当时的统治者便本能地运用自己手中掌握的立法权，删改损益唐律的内容，制订新律，以满足自己的统治需要。在这方面，有关经济、民事的内容十分典型。唐律定本于唐前期，其中有关经济、民事的规定以当时施行的均田制和租庸调制为出发点，并以维护、执行这些制度为目的。但是，到了宋、明、清代，一方面，均田制与租庸调制早已废除；另一方面，商品经济有了很大发展，资本主义萌芽也已露头，唐律中原有的一些规定显然已经过时。因此，大明律与大清律例都删去了唐律规定的"卖口分田"、"妄认盗卖公私田"、"盗耕人墓田"、"里正授田课农桑违法"和"应复除不给"等条目，废弃其中无用的内容。同时，根据当时商品经济发展的需要，宋刑统、大明律和大清律例还新增了一些调整经济、民事法律关系的内容，打击破坏经济秩序和有损正常民事活动的犯罪行为。宋刑统增设"户绝资产"、"死商钱物"和"典卖指当论竞物业"门中的一些内容直接有助于调整公民的财产关系，以适应当时日益发展的继承和典卖等关系的需要。大明律与大清律例还特别设立"盐法"、"私茶"和"匿税"等条，确立国家对盐、茶等的专管和对税收的严格控制，严惩违犯盐、茶法和税收规定的犯罪行为，维护当时的经济秩序。这些都是唐后社会的必然产物。唐律制订时，还没有这样的历史条件，也不可能有这样的内容。宋刑统、大明律和大清律例对唐律其他一些内容的变革也都与社会情况有极大关系，在此不逐一列举。

2. 立法经验的积累

立法是一种国家职能。法律由统治者主持制定，因此他们的立法经验对立法内容的影响极大。这也是法律变革的一个重要原因。宋、明和清前期的统治者注意总结前人立法之得失，并根据本朝代的特点，变改唐律的一些内容，使之更好地为己所用。我国早在西周时就有“三典”之说。《汉书·刑法志》载：“昔周之法，建三典以刑邦国，诘四方：一曰，刑新邦用轻典；二曰，刑平邦用中典；三曰，刑乱邦用重典。”但是，以后的立法实践所产生的效果却各不相同。商鞅用重法，秦国大振。秦朝用重法，结果二世而亡。汉、唐初用轻法，得人心，国兴民安。南朝梁武帝用轻法，“每年数赦，卒至倾败”[①]。宋、明和清前期的统治者总结前人的经验和教训，并正视自己所处的历史条件，认为虽是新邦，仍需用重典。历史上也有他们用重典治国的记载。《宋史·刑法志》载：“宋兴，承五季之乱，太祖、太宗颇用重典，以绳奸贼。”这在宋刑统中亦有反映，用杖死这一酷刑就是其中的一个方面。朱元璋执政后，也主张用重典。他曾说：“建国之初，当先正纲纪”[②]；“吾治乱世，刑不得不重”[③]。大明律正是这一思想的体现者，故新增之刑无一轻于五刑，且全为酷刑。大清律例与大明律相差无几。因此，薛允升在比较了唐、明律后认为，大明律有重其所重之处。其实，这一“重”正是明初的统治需要，因为任何法律都是特定历史环境的产物。可以想象，如果没有大明律重典治国，明初的政权会得到巩固吗？社会在以后一段时间里会有较大发展吗？从这种意义上说，大明律相对当时的社会条件而言，不能简单理解为“重”，这是一种历史的必然；否

---

① 《贞观政要·赦令第三十二》。

② 《明史纪事本末·卷十四》。

③ 《明史·刑法志》。

则，历史将会被改写。当初用重典，既是统治者的一种策略，也是他们总结和借鉴前人立法经验的结果。

3．立法技术的提高

立法是一个把统治阶级意志和愿望上升为法律的过程。在这一过程中，立法技术很重要。较高的立法技术，可使制定的法律准确地反映统治阶级的要求，符合时代的需求，并为司法提供正确的依据；相反，则会歪曲反映统治者的意志，甚至破坏法制的协调，造成法制混乱，这是任何统治者所不愿看到的。所以，我国古代的立法者大多重视立法技术，立法技术也因此不断提高。从唐律到宋刑统、大明律和大清律例体例的发展和变革过程，可以看出立法技术不断提高。唐律十二篇，内容简要明了，而且名例列入篇首，集中了前者立法之精华，立法技术高于以往。但是，宋代的立法者并未停滞不前，他们制定的宋刑统在篇下分门，分门别类，还在律条后附以其他法律形式的相关内容，以类相聚。这给查律者带来方便。宋刑统在立法技术上确有高于唐律之处。大明律与大清律例不仅一改唐律的篇目结构，还减少律条，使用较少的律条规定一样需要的内容。另外，它们还在篇目下分条，既有唐律篇下分条的长处，又有宋刑统篇下分门的优点，使这一体例更接近于近、现代刑法典章、节、条的体例结构。明、清又在立法技术方面向前大大跨进了一步。立法技术的提高同样成为唐后变革唐律的一个原因。

宋刑统、大明律和大清律例虽对唐律进行了变革，但仍保留着唐律的指导思想、立法精神、内容分类的原则和大量的内容，唐律的影响仍处处可见。另外，它们的变革也是以唐律为基础的变革。若没有唐律，就不可能有宋刑统、大明律和大清律例。这从另一个角度证实唐律的深远影响和它在我国古代立法中的重要地位。

第十五章　唐律与《法国民法典》比较

唐律是中华法系的代表作，曾对我国唐以后封建朝代的立法产生过深远影响。《四库全书总目提要·唐律疏议提要》载："宋世多采用之，元时断狱，亦每引为据，明洪武初，命儒臣同刑官进讲唐律，后命刘惟谦等详定明律，其篇目一准于唐……及于有清，则一准明。"唐律还对当时一些东亚国家的立法产生过很大影响。日本学者池田温在《唐令拾遗·后跋》中称唐律"被誉为东方法制史枢轴"。《法国民法典》又称《拿破仑法典》，是大陆法系的代表作。它在拿破仑主持下，于一八〇三年二月五日至一八〇四年三月十五日间陆续由立法院通过，并在一八〇四年三月二十一日正式公布实施。它是法国唯一的一部民法典，自颁行至今已有一百八十多年，虽然有些内容已经增损，但是结构、体例和序目仍无变化，多数法条仍有法律效力。同时，它对西欧、拉美等一些国家立法的影响也是巨大的，德国和其他一些欧洲国家以及拉美国家对其产生了浓厚的兴趣，普遍推崇并广为抄袭。①

下面对这两大法系的代表作作简要的比较，从一个侧面把这两大法系作个对照。

一、唐律与《法国民法典》的相似点

唐律和《法国民法典》都是剥削阶级意志的表现，又都为剥削阶级的统治服务，因此在内容上必有一些相似点，主要表现在以下一些领域：

---

① 参见〔美〕约翰·亨利·梅利曼：《大陆法系》，顾培东等译，西南政法学院 1983 年印行，第 33 页。

1. 都竭力维护集权统治

唐地主阶级实行的是封建专制的集权统治，以拿破仑为代表的法兰西大资产阶级实行的是军事集权统治。集权统治是唐地主阶级和法兰西大资产阶级的命根子，没有它，他们将丧失一切。因此，唐律作为唐地主阶级意志的表现，《法国民法典》作为法兰西大资产阶级的表现，都必然竭力维护集权统治。

唐律和《法国民法典》都从各自的角度出发，确认以维护集权统治为己首任。唐律视集权统治的象征——皇权为神圣不可侵犯。《唐律疏议·名例》"十恶"条明言："王者居宸极之至尊，奉上天之宝命，同二仪之覆载，作兆庶之父母。为子为臣，惟忠惟孝"，如有人"将有逆心，而害于君父者，则必诛之"。《法国民法典》极力维护维持集权统治的重要手段——国王颁行的法律的尊严。此法典第一条规定："经国王公布的法律，在法国全境内有强行力。在王国各部分，自公布可为公众所知悉之时起，法律发生强行力。"第三条规定："有关警察与公共治安的法律，对于居住于法国境内的居民均有强行力。""关于个人身份与法律上能力的法律，适用于全体法国人，即使其居住于国外时亦同。"第六条规定："个人不得以特别约定违反有关公共秩序和善良风俗的法律。"

唐律和《法国民法典》都以国家的强制手段严惩触犯集权统治的行为。唐律把对封建专制集权统治危害最大的谋反、谋大逆、谋叛等行为作为主要打击对象，施以最严厉的刑罚，不仅犯罪者本人要处死，还要株连无辜的家庭成员。《法国民法典》不仅严究因违反本法典的规定而危害了拿破仑军事集权统治的行为，还对司法官在司法审判中违反责任的制裁问题作了规定。此法典第四条规定："审判员借口没有法律或法律不明确不完备而拒绝受理的，得依拒绝审判罪追诉之。"

2. 都竭力维护剥削阶级的私有利益

私有利益是剥削阶级赖以生存的经济基础，没有它，剥削阶级将一无所有。法律是统治阶级意志的表现。因此，唐律和《法国民法典》必定竭力维护唐地主阶级和法兰西大资产阶级的私有利益。

第一，保护剥削阶级的生产资料私有权。唐律和《法国民法典》保护着唐地主阶级和法兰西大资产阶级进行剥削的先决条件——生产资料私有权。封建土地的私有是地主阶级生产资料私有权中的主要成分。唐律确认封建土地私有的合法性，并严惩有损于土地私有权的行为。《唐律疏议·户婚》"盗耕种公私田"条规定："诸盗耕种公私田者，一亩以下笞三十，五亩加一等；过杖一百，十亩加一等，罪止徒一年半。荒田，减一等。强者，各加一等。苗子归官、主。"《法国民法典》把多数生产资料归为"不动产"，并确认物主（主要是大资产阶级）对其有完全的支配权。此法典第五一八条规定："土地及建筑物依其性质为不动产。"第五二四条规定："下列各物如所有人为不动产的便益及利用而设置时，依其用途为不动产：耕作用家畜、农业用具、供给佃农或小佃农的种子……"对于这些生产资料，第五三七条规定："除法律规定的除外，私人得自由处分属其所有的财产。"

第二，保护剥削阶级除生产资料以外的其他财产的私有权。除生产资料以外的其他财产是剥削阶级生产或腐化生活的必要条件，所以唐律和《法国民法典》同样竭力保护。唐律通过打击各种偷盗行为保护唐地主阶级的这类财产。《唐律疏议·贼盗》"强盗"条规定："诸强盗，不得财徒二年；一尺徒三年，二匹加一等；十匹及伤人者，绞；杀人者，斩。""窃盗"条规定："诸窃盗，不得财笞五十；一尺杖六十，一匹加一等；五匹徒一年，五匹加一等，五十匹加役流。"《法国民法典》把多数除生产资料以外的财产归为"动产"，这种"动产"包括股份与持份、动产物件和动产家具等。[①] 对于这些私有财产，《法国民法典》竭力进行保护。此法典第五四五条规定："任何人不得被强制出让其所有权。"

第三，保护剥削阶级的债权。在剥削阶级社会里，大量债的关

① 参见《法国民法典》第529、533、534条。

系存在于剥削阶级和被剥削阶级之间,剥削阶级的法律保护债权人即剥削阶级的利益。唐律和《法国民法典》同样如此。唐律用刑事手段保护债权。《唐律疏议·户婚》"输课税物违期"条规定:"诸部内输课税之物,违期不充者,以十分论,一分笞四十,一分加一等。户主不充者,笞四十。"《唐律疏议·杂律》"负债违契不偿"条规定:"诸负债违契不偿,一匹以上,违二十日笞二十,二十日加一等,罪止杖六十;三十匹,加二等;百匹,又加三等。各令备偿。"《法国民法典》用民事手段保护债权。此法典第二二〇七条规定:"在成年人与未成年人或禁治产人共同负担债务的情形,或在债权人先对成年人提起诉讼或在禁治产人未宣布禁治产前向其提起诉讼的情形,债权人即得对此等人共有的不动产请求执行,无须先就其动产取偿。"第二二一六条规定:"债务人不得以债权人请求的债额超过其应负的数额为理由,而请求驳回执行之诉。"

3. 都竭力维护家庭等级特权

家庭等级特权是剥削阶级社会所固有的特权,也是剥削阶级进行统治的社会基础。因此,唐律和《法国民法典》当然竭力维护这种等级特权。

第一,在家庭成员之间,唐律和《法国民法典》都维护父权。唐律和《法国民法典》对父权的维护表现在以下三个方面:首先,在家庭财产问题上,父有支配权。《唐律疏议·户婚》"子孙别籍异财"条规定,祖父母、父母在,子孙不可别籍、异则,否则要被"徒三年"。《法国民法典》第三八四条规定,父"对十八岁以下未经解除亲权或未满十八岁子女的财产,有用益权"。其次,在亲子关系问题上,父有亲权、教令权、处分权。唐律认为,在亲子关系中,父的地位是独尊的,即所谓"父为子天"①;甚至还规定父有"教令权",子孙违犯了教令构成犯罪。《唐律疏议·斗讼》"子孙违犯教令"条规定,子孙违犯教令的,要被"徒二年"。《法国民法典》第三

① 《唐律疏议·斗讼》"告祖父母父母"条。

七三条规定:“父母关系存续中,亲权由父单独行使之。”第三七五和三七六条还规定:“父对子女的行为有重大不满的原因时”,“如子女的年龄在十六岁开始以前时,父得在一个月以下的期间内拘留之;且为此目的,当地法院院长应基于父的请求交付逮捕令”。最后,在子女婚姻问题上,父有决定权。《唐律疏议·户婚》“卑幼自娶妻”条规定:“诸卑幼在外,尊长后为定婚,而卑幼自娶妻,已成者,婚如法;未成者,从尊长。违者,杖一百。”此处“尊长”,主要指祖父母、父母。《法国民法典》第一四八条规定:“子未满二十五周岁,女未满二十一周岁,非经父母的同意不得结婚;如果父母意见不一致时,有父的同意即可。”以上唐律虽把祖父母、父母同称,但由于祖母与母的地位低于祖父与父,所以实际是祖父、父拥有以上各项权利。

第二,在夫妻之间,唐律和《法国民法典》都维护夫权。唐律和《法国民法典》对夫权的维护表现在以下两个方面:一方面,在夫妻地位方面,夫的地位高于妻。《唐律疏议·名例》“十恶”条直言不讳地说:“夫者,妻之天也。”“妻者,齐也。”《法国民法典》的第二一三条规定:“夫应保护其妻,妻应顺从其夫。”另一方面,在夫妻婚姻方面,夫有离婚的决定权。《唐律疏议·户婚》“妻无七出而出之”条规定,妻犯“七出”(即“一,无子;二,淫佚;三,不事舅姑;四,口舌;五,盗窃;六,妬忌;七,恶疾”),夫可与妻离婚,其中虽受“三不去”(即“一,经持舅姑之丧;二,娶时贱后贵;三,有所受无所归”)等限制,但夫仍有弃妻的决定权,而妻则无夫的那些权利,处于单方承担被抛弃义务的地位。《法国民法典》第二二九条规定:“夫得以妻通奸为由,诉请离婚。”同时,妻还要承担单方的不平等的离婚责任。第二九八条规定:“通奸之妻基于检察官的请求,在离婚判决内处不少于三个月不超过二年的轻惩役。”夫则无须承担这种责任。

第三,在嫡、庶子和非婚生子之间,唐律和《法国民法典》都竭力维护嫡子的继承权。唐律确立的是嫡长继承制,即只有正妻所生的长子才有继承权。只有在以下情况，才可立他人为嫡而取得继承权："无嫡子及有罪疾，立嫡孙；无嫡孙，以次立嫡子同母弟；无母弟，立庶子；无庶子，立嫡孙同母弟；无母弟；立庶孙。曾、玄以下准此。"[①]如果违反此规定，则构成犯罪。《唐律疏议·户婚》"立嫡违法"条规定："立嫡者，本拟承袭。嫡妻之长子为嫡子，不依此立，是名'违法'，合徒一年。"《法国民法典》第七三一条规定，遗产"归属于死者的子女及其直系卑血亲、直系尊血亲及旁系血亲"。第七五六条规定："非婚生子女决不得为继承人。"

二、唐律与《法国民法典》的不同点

唐律和《法国民法典》是不同历史时期、不同法系的法典，所以它们之间还有许多不同点，其中主要有：

1. 指导思想不同

唐律是我国封建社会的法典，而《法国民法典》是典型的资产阶级社会的法典，它们有不同的指导思想。

唐律的指导思想是儒家思想，其内容无不留有礼的足迹。儒家经句成为确定律中一般原则、罪名和刑罚的主要依据。由于此内容已在前文有述，故不再展开多涉。

《法国民法典》以资产阶级的自由、平等思想为指导，具体表现在以下三个方面：

第一，法律面前人人平等的思想。《法国民法典》以法律面前人人平等的思想为指导，确认人人都享有平等的民事权利和行为能力。此法典第八条规定："所有法国人都享有民事权利。"第四八八条规定："满二十一岁为成年人，到达年龄后，除结婚章规定的例外，有能力为一切民事生活上的行为。"

第二，所有权无限的思想。《法国民法典》以所有权无限的思想为指导，确认凡所有权都具有极其广泛的范围。此法典第五四

① 《唐律疏议·户婚》"立嫡违法"条。

四条规定:“所有权是对于物有绝对无限制地使用、收益及处分的权利,但法令禁止的使用不在此限。”此条中的“所有权”所包括的范围是极广的。第五四六条规定:“物之所有权,不问其为动产或不动产,得扩张至该物由于天然或人工而产生或附加之物。”

第三,契约自由的思想。《法国民法典》以契约自由的思想为指导,确认公民都有自由订立契约的权利。此法典第一一二三条规定:“凡未被法律宣告为无能力之人均得订立契约。”第一一三四条规定:“依法成立的契约,在缔结契约的当事人间有相当于法律的效力。”

儒家思想是我国封建地主阶级的思想,以封建纲常、等级名分为主要特征,以巩固封建的经济基础和专制集权统治为目的;资产阶级自由平等的思想是法国资产阶级上升时期的思想,以虚伪的自由、平等为主要特征,以巩固法国资本主义的经济基础和军事集权统治为目的,两者相差甚远。

2. 编制体例不同

唐律与《法国民法典》在编制体例上也大相径庭,主要表现在以下两方面:

第一,从编章结构看。唐律分篇、卷、条,共有十二篇、三十卷、五百条。每一篇即是一种律,故十二篇即是十二律,依次为名例律、卫禁律、职制律、户婚律、厩库律、擅兴律等等。其中,名例律是关于整个法典中一般原则的规定,其他十一律都是关于制裁数类犯罪行为的规定,如《卫禁律》是制裁有关危害皇帝的人身安全和国家主权等方面犯罪行为的规定。唐律中除诈伪和捕亡两律是一卷含一律外,其他都是几卷含一律,如名例律有六卷,卫禁律有两卷。每一律中又有若干条,如职制律有二十三条,户婚律有十四条。每一条都是对制裁一种或几种犯罪行为的规定,如《唐律疏议·户婚》的“占田过限”条是对制裁占田过限行为的规定,而《唐律疏议·职制》的“烽候不警”条是对制裁“烽候不警”和“应放多烽而放少烽”等行为的规定。《法国民法典》的编章结构是另一种情况，它分为编、章、节、目、条、款。《法国民法典》由总则和一、二、三编组成，共三十五章、二千二百八十一条。总则是关于法律的公布、效力及适用的规定，第一编是关于人的规定，第二编是关于财产及对于所有权的各种限制的规定，第三编是关于取得财产的各种方法的规定。编下分章，第一编有十一章，第二编有四章，第三编有二十章。章下分节，节下有的分目，目下再分条。例如，第一编第一章第二节下就分二目，其中第一目下有五条，第二目下有十二条。有的不分目，直接分条，如第一编第一章第一节下就直接分条，共十六条，不再分目。条下分款，多数条下是一款，也有一条多款的，如第一编第一章第二节第二目中的第二十五条下就分七款。每条都是对某种民事法律关系问题的规定，如第十七条是对法国人丧失其资格原因的规定，第一六二条是对禁止旁系血亲兄弟姊妹结婚的规定。

第二，从对法条的解释部分看。在唐律每一法条后，都有“疏议”部分。“疏议”的作用在于“申明律及注意”[①]，即具有解释法条的功效。“疏议”部分的内容同样具有法律效力，故当时的“断狱者，皆引疏分析之”[②]。《法国民法典》则全为法条，在法条外无专门解释法条的部分，对法典内容解释的任务也由法条本身完成，即有的法条具有解释的职能。例如，第二〇四四条对“和解”一词作了如下解释：“和解为当事人以终止已发生的争执或防止将发生的争执为目的之契约。”

唐律具有我国古代法典编制体例的特点，而《法国民法典》则具有现代资本主义民法典编制体例的特点，两者差异甚大。

3. 具体内容不同

唐律与《法国民法典》相比，除了指导思想和编制体例不同外，具体内容也有区别，表现为：

---

① 《唐六典·卷六》。

② 《旧唐书·刑法志》。

第一，调整的社会关系不同。唐律是一部刑法典，所以它所调整的社会关系很广泛，大致可以分为以下几类：有关皇帝和国家方面、人身权利方面、公共安全方面、公私财产方面、渎职方面、军事方面和司法审判方面等等，几乎涉及当时所有的社会关系。《法国民法典》是一部民法典，调整的社会关系只是财产关系和人身关系，范围比较狭窄。

第二，法条的内容不同。唐律的法条通常由罪状和法定刑两大部分组成。《法国民法典》的法条则主要是规定民事法律关系主体的权利和义务。例如，此法典第五八二条至五九九条是关于用益权人的权利的规定，第六〇〇条至六一六条是关于用益权人义务的规定。

第三，制裁的方式不同。唐律中的制裁方式主要是刑罚，其中又主要是"五刑"。根据犯罪者的犯罪性质和情节，轻则笞、杖，重则徒、流、死。《法国民法典》中的制裁方式则是民事制裁方法，如赔偿损害、民事拘留等等。此法典第五五四条规定："土地所有人以不属于自己的材料从事建筑、种植及施设时，应支付其代价；如有必要，所有人并得被判令赔偿损害。"第二〇五九条规定："在民事上有假冒情形时，得处以民事拘留。"

唐律规定的是刑法的内容，《法国民法典》规定的是民法的内容，两者相距千里。

三、形成唐律与《法国民法典》似异点的原因

形成唐律与《法国民法典》似异点有一定的历史原因。

1. 形成唐律与《法国民法典》相似点的主要原因

形成唐律与《法国民法典》相似点的主要原因有：

第一，两者都有类似的政治基础——集权政治。唐律和《法国民法典》都是集权统治的产物，有类似的政治基础。唐律的政治基础是唐封建专制的集权统治。唐代是我国封建社会充分发展的时期，也是封建专制集权统治进一步发展的时期，当时的皇帝掌握了

国家立法、司法和行政等各项最高权力。唐代的中央中枢机关为中书、门下和尚书三省，分别负责议政、决政和执行，它们总于皇帝，受皇帝的控制。《法国民法典》的政治基础是法兰西大资产阶级的军事集权统治。一七九九年十一月九日拿破仑发动政变并取得政权后不久，就成为第一执政，享有全权；一八〇二年，大资产阶级又进一步规定，拿破仑的第一执政地位不仅可终身任职，还有权任命后继人，资产阶级的帝制开始了；一八〇四年，拿破仑进一步宣布法兰西为帝国，并在巴黎圣母院举行了加冕典礼，成为资产阶级的皇帝。这一切又都是在拿破仑的武力下取得的，并依靠他的军队维持，实行的是军事集权统治。他曾直言不讳地说："我看见了法国的王冠在地上，我用尖刀把它拾起来了。"可见，唐律和《法国民法典》的政治基础是类似的，如果说有区别，那就是封建专制的集权统治和资产阶级帝国的军事集权统治罢了。法律由国家制定或认可，为统治阶级的统治服务。因此，唐律和《法国民法典》都必须极力维护集权统治，在内容上也就有了相似之处。

第二，两者都有类似的经济基础——私有制。唐律和《法国民法典》都根植于生产资料私有制之中，有类似的经济基础。唐初进一步完善和推行了均田制，这是一种封建土地大私有制形式。均田制规定，国家根据公民的身份等因素授给一定的土地。与均田制同时推行的还有租庸调制，这是唐地主阶级剥削农民的一种手段。法国在一七八九年以前已有资本主义私有制存在。当时，资本主义私有手工工场发展迅速，在一些新兴的工业部门，如冶金、煤矿、纺织等已开始使用先进的机器生产。全国新式的英国式的炼铁炉已有三百五十八座，年生产铁十万六千多吨；里昂、奥尔良等地的纺纱工场中装置了英国式的纺纱机，一天可纺棉花五百公斤。此外，资本主义的商业和银行发展也很快。资本主义私有制的发展，促进了生产关系的变革和资产阶级的爆发。拿破仑上台后，进一步发展了资本主义私有制。唐律和《法国民法典》都以私有制为基础，如果说有所区别，那只是封建制私有制和资本主义私有制而已。法律属于上层建筑，由经济基础决定，并反作用于经济基础。因此，唐律和《法国民法典》都尽力维护私有制和私有利益绝非偶然。

第三，两者都受到类似的思想意识——封建等级特权思想的影响。唐律和《法国民法典》都受到以公开的不平等为标志的封建思想意识的影响，有类似的思想基础。我国从汉武帝推行“罢黜百家，独尊儒术”以后，儒家思想随即成为统治思想。儒家思想的一个主要表现就是封建等级特权，即在社会成员中君与臣、臣与民，在家庭成员中父与子、夫与妻，都有森严的等级和特权，也就是君君、臣臣、父父、子子，以后被归纳为“三纲五常”。儒家思想确立后，逐渐与法结合。唐律是儒法结合的结晶。因此，在唐律中定会反映出各种人不平等的法律地位。法国在资产阶级革命以前，也处在封建时期。当时的封建等级特权思想也占社会统治地位，认为国王是最高权力的象征。法学家曾公然宣称：“国王的权力不受任何人和任何事物的限制。”除此再依次划分为僧侣、贵族和平民三大等级。这种等级特权思想反映在家庭关系中，就表现为以父权、夫权为中心。封建等级特权意识在资产阶级革命中遭到沉重打击，但它们“是不能一下子消灭的”，[①]在一定范围内还会留有痕迹。这种痕迹在《法国民法典》中同样存在，其中家庭成员之间的不平等就是突出一例。《法国民法典》中有关家庭成员之间不平等的规定与资产阶级鼓吹的平等、自由思想不一致。从这里也可看到，此法典中的一些内容具有两重性，即既有贯彻资产阶级平等、自由思想的一面，也有保留封建等级特权残余的一面。

2. 形成唐律与《法国民法典》不同点的主要原因

形成《唐律疏议》与《法国民法典》不同点的主要原因有：

第一，两者是不同国家、不同历史时期的法典。统治阶级的指导思想是决定法典内容的直接原因，但是它又因不同国家和不同

① 参见《列宁全集》第29卷，人民出版社1959年版，第10页。

历史时期而不同。唐律是我国封建时期的法典,《法国民法典》是法国资产阶级的法典,它们是不同国家、不同历史时期的法典,故指导思想也不同:唐律以我国地主阶级的儒家思想为指导,《法国民法典》以法国资产阶级的平等、自由思想为指导。

第二,两者是不同法系的法典。法系依据法的历史传统和形式而划分,因此不同法系的法典必有差异。唐律是中华法系的典型法典,《法国民法典》是大陆法系的典型法典,两者存在差异在所难免。就其编制体例而言,唐律的编章结构是篇、卷、条,《法国民法典》的编章结构是编、章、节、目、条、款;《唐律疏议》有"疏议"部分专门解释法条,《法国民法典》则无这一部分,解释法条的任务由法条本身完成。

第三,两者是不同部门法的法典。根据法律的不同性质和调整对象,可把法律分为不同的部门。不同部门法的法典,其内容也不同。唐律是刑法典,《法国民法典》则是民法典。这两部法典分属两个不同的法律部门,所以具体内容也就不同了。唐律所调整的社会关系很广泛,几乎涉及当时所有的社会关系,《法国民法典》则只涉及社会关系中的财产关系和与人身有关的财产关系;唐律的法条由罪状和法定刑两大部分组成,《法国民法典》的法条则主要由权利、义务组成;唐律的制裁方式主要是刑事制裁方式,《法国民法典》的制裁方式则是民事制裁方式。

唐律和《法国民法典》是世界两大法系的典型法典,在世界法制史上都占有很重要的地位。通过这两部法典的比较,将有助于进一步了解中华法系和大陆法系,了解中西法律文化,从而促进中西文化的比较研究。

第十六章　唐律与唐令、格、式性质中的三个问题

探研唐律、令、格、式的性质问题，至今仍有较高的学术价值，因为这对于正确理解和认识唐朝法律乃至整个唐朝法制，都有重要的意义。本文就有关唐律、令、格、式性质的三个问题，再发表个人之管见。

一、关于《新唐书·刑法志》中“刑书”的真正含义问题

《新唐书·刑法志》曾对唐律、令、格、式的法律性质有过一个十分精辟的阐述：“唐之刑书有四，曰：律、令、格、式。”这句话中的“刑书”就是指刑法之书，而不是指其他部门法之书。那么，为什么这里的“刑书”只是指刑法之书？理由如下：

其一，从“刑”字的发展及其本意看。“刑”字的含义在我国古代有个变化、发展的过程。在汉朝以前，“刑”字主要有以下几种含义：第一种，“刑”具有“刑法”、“刑罚”的含义，《商君书·去强》中“以刑去刑”和《韩非子》中“刑过不避大臣，赏善不遗匹夫”中的“刑”字即是如此。第二种，“刑”字具有“杀戮”的含义，《战国策·魏策》中“刑白马以盟于洹水之上”中的“刑”字就是这样。第三种，“刑”字具有“治理”的含义，《周礼·秋官》中“刑新国用轻典”、“刑平国用中典”、“刑乱国用重典”中的“刑”字即是如此。第四种，“刑”字具有“法律”的含义，《左传·昭公六年》中“夏有乱政，而作禹刑”中的“刑”就是这样。另外，“刑”字还具有“典范”、“模型”等其他一些含义。可见，汉朝以前，“刑”字的含义很

多。可是，汉朝以后，“刑”字的含义逐渐规范和减少；到了唐朝，只剩“刑书”和“刑罚”两种含义；清末以后，连“刑书”的含义也没有了，只剩“刑罚”一种含义。这一点已为我国一些著名学者所认同。蔡枢衡在《中国刑法史》一书中说，“刑”字“隶写虽仍有荆和刑之分，楷书一概作刑。刑既指刑书，也指刑罚，仍然一字二义。清末输入三权分立意识，法律与法令异其性质。刑书一义遂被淘汰。这就是刑字的历史”①。

上述《新唐书·刑法志》那句话中的“刑书”就是指刑法之书，它的主要内容就是规定罪和刑的问题。蔡枢衡在《中国刑法史》一书中又说：“刑书的主要内容是罪名、刑名和罪刑联系（即何罪处何刑）。”②

另外，从唐律、令、格、式的具体内容看，所涉及的范围已超出刑罚的范围，而在刑书的范畴之内。所以，这句话中的“刑书”取“刑法之书”之意较为科学和贴切。

其二，从“刑书”所在《新唐书》中的部分看。“刑书”在《新唐书》的《刑法志》中。这一志所记载的就是与刑法有关的内容。古人设此志的目的就是要记载和反映一个朝代的刑法内容及其发展，而不是其他部门法。关于这一点，史学界已有定论。《二十六史述略》明确说：“（新唐书）《刑法志》一卷，记载了唐代刑法制度及其演变情况。”③此话是正确的。

认真细阅《新唐书·刑法志》所有的内容以后，所得出的结论与《二十六史述略》中的说法完全一致。此志共有四十二个自然段，分为七个部分。第一部分有四个自然段，简要记述了前人用刑的得失、唐代的四种刑书、五刑及其源流、五刑的刑等等一些内容。第二部分含五个自然段，主要阐述了唐高祖至唐太宗时期刑法的

---

① 蔡枢衡：《中国刑法史》，广西人民出版社 1983 年版，第 102 页。

② 同上书，第 105 页。

③ 刘秦升等主编：《二十六史述略》，辽宁大学出版社 1986 年版，第 277 页。

制定情况，其中包括“约法十二条”、“新格五十三条”和一些刑法诏令中的有关规定，如“加役流”等。第三部分有十一个自然段，专门记录了有关唐朝刑法实施的情况，涉及死刑的施行时间、刑具等一系列问题。第四部分有四个自然段，集中载录了唐太宗执政时期刑法制度改革的一些具体情况，突出了以宽仁治天下的思想。第五部分含八个自然段，叙述了自唐玄宗至唐宣宗间的主要刑事立法活动及其成果，主要是格和格后敕的编纂情况。第六部分有九个自然段，主要记述了自唐高宗至唐武宗时期各皇帝实施刑法的概况，包括武则天时的“刑滥”、唐玄宗时的“几致刑错（措）”等等。第七部分仅一个自然段，对整个唐代适用刑法的得失作了一个总结。综观全文，都在论述一个与刑法有关的问题，而“刑书”则是其中的一个组成部分。因此，这里的“刑书”解释为“刑法之书”完全顺理成章，而如果理解为“治书”或“法律典册”，则与《新唐书·刑法志》的撰写本意和实际内容都不相吻合。如果把“刑书”理解为“治书”或“法律典册”，那么唐朝的“治书”和“法律典册”仅有律、令、格、式吗？显然不是。

其三，从《新唐书》撰修者的情况看。从《新唐书》撰修者的情况这一侧面也能证明上述“刑书”即是指刑法之书。第一，《新唐书》中包括刑法志在内的各志都由具有专长的权威人士撰写，他们均有丰富的专业知识和功底。例如，吕夏卿“学长于史，贯穿唐事，博采传记杂说数百家，折衷整比。又通谱学，创为世系诸表，于《新唐书》最有功云”①；刘羲叟则“精算术，兼通《大衍》诸历，及修唐史，令专修《律历》、《天文》、《五行志》”②。撰写刑法志的也是如此。欧阳修对这种安排及其取得的实际效果十分满意，他曾在《辞转礼部侍郎札子》中说：“范镇、王畴、宋敏求、吕夏卿、刘羲叟并从

① 《宋史·吕夏卿传》。
② 《宋史·刘羲叟传》。

初置局，便编纂故事，分成卷草，用功最多。”[①]他们的才智都在撰写《新唐书》的各志中得到了充分的发挥，因而《新唐书》的撰修质量比较高，弥补了《旧唐书》中的许多不足。后人对《旧唐书》多不满意，认为其“纪次无法，详略失中，文采不明，事实零落”。《新唐书》对《旧唐书》进行了必要的修改和补充，而且文法不繁，有“其事则增于前，其文则省于旧”之称。[②] 书成以后，宋仁宗十分满意，认为它：“闳富精复，度越诸了矣，校仇有功，朕将据古鉴今，以立时治。”[③]今人也认为：“《新唐书》较《旧唐书》更具有一定的科学性。”[④]这样一部传世精品的作者难道会把“刑书”与“治书”或“法律典册”混为一谈吗？显然不会。

第二，撰修《新唐书》的负责人欧阳修具有丰富的法学知识和司法经验。欧阳修的文学才华毋庸置疑，而他的法学知识也不可忽视，同样需要肯定。据《宋史·欧阳修传》记载，欧阳修十岁时便考中进士甲科，以后历任谏官、翰林学士、枢密副使、刑部尚书、知亳州等许多职位，还参加过范仲淹领导的“庆历新政”运动。这些职位和运动都要求他熟知法律，否则将无法行使职权。事实上，欧阳修也确实谙知法律。在《欧阳文忠公集》中，有多目与法制相切，《纵囚论》至今仍是研究纵囚问题的重要参考资料。同时，欧阳修还有丰富的司法经验。《宋史·欧阳修传》称赞其“论事切直”，并记载了他任河北都运使时处理的一个刑事案件：“大将李昭亮、通判冯博文私纳妇女。修捕博文系狱，昭亮惧，立出所纳妇。”欧阳修依法对私纳妇女的犯罪嫌疑人冯博文进行了处理，并较为顺利地了结了此案。具有丰富法学知识和司法经验的欧阳修会允许在《刑法志》中把“刑书”当做“治书”或“法律典册”使用吗？他是不会允许的。

---

① 《欧阳文忠公集·卷九十一》。

② 参见刘秦升等主编：《二十六史述略》，辽宁大学出版社 1986 年版，第 285 页。

③ 《通考·经籍考》。

④ 参见刘秦升等主编：《二十六史述略》，辽宁大学出版社 1986 年版，第 286 页。

由此可见,《新唐书·刑法志》中“唐之刑书有四”这句话中的“刑书”就是指刑法之书,而不是其他什么书籍、典籍。刑法之书所载明的内容当然是刑法的内容,因此唐律、令、格、式都属于刑法部门,它们所规定的内容也是刑法的内容,而不可能是其他部门的内容。这既与史实相一致,也与法理无二致。

二、关于唐朝除了刑法以外有无其他部门法的问题

唐律、令、格、式都属刑法以后,会不会产生这样一个问题,即唐朝只有刑法一个部门法了。因为唐朝的主要法律形式是律、令、格、式,它们都属刑法,不就没有其他部门法了吗?然而,只要细阅《唐六典》、《唐大诏令集》和《通典》等一些古籍,这个问题便可迎刃而解了。这些古籍记载了大量唐朝除刑法以外的其他部门法的规定,其中包括组织法、行政法、经济法、民法、诉讼法等等。下面逐一举例证之。

1. 组织法

唐朝有自己的组织法。唐朝组织法的内容包括各国家机关的名称、人数和职掌等。这些都是组织法所应规定的内容。《唐六典》记载了唐朝组织法的内容,既涉及中央机关,又包括地方机关,可以说无一遗漏。这里仅以中央吏部和地方机关的部门法为例。

《唐六典·吏部》对中央吏部的名称、人数和职掌等都作了具体的规定:“吏部。吏部尚书、侍郎之职,掌天下官吏选授、勋、封、考课之政令。凡职官铨综之典,封爵策勋之制,权衡殿最之法,悉以咨之。其属有四:一曰吏部,二曰司封,三曰司勋,四曰考功。尚书侍郎总其职务,而奉行其制命。郎中一人,掌考天下之吏之班秩品命。郎中一个,掌小选。员外郎一人,掌选院,谓之南曹。员外郎一人,掌曹务。司封郎中、员外郎,掌邦之封爵。司勋郎中、员外郎,掌邦国官人之勋级。考功郎中之职,掌内外文武官吏之考课。员外郎,掌天下贡举之职。”

《唐六典·县官吏》对全国诸州所属县的官吏人数、官品、职

掌等都作了规定。由于唐朝的县分为上、中、下县，其中的官吏人数等也不尽相同，这里仅以上县的为例。“诸州上县令一人，从六品上。丞一人，从八品下。主簿一人，正九品下。尉二人，从九品下。录事二人。史三人。司户佐四人。史七人。司法佐四人。吏八人。市令一人。佐一人，史一人，帅二人，仓督二人。博士一人。助教一人。学生四十人。”

《唐六典·县官吏》还对县官吏的职掌作了如下的规定：“京、畿及天下诸县令之职，皆掌导扬风化，抚字黎氓，敦四人之业，崇五土之祠，养鳏寡，恤孤穷，审察冤屈，躬亲狱讼，务知百姓之疾苦。所管之产，量其资产，类其强弱，定为九等。其户皆三年一定，以入籍账。若五九，三疾及中、丁多少，贫富强弱，虫、霜、旱、涝、年收耗实，过貌形状及差科。簿皆亲自注定，务均齐焉。若应收、授之田，皆起十月，里正勘造簿历，十一月县令亲自给授，十二月内毕。至于课役之先后，诉讼之曲直，必尽其情理。每岁季冬之月，行乡饮酒之礼：六十以上坐堂上，五十以下立侍于堂下，使人知尊卑长幼之节。若籍账、传驿、仓库、盗贼、河堤、道路，虽有专当官，皆县令兼综焉。县丞为之式。主簿掌付事勾稽，省署抄目，纠正非违，监印，给纸笔杂用之事。录事赏受事发辰，检勾稽失。县尉亲理庶务，分判众曹，割断追征，收率课调。博士专以经术教授诸生，二分之月，释奠于先圣先师。”

2. 行政法

唐朝颁行过自己的行政法。唐朝行政法的数量不算少，主要规定了行政机关和行政官吏的行政行为等。在唐朝皇帝颁布的诏敕等形式中有不少行政法的内容，仅在《旧唐书·太宗本纪》中就记载了多个唐太宗以诏敕等形式所颁布的行政法的规定。这里选举三例。

贞观二年(628 年)四月，唐太宗第一次颁布了一个要求全国州、县都必须设置“义库”以备急用的规定：“初诏天下州县并置义库。”

贞观四年(630年)七月,唐太宗颁布了一个要求各级官吏及时上报不适时诏敕的规定:"令有司:'诏敕不便于时,即宜执奏,不得顺旨施行。'"

贞观十四年(640年)正月,唐太宗又颁布了一个要求各级官吏读阅时令的规定:"命有司读时令。"

3. 经济法

唐朝也有自己的经济法,数量也不少,其主要内容包括租赋、劳役、赈贷等一些方面。《旧唐书》同样记载了有关经济法中的一些规定,多在皇帝的诏敕内。这里也列举三例。

《旧唐书·太宗本纪》记载了贞观元年(627年)六月唐太宗颁布的一个诏令,内容是有关免除山东地区租赋的问题:"山东诸州大旱,令所在赈恤,无出今年租赋。"

《旧唐书·高宗本纪》记载了贞观二十三年(649年)六月唐高宗颁布的一个诏令,内容涉及在军内服劳役的问题:"雍州及诸州比年供军劳役尤甚之处,并给复一年。"

《旧唐书·高宗本纪》记载了永徽二年(651年)正月唐高宗发布的一个诏令,内容是有关向全国受灾地区赈贷的问题:"去岁关辅之地,颇弊蝗螟,天下诸州,或遭水旱,百姓之间,致有罄乏。此由朕之不德,兆庶何辜?矜物罪己,载深忧惕。今献岁肇春,东作方始,粮廪或空,事资赈给。其遭虫水处有贫乏者,得以正、义仓赈贷。"

4. 民法

唐朝也有一些关于民法的内容,涉及的领域包括所有权、债权和继承权等。《通典》和《宋刑统》等史籍中有这些领域内容的记载。这里也举三例。

《通典·食货·田制下》记载了一个开元二十五年(737年)颁布的关于土地所有权的规定:"诸永业田,皆传子孙,不在收授之限,即子除犯除名者,所承之地,亦不追。每亩课种桑五十根以上,榆枣各十根以上,三年种毕。乡土不宜者,任以所宜树充。所给五品以上永业田，皆不得狭乡受，任于宽乡隔越射无主荒地充。其六品以下永业，即听本乡取还公田充，愿于宽乡取者亦听。”

《通典·食货·田制下》同时还记载了一个唐朝关于土地买卖的规定：“诸买地者，不得过本制。虽居狭乡，亦听依宽制。其卖者不得更清。”

《宋刑统·户婚律》“户绝资产”条记载了唐开成元年(836年)发布的敕令中关于出嫁女继承权的规定：“自今后，如有百姓及诸色人死绝无男，空有女，已出嫁者，令文合得资产。”

5. 诉讼法

唐朝的诉讼法比较发达，内容也不少，仅在《唐大诏令集·政事·恩宥》中关于赦宥的规定就有三十余条，内容包括“曲赦”、“大赦”、“宥”等数种。这里也选录三例证之。

《唐大诏全集·政事·恩宥一》记载了一个“贞观九年(635年)三月大赦”的诏令，这个诏令规定：“自贞观九年三月十六日昧爽以前，大辟罪以下，皆赦除之。其常赦不免者，不在赦例。鳏寡孤独不能自存者，所在官司量加振恤。”

《唐太诏令集·政事·恩宥一》还记载了一个开元八年(720年)九月公布的“宥京城罪人敕”，这个敕规定：“其京城内犯罪等人，昨令按覆，其中造伪头首及谋杀人断死者，杖一百配岭南恶处。杂断死罪，决一顿免死者，配流远处；杂犯流移者，各减一年。杖罪以下并免。”

《唐大诏令集·政事·恩宥四》记载了一个大和八年(834年)十二月颁行的“曲赦京畿德音”，它规定：“应京百司及畿内诸县见禁囚徒，应犯死罪，特降从流；流以下者，递减一等。如欠负官钱，情非巨蠹，责保填纳，不要禁系。唯故杀人者，及官典犯赃，不在此限。”

以上列举的史料可以证明，唐朝还有组织法、行政法、经济法、民法和诉讼法等一些部门法，它们都有自己调整的社会关系和独特内容，而且都不在唐律、令、格、式之中。可见，唐朝是一个具有多个部门法而不是单一刑法的朝代。唐朝绝不会因为律、令、格、式的内容都属刑法而只剩下刑法，不存在其他部门法。当然，与以上这些部门法相比，唐朝的刑法更为发达，无论在体系还是内容方面，都更为系统和完善。可以认为，唐朝的刑法占据各部门法之首，这亦与整个中国古代重刑轻民的状况相符合。

三、关于对《唐律疏议·杂律》“违令”条及其“疏议”的理解和相关的一些问题

正确理解《唐律疏议·杂律》“违令”条及其“疏议”很重要，因为它直接关系到唐令、式的法律性质等许多问题。

先看此条的律条。《唐律疏议·杂律》“违令”条规定：“诸违令者，笞五十（注曰：谓令有禁制而律无罪名者）；别式，减一等。”

关于这一律条有这样三个问题值得注意，不可误解：第一，律条中的“诸”应理解为“凡是”或者“所有”，具有“包含全部”的意思。第二，律条所指的“违令”行为，是指那些唐令规定为禁止而在唐律中又无明文规定的行为，不是指所有的违令行为，更不是指那些在唐律中有明文规定的违令行为。第三，律条所言的“别式”，是指违反唐式的行为，同样是那些唐式规定为禁止而在唐律中又无明文规定的行为。因此，这一律条的正确解释应是：“凡违令的（指令所禁止做而律上又无罪名的情况），处笞打五十，违式的，比违令减轻一等处罚。”①

再看此律条的“疏议”。《唐律疏议·杂律》“违令”条“疏议”对律条中的有关问题作了以下解释：“疏议曰：‘令有禁制’，谓仪制令‘行路’，‘贱避贵，去避来’这类，此是‘令有禁制，律无罪名’，违者，得笞五十。‘别式减一等’，谓礼部式‘五品以上服紫，六品以下服朱’之类，违式文而著服色者，笞四十，是名‘别式减一等’。物仍没官。”

---

① 钱大群：《唐律译注》，江苏古籍出版社1988年版，第357页。

在这段"疏议"中特别要注意的是,其中引用的《仪制令》和《礼部式》中的两段规定列举的都是一种例子,是要说明在唐令、式中有许多像这两段规定中那样的情况,即在唐令、式中"有禁制"而"律无罪名"。对于这类情况,都要以违令或违式加以处罚,即笞五十或笞四十。因此,绝不能理解为:只有这两段规定才适用违令或违式的规定,其他唐令、式中有禁制而律无罪名的情况都不适用违令或违式的规定。笔者认为,关于这个问题,如下解释是比较正确的:"疏议说:'法令有所禁止制约'是说《仪制令》有规定'在路上行走,卑贱的人应避让来的人'等这一类。这叫做'法令上有禁止制约,而法律无罪名',违令的,应予处笞刑五十小板。'对别的式文违反,减轻一等',是说按《礼部式》规定'五品以上官员穿紫色公服的,六品以下官员穿红色公服'等这一类,违犯这类式文规定穿着服色的,判处笞刑四十小板,这叫做违犯'别的式文规定,减轻一等'。对于所用的不合规定的服色衣物,仍旧没收归公。"①

事实上,也确有许多违反了唐令、式而律无罪名规定的行为,都要按上述违令、式的规定,受到笞五十、笞四十的处罚,而不仅仅是《仪制令》和《礼部式》中的两段规定。《唐律疏议》中另有多条按违令、式处罚的规定,下面各摘录两段以观之。

《唐律疏议·擅兴》"私有禁兵器"条规定,凡是得到他人遗失的禁兵器、盔甲和朝服并在三十日内不上交官府的,要按私有禁兵器的规定进行处罚,即"得阑遗,过三十日不送官者,同私有法",其量刑幅度在徒和绞之间。可是,此律条却没有规定三十日内不交要如何处置。不过,此条"疏议"援引了《军防令》中的规定,认为应以违令处罚:"'即得阑遗,过三十日不送官',谓得阑遗禁兵器以下,三十一日不送官者,同私有法。既称过三十日,即三十日内不合此罪。又,依《军防令》:'阑得甲仗,皆即输官。'不送输者,

① 曹漫之主编:《唐律疏议译注》,吉林人民出版社 1989 年版,第 937—938 页。

从‘违令’,笞五十。”

《唐律疏议·斗讼》“越诉”条规定,凡是越诉的和受理越诉的,都要被判刑,幅度在笞、杖之间。此律条也没有规定对“请状上诉,不给状”的行为如何处置。然而,此条“疏议”却作了说明,认为应以违令科罪:“若越过州诉,受词官人判付县勘当者,不坐。请状上诉,不给状,科‘违令’,笞五十。”

《唐律疏议·擅兴》“校阅违期”条专门打击在大集校阅时违期不到位的行为,其量刑幅度在杖、徒之间。此律条同样没有规定对不参加折冲府举行校阅的行为如何处置。此条“疏议”作了解释,认为这是一种违式行为,应以违式进行处罚,即被笞四十:“其折冲府校阅,在式有文,不到者,各准‘违式’之罪。”

《唐律疏议·擅兴》“乏军兴”条禁止耽误军事征调的行为,处刑是绞或杖。此律条也没有提及在尚未从军征讨时去寻求行军用具等是不是一种违律行为。不过,此条“疏议”却作了规定,认定这是一种违式行为,应被笞四十。“随身七事及火幕、行具细小之物,临军征讨,有所缺之,一事不充,即杖一百。注云‘谓临军征讨’,亦据临战,不及别求。若未从军,尚容求觅,即从‘违式’法。”

事实上,这种以违令、式形式制裁的违唐令、式而不违唐律的犯罪行为数量很多。可以这样认为,用违令、式形式制裁的犯罪行为数量要大大超过唐律中所规定的犯罪行为,因为唐令、式数量很多,规定在唐律中而并未列罪状的只是极少数。依据《唐六典·刑部》的记载,唐令“分为三十卷”,“大凡一千五百四十有六条焉”;①唐式也有“三十有三篇”。唐律除《名例律》外,只有四百四十三条(或四百四十五条)、十一篇,根本不可能规定大多数违唐令、式的犯罪行为。因此,《唐律疏议·杂律》“违令”条要惩处大多数违令、式的犯罪行为,这些犯罪行为只违反了唐令、式的规定,而在唐

① 据《旧唐书·刑法志》记载,唐太宗贞观十一年(637元)刊定的唐令有三十卷,一千五百九十条,略多于《唐六典·刑部》记载的数字。

律中又无明文规定。从中亦可见，此“违令”条在打击犯罪和维护唐朝统治秩序中的作用和地位不可低估，应引起足够的重视。

能不能因为在唐令和式的令条和式条中没有法定刑的内容而否认其刑法性质？不能。法学理论告诉我们，法律规范通常由三个部分组成，即假设、处理和制裁。从具体法条看，往往会缺少其中的某一部分，这个缺少的部分规定在其他法条里。刑法分则的法条也是如此。这种法条通常由罪状和法定刑两部分组成，罪状部分相当于假设和处理部分，法定刑部分相当于制裁部分。如果在一个刑法分则的法条中没有规定法定刑部分，那么肯定会在其他法条里规定，因为法定刑是刑法分则法条中不可缺少的组成部分。唐朝刑法分则的法条也是如此。违反了唐令、式的行为都要受到刑罚的处罚，有关法定刑的规定大致可分为两大类：一类是违反了唐令、式并能在唐律中找到具体的相应条款，按唐律的相应规定进行处罚。例如，《田令》规定：“应收授之田，每年起十月一日，里正预校勘造簿，县令总集应退应受之人，对其给授。”[①]违反这一规定的，唐律便要追究其刑事责任。《唐律疏议·户婚》“里正授田课农桑违法”条规定：“若应受而不授，应还而收，应课而不课，如此事类违法者，失一事，笞四十。”又如，《职方式》规定：“放烽讫而前火烽不举者，即差脚力往告之。”[②]违反这一规定的，也要被唐律追究刑事责任。《唐律疏议·卫禁》“烽候不警”条规定：“诸烽候不警，令寇贼犯边；及应举烽燧而不举，应放多烽而放少烽者：各徒三年；若放烽已讫，而前烽不举，不即往告者，罪亦如之。”另一类是违反了唐令、式并不能在唐律中找到具体的相应条款，按唐律“违令”条的规定追究刑事责任，法定刑是笞五十或笞四十。这类情况很多，如上所述。总之，违反了唐令、式都要被追究刑事责任，受到刑罚处罚，只是法定刑不同而已。刑法学理论告诉我们，只有

---

① 《唐律疏议·户婚》“里正授田课农桑违法”条“疏议”。

② 《唐律疏议·卫禁》“烽候不警”条“疏议”。

对违反了刑法规定的犯罪行为才能施以刑罚，施以刑罚的行为肯定是违反刑法的犯罪行为。违反了唐令、式的行为都要被处以刑罚，它们的刑法性质从而也就确定无疑了。

最后，还要提及的是，刑法与其他部门法相比有多个明显的区别，其中之一是它所调整的社会关系特别广泛，所要制裁的犯罪行为是那些严重危害了各部门所调整的社会关系的行为。除刑法以外的各部门法都调整自己特有的某一类社会关系，并用自己特定的制裁方式（当然是非刑事制裁方式）制裁一些违反了本部门法规定的行为。然而，当这些行为严重危害了本部门法所调整的社会关系并达到犯罪程度的时候，这些行为就不再由本部门法调整，而由刑法调整并用刑罚进行处罚。这样，刑法所调整的社会关系也就特别广泛，涵盖了其他部门法所调整的社会关系。因此，尽管“令者，尊卑贵贱之等数，国家之制度也；格者，百官有司之所常行之事也；式者，其所常守之法也”[①]，所调整的社会关系不同，但这并不妨碍它们的刑法性质。因为唐朝刑法所调整的范围本身就十分广泛，包括了唐令、格、式所调整的对象。关于这一点，《新唐书·刑法志》早已作了回答：“凡邦国之政，必从于此（令、格、式）三者。其有所违反人之为恶而入于罪戾者，一断以律。”此语没有讲错。

① 《新唐书·刑法志》。

第十七章　唐律的条标

现存唐律的条标数与律条数一致，都是五百零二条。[①] 这些条标中有许多问题值得探析。

一、唐律条标的排列形式

唐律是一部刑法典，它的条标按刑法典的形式进行排列。

《名例律》是唐律的总则，条标按刑法总则的形式作了安排，反映的是唐律的原则和刑罚等规定，主要有以下几个方面：

第一，关于刑罚。反映刑罚的条标是《名例律》中的一部分。这类条标被排列在《名列律》的首位，有"笞刑五"、"杖刑五"、"徒刑五"、"流刑三"、"死刑二"等。

第二，关于重点打击的犯罪。反映唐律重点打击的十种严重犯罪的条标也是《名例律》中的一部分。这有"十恶"条，排列在关于刑罚的条标之后。

第三，关于各种司法特权。反映各种司法特权的条标同样是《名例律》中的一部分。这类条标较多，有"八议者"、"皇太子妃"、"七品以上之官"、"应议请减"、"官当"等。

第四，关于行政制裁方式。《名例律》中有关于行政制裁方式的条标。这类条标的数量不多，有"除名"、"免官"、"免所居官"等。从内容上看，这些制裁方式均具附带性质，是附带刑事的行政制裁方式。

第五，关于用刑的特殊处理方式。在《名例律》中，这类条标

---

① 本文以刘俊文点校的《唐律疏议》为范本，中华书局 1983 年版。

为数不少,有“流配人在道会赦”、“犯死罪应侍家无期亲成丁”、“犯徒应役家无兼丁”、“老小及疾有犯”等。

第六,关于其他原则。这类条标的数量最多,涉及自首、共犯、同居相为隐、化外人犯罪、断罪无明文规定等许多方面。如“犯罪未发自首”、“犯罪共亡捕首”、“共犯罪造意为首”、“共犯罪本罪别”、“同居相为隐”、“化外人相犯”、“断罪无正条”等,都属此类。

此外,还有各种概念的含义及其使用的名称。这类条标被安排在《名例律》的最后部分,主要有“称期亲祖父母等”、“称反坐罪之等”、“称监临主守”、“称加减”、“称道士女官”等。

从《名例律》的条标及其安排可见,以刑罚为首,接着是国家重点打击的十类犯罪,然后是各种原则,最后是一些概念的含义及其使用。基本的排列顺序是:以重要程度为序,较重要者在前,反之则在后。

除《名例律》以外的其他十一律是唐律的分则。这十一律条标的排列有自己的规则:

首先,依照律名,按类分布条标。以《卫禁律》为例,其中的条标主要有两类:一类是打击侵害庙、陵、宫、殿等的犯罪行为,如“阑人庙社及山陵兆域门”、“阑入宫殿门及上阁”、“宫殿门无籍冒名人”、“向宫殿射”等。另一类是关于惩治侵犯关津、要塞等的犯罪行为,如“越州镇戍等城垣”、“私度及越度关”、“私度有他罪”等。其他律也基本如此。

其次,在一类犯罪中,用刑重的条标往往排列在先。以《贼盗律》为例,“谋反大逆”条排列在“贼”的犯罪的首位,“盗大祀神御物”条又排列在“盗”的犯罪的前面。对于这些犯罪的用刑都重于同类的其他犯罪。其他律也大致如此。

条标概括了律条的主要内容。唐律条标的排列直接反映了唐律内容的编排,所以只要看到条标即可知晓律中的主要内容。

唐律个别条标的排列不尽合理。一些反映原则规定的条标没被排列在《名例律》中。《斗讼律》中的“保辜”和《断狱律》中的

"疑罪"虽都是一般原则的条标,但都不在《名例律》内。不过,这类条标很少,唐律的绝大多数条标都按刑法典的要求,有了正确的定位。

二、唐律条标的类型

唐律条标的类型是个值得注意的问题。它们大致可分为以下三种类型:

1. 原则规定

这类条标主要存在于《名例律》中。有些条标,一条就是唐律所规定的一个原则。《名例律》中的"工乐杂户及妇人犯流决杖"、"会赦应改正征收"、"同居相为隐"等条标都属此类。这种条标本身就包含有完整的意思,一目了然。

《名例律》中的有些条标只是反映了某些原则的一些情况,要了解具体内容,还得仔细看律条;否则,只会一知半解,甚至摸不着头脑。"妇人有官品邑号"、"以官当徒不尽"、"老小及疾有犯"、"犯时未老疾"等条标都是如此。例如,"妇人有官品邑号"只反映了一种有官品邑号妇女的情况,并没述及具体原则,要知其中的内容,还需看律条。此律条说:"诸妇人有官品及邑号,犯罪者,各依其品,从议、请、减、赎、当、免之律,不得荫亲属。若不因夫、子,别加邑号者,同封爵之例。"从这一律条的内容可知,此条标反映的是有官品邑号的妇女只有自己才可享有议、请、减、赎等司法特权,其亲属不可享有司法特权的原则。

2. 罪名

罪名即是犯罪的名称。它是对犯罪的本质或主要特征的概括。唐代虽无"罪名"的概念,但唐律中的有些条标实际上就是罪名。这种条标在除《名例律》以外的其他十一个律中都有。《卫禁律》中的"烽候不警"、《职制律》中的"漏泄大事"、《户婚律》中的"私入道"、《厩库律》中的"故杀官私马牛"、《擅兴律》中的"擅发兵"、《贼盗律》中的"劫囚"、《斗讼律》中的"过失杀伤人"、《诈伪律》中的“伪写符节”、《杂律》中的“私铸钱”、《捕亡律》中的“在官无故亡”以及《断狱律》中的“拷决孕妇”等条标都是这样。这些条标都只用几个字便概括出某种犯罪的本质或主要特征，简明扼要，一清二楚。

3. 罪状

罪状是指犯罪行为的具体状况，或是对罪行的名称和犯罪构成特征的叙述。在除《名例律》以外的其他十一律中，许多条标叙述的都是罪状。这种罪状又以简单罪状为多，而且每律都有。《卫禁律》中的“宫殿作罢不出”、《职制律》中的“刺史县令等私出界”、《户婚律》中的“同居卑幼私辄用财”、《厩库律》中的“大祀牺牲养饲不如法”、《擅兴律》中的“调发供给军事违法”、《贼盗律》中的“穿地得死人”、《斗讼律》中的“殴府主刺史县令祖父母”、《诈伪律》中的“伪宝印符节假人及出卖”、《杂律》中的“无故于城内街巷走车马”、《捕亡律》中的“将吏捕罪人逗留不行”以及《断狱律》中的“纵死囚后捕得稽留不报”等条标都属此类。

除简单罪状外，唐律中还有少量条标是空白罪状，即在条标中为了说明某一犯罪构成的特征，还要参照其他法律或法令的规定。《厩库律》中的“受官羸病畜产养疗不如法”等属这种条标。要认定“受官羸病畜产养疗不如法”行为，必须对照《厩牧令》[①]中的相应规定，否则无法确定什么行为“如法”，什么行为不“如法”。

从以上条标的三种类型可见，唐律的条标无统一模式，而是根据不同的律条内容加以设定，所以它们也就有了多种形式。

三、唐律条标所含的内容

唐律条标本身很简单，它们所涵盖律条的内容却不都那么简单，有的还很复杂，特别是有了“疏议”以后，其所含的内容就更复

① 《厩库律》“受官羸病畜产养疗不如法”条“疏议”引用了《厩牧令》的规定，具体内容为：“官畜在道，有羸病不堪前进者，留付随近州县养饲疗救，粟草及药官给。”

杂了。这里以条标所包含的犯罪为例。

1. 一条条标包括一种犯罪

唐律的少数条标只包括一种犯罪。《杂律》中的“不应得为”条就是如此,它只包括了一种“不应得为”[①]的犯罪。此律条规定:“诸不应得为而为之者,笞四十;事理重者,杖十。”在此条标下,没有其他犯罪。《卫禁律》中的“刺史县令等私出界”、《职制律》中的“官人无故不上”、《贼盗》中的“窃盗”等条标也都如此。

2. 一条条标包含两种不同的犯罪

唐律中的有些条标包含两种犯罪。这些条标又可分为三种情况:

第一种情况是一条条标因包含两种完全不同的犯罪行为而构成两种犯罪。《杂律》中的“违令”条就是这样。此条标下有“违令”和“违式”两种完全不同的犯罪行为,而且处刑也不一样。此律条规定:“诸违令者,笞五十;别式,减一等。”

第二种情况是一条条标因包含有负连带刑事责任的内容而构成两种犯罪。《职制律》中的“增乘驿马”条就是如此。此条标下有“增乘驿马”和“主司知情”负连带责任两种犯罪。此律条规定:“诸增乘驿马,一匹徒一年,一匹加一等。主司知情与同罪,不知情者勿论。”《卫禁律》中的“宫殿门无籍冒名入”、《厩库律》中的“应输课税回避许匿”、《杂律》中的“校斛斗秤度不平”等条标也是如此。

第三种情况是因有故意与过失之别而构成两种犯罪。《杂律》中的“弃毁亡失符节即”条即是如此。此律条规定:“诸弃毁大祀神御之物,若御宝、乘舆服御物及非服而御者,各以盗论;亡失及误毁者,准盗论减二等。”此条中的“弃毁”和“误毁”有故意与过失之别,以致形成两种不同的犯罪,而且用刑也不相同。《卫禁律》

---

① 《唐律疏议·杂律》“不应得为”条解释说,“不应得为”行为是“谓律、令无条,理不可为者”。

中的“车驾行冲队仗”等条标也有类似情况。

3. 一条条标涵盖三种或三种以上犯罪

唐律中还有少数条标，是一条条标涵盖了三种犯罪。《户婚律》中的“差科赋役违法”条就包括了差科赋税违法及不平衡、多收赋而入官和多收赋而入私三种犯罪，而且用刑各不相同。此律条规定：“诸差科赋役违法及不均平，杖六十。若非法而擅赋敛，及以法赋敛而擅加益，赃重入官者，计所擅坐赃论；入私者，以枉法论，至死者加役流。”

唐律中还有个别条标涵盖了三种以上犯罪。《擅兴律》中的“征人冒名相代”条就是这样。此律条规定了征人冒名相代、同居亲属冒名相代、部内冒名相代、军人冒名相代等犯罪。此律条规定：“诸征人冒名相代者，徒二年；同居亲属代者，减二等。若部内有冒名相代者，里正笞五十，一人加一等……主司知情，与冒名者同罪。”《户婚律》中的“同姓为婚”等条也是如此。

唐律中的“疏议”不仅解释、补充律文，还扩大律文的适用范围，增加了要打击的新犯罪。这样，一条条标中所包含的犯罪就比原律文所规定的多了。《卫禁律》“阑入庙社及山陵兆域门”条原来规定的只是“阑入庙社及山陵兆域门”的犯罪，用刑为徒。此律条规定：“诸阑入太庙门及山陵兆域门者，徒二年。”可是，此条“疏议”追加了“入太庙室”和“无故登山陵”两种犯罪，规定：“其入太庙室，即条无罪名，依下文‘庙减宫一等’之例，减御在所一等，流三千里。若无故登山陵，亦同太庙室之坐。”此条“疏议”一下子增加了两种犯罪，以致此条标所包含的犯罪比原来多了。《户婚律》中的“居父母丧主婚”等条标也属此种情况。

综上，唐律中许多条标所包含的内容多少不一，因此要确切了解其中的内容，最好查看律条。条标往往只起一种“向导”作用。

四、唐律条标的功用

唐律条标有其自己的功用，主要表现在以下三方面：

1. 条标反映了唐律的立法思想

唐初统治者的立法思想在唐律中得到了充分的体现，主要有：以礼为本的思想，礼法并用的思想，法律内容须统一、稳定和简约的思想等。[①] 这些思想在条标中都有不同程度的反映。唐律的许多条标都按礼的要求设立，以各种违礼行为命名，突出它们的危害性，并将其作为打击的对象，以引起人们的注意。《职制律》中的"祭祀朝会等失错违仪"、《户婚律》中的"匿父母及夫等丧"、《贼盗律》中的"谋反大逆"等条标也都如此。同时，唐律的所有条标内容各不相同，互不重复，杜绝了一罪多条的情况。另外，唐律的条标都用最简明的语言进行表达，没有多余的字词。《名例律》中的"二罪从重"、《卫禁律》中的"漏泄大事"、《职制律》中的"有所请求"、《户婚律》中的"占田过限"等条标都是如此。它们都直接体现了唐律的立法思想。

2. 条标反映了唐律的体例

唐律的体例主要由十二律及其所属的条标构成，条标是其中的重要方面。十二律确立的是唐律的整体体例，条标确定的则是每一律的局部体例。整体体例非常重要，如有失错，整部唐律就会混乱无序。然而，每一律的局部体例也不可忽视，如果其中的内容紊乱，也会影响到唐律的整体效果。因此，唐律条标的功用不可轻视。

从唐律条标的实际情况看，它们的排列基本合理，绝大多数条标都有了自己的合适定位。这种定位又有一定的规律可循。如前所述，《名例律》条标定位的基本线索是：以其重要程度为序，重要者在前，反之则在后。其他十一律定位的基本思路是：依照律名，按类分布条标；在同一类犯罪的条标中，用刑重的往往排列在前。这样的定位明显地反映出唐律立法者的意图，即重要者在前，次要者在后。这种意图与近、现代刑法典相一致。

---

① 参见王立民：《唐律新探》，上海社会科学院出版社1993年版，第1—17页。

这从一个侧面说明，唐律条标的设立在当时已具先进性，能较为准确地反映唐律的体例。

3．条标反映了唐律的内容

唐律的条标用精练的语言正确地反映了唐律的内容。其中，少则两个字，如《名例律》中的“十恶”、“八议”、“除名”，《贼盗律》中的“谋叛”、“劫囚”、“强盗”等；多则十余字，如《职制律》中的“乘舆服御物持护修整不如法”，《户婚律》中的“不言及妄言部内旱涝霜虫”等。条标一般以五至七字为多。《名例律》中条标反映的是唐律的刑罚、原则等总则的内容，其他十一律中条标反映的则是唐律的罪名、犯罪等分则的内容。总之，这些都与唐律的内容直接相关。

唐律条标的这一功用，大大方便了查阅唐律者，使其从条标中即可知晓相应律条的大致内容，及时发现所需内容。这不仅有利于当时的司法官查寻，就是今天的查阅者也同样可以从中受益。

唐律的条标既能反映唐律的立法思想，又能反映唐律的体例和内容，起到了条标的应用功用。这从一个侧面说明，我国唐朝的立法水平已很高，已能熟练地运用条标并使其起到应有的作用。

五、唐律条标对后世和东亚一些国家立法的影响

唐律中的条标作为立法中的一个重要组成部分，还对唐后一些朝代和一些东亚国家的立法产生过影响，不同程度地为它们所用。

唐律中的许多条标为以后一些朝代的法典所沿用。

宋刑统[①]的体例与唐律稍有区别，它在律下设门，共计二百一十三门。设门以后，门标起了条标的作用。这些门标虽与唐律的条标不尽相同，但仍可看到唐律条标的影响。《宋刑统·名例律》共有二十四条门标，与唐律条标完全相同或基本相同的就有八条，

① 本文宋刑统以吴翊如点校的《宋刑统》为范本，中华书局1984年版。

占了三分之一。“十恶”、“八议”、“老幼疾及妇人犯罪”、“犯罪已发已配更为罪”、“同职犯罪”、“公事失错自举”、“化外人相犯”等门标都属这种情况。可见,宋刑统并未因设门而不受唐律条标的影响。

大明律[①]的体例与宋刑统也有不同。它虽设门,有门标,但同时仍保留条标。大明律的条标与唐律相同或相似的也有不少。《大明律·名例律》共有条标四十七条,其中的二十三条与唐律相同或相似,占了律内条标总数的近一半。“笞刑五”、“杖刑五”、“徒刑五”、“流刑三”、“死刑二”、“十恶”、“以理去官”、“无官犯罪”、“除名当差”等条标都是这样。

大清律例[②]与大明律在体例上很相似,在门下也有条和条标。大清律例中还保留了部分唐律的条标。它的《名例律》共有四十六条条标,其中有二十五条与唐律相同或相似,占该律总条数的一半以上。“十恶”、“八议”、“以理去官”、“无官犯罪”、“除名”、“流配人在道会赦”等条标都是这样。

唐律是中华法系的代表作,为一些东亚国家所模仿,其中包括条标,所以唐律的条标也为它们所用。在这些国家的法律中,有许多条标与唐律一致或相近。这里以日本的律逸和新律纲要为例。

在古代,日本律逸中的许多条标来自唐律,或相同,或相似。例如,律逸中的“官当”、“指斥乘舆”、“向宫殿射”等条标,与唐律相同;律逸中的“老弱废疾”、“阑入宫殿”、“于宫内忿争”等条标,与唐律中“老小及疾有犯”、“阑入宫殿及上阁”、“于宫内忿争”等条标只有个别字的差别,很相似。[③]

---

① 本文大明律的内容参见薛允升所撰的《唐明律合编》,商务印务馆 1937 年版。

② 本文大清律例的内容参见林咏荣编著的《唐清律的比较及其发展》,台北编译馆 1982 年版。

③ 参见杨鸿烈:《中国法律在东亚诸国之影响》,台湾商务印书馆 1971 年版,第 236—244 页。

到了近代，这种影响还在。明治初年制定的新律纲要同样抄袭了不少唐律的条标。其中，有的与唐律完全一样，如“断罪无正条”；有的只与唐律有个别字的差异，如亲律纲要中的“妇人犯罪”、“亲属相为容隐”、“夜中无故入人家”、“殴祖父母父母”、“二罪俱发”等，与唐律中的“妇人怀孕犯死罪”、“同居相为隐”、“夜无故入人家”、“殴詈祖父母父母”、“二罪从重”等条，就是这样。[①] 难怪一位学者说：“日本明治初年虽一意维新，而受中国之影响又复根深蒂固。”[②]其中亦包括条标的影响。

唐律的条标会对唐后一些朝代和东亚一些国家产生影响，其直接原因还在于唐律本身。唐律以其完善的体例和完备的内容，成为中华法系的模范法典。于是，唐后的一些朝代以它为范本，一些东亚国家以它为楷模。这样，唐律的条标也就随着唐律被沿革和输出而影响到唐后一些朝代和一些东亚国家了。

---

① 参见杨鸿烈：《中国法律在东亚诸国之影响》，台湾商务印书馆 1971 年版，第 323—326 页。

② 同上书，第 316 页。

第十八章　唐律中的《论语》

《论语》是一部重要的儒家经典。唐律的“疏议”引用了一些《论语》中的内容，它们对唐律产生了很大的影响。

一、《论语》十分强调的礼是唐律的指导思想

礼是《论语》论述的重点，内容涉及礼的作用、依礼行事的重要性、行礼的必然结果和礼法关系等许多方面。《论语》认为，礼有十分重要的作用，人们须以礼进行制约。“君子博学于文，约之以礼，亦可以弗畔矣夫！”[①]如果无礼，做任何事情都会事与愿违。礼还是判断善与非善的标准。“动之不以礼，未善也。”[②]正因为礼有如此重要的作用，故任何人都应据礼办事，“礼以行之”[③]。具体地说，就是“生，事之以礼；死，葬之以礼，祭之以礼”[④]，还要做到“非礼勿视，非礼勿听，非礼勿言，非礼勿动”[⑤]。特别是君主，更要处处以礼力行。这是由他的特殊地位决定的，因为“其身正，不令而行；其身不正，虽令不从”[⑥]。他只有行礼才能受人尊敬，指挥百姓。“上好礼，则民莫敢不敬”[⑦]，“上好礼，则民易使也”[⑧]。如果天下人都能克己复礼，那么社会就会“归仁”。“克己复礼为仁。

① 《论语·雍也篇第六》。
② 《论语·卫灵公篇第十五》。
③ 同上。
④ 《论语·为政篇第二》。
⑤ 《论语·颜渊篇第十二》。
⑥ 《论语·子路篇第十三》。
⑦ 同上。
⑧ 《论语·宪问篇第十四》。

一日克己复礼，天下归仁焉。”[①]为此，《论语》竭力主张人人都要学礼，“不学礼，无以主”[②]。

在主张用礼的同时，《论语》还不反对用法，认为法也是治国不可缺少的手段。“谨权量，审法度，修废官，四方之政行焉。”[③]但是，与礼相比，法只是一种辅助手段，治国应以礼为先，以礼为主。因为“道之以政，齐之以刑，民免而无耻；道之以德，齐之以礼，有耻且格”[④]。如果礼乐不兴，那么用刑也会失当，造成的结果必会使人们无所适从。“礼乐不兴，则刑罚不中；刑罚不中，则民无所措手足。”[⑤]

《论语》强调用礼规范人们的行为和礼法并施的主张，成为制定唐律的指导思想，在律文中得到了充分的反映。唐律的内容处处维护充满礼的君权、父权和夫权，并用严刑打击违犯这三权的行为。例如，《斗讼律》的“殴詈祖父母、父母”条把殴打和詈骂祖父母、父母看做无视父权的无礼行为，认为不用重刑不足以维护父权的权威，故用刑亦重，规定：“诸詈祖父母、父母者，绞；殴者，斩。”《斗讼律》的“妻殴詈夫”条视妻子殴打丈夫和媵、妾詈骂丈夫的行为为严重的违礼行为，也是对夫权的直接践踏，同样是不可容忍的，须用重刑加以制止，故规定：“妻殴夫，徒一年”；“媵及妻妾詈夫者，杖八十”。对此，后人作了评说，认为唐律是“一准乎礼”，不是没有道理。

当然，唐律中的礼并非《论语》中礼的简单再现。《论语》坚持的是西周的礼，而唐律的礼则是吸取了《论语》礼的内核等级名分，赋予唐统治者要求维护君权、父权和夫权的具体内容，使之成为巩固封建秩序的一种手段。因此，后者是对前者的发展，而不是

---

① 《论语·颜渊篇第十二》。
② 《论语·季氏篇第十六》。
③ 《论语·尧曰篇第二十》。
④ 《论语·为政篇第二》。
⑤ 《论语·子路篇第十三》。

单纯地模仿和抄袭。另外,《论语》毕竟是孔子及其弟子们语言的综合记载,不是法律,其内容不具有国家的强制性。唐律则不然,它是刑法典,其中的礼受到刑法的保护,有国家的强制力作为后盾,违犯者要被追究刑事责任。可见,两者在具体内容和所要达到的目的等方面均有不同之处。

二、《论语》的思想演变成唐律的规定

这种演变又根据其最终结果而分为以下两种形式:

第一种是直接式,即《论语》中的思想直接转变为唐律的律条。唐律把《论语》的某些思想在基本没变的情况下吸收进来,并用刑罚保证其实施。例如,《论语》在《阳货篇第十七》中记载了这么一件事:一天,有个叫宰我的学生对孔子说:“三年之丧,期已久矣。”原因是:“君子三年不为礼,礼必坏;三年不为乐,乐必崩。”因此,他认为这种丧期一年就够了。“旧容既没,新谷既升,钻燧改火,期可已矣。”对此,孔子极不满意,认为宰我这个人“不仁”,因为“子生三年,然后免于父母之怀。夫三年之丧,天下之通丧也,予也有三年之爱于其父母乎!”《论语》要求为父母守三年丧的思想成了唐律的规定。户婚律“居父母夫丧嫁娶”条规定,子女应为父母守丧三年。“父母之丧,终身忧戚,三年从吉,自为达礼。”不守三年丧期而“嫁娶”的,要被“徒三年”。

第二种是扩大式,即《论语》中的思想在唐律中被扩大性运用。唐律对《论语》的某些思想作了扩展,使其适用范围广于原来的说法。例如,《论语》在《子路篇第十三》中记载了孔子主张父子互隐犯罪之事,经过是这样的:一个被称为叶公的人对孔子说:“吾党有直躬者,其父攘羊,而子证之。”孔子听后作了完全不同于此的回答,他对叶公说:“吾党之直者异于是:父为子隐,子为父隐。直在其中矣。”《论语》中父子相隐的思想在唐律中演变为同居家人犯罪都应互隐,还包括部曲和奴婢为主人隐,扩大了原有的适用范围。同时,唐律还明确了不适用的条件。《名例律》原“同居相隐”条

说："诸同居，若大功以上亲及外祖父母、外孙、若孙之妇、夫之兄弟及兄弟妻，有罪相为隐；部曲、奴婢为主隐，皆勿论。"但是，"若犯谋叛以上者，不用此律"。违反这一规定而相告的，要被处以刑罚。

除以上列举的以外，还有些《论语》中的思想和事例也曾对唐律有过影响。例如，《学而篇第一》中有关"孝"和"忠"的思想，《子罕篇第九》和《乡党篇第十》中有关同情残疾人和老年人的事例，《乡党篇第十》中有关着衣和饮食的说法等，都或多或少地被唐律吸收，转化为律文。

三、《论语》对唐律产生影响的历史背景

《论语》对唐律的影响并非一蹴而就，而是有个发展过程。早在汉代，《论语》就开始影响到立法，它的思想逐渐转化为立法的指导思想和法条。唐律则是集其大成者，使以《论语》为依据制定的法律规定完备化。自汉武帝"罢黜百家，独尊儒术"以后，儒家思想始以正统面目出现，占据了统治地位，《论语》便有了施展的机会，成为汉"七经"之一。为了与儒家思想的地位相适应，礼开始入律，走上了礼法结合的道路。经过魏晋南北朝，到了隋、唐，礼法结合最终完成了，代表作是唐律。在礼法结合的同时，《论语》对法律的影响也逐渐深入，唐律总其大成。

《论语》对唐律的影响与唐代重视儒学有关。唐太宗即位后，比以往更尊儒学、崇儒士。他"始立孔子庙堂于国学，稽式旧典，以仲尼为先圣，颜子为先师"，还广招天下儒士，"赐帛给传"，只要"通一大经已上，咸得署吏"。他启用儒生，在正殿的左侧置弘文馆，"精选天下文儒，令以本官兼署学士，给以五品珍膳"，与他们"讨论坟典，商略政事，或至夜分乃罢"。他还大兴儒学之教，"令祭酒、司业、博士讲论"，以至"四方儒生负书而至者，盖以千数"。连有些邻国的酋长也"遣子弟请入于学"。结果，"国学之内，鼓箧升讲筵者，几至万人，儒学之兴，古昔未有也"。为了克服儒学多门、章句繁杂和南北经学的不利因素，统一经义，唐太宗还命颜师

古与孔颖达撰定《五经正义》,“付国学施行”①。当时,《论语》虽未入《五经正义》,但仍受到重视。以后韩愈所作的《论语笔解》亦很有地位。在儒学受推崇和兴起的大背景下,《论语》便有了大显身手的机会,对唐律产生了有效的影响。

《论语》能对唐律产生影响还与订律人有关。立法是个统治阶级意志上升为法律的过程。这个过程完全要由人的活动实现,因此立法人员的素质就与法律内容有直接关系。从制定唐律人员的组成看,有三大特点:一是通晓法律。他们大多在中央或地方担任要职,有中央与地方的立法与司法经验。另外,还有律博士,他们以教授律令为职业,是法学专家。二是熟悉儒学。他们大多博涉文史,有的(如于志宁)还参与编定《五经定义》,儒家思想对他们并不陌生。三是有丰富的统治经验。他们长期在中央或地方任职,需要独立处理各种事务,经验比较丰富。有人还因此不断升迁,长孙无忌和李勣都是如此。他们具有的这些特点十分有利于把《论语》的精神和思想溶化在唐律里,成为唐律的组成部分。

当然,唐律并不只是受到《论语》的影响。应该说,它是整个儒家思想发生作用而产生的结果。但是,《论语》在其中占有重要的地位,这是因为:第一,它对礼作了较为全面的论述,而且这种论述都是礼的一般问题,有一定高度,明显体现了礼的基本精神,易被国家接受,成为指导思想。与其相比,其他经籍对礼的描述大多比较具体,内容往往局限于对一些具体问题提出要求,如果要把它们作为指导思想,还要有个归纳提高的过程,不及《论语》直接。第二,它的有些言论不仅具有规范性,而且被赋予新的内容后又比较适合以后中国的社会情况。以父子相隐为例,中国在封建时期长期处于小农经济状态,商品生产不发达,一家一户既是生产单位又是消费单位,相对独立性较强。国家的稳定,要以家庭的安定为基础,即所谓“齐家而后平天下”。为了保持家庭的安宁,避免一

① 《贞观政要·儒学第二十七》。

般案件的互诉成为必要。这既能维护家长的尊严,又有利于家庭成员的和睦。唐律看到了《论语》的重要性,采纳了这一思想,扩大了它的适用范围,赋予它新的内容,使它更适合唐代的情况。其他经典中的绝大多数语句都不具有这种特性。这样,《论语》对唐律影响就更胜一筹了。

第十九章　唐律的内容密而不漏

有种传统的观点认为，唐律的内容是疏而不漏。即唐律只有五百条（或五百零二条），内容虽不多，但法网却无疏漏，各种犯罪都无法逃脱它的制裁。笔者则认为，唐律的内容不是疏而不漏，而是密而不漏，传统的观点值得商榷。

一、唐律制裁违反令、格、式行为

唐律不仅要制裁违反唐律的行为，而且还要制裁违反唐令、格、式等其他形式的行为，其范围大大超过了唐律本身五百条的范围。

《新唐书·刑法志》曾对唐律的这类制裁范围作过较为精辟的阐述。它说："唐之刑书有四：律、令、格、式……其有所违及人之为恶而入于罪戾者，一断以律。"事实也是如此。现存资料可以证明，违反了唐令、格、式并受到唐律处罚的行为大致可分为两大类：一类是违反了唐令、格、式并能在唐律中直接找到相应条款的行为，另一类是违反了唐令、格、式而不能在唐律中直接找到相应条款的行为。这两大类行为在数量上都很多。这里先举例说明前一类行为。当然，唐律明文规定了对这类行为的定罪和量刑。

第一，违反唐令并可在唐律中直接找到相应条款的行为。唐令规定："诸应收授之田，每年（收授）起十月一日里正预校勘造簿，历十一月，县令总集应退、应受之人，对共给授，十二月内毕。"[1]唐律中有直接条款惩处违反这一规定的行为。《唐律疏

---

① 〔日〕仁井田升：《唐令拾遗》，粟劲等译，长春出版社 1989 年版，第 566 页。

议·户婚》"里正授田课农桑违法"条规定："诸里正依令：'授人田，课农桑。'若应受而不授，应还而不收，应课而不课，如此事类违法者，失一事，笞四十；三事，加一等。县失十事，笞三十；二十事，加一等。州随所管县多少，通计为罪，各罪止徒一年，故者各加二等。"

第二，违反唐格并可在唐律中直接找到相应条款的行为。唐格规定："诸司有大事及军机，须仗下面奏者听余常务，须奏者，并宜进状。"[①]违反了唐格的这一规定也可在唐律中找到相应的条款，对这类应奏不奏、应言上而不言上等的行为予以制裁。《唐律疏议·职制》"事应奏不奏"条规定："诸事应奏而不奏，不应奏而奏者，杖八十。应言上而不言上，不应言上而言上及不由所管而越言上，应行下而不行下及不应行下而行下者，各杖六十。"

第三，违反唐式并可在唐律中直接找到相应条款的行为。唐式规定："泾、渭白渠及诸大渠用水溉灌之处，皆安斗门，并须累石及安木傍壁，仰使牢固。"[②]违了唐式的这一规定以致失修的，也可在唐律中找到相应的直接条款，并根据不同情况惩罚这种行为。《唐律疏议·杂律》"失时不修堤防"条规定："诸不修堤防及修而失时者，主司杖七十；毁害人家、漂失财物者，坐赃论减五等；以故杀伤人者，减斗杀伤三等。"

在这里要提及的是，有少数唐格本身有制裁部分的内容，这些唐格便是例外，不需经唐律便可定罪量刑。唐神龙年间(705—707年)发布的散颁刑部格中就有这样的唐格条款，如："流外行署、州县杂任，于监主犯赃一匹以上，先决杖六十；满五匹以上，先决一百，并配入军。""盗及煞官施马一匹以上者，先决杖一百，配流岭南，不得官当、赎。"[③]其他大多数唐格的条款和唐令、式的条款都

① 参见刘俊文：《敦煌吐鲁番唐代法制文书考释》，中华书局1989年版，第270—273页。

② 同上书，第326页。

③ 同上书，第247、252页。

无制裁部分的内容，这部分内容都在唐律的规定中，这亦成为违反唐令、格、式必须依照唐律处罚的重要原因之一。

违反了唐令、式而不能在唐律中直接找到相应条款的行为更多，这类行为同样要受到处罚。对此，唐律有专门的规定。《唐律疏议·杂律》“违令”条规定：“诸违令者，笞五十；别式，减一等。”此条“疏议”还特别对“违令”作了如下解释：“谓令有禁制而律无罪名者。”违式也是如此。也就是说，除了能在唐律中找到相应的违反唐令、格、式的条款外，其他违反唐令、式的行为全都以“笞五十”或“减一等”即笞四十被追究刑事责任。此条“疏议”还举例作了说明：“‘行路，贱避贵，去避来’之类，此是‘令有禁制，律无罪名’，违者，得笞五十。”“‘五品以上服紫，六品以下服朱’之类，违式文而著服色者，笞四十，是名‘别式减一等’。”不仅如此，唐律中另有一些因违反唐令、式名而遭处罚的行为。《唐律疏议·擅兴》“私有禁兵器”条“疏议”说：“依军防令：‘拦得甲仗，皆即输官。’不送输者，从‘违令’，笞五十。”《唐律疏议·擅兴》“乏军兴”条“疏议”又说：“其折冲府校阅，在式有文，不到者，各准‘违式’之罪。”即要被笞四十。

可见，违反了唐令、格、式的任何行为都要分别情况，按照唐律的规定受到制裁，无一可以例外。这就是说，唐律不仅要追究违反唐律者的法律责任，同时还要追究违犯唐令、格、式者的法律责任。

在这里要特别指出的是，唐代令、格、式的内容要比唐律的内容多得多。唐律只有十二篇（章），五百条。《唐六典·刑部》载：“凡律，一十有二章。一曰名例，二曰卫禁，三曰职制，四曰户婚，五曰厩库，六曰擅兴，七曰贼盗，八曰斗讼，九曰诈伪，十曰杂律，十一曰捕亡，十二曰断狱。而大凡五百条焉。”但是，唐令、格、式的总和要大大超过十二篇，五百条。

唐令有二十七篇，一千五百四十六条。《唐六典·刑部》说：“凡令二十有七。一曰官品，二曰三师、三公、台省职员，三曰寺、监职员，四曰卫府职员，五曰东宫、王府职员，六曰州、县、镇、戍、狱、渎、关、津职员，七曰内、外命妇职员，八曰祠，九曰户，十曰选举，十一曰考课，十二曰宫卫，十三曰军防，十四曰衣服，十五曰仪制，十六曰卤簿，十七曰公式，十八曰田，十九曰赋役，二十曰仓库，二十一曰厩牧，二十二曰关市，二十三曰送疾，二十四曰狱官，二十五曰营缮，二十六曰丧葬，二十七曰杂令。大凡一千五百四十有六条焉。”①

唐格也有二十四篇，其卷数各朝不尽相同。《唐六典·刑部》载：“《贞观格》十八卷，房玄龄等删定。《永徽留司格》十八卷，《散颁格》七卷，长孙无忌等删定。永徽中又令源直心等删定，唯改易官号、曹局之名，不易篇第。《永徽留司格后本》，刘仁轨等删定。《垂拱留司格》六卷，《散颁格》二卷，裴居道删定。《太极格》十卷，岑羲等删定。《开元前格》十卷，姚崇等删定。皆以尚书省二十四司为篇名。”

唐式则有三十三篇，其卷数也因朝而定，多者二十卷，少则十四卷。《唐六典·刑部》言：“凡式三十有三篇。”“《永徽式》十四卷，垂拱、神龙、开元式并二十卷，其删定与定格、令人同也。”

唐令、格、式的总计篇目、卷和条数量很多，大大超过唐律。违反了它们，都要依唐律定罪科刑。可见，唐律的适用范围扩大到了违反唐令、格、式的行为。这从一个侧面说明，唐律的法网不是疏而是密。

二、唐律制裁违反礼、理而不违律的行为

唐律不仅要制裁违反唐律、令、格、式的行为，而且还要制裁那些只违反礼、理而不违律的行为，其范围大大超出了唐律本身的范畴。

---

① 《旧唐书·刑法志》记载，唐太宗贞观时期制定的唐令有一千五百九十条，共三十卷，即“定令一千五百九十条，为三十卷”。这一数字比《唐六典·刑部》记载的数字稍多。

唐代亦有其礼，而且汇编成册，数量还不少。现存的《大唐开元礼》[1]共有一百五十卷，其基本结构与《仪礼》相似，分为序例和吉礼、宾礼、军礼、嘉礼、凶礼等部分。其中，序例三卷，吉礼七十五卷，宾礼两卷，军礼十卷，嘉礼四十卷，凶礼二十卷。唐代的礼虽有一定的约束力，但已不属法律规范，一般违礼不违律的行为不应在唐律的打击范围之列。然而，礼毕竟是儒家思想的集中体现，而儒家思想又是唐代国家的指导思想。为了维护礼的尊严，唐律还是破例惩治了一些只违礼不违律的行为，主要包括以下两种情况：

第一种情况是十岁以下儿童殴打父母的违礼行为。也就是说，十岁以下儿童殴打父母的行为只违礼不违律，但仍在唐律的制裁范围之列。《唐律疏议·名例》"老小及疾有犯"条明确规定，十岁以下儿童犯有偷窃和伤人的，可用赎的方法进行处理，即"盗及伤人者，亦收赎"。根据这一规定，这类儿童如果"殴己父母不伤"的，不在唐律的制裁范围之内。可是，唐律却没有放过这种行为，还是把它列在打击范围之列。此条"疏议"对此专门作了如下解释："其殴父母，虽小及疾可矜，敢殴者乃为'恶逆'。""于律虽得勿论，准礼仍为不孝。"此条"疏议"讲得很清楚，这类儿童被罚的原因不是违律而是违礼，因为殴打父母是一种违礼的"恶逆"行为。至于对这种行为的处罚，考虑到社会影响，用了"上请"，由皇帝最后定夺。

第二种情况是在期亲的丧期内自己作乐或派人作乐的违礼行为。也就是说，在期亲的丧期内自己作乐或派人作乐也是一种违礼不违律的行为，而且同样也在唐律的制裁范围之内。《唐律疏议·职制》"匿父母及夫等丧"条对子女、妻子知道自己的父母、丈夫死后不举哀的行为及其处罚方式都作了明文规定："诸闻父母若夫之丧，匿不举哀者，流二千里；丧制未终，释服从吉，若忘哀作乐，

---

[1] 《大唐开元礼》有《四库全书》本和清光绪十二年（1886 年）公善堂校刊本，现有中华书局 1990 年版。

徒三年;杂戏,徒一年;即遇乐而听及参预吉席者,各杖一百。”但是,唐律却没有对“居期丧作乐及遣人作”的行为作出规定。然而,唐律还是要制裁这一行为,此条“疏议”还专门依礼作了解释:“礼云:‘大功将至,辟琴瑟。’郑注云:‘亦所以助哀。’又云:‘小功至,不绝乐。’丧服云:‘古者有死于宫中者,即三月为之不举乐。’况乎身服期功,心忘宁戚,或遣人作乐,或自奏管弦,既玷大猷,须加惩诫,律虽无文,不合无罪。”接着,“疏议”便对具体的量刑幅度作了规定:“期丧从重,杖八十;大功以下从轻,笞四十。缌麻、卑幼,不可重于‘释服’之罪。”可见,“居期丧作乐及遣人作”的违礼不违律行为还是受到了惩罚,只是用刑稍轻一些而已。

唐律除了要制裁违礼不违律的行为以外,还要制裁违理不违律的行为。这里的“理”是指“情理”,即符合封建地主阶级权益和伦理要求的情理。唐律把违反理而唐律、令又无明文规定的行为称为“不应得为”或“不应为”,并专门对此作了法定解释。《唐律疏议·杂律》“不应得为”条说,不应得为是“谓律、令无条,理不可为者”。然而,这种违理不违律的行为同样要受到唐律的处罚,轻者笞四十,重则杖八十。此条规定:“诸不应得为而为之者,笞四十;事理重者,杖八十。”这样,许多这类行为又都被归入唐律制裁的名下,法网更密了。在唐律中,有明文规定的这类行为主要有:

第一,向宫殿内射箭、放弹、投瓦石而不及的行为。《唐律疏议·卫禁》“向宫殿射”条严惩射箭、放弹、投瓦石到宫殿内的行为,规定:“诸向宫殿内射,宫垣,徒二年;殿垣加一等。箭入者,各加一等;即箭入上阁者,绞;御在所者,斩。放弹及投瓦石者,各减一等。”但是,此条却没有规定对射的箭、放的弹、投的瓦石没有到达宫殿的怎么处罚。然而,唐律并没有放过这种向宫殿内射箭、放弹、投瓦石而不及的行为,规定以“不应为”进行制裁。此条“疏议”说:“若箭力应及宫、殿而射不到者,从‘不应为重’”,即要被杖八十;“据弹及投瓦石及宫殿方始得罪,如应及不到,亦从‘不应为重’上减一等”,即要被杖七十。

第二，得知期亲以上亲属死亡而不马上举哀、选日再举哀的行为。《唐律疏议·职制》"匿父母及夫等丧"条打击得知期亲以上亲属死亡而不举哀的行为，而且亲等不同，所用的刑罚也不同。它规定："诸闻父母若夫之丧，匿不举哀者，流二千里"；"闻期亲尊长丧，匿不举哀者，徒一年"；"大功以下尊长，各迭减二等"。但是，它却没有规定，虽然没有马上举哀，但以后选日再举哀的行为也要受惩罚。不过，此条"疏议"明指这种行为要按"不应得为"惩治，说："期亲以上，不即举哀，后虽举讫，不可无罪，期以上从'不应得为重'；大功，从'不应得为轻'"，即分别要被杖八十、笞四十。

第三，在父母或丈夫的丧期内为其子女或其妻子做媒主婚的行为。《唐律疏议·户婚》"居父母丧主婚"条制裁在父母的丧期内为其子女主婚的行为，规定："诸居父母丧，与应嫁娶人主婚者，杖一百。"然而，此条却没有规定在丈夫的丧期内为其妻子主婚、在父母的丧期内为其子女做媒的行为。此条"疏议"作了补充，用"不应为"制裁这两种行为，说："若居夫丧，而与应嫁娶人主婚者，律虽无文，从'不应为重'，合杖八十。其父母丧内，为应嫁娶人媒合，从'不应为重'，杖八十。"

第四，擅自发兵九人以下的行为。《唐律疏议·擅兴》"擅发兵"条严打擅自发兵十人以上的行为，规定："诸擅发兵，十人以上徒一年，百人徒一年半，百人加一等，千人绞。"但是，此条没有规定对擅自发兵九人以下的行为是否也要打击。不过，此条"疏议"规定要打击这种行为，处罚的方法是"不应为"，说："其擅发九人以下，律、令无文，当'不应为从重'。"

第五，口说要逆、叛而无真凭实据的行为。《唐律疏议·贼盗》"口陈欲反之言"条惩罚口说要反而无真凭实据的行为，规定："诸口陈欲反之言，心无真实之计，而无状可寻者，流二千里。"可见，此条只言要惩罚口说要谋反的行为，而未及口说要谋大逆、谋叛的行为。但是，口说这两种行为同样要被惩罚，理由也是不"不应为"。此条"疏议"说："若有口陈欲逆、叛之言，勘无真实之状，律、令既无条制,各从‘不应为重’。”

第六,妄告他人其父母死亡的行为。《唐律疏议·诈伪》“父母死诈言余丧”条处罚官吏在父母死后诈称其他人死而不解官回家守丧的行为,规定:“诸父母死应解官,诈言余丧不解者,徒二年半。”但是,此条仍未规定妄告他人其父母死亡的行为。然而,此条“疏议”同样用“不应为”的办法处罚这一行为,说:“忽有妄告,欲令举哀,若论告者之情,为过不浅,律、令虽无正法,宜从‘不应为重’科。”

以上违反礼、理的行为都是不违律的行为,因为在唐律的律条中都无明文规定,正如上述“疏议”中所讲的:“律虽无文”,“律、令既五条制”,“律、令虽无正法”等。但是,这些行为还是在唐律刑罚的处罚范围内,这不能不说是唐律网密的一种表现。在这里还需指出的是,以上的这些违礼、理不违律的行为都是通过“疏议”而被纳入法网之中的,因此“疏议”不愧是加密唐律法网的一种重要手段。在唐代,唐律中“疏议”的内容与律文具有同等法律效力,“断狱者皆引疏(议)分析之”[1]。

三、唐律用比附打击犯罪

以上唐律所要处罚的违反唐令、格、式和礼、理的行为,主要是一些在唐律内本无明文规定的行为,即在唐律律条规定外的行为。除此以外,唐律还要用比附的方法,惩治那些律条无明文规定而又与相关条款有间接联系的行为。也就是说,这些行为本不在唐律律文的规定之中,唐律用比附的办法也使其受到刑罚的处罚。这是唐律加密法网的又一种表现。由于这种行为较多,此处只能分类举例证之。

首先,原则比附。唐律的一般原则规定在名例律中,对其他十一律都有指导作用。当有些律条无明文规定的行为也要被惩罚

① 《旧唐书·刑法志》。

时，唐律就用原则进行比附，使其也被归到唐律的惩罚范围内。《唐律疏议·户婚》“奴娶良人为妻”条严禁奴娶良人女的行为，规定：“诸与奴娶良人女为妻者，徒一年半；女家，减一等。离之。”但是，此条并未规定奴不能娶客女为妻的行为，而这种行为同样应在严禁之列，怎么办？此条“疏议”用名例律中的规定加以比附，说：“若有为奴娶客女为妻者，律虽无文，即须比例科断，名例律：‘称部曲者，客女同。’”所以，对这一行为的惩罚应是：“奴娶良人徒一年半，即娶客女减一等，合徒一年。”此外，《唐律疏议·户婚》“杂户官户与良人为婚”条中惩治的官户私嫁女给良人的行为，也是“律无正文，并须依首从例”，即按名例律中的原则惩治。

其次，定罪比附。有些行为本不在唐律律条的规定范围内，可为了打击这些行为，唐律用较为接近的罪名进行比附，使其也受到制裁。《唐律疏议·卫禁》“越度缘边关塞”条不准有“越度”、“私与禁兵器”和“共为婚姻”的行为，规定：“诸越度缘边关塞者，徒二年。共化外人私相交易，若取与者，一尺徒二年半，三匹加一等，十五匹加役流；私与禁兵器者，绞；共为婚姻者，流二千里。”可是，此条同样没有规定私与禁兵器及为婚姻的行为。然而，这一行为仍未逃脱唐律的制裁，唐律用定罪比附的方法使其也落入法网。此条“疏议”说：“若私与禁兵器及为婚姻，律无别文，得罪并同‘越度’、‘私与禁兵器’、‘共为婚姻’之罪。”即按这些罪名受罚。《唐律疏议·职制》“去官受旧官属士庶馈与”条中“其家口去讫，受馈饷者，律无罪名，若其乞索者，从‘因官挟势乞索’之法”的规定也是如此。

再次，量刑比附。为了惩治某些唐律律条无明文规定的行为，唐律用量刑比附的办法，使这些行为未能逍遥律外，同样也在它的惩治行列之中。《唐律疏议·卫禁》“拦入庙社及山陵兆域门”条禁止擅自进入太庙、山陵门的行为，规定：“诸拦入太庙门及山陵兆域门者，徒二年；越垣者，徒三年。”此条也没有规定擅自进入太庙室的行为。为了打击这一行为，唐律用量刑比附的办法进行处理。

此条“疏议”说：“其入太庙室，即条无罪名，依下文‘庙减宫一等’之例，减御在所一等，流三千里。”《唐律疏议·卫禁》“宫殿作罢不出”条中“若在上阁内不出，律既无文，……同御在所，合绞”的处罚也一样。

最后，定罪量刑比附。以上定罪比附和量刑比附只侧重于定罪或量刑中的一个方面，以这一个方面制裁律文无明文规定的一些行为。比附定罪量刑则是从定罪和量刑两个方面同时打击一些律条无明文规定的行为，因此在这类比附中涉及罪名和法定刑两个方面。《唐律疏议·职制》“受人财为请求”条严惩官吏本人受贿的行为，规定：“诸受人财而为请求者，坐赃论加三等；监临势要，准枉法论。与财者，坐赃论减三等。”然而，此条并未规定代为其他官吏受贿的行为。不过，这一行为通过定罪量刑比附还是受到了处罚。此条“疏议”说：“其受所监临之财，为他司嘱请，律无别文，止从坐赃加二等。”这里的“坐赃”是罪名，“加二等”是法定刑。《唐律疏议·擅兴》“镇戍有犯”条中规定的“在镇、戍中无有罪名者：各减征人二等”同样如此。

可见，通过原则、定罪、量刑、定罪量刑比附等办法，使大量律文本无明文规定的行为受到唐律的追究，唐律的法网从而又进一步加密了。

四、唐律加密法网的原因

那么，唐律为什么要用以上各种途径加密法网，以至密而不漏？关于这个问题，唐律有过说明。

唐律认为，在制订律文时，制订者只能以一般情况和人为出发点，并以此确定律文的内容。因此，再好的律也不可能包罗万象、面面俱到，而总会有一些特殊情况无法预料，有一些危害社会的行为不在律文的规定之中，成为漏网之鱼。正如《唐律疏议·贼盗》“以毒药药人”条“疏议”所说的：“律条简要，止为凡人生文。”也如《唐律疏议·杂律》“不应得为”条“疏议”所说的：“杂犯轻罪，触类弘多，金科玉条，包罗难尽。”

唐律又坦言，国家绝不能让这些漏网之鱼逍遥律外，胡作非为。因此，有必要使用各种方法，扩大唐律的适用范围，稠密法网，以杜绝违法者的侥幸心理，并使其都能被捉拿归案，受到应有的惩罚，而无疏漏。关于这一思想，唐律有过多次流露。《唐律疏议·贼盗》“亲属为人杀私和”条“疏议”说：“金科虽无节制，亦须比附论刑。岂为在律无条，遂使独为侥幸。”《唐律疏议·杂律》“不应得为”条“疏议”又说：“其有在律在令无有正条，若不轻重相明，无文可以比附”，因此有必要“临时处断，量情为罪，庶补遗缺”。《唐律疏议·斗讼》“囚不得告举他事”条“疏议”再次说，律无明文规定的，也要“依法推科”。可见，唐律内容密而不漏的实际情况与唐律本身的这一思想完全吻合，也正是这一思想的直接体现。

唐律的这一思想与当时唐统治阶级成员主张严惩罪犯，不能让不法分子存有侥幸心理的思想完全一致。在唐律制订、定本时期，唐统治阶级成员大多主张严打罪犯，并使那些不法分子打消犯罪不惩的侥幸心理，以此维护治安，稳定社会。贞观时期的唐太宗、魏征等人都有这样的思想。唐太宗认为，“天下愚人者多”，而且“愚人好犯宪章”，因此不能让“愚人常冀侥幸，惟欲犯法，不能改过”[①]。魏征认为，不严惩罪犯，社会治安没有保障，曾言：“小人之恶不惩，君子之善不劝，而望治安刑措，非所闻也。”[②]要严惩罪犯并使不法分子不存犯罪的侥幸心理，使用疏的法网显然是不够的，而是需要密的法网。可以这样说，唐律的法网密而不漏正是唐统治阶级成员这种思想的产物。

唐统治阶级成员的这种思想与以往封建统治者的重刑思想及其实践有一定相似之处。重刑思想主要包含两个方面：一是法网要密，二是用刑要重。唐以前的许多统治者都主张用重刑治国。

① 《贞观政要·赦令第三十二》。
② 《贞观政要·刑法第三十一》。

先秦时期的商鞅就认为,治国只有用重刑,轻刑不足以成事。他说:“行刑重其轻者,轻者不生,则重者无从至矣。此谓治之于其治也。行刑重其重者,轻其轻者,轻者不止,则重者无从止矣。此谓治之于其乱也。”①秦朝的统治者把重刑推向极端,不仅用刑很重,而且法网亦很密,史有“繁于秋荼”、“密于凝脂”之说。② 汉初统治者虽有“约法三章”的规定和约法省刑的措施,但以后法网仍不断加密,以至在汉武帝时期形成了汉律六十篇,明显多于战国时期法经和秦律的篇目数。魏晋南北朝时颁行律的篇目数虽少于汉律,但多数律的篇目数仍具一定规模,因为当时的统治者认为律的内容少了就会出现罪漏的情况,即所谓的“篇少则文荒,文荒则事寡,事寡则罪漏”③。罪漏是封建统治者所不愿看到的事。可见,不让罪漏、不使法网很疏似乎是封建统治者的一种共同意志,其根本目的是打击犯罪、稳定社会。

尽管战国、秦朝的统治者与汉至唐的统治者都主张法网不可疏,但他们的治国方略却不完全相同。战国和秦朝的统治者一味用法,忽视礼教,以致法治走向极端,善法变成了恶法,百姓不堪忍受,最后秦朝仅两世即亡。汉至唐的统治者总结了秦早亡的教训,改用礼法结合的治国方略,既重视礼教,又不忽视法制,两者相辅相成,因此汉和唐两朝都延续了较长时间。所以,战国、秦朝与汉至唐朝统治者治国的区别主要在于治国方略,而不在于对法网疏密的态度。

唐律的定本是在唐太宗贞观时期。唐太宗的法制思想对唐律的制定有很大影响。在唐律颁布前,他曾表达过国家的法律应该“简约”的思想。这里的“简约”是指对同一犯罪不要在多处作规定,以免“互文”,被人钻空子,而不是“法网要疏”的意思。贞观十

---

① 《商君书·说民》。
② 参见《盐铁论·刑德》。
③ 《晋书·刑法志》。

年(636年),唐太宗曾对他的侍臣说:“国家法令,惟须简约,不可一罪作数种条。格式既多,官人不能尽记,更生奸诈,若欲出罪即引轻条,若欲入罪即引重条。数变法者,实不益道理,宜令审细,毋使互文。”[1]唐律颁行以后,唐太宗关心的不是法网疏密的问题,而是法官是否依唐律司法的问题。贞观十六年(642年),他曾对大理卿孙伏伽说:“朕常问法官刑罚轻重,每称法网宽于往代。仍恐主狱之司,利在杀人,危人自达,以钓声价,今之所忧,正在此耳!深宜禁止,务在宽平。”[2]可见,唐太宗对唐律的法网不表示异议,也说明唐律法网较密是出于他的本意。

《旧唐书·刑法志》载,贞观律在武德律的基础上,“凡削烦去蠹、变重为轻者,不可胜纪”。笔者认为,这句话具有两方面含义:第一方面是唐律制定者用比前人更高明的立法技术,删去许多繁琐的内容,使律条更为明了。第二方面是以恤刑为原则,把许多重刑改为用轻刑,使有些原来适用于重刑的犯罪现适用于轻刑。这两方面都不涉及使法网变疏的问题,因此不能认为“削烦去蠹”就意味着使唐律变得疏而不漏了。

综上,唐律不是一部疏而不漏的法典,相反却是一部密而不漏的法典。唐律制定者的功绩在于,用较高的立法技术,使唐律的律条简明化,同时又不使它的法网变疏,以致有些罪犯成为漏网之鱼。加密法网的方法是多样的,其中包括:违反唐令、格、式的行为要依唐律被罚;有些违犯礼、理而律条无明文规定的行为也要被罚;用比附的办法使有些律无明文规定的行为也一起被罚;等等。

---

① 《贞观政要·赦令第三十二》。

② 《贞观政要·刑法第三十一》。

第二十章　唐律的法律与历史融合

唐律有许多成功之处，其中的一点是把法律与历史有机地融合在一起，许多内容是法制史的内容，可称是中国古代法律与历史融合的典范。从这一意义上讲，唐律还是一部法制史著作。

一、法律与历史结合的内容

唐律的内容大多围绕刑法问题展开，涉及的历史也主要是刑法史。此部法典中的有些字、罪名、罪行、刑罚、制度和篇目都有自己的历史，都与历史结合在一起。

1. 字与历史的结合

唐律中的字是其内容组成的细胞，与内容息息相关。为了准确地理解它们乃至律条的含义，唐律专门对某些相关的字作出解释，包括从历史的角度作些说明。"大不敬"罪中包含多种犯罪行为，"盗及伪造御宝"是其中之一。这里的"御宝"是犯罪对象，特别是"宝"这个字对正确理解这一对象关系重大。为此，唐律专门从历史发展的角度作了说明，从先秦一直到唐朝的开元时期。"说文云：'玺者，印也。'古者尊卑共之，左传云：'襄公自楚还，及方城，季武子取下，使公冶问，玺书，追而予之。'是其义也。秦汉以来，天子曰'玺'，诸侯曰'印'。开元岁中，改玺曰'宝'。"①另外，"夫"等字也都有相似情况。

2. 罪名与历史的结合

唐律中有大量的罪名，它们是唐律的重要组成部分。其中，有

---

① 《唐律疏议·名例》"十恶"条"疏议"。

许多罪名都存在历史渊源，有其历史发展的过程。唐律很注意把这种历史过程表达出来，有意识地把罪名与历史结合起来，以便人们能更全面地理解这些罪名。“十恶”这个大罪名就是如此。唐律从“十恶”的产生开始探源，直到它的定型，其发展脉络清清楚楚。“汉制九章，虽并湮没，其‘不道’、‘不敬’之目见存，原夫厥初，盖起诸汉。案梁陈已往，略有其条。周齐虽具十条之名，而无‘十恶’之目。开皇创制，始备此科，酌于旧章，数存于十。大业有造，复更刊除，十条之内，唯存其八。自武德以来，仍遵开皇，无所损益。”[①]“十恶”是个大罪名，其中包含十个小罪名。唐律还对其中的一些小罪名作了溯源性阐述，展示出它们的源头，使人们知晓设定这些罪名的历史原因。如“不睦”罪名的确定，可以追溯到《礼记》和《孝经》的记载。唐律明示了这一历史性的联系。“礼云：‘讲信修睦。’孝经云：‘民用和睦’。睦者，亲也。此条之内，皆是亲族相犯，为九族不相叶睦，故曰‘不睦’。”[②]“十恶”中的“谋反”、“谋大逆”、“大不敬”、“不孝”、“内乱”等罪名也都是如此。

3. 罪行与历史的结合

罪行也是唐律的重要组成部分，它与法定刑共同构成完整的律条内容。唐律中的有些罪行也与历史有联系，是历史造就了它们。例如，“不孝”罪包括多个罪行，其中的“供养有缺”和“闻祖父母父母丧，匿不举哀”两个罪行均源于《礼记》。它们的确定以历史上的《礼记》为依据，与其有渊源关系。唐律揭示了它们之间的这种关系。“礼云：‘孝子之养亲也，乐其心，不违其志，以其饮食而忠养之。’其有堪供而阙者，祖父母、父母告乃坐。”[③]由此可确定，子孙们“供养有缺”是“不孝”罪中的一项罪行。“依礼：‘闻亲丧，以哭答使者，尽哀而问故。’父母之丧，创巨尤切，闻即崩殒，擗

---

① 《唐律疏议·名例》“十恶”条“疏议”。

② 同上。

③ 同上。

踊号天。今乃匿不举哀，或择时日者，并是。”[①]以《礼记》的这一记载为依据，唐律确定了“不孝”罪中“闻祖父母父母丧，匿不举哀”的罪行。“谋反”、“谋大逆”、“恶逆”、“大不敬”等一些罪名的确定也都有类似情况。

4. 刑罚与历史的结合

唐律中的制裁方式以刑罚为主，尤其是五刑。这五刑都有自己的历史，唐律重视描述它们的历史，而且其发展脉络非常清晰。这里仅以杖刑为例。杖刑历史悠久，早在蚩尤时就已萌芽，经过汉等朝代的发展，到隋、唐朝时成形。“蚩尤作五虐之刑，亦用鞭扑。源其滥觞，所从来远矣。汉景帝以笞者已死而笞未毕，改三百曰二百，二百曰一百。奕代沿流，曾微增损。爰洎随室，以杖易鞭。”[②]笞、徒、流和死刑等也都有不同程度的这类描述。除此以外，有些刑罚也能体现出这种与历史的结合。加役流就是这样，它的适用对象原为犯有死罪者，武德年中期曾改为断趾，出于恤刑的考虑，贞观六年(632 年)改为加役流，一些过去要被适用死刑者因此被免死了。“加役流者，旧是死刑，武德年中改为断趾。国家惟刑是恤，恩弘博爱，以刑者不可复属，死者务欲生之，情轸向隅，恩覃祝纲，以贞观六年奉制改为加役流。”[③]

5. 制度与历史的结合

唐律中还有一些制度也与历史结合在一起，并把这些制度的历史沿革情况阐述得一清二楚。“八议”制度是其中之一，它作为《唐律疏议》中的一项特权制度，源于《周礼》中的“八辟”，以后逐渐演进为“八议”。到了唐朝，这一制度完备化了。唐律表述了这一渊源关系：“周礼云‘八辟丽邦法。’今之‘八议’，周之‘八辟’也。”“以此八议之人犯死罪，皆先奏请，议其所犯，故曰‘八议’。”[④]

---

① 《唐律疏议·名例》“十恶”条“疏议”。
② 《唐律疏议·名例》“杖刑五”条“疏议”。
③ 《唐律疏议·名例》“应议请减”条“疏议”。
④ 《唐律疏议·名例》“八议”条“疏议”。

另外,“妇人有官品邑号”等制度也有这种制度与历史结合的情况。①

6. 篇目与历史的结合

唐律共有十二篇,各篇目都有自己的历史发展过程。唐律每个篇目的开始都设有“疏议”,专门介绍这一篇目的产生、变化过程。比如,卫禁律的历史发展过程大致是:晋时创立卫宫律,宋至后周沿用,北齐改称为“禁卫律”,隋朝改为“卫禁律”,唐朝沿袭隋朝的称谓。“晋太宰贾充等,酌汉魏之律,随事增损,创制此篇,名为卫宫律。自宋洎于后周,此名并无所改。至于北齐,将关禁附之,更为禁卫律。随开皇改为卫禁律。”②其他十一篇也都有类似的历史叙述。

二、法律与历史结合的意义

《唐律疏议》中的字、罪名、罪行、刑罚、制度和篇目等与历史的结合有重要意义,主要表现在以下一些方面:

1. 有助于加深对《唐律疏议》内容的认识

唐律的内容承前启后,在总结前人的立法成果和经验的基础上形成,内容以刑法为主,其中的许多字、罪名、罪行、刑罚、制度和所有篇目的内涵中都有历史含量,要深入理解它们,不知晓它们的历史不行。唐律的制定者已考虑到这一问题,并用在律条后增加“疏议”的办法解决,意在帮助人们正确理解律条的内容。正如沈家本在《重刻唐律疏议序》中所讲的:“名疏者,发明律及注意;云议者,申律之深义及律所不周不达”,以使“律文之简质古奥者,始可得而读焉”③。当时,决定增加“疏议”的原因主要有两个:一是为了方便科举考试,从而有“凭准”;二是为了统一司法,避免“刑

---

① 参见《唐律疏议·名例》“妇人有官品邑号”条“疏议”。

② 《唐律疏议·卫禁》前言“疏议”。

③ 刘俊文点校:《唐律疏议》,中华书局1983年版,第670页。

宪之司执行殊异”。[1] 实际上,“疏议”与律文紧密结合在一起,与律条并行。唐高宗于永徽四年(653 年)颁行《唐律疏议》以后,司法官在断狱中也“皆引疏分析之”[2],“疏议”具有与律条相同的法律效力。这里的“引疏分析之”,包括对唐律中字、罪名、罪行、刑罚、制度与篇目等的分析。这种分析自然少不了对它们历史的分析,这是“疏议”的重要组成部分。通过对唐律的这些分析,可以加深对其中内容的认识,这对当时的科举考试和司法实践都有不可替代的重要意义。

这种意义的关键所在是它的权威性。缺少这种权威性,科举考试和司法实践的权威性就要受到动摇,这对国家来说是一种不幸。唐律从各个方面树立这种权威,其中包括使用历史的方法,从历史中寻找权威,把律中的字、罪名、罪行、刑罚、制度和篇目等都与历史挂钩,以提高它们的权威性。提高对《唐律疏议》内容的认识是必需的,因为它是唐朝的一部主要法典,也是科举考试和司法实践的重要依据。

唐律从历史角度提高其权威性的途径主要有三个:第一个途径是从历史的儒家经典中发现权威。唐朝的正统思想儒家思想也是一种国家权威的指导思想。从汉武帝确立其正统地位到唐朝,儒家思想已历经了几百年,其权威地位毋庸置疑。借助这一思想的权威,确立唐律的相关内容,就可使权威延伸,使它也具有权威性。所以,唐律大量使用历史上儒家经典中的经句论证、解释其中的内容。据统计,唐律中引用的这类经句取自《诗》、《书》、《礼》、《易》、《春秋》、《公羊》、《左传》、《尔雅》和《孝经》等。有的篇目中援引的还特别多,如名例律虽仅五十七条,但引证的经句就有四十余处。[3] 可见,历史上的儒家经典与《唐律疏议》中的内容融合在

---

① 参见王立民:《唐律新探》,上海社会科学院出版社 2001 年版,第 22 页。

② 《旧唐书·刑法志》。

③ 参见王立民:《唐律新探》,上海社会科学院出版社 2001 年版,第 58 页。

一起了。第二个途径是从历史上的法制中发现权威。唐律中的许多内容都有历史渊源,以前的一些朝代都在使用这些内容。《唐律疏议》对此继续使用、完善并在律文中加以明示,从历史的沿用和权威的延续上提高、确立这些内容的权威性。因此,唐律中就有许多这类内容。上述"十恶"、刑罚和篇目等的发展历史都是如此。可见,历史上权威的法制内容演绎成唐律的内容,两者紧密结合在一起了。第三个途径是以上两个途径的结合,即有些内容具有儒家经典和法制史的双重依据。这两者结合以后,其内容的权威性得到了进一步加强。唐律中的有些内容就采用了这一途径。例如,笞刑的条文既引用了《尚书》中"扑作教刑"的经句,又叙述了笞刑的发展历史。汉文帝十三年(前167年)进行刑制改革时,用笞刑取代劓刑,即"当劓者笞三百",以后笞刑便不断被沿革使用。"随时沿革,轻重不同。"[①]类似的内容还有不少。人们对《唐律疏议》内容权威性认识的提高,更有利于科举考试和司法实践正常秩序的形成。

2. 有助于增长中国法制史知识

唐律不仅是一部唐朝的法典,还是一部包括唐朝前期在内的中国法制史著作。阅读唐律,不仅可以知晓唐朝法制的内容,亦可以了解包括唐朝前期在内的中国法制史的一些内容。这是因为,在唐律的内容构成中,有些字、罪名、罪行、刑罚、制度和篇目等有历史积淀。这一积淀从夏朝前后中国法制的萌芽到最终起源和形成,至唐朝有二千余年,已经是一个时间不短的法制历史过程,可以构成一部中国法制史。通过阅知唐律的内容,有助于人们增长这一方面的知识,从而把握其中的内容。

从唐律中可以获得的中国法制史知识主要有以下三个方面:

首先,可以获得中国法典的体例产生、变化和发展方面的知识。这方面的知识的掌握对于正确认识中国古代的法律体系、法

① 《唐律疏议·名例》"笞刑五"条"疏议"。

典体例及其内容的组合等都具有十分重要的意义。中国的第一部律是战国时期秦国的《秦律》,它由商鞅改法为律而成,《法经》是其直接渊源。以后,又有许多法典面世。秦朝亦有《秦律》,汉朝有《汉律》,魏晋南北时期有《魏律》、《晋律》、《宋律》、《齐律》、《梁律》、《陈律》、《北魏律》、《北齐律》、《北周律》等,隋朝有《开皇律》和《大业律》,唐朝先后制定过《武德律》、《贞观律》、《永徽律》和《永徽律疏》、《开元律疏》等。这些律的体例不尽相同,而且还有个不断演进的过程。《唐律疏议》揭示了这一过程。它主要包括:一是以律为主的法典的整个发展过程,即从“周衰刑重,战国异制,魏文侯师于李悝,集诸国刑典,造法经六篇”,一直到“唐因于隋”。[①] 二是每个篇目的发展过程。《唐律疏议》共有十二篇,也有十二个篇目。每个篇目的变化就意味着其所含内容的变化、律的体例变化。以厩库律为例,汉朝的《九章律》中始设厩律;晋朝的《晋律》以牧事合之,便有了厩牧律;隋朝的《开皇律》以库事再附之,便有了厩库律;唐律沿用《开皇律》的厩库律,也有这一篇目的设置。[②] 人们从这两个过程可以了解到中国法制史中法典特别是律的体例、结构变化的知识。

其次,可以获得中国重要制度建立的理论依据方面的知识。这方面的知识对于全面、正确认识中国法制中的重要制度具有指导性意义。自汉武帝决定“独尊儒术”以后,儒家思想便成了中国法制的指导思想,礼法开始结合。从此,中国古代的法制走上了礼法结合的道路,法制中重要制度的建立都离不开儒家思想。这一思想集中体现在各本儒家经典中,这些经典写成于唐朝以前,也是一种史书。其中的一些经句往往是建立一些重要制度的理论依据,对人们准确理解这些制度具有指导作用。唐律很注意揭示这些经句与制度间的联系,帮助人们更深刻地理解这些重要制度。

---

① 参见《唐律疏议·名例》前言“疏议”。
② 参见《唐律疏议·厩库》前言“疏议”。

除了上述“八议”制度外，还有一些重要制度的建立也是如此。以五刑制度为例，唐律把主要刑罚制度简称为“五刑”。这五刑制度的确立与儒家经典的经句都有关联。《孝经》的经句决定了制定五刑中取“五”的原因。“圣人制五刑，以法五行。”五刑中的具体刑罚也有儒家经句的依据。《尚书》有“流宥五刑”的记载，于是便有了五刑中的流刑。“今之三流，即其义也。”[①]其他四刑也有相似的情况。人们可从儒家经典古籍中看到其对唐律中一些重要制度的影响，也可加深对这些制度的理论基础的认识。

最后，可以获得中国法制中一些内容沿革方面的知识。中国古代法律中的一些内容发展到唐朝已经成熟。唐律是中国一部内容比较完善的法典，其中的一些内容经过长期发展，达到了完备的程度。这些内容包括字、罪名、罪刑、刑罚、制度等等。知晓这些内容的沿革，有利于人们更正确地把握其内涵。唐律注意把这些内容的沿革告诉人们，从而更全面地认识它们。除了上述“宝”、“十恶”、“不睦”、“杖”、“八议”等一些内容外，还有其他一些内容也有其沿革史。早在春秋时期，就有在农隙出猎的国家大事，唐朝将其演变成“校阅”。“春秋之义，‘春蒐，夏苗，秋弥，冬狩，皆因农隙以讲大事’，即今‘校阅’是也。”可见，唐律中的“校阅”起源于春秋的“大事”，也是从这一“大事”发展而来的。[②] 另外，唐律打击制造伪劣假冒商品的行为，也是从先秦时打击这类行为转变而来的。那时，“物勒工名，以其考诚。功有不当，必行其罪”。唐律规定：“诸造器用之物及绢布之属，有行滥、短狭而卖者，各杖六十。”[③]它们之间都有一种历史的联系。

3. 有助于提高法律意识

法律意识是法律素质的重要组成部分。学习法律是提高法律

---

① 《唐律疏议·名例》“流刑三”条“疏议”。

② 参见《唐律疏议·擅兴》“校阅违期”条及其“疏议”。

③ 《唐律疏议·杂律》“器用绢布行滥短狭而卖”条及其“疏议”。

意识的一个路径。学习法制史同样有利于人们提高法律意识。通过阅知唐律中法制史的内容,可以在以下几方面帮助人们提高法律意识:

首先,可以帮助人们提高王制意识。从唐律中法制史的内容可以十分清楚地认识到,中国古代的法制都由帝王确定,先是国王,后是皇帝,都与他们至高无上的地位联系在一起。正如《唐律疏议》所言:“(西周时)穆王度时制法,五刑之属三千。”到了汉朝,“前主所是著为律,后主所是疏为令”。总之,历史上的帝王“莫不凭黎元而树司宰,因政教而施刑法”①。法制作为依附于帝王的产物,基于帝王的至尊地位,也高高在上,人们必须遵守。遵守了法制,就是服从了帝王;否则,就是触犯了帝王。这与中国古代长期实行的专制统治和专制制度一脉相承。

其次,可以帮助人们提高规则意识。法制是一种规则,确立法制是为了形成一种以规则为基础的秩序。唐律中大量的法制史内容告诉人们,一个国家不能没有法制,它“譬权衡之知轻重,若规矩之得方圆”。中国自夏朝以来就致力于制定法制,用它规范人们的行为。“不立制度,则未之前闻”②,人们必须依照法制行事,否则就要承担相应的法律责任。这一意识水平的提高,直接有助于人们遵守、实施法制,形成一个良好的社会秩序。

最后,可以帮助人们提高罪与非罪的意识。唐律以刑法为主要内容,其他部门法的内容都是附带而已。它的名例篇是总则,规定的是刑罚和一般原则;其他十一篇都是分则,规定的是具体的犯罪,其法条由罪行和法定刑两部分组成。比如,“诸有妻更娶妻者,徒一年;女家,减一等”③。人们知晓了唐律的内容,就知道了什么是犯罪,懂得了罪与非罪的界限,有了罪与非罪的意识。在这一意

---

① 《唐律疏议·名例》前言“疏议”。

② 同上。

③ 《唐律疏议·户婚》“有妻更娶”条。

识中有一个重要的方面，即犯罪者都要依律受到刑罚处罚。这与唐律“刑罚不可驰于国，笞捶不得废于家”[1]的思想吻合。这一意识的树立有利于预防、减少犯罪，提高人们的社会安全感，稳定社会。

以上三大意识是中国古代法律意识中的重要组成部分。通过阅知唐律，可以提高这三大意识，同时也有助于人们提高法律意识。

三、法律与历史结合的原因

唐律能成功地把法律与历史融合起来，发挥法制史的作用，有一定的原因。同时，它的这一成功之处还对后世的立法产生了一定的影响。

唐律能把法律与历史成功结合起来，原因主要有以下四个方面：

第一，唐朝前期的社会发展为其法律与历史的结合创造了一个良好的社会环境。《唐律疏议》在唐朝的前期制定。《武德律》是唐朝的第一部律，《贞观律》完善了律文，《永徽律》沿用《贞观律》的内容，《永徽律疏》增加了“疏议”部分内容，《开元律疏》沿袭《永徽律疏》的体例和内容。在这一时期，社会不断发展，改变了隋末的萧条状况，出现了“贞观之治”、“开元盛世”等大治年代。在制定《唐律疏议》的永徽时期，“有贞观之遗风”[2]。在这样一个良好的社会环境中，唐朝的高层和《唐律疏议》的制定者可以有充足的时间和精力充分考虑唐律中法律与历史的结合问题；否则，国家大乱，秩序混乱，就不会有充足的时间和精力思考法典的这一结合了。可以说，唐朝前期的社会发展为《唐律疏议》的这种结合提供了一个不可多得的机遇。

---

① 《唐律疏议·名例》前言“疏议”。

② 李贽：《史纲评要·唐纪》。

第二,中国法制已有了两千多年经验的积累。自夏朝开始正式确立法制以后,每个朝代都建立了自己的法制,而且还不断总结经验,推进法制的发展。早在西周时,已提出了"三典"的理论,即"刑新国,用轻典;刑平国,用中典;刑乱国,用重典"①。以后,各朝又在法典的体例和内容等方面不断发展。从体例上看,自战国时《法经》的六篇,经过汉朝《九章律》等的演进,到隋朝的《开皇律》已形成十二篇及其篇名,并为《武德律》以及以后的《唐律疏议》所继受。从内容上看,大量礼法结合的内容融入法典,"十恶"、"八议"、"上请"、"五服以制罪"、"同居相为隐"等都是如此,而且这些内容也都被纳入《唐律疏议》并成熟化了。这些长年来积累的法制史内容至唐朝已经基本定型,有了可以总结的机遇。唐律的制定者抓住了这个机遇,不仅制定了一部较为完善的法典,而且还写就了一部自夏朝以来的中国法制史。

第三,唐朝前期的儒学有了进一步发展。唐律中的许多法制史内容都与儒家经典联系在一起,以儒学为基础。唐朝前期的儒学有了进一步发展,为唐律的制定和其中法制史内容的撰写提供了坚实的理论指导。唐太宗重视儒学,执政以后大力推崇儒学,重视儒学教育。贞观二年(628 年),他"诏停周公为先圣,始立孔子庙堂于国学,稽式旧典,以仲尼为先圣,颜子为先师,两边俎豆干戚之容,始备于兹矣"。同年,他还大收天下儒士,"赐帛给传,令诣京师,擢以不次,布在廊庙者甚众。学生通一大经已上,咸得署吏"。于是,儒学教育达到了空前的程度。"国学强筑学舍四百余间,国子、大学、四门、广文亦曾置生员,其书、算各置博士、学生,以备众艺",以致"四方儒生负书而至者,盖以千数";"国学之内,鼓箧升讲筵者,几至万人,儒学之兴,古昔未有也"②。贞观四年(630年),唐太宗又令儒生撰定《五经正义》,把儒家经典的内容规范

① 《周礼·秋官·大司寇》。

② 《贞观政要·崇儒学第二十七》。

化。他“诏师左与国子祭酒孔颖达等诸儒，撰定五经疏议，凡一百八十卷，名曰《五经正义》，付国学施行”①。这些都使儒学的地位进一步正统化，也使它能进一步传播，日益深入人心，并为唐律中法制史内容的最终形成奠定了理论基石。

第四，唐律的制定者具备了较高的素养。制定法典是一种人的自觉行为，与制定者的个人素养密切相关。只有具备了较高素养的制定者才能制定出较高水平的法典。唐律的制定者具备了较高的素养，其中包括通晓法律和博识文史两个方面，它们对于撰写法制史不可或缺。根据《唐律疏议·进律疏表》的记载，《唐律疏议》的制定者有长孙无忌、李勣、于志宁等十九人。他们都不同程度地熟悉法律和文史，具有这方面的素养。例如，律学博士司马锐，他专门从事教授、研究法律工作。“掌教文武官八品以下及庶人子为生者，以律令为专业，格式法例亦兼习之。”②再如，参加过律的制定的长孙无忌，他在贞观时就参加了《贞观律》的制定，以后又参加了《永徽律》的制定。又如，从事过地方司法工作的董雄、石士达等人，以及在具有中央司法职能的中书、门下省和大理寺、刑部任职的官员段宝玄、来济、辛茂将、唐临、王怀恪等人。需要特别提及的是，唐朝的中书、门下省官员也有司法职能，因为“凡罪抵流、死，皆上刑部，复于中书、门下”③。另外，他们还熟悉文史。其中，长孙无忌被认为“博涉书史”④，褚遂良“博涉文史”⑤，于志宁还撰写过《五经义疏》，等等。唐律制定者具备的这些素养使他们能成功地把法律与历史结合起来，从而写就了一部法制史。

第五，唐律中的“疏议”发挥了独特的作用。唐律中的法制史内容都在“疏议”中，它为法律与历史的结合提供了一个合适的平

① 《贞观政要·崇儒学第二十七》。
② 《旧唐书·职官志》。
③ 《新唐书·百官志三》。
④ 《新唐书·长孙无忌传》。
⑤ 《旧唐书·来济传》。

合。唐朝以前也有对法律作解释的方法，秦有《法律答问》，晋律有“注”等。“疏议”在总结前人法律解释经验的基础上，实现了飞跃，完善了各种功能，其中包括法律与历史结合。它通过引用儒家经典、描述历史发展过程、揭示历史渊源等方法，把历史与律文中的字、罪名、罪行、刑罚、制度和篇目有机结合起来，展示在人们面前，使唐律也成为一部法制史。没有“疏议”，就不会有这种现实。“疏议”比以前任何一种方式都要高明，功不可没。

正是以上五方面原因，促成了唐律法律与历史的结合，成就了中国法制史。令人注目的是，它的这一做法还对后世立法产生了影响，开创了中国古代法典中法律与历史结合的先河。《宋刑统》等法典也步其后尘，采用了这一结合方式。《宋刑统》的体例与唐律不尽相同，其中不同之处很明显。它在篇下分门，使用刑统形式，还在每篇的前言部分取消了“疏议”等，但律条的“疏议”中仍保留有法律史的内容，绝大多数与唐律的“疏议”相同。可以说，《宋刑统》还是效仿了《唐律疏议》的基本做法，把法律与历史相结合。由此可见，唐律影响深远。

第二十一章　唐律的连坐制度

连坐是我国古代长期使用的一项制度，唐律中也有这一制度。它是唐律中的一项重要制度，直接影响到唐朝的用刑，也反映了唐朝的刑事政策。本文对此作些探研。

一、适用连坐的原则

唐律中的连坐制度有自己的适用原则，主要表现在以下一些方面：

1. 适用连坐的对象不包括死亡者

唐律中连坐的适用对象凡是人的，仅指那些生存者，死亡者不在适用范围之中。“带官应合缘坐，其身先亡，子孙后犯反、逆，亦合除名以否？”在回答这一问题时，《唐律疏议·名例》“除名”条“疏议”阐述了连坐只适用于生存者的原则。“缘坐之法，惟据生存。出养入道，尚不缘坐，无宜先死，到遣除名。理务弘通，告身不合追毁。”回答中虽仅言及“缘坐”，但其实其他连坐也都一样，连坐对象仅指生存之人，不及已逝者。

2. 不知情的连坐对象用刑比知情的轻

从主观方面而言，连坐对象对犯罪行为有不知情与知情之分。唐律的原则是：对不知情者用刑轻于知情者。这类律条较多，这里仅举两则为例。《唐律疏议·厩库》“应输课税迴避作匿”条规定，对官员“应输课税及入官之物，而迴避诈匿不输，或巧伪湿恶”的行为都要进行打击，用刑是：“计所缺，准盗论”。连坐到主司时，对不知情与知情的处罚不同，即不知情的轻，知情则重。“主司知情，与同罪；不知情，减四等。”在有些犯罪中，不知情者甚至可以轻至不被追究刑事责任。《唐律疏议·职制》“增乘驿马”条惩治那些“增乘驿马者”,用刑为:“一匹徒一年,一匹加一等”。连坐到主司,知情的要与犯罪者一样受罚,不知情的则不被处罚。“主司知情与同罪,不知情者勿论。”

3. 犯罪行为的危害程度决定着被连坐的范围与用刑

在唐律中,危害程度越大的,连坐范围也越大、用刑也越重,反之则越小、越轻。这里以都是家庭成员的连坐即缘坐为例。构成“谋反”罪的与构成“杀一家非死罪之人及支解人”罪的家庭成员的连坐就不同,前者的用刑重,而且还连坐范围广。根据《唐律疏议·贼盗》“谋反大逆”条的规定,谋反者本人要被处斩刑;被连坐的人范围很广,包括父、子、妻妾、女、姊妹、部曲、伯叔父、兄弟之子等等,而且用刑很重,凡用五刑的都为“绞”或“流三千里”。[①]《唐律疏议·贼盗》“杀一家三人支解人”条则规定,凡是“杀一家非死罪三人及支解人”的,本人“皆斩”,连坐的成员只有妻和子,用刑均为“流二千里”。其用刑较“谋反”罪为轻,连坐的范围也相对小。究其原因,是因为危害程度不同,“谋反”罪危害的是国家安全,“杀一家非死罪及支解人”罪危害的则是人身安全,前者的危害程度大于后者,所以前者连坐的范围也较大,用刑也较重。

4. 被连坐者原可享用的优待权要被取消

唐律中被连坐者的关系人一般都犯有重罪,而且被连坐者本人还应被追究刑事责任,处以刑罚,因此他们原来可以享用的优待权要被取消。这里以“反逆缘坐流”为例,一些家庭成员因为家里有人犯有谋反或大逆罪而被连坐为流刑的对象,具体是谋反、大逆者的“伯叔父、兄弟之子”等。[②] 他们中如果有人原来是可以享用赎的优待权的,这一权利即被消除。《唐律疏议·名例》“老小及疾有犯”条规定:“诸年七十以上、十五以下及废疾,犯流罪以下,

---

① 其原文是:“诸谋反及大逆者,皆斩;父子年十六以上皆绞,十五以下及母女、妻妾、兄弟、姊妹若部曲、资财、田宅并没官,男夫年八十及笃疾、妇人年六十及废疾者并免;伯叔父、兄弟之子皆流三千里,不限籍之同异。”

② 参见《唐律疏议·贼盗》“谋反大逆”条。

收赎。”此条同时还规定：“犯加役流、反逆缘坐流、会赦犹流者，不用此律”。此条“疏议”还专门对取消“反逆缘坐流”者用赎的优待权作了这样的说明：“反逆缘坐流者，逆人至亲，义同体戚，处以缘坐，重累其心，此虽老疾，亦不许赎。”

5. 被连坐“没官”的对象包括物和人

被连坐者除了被处以刑罚外，还有被“没官”的。这里的“没官”是指没收为国家所有。“没官”的对象既有物，也有人。《唐律疏议·贼盗》“谋反大逆”条规定的“没官”就是如此。“十五以下及母女、妻妾、兄弟、姊妹若部曲、资财、田宅并没官。”其中，资财、田宅是物，而其他的均为人。人也在“没官”之列，他们被“没官”后，就成了官奴婢，失去了正常人的身份，在法律上就如同财产一样。就像唐律中规定的，“奴婢贱人，律比畜户”①，“奴婢同于资财”②。《唐律疏议·贼盗》“以私财奴婢贸易官物”条“疏议”明确说：“‘反逆’条中称‘资财并没官’，不言奴婢、畜产，即是总同财物。”因此，这里的“奴婢”虽在生理上也是人，可在法律上便被视为财产，属于“没官”的连坐对象。

6. 神职人员与有些贱民不适用连坐

唐朝的神职人员与贱民的特殊性比较明显。神职人员包括道士、女官和僧、尼，他们已入道、脱俗，彼此之间不能连坐，只处罚本人。贱民中，有些人本身属于官私的附属者，没有独立地位，如部曲、奴婢；有些人在州、县没有附入籍贯，不属于本地的常驻人员。在一般情况下，这些人因其特有的理由而不在连坐的范围之中。《唐律疏议·贼盗》“缘坐非同居”条规定，道士、女官和部曲、奴婢“犯反逆者，止坐其身”。此条“疏议”在对此律条作解释时，又将适用范围延伸到其他贱人，说：“若工、乐、官户，不附州县贯者，与部曲例同，止坐其身，更无缘坐。”

---

① 《唐律疏议·名例》“官户部曲官私奴婢有犯”条“疏议”。

② 《唐律疏议·名例》“彼此俱罪之赃”条“疏议”。

二、连坐的种类

唐律中，连坐的种类包括：

1. 家庭成员连坐

唐律中的家庭成员连坐适用一些重大犯罪，除谋反、谋大逆的犯罪外，在杀一家三口人、造畜蛊毒等一些犯罪中也适用这一连坐。家庭成员连坐在唐律中被称为“缘坐”，连坐的范围为三族，即涉及祖、孙和本身。《唐律疏议·名例》“称期亲祖父母等”条“疏议”明确指出：“缘坐者，各从祖孙本法。”此条“疏议”同时还举例作了这样的说明：“依贼盗律，反逆者，父子年十六以上皆绞，祖孙没官。”在一般情况下，缘坐对象中的“子”只是男性孩子即儿子，不含女儿。但是，如果律条明确规定女儿也是缘坐对象，则属例外。“缘坐者，女不同。”“缘坐者，谓杀一家三人之类，缘坐及妻子者，女并得免，故云‘女不同’。其犯反逆、造畜蛊毒，本条缘坐及女者，从本法。”[①]此外，在一般情况下，亲属之间相犯不适用连坐。唐律没有对这种犯罪作出连坐的规定。另外，虽然有些亲属在一些重大的犯罪中不在连坐之列，可一经捕告，就是家属把其捕告到官府的，也都按自首的规定处理。“谋叛以上本服期者，谓非缘坐，若叛未上道、大逆未行之类，虽尊压、出降无服，各依本服期。虽捕告以送官司，俱同罪人自首之法。”[②]最后，监临官的家庭成员收受了被监临人的贿赂，监临官也要作为家庭成员被连坐受罚，只是用刑轻于其家人而已。“诸监临之官家人，于所部有受乞、借贷、役使、买卖有剩利之属，各减官人罪二等；官人知情与同罪，不知情者各减家人罪五等。”[③]

2. 邻居连坐

唐朝建立了比较完善的户籍制度，邻居之间有“同伍”、“比

---

① 《唐律疏议·名例》“称期亲祖父母等”条“疏议”。

② 《唐律疏议·名例》“犯罪未发自首”条“疏议”。

③ 《唐律疏议·职制》“监临之官家人乞借”。

伍”的建制。“同伍”是五户人家组成的单位。“比伍”则是靠近“同伍”的五户人家单位，即“每伍家之外，即有‘比伍’”[1]。这些邻居单位构成了邻居连坐的单位，形成了连坐责任，在唐律中亦有反映。《唐律疏议·斗讼》“强盗杀人不告主司”条就规定，在发生强盗、杀人犯罪时，“同伍”、“比伍”都有控告义务，否则将被连坐而受刑事制裁。“诸强盗及杀人贼发，被害之家及同伍即告其主司。若家人、同伍单弱，比伍为告。当告而不告，一日杖六十。”这里的“主司”包括基层的邻居单位负责人以上官吏，即坊正、村正和里正等以上官吏。“须告报主司者，谓坊正、村正、里正以上。”[2]当出现劫持人质情况时，邻居连坐也会发挥作用。《唐律疏议·贼盗》“有所规避执人质”条及其“疏议”对此作出了规定。它规定，包括一定范围之内的邻居发现有劫持人质情况时，应及时采取行动，抓捕犯罪人，否则要被追究刑事责任。“村正以上，并四邻伍保，或知见，皆须捕格。”“部司及邻伍知见，避质不格者，徒二年。”以上是邻居被侵害时适用的连坐，唐律中还有邻居内部有人犯罪、知而不告的也适用连坐的规定。根据犯罪人所犯罪的轻重，连坐人被追究的刑事责任也不同，具体是：“同伍保内，在家有犯，知而不纠者，死罪，徒一年；流罪，杖一百；徒罪，杖七十。”但是，在通常情况下，家中的妇女和十五岁以下的男子不在连坐之列。“其家唯有妇女及男年十五以下者，皆勿论。”[3]

3. 职务连坐

唐律大量使用职务连坐，以规制官吏的行为，推进吏治。《唐律疏议·斗讼》“监临知犯法不举劾”条对职务连坐有明文规定：“诸监临主司知所部有犯法，不举劾者，减罪人罪三等。纠弹之官，减二等。”此律文中的“监临”和“主司”都有专门的含义。“‘监

---

① 《唐律疏议·斗讼》“强盗杀人不告主司”条“疏议”。

② 同上。

③ 《唐律疏议·斗讼》“监临知犯法不举劾”条。

临’，谓统摄之官。‘主司’，谓掌领之事及里正、村正、坊正以上。”他们如果知道部下有违犯法、令、格、式之事而不举告，就要被连坐。“知所部之人，有违法、令、格、式之事，不举劾者”，就要被连坐并追究刑事责任，用刑幅度是：“减罪人罪三等”。[①] 唐律中的职务连坐有其范围。“应连坐者，各依公坐法，节级得罪。”[②]如果是同职犯公罪，这一“节级得罪”表现为：长官、通判官、判官、主典各为一等。这里的“同职”是指连署之官，具体为：“长官为一等，通判官为一等，判官为一等，主典为一等，各以所由为首。”但是，如果是通判官以上异同失理而“应连坐者”，则只连坐至“长官及检、勾官”，其他的官吏不再连坐。此外，如果是同职官犯有私罪，连坐官吏不知情，则不在连坐之列，只按过失犯罪论处。“若同职有私，连坐之官不知情者，以失论。”[③]在职务连坐中，也适用自觉举。连坐之人中，只要有一人自觉举，其他人都可被免罪。“应连坐者，长官以下，主典以上及检、勾官在案同判署者，一人觉举，余并得原。”这就是：“应连坐者，一人自觉举，余人亦原之。”[④]最后，职务连坐的对象包括坊正以上的“主司”官吏。[⑤]

4. 军事连坐

唐律重视军队建设，也在军队中实行军事连坐，以避免或减少军人犯罪。《唐律疏议·擅兴》“征人冒名相代”条及其“疏议”对冒名从军的犯罪行为作了处罚规定，其中涉及军事连坐。如果有人冒名从军，除了本人要被“徒二年”外，还要按情节，连坐旅师、校尉、果毅、折冲等军事人员。“其在军冒名者，队正同里正；旅帅、校尉，减队正一等；果毅、折冲，随所管校尉多少，通计为罪。”《唐律疏议·擅兴》“征人巧诈避役”条及其“疏议”在严惩军人临征讨

---

① 参见《唐律疏议·斗讼》“监临知犯法不举劾”条“疏议”。

② 《唐律疏议·职制》“大祀不预申期及不如法”条“疏议”。

③ 《唐律疏议·名例》“同职犯公坐”条及其“疏议”。

④ 《唐律疏议·名例》“公事失错自觉举”条及其“疏议”。

⑤ 参见《唐律疏议·斗讼》“监临知犯法不举劾”条及其“疏议”。

而巧诈避役的同时,还用军事连坐的方法,追究相关军事人员的刑事责任。如果有人临对寇贼,“乃巧诈方便,推避征役”,要被处以“斩”刑。“主司不加穷核而承诈者,减罪二等;知情者与同罪,至死者加役流。”

5. 其他连坐

除了以上四种连坐以外,唐律中还有其他连坐,其中包括傍人和行人。在一定条件下,如果他们不履行与犯罪作斗争义务,即会被连坐受罚。《唐律疏议·捕亡》“被殴击奸盗捕法”条规定,如果出现“被人殴击折伤以上,若盗及强奸”的犯罪,傍人即应把犯罪人抓获,送至官府。“虽傍人皆得捕系,以送官司。”如果他们不这样做,就会被连坐而被追究刑事责任,用刑是“笞三十”。《唐律疏议·捕亡》“道路行人不助捕罪人”条又规定,如果有官吏依法追捕犯罪人而力量不足以对付,就可告知行人,以求帮助。此时,行人有对付犯罪人能力而不相助的,就会被连坐而受到刑罚处罚。“诸追捕罪人而力不能制,告道路行人,其行人力能助之而不助者,杖八十;势不得助者,勿论。”

三、适用连坐的犯罪

唐律中的连坐制度只适用于一部分犯罪,而不是全部,其适用的犯罪主要是以下几大类:

1. 危害国家安全的犯罪

危害国家安全的犯罪是对唐统治者根本利益危害最大的犯罪,故使用连坐,以增加用刑的力度,对犯罪者进行严厉制裁。唐律中危害国家安全的犯罪主要是谋反、谋大逆和谋叛等。对这些犯罪者的家人、其他同居者,都要适用连坐。其中,对谋反和谋大逆犯罪的处罚又最甚,广泛连坐三族以内的亲属、部曲、财产等。《唐律疏议·贼盗》“谋反大逆”条对此作了规定。谋叛犯罪也适用,只是连坐范围小于谋反和谋大逆犯罪,其连坐者少于谋反和谋大逆者,而且不涉及财产和部曲。《唐律疏议·贼盗》“谋叛”条规定："诸谋叛者，绞。已上道者皆斩，妻子流二千里，若率部众百人以上，父母、妻、子流三千里。"这类犯罪的危害性太大了，因此原可以用赎的方法被取消，连坐人必须受到实刑的处罚。[1]

2. 严重损害人身安全的犯罪

唐律对严重损害人身安全的犯罪同样处以重罚，也适用连坐。有关造畜蛊毒的犯罪就是如此，连坐人包括同居者和教令人等。《唐律疏议·贼盗》"造畜蛊毒"条规定："诸造畜蛊毒及教令者，绞；造畜者同居家口虽不知情，若里正知而不纠者，皆流三千里。造畜者虽会赦，并同居家口及教令人，亦流三千里。"此条"疏议"还对相关问题作了解释。此条所指的"蛊毒"足以害人，对人身安全构成危害。"造合成蛊，堪以害人者。"这种毒物的数量较多，即"蛊有多种"，只要属于蛊毒之类便属于此类犯罪。为了便于人们认识蛊毒，"疏议"以蛇蛊为例作了这样的说明："集合诸蛊，置于一器之内，久而相食，诸虫皆尽，若蛇在，即为'蛇蛊'之类。"此外，杀一家非死罪三人及支解人的犯罪也是一种严重损害人身安全的犯罪，同样要被适用连坐，连坐的范围为妻与子。《唐律疏议·贼盗》"杀一家三人支解人"条规定："诸杀一家非死罪三人及支解人者，皆斩；妻、子流二千里。"

3. 严重侵犯财产权的犯罪

对于那些严重侵犯财产权的犯罪行为，唐律也严厉打击，甚至不惜使用连坐。当出现强盗犯罪时，邻居间就有救助的义务，如果不履行这一义务，就会被连坐而受到处罚。《唐律疏议·捕亡》"邻里被强盗不救助"条规定："诸邻里被强盗及杀人，告而不救助者，杖一百；闻而不救助者，减一等；力势不能赴救者，速告随近官司，若不告者，亦以不救助论。"此条"疏议"还专门对邻里范围作了界定，即对连坐的范围作了规定。"五家为邻，五邻为里。"他们之间接壤，联系在一起，可以形成共同与强盗等犯罪作斗争的单

---

① 参见《唐律疏议·名例》"老小及疾有犯"条"疏议"。

位，确定相关连坐的义务；如果不履行这一义务，就要承担相应的刑事责任。“既同邑落，邻居接续，而被强盗及杀人者，皆须递告，即救助之，若告而不救助者，杖一百。虽不承告，声音相闻，而不救助者，减一等，杖九十。”

4. 职务犯罪

唐朝的官吏职责明确，一旦有官吏犯有公罪，就会连坐到相关官吏。比如，大理寺判决案件有错，那么要被连坐的官员就有大理寺卿、大理寺少卿、大理寺正、大理寺丞、大理寺府史等。其中，大理寺卿是长官，大理寺少卿和大理寺正是审判案件的通判官，大理寺丞是审判官，大理寺府史是案卷的掌管人员。如果府史在检送案件请主官办理过程中有了违失，府史就成了首犯，大理寺丞是第二等从犯，大理寺少卿和大理寺正便是第三等从犯，大理寺卿就是第四等从犯。他们要分别被连坐用刑。又如，大理寺丞判错了案件，那么大理寺丞就成了首犯，大理寺少卿和大理寺正就是第二等从犯，大理寺卿即第三等从犯，府史就成了第四等从犯。这在《唐律疏议·名例》“同职犯公坐”条及其“疏议”里都作了明文规定。可见，在唐律中广泛适用职务犯罪的连坐。

另外，军事犯罪等也适用连坐。总之，在唐朝，一些较为重大的犯罪多有连坐相伴，以增加用刑力度，严厉惩治犯罪。

四、与连坐制度相关的几个问题

与唐律的连坐制度相关的还有一些问题需论及，突出表现在以下一些方面：

1. 连坐内容有了增加

这又包括连坐的种类和种类中涉及的人员等。首先，唐朝以前的连坐种类仅限于家庭成员、邻居、职务和军事连坐四种，唐律中的连坐种类有了增加。除了以上的四种以外，还有一些不特定人的连坐对象，《唐律疏议·捕亡》“被殴击奸盗捕法”条所规定的“傍人”和“道路行人不助捕罪人”条中规定的“行人”都是如此。

此外，在家庭成员的连坐中，唐律增加了监临官的家庭收受贿赂后要连坐到监临官受罚的内容也是如此。[①] 从现有史料看，唐朝以前鲜有这方面的记载，更不见唐律以前的律有这类规定。这从一个方面说明唐律所规定的连坐制度比以往的有了发展，使其更为完善；唐律的制定者也比以前更重视运用连坐制度，使其更多地发挥在打击和预防犯罪中的作用。

2. 形成了自己的主流连坐理论

唐律不仅确定了连坐制度，而且还形成了自己的主流连坐理论，以这一理论为基础，建立了自己的连坐制度。这一理论涉及多个方面，针对性很强，归结起来主要有以下几个方面：首先，严惩重大犯罪。唐律认为，谋反等一些重大犯罪直接威胁国家安全和皇权，必须严惩，包括不惜使用连坐，以增强其惩罚的力度。“人君者，与天地合德，与日月齐明，上抵宝命，下临率土。”[②]“谋反、大逆，罪极诛夷，污其室宅，除恶本人。”[③]因此，“缘坐之罪者，谓谋反、大逆及谋叛已上道者，并合缘坐”[④]。其次，至亲应有福同享、有罪同当。唐律认为，亲属中的至亲关系最为密切，因此他们之间就存在一种有福同享、有罪同当的关系。一旦有至亲犯了重罪，其他至亲也就要有罪同当，接受应有的连坐处罚。“反逆缘坐流者，逆人至亲，义同休戚，处以缘坐，重累其心。”[⑤]再次，充分发挥邻居组织的作用。唐朝也建立了户籍制度，组建了相关的邻居组织邻伍等。这些组织内，家庭都紧挨着，可以发挥其在与犯罪作斗争中的作用和义务。如果他们推诿或不承担这样的义务，就要连坐受罚。《唐律疏议·贼盗》“有所规避执人质”条“疏议”就明确说，当出现劫持人质情况时，“四邻伍保，或知见，皆须捕格。若避质不格

---

① 参见《唐律疏议·职制》“监临之官家人乞借”条。

② 《唐律疏议·贼盗》“谋反大逆”条“疏议”。

③ 《唐律疏议·名例》“彼此俱罪之赃”条“疏议”。

④ 《唐律疏议·名例》“犯罪未发自首”条“疏议”。

⑤ 《唐律疏议·名例》“老小及疾有犯”条“疏议”。

者，各徒二年”。《唐律疏议·捕亡》“邻里被强盗不救助”条“疏议”也认为，邻伍家庭“既同邑落，邻居接续，而被强盗及杀人者，皆须递告，即求助之，若告而不救助者，杖一百”。最后，要惩罚知情不纠的过错行为。在唐律中，包括坊正、村正和里正在内的“主司”在行使公务中，都有知错应纠的义务。如果不纠，便有了不纠的过错。过错者要承担过错行为的连坐责任。“造畜者同居家口虽不知情，若里正知而不纠者，皆流三千里。”①在唐律中，许多律条都对知错不纠的官吏使用了连坐，这里列举两例。《唐律疏议·卫禁》“宫殿作罢不出”条规定，在宫殿做工结束后不离开的，要被“徒一年”，同时“将领主司知者，与同罪”。《唐律疏议·杂律》“器用绢布行滥短狭而卖”条规定，凡是制造了器皿、绢布等伪劣商品的，制造人要被“杖六十”，“市及州、县官司知情，各与同罪”。

3. 对后世立法产生了影响

唐律中的连坐制度还对后世的封建立法产生了影响，这里仅以宋刑统、大明律与大清律例为例，稍作窥视。宋刑统在结构上与唐律有了一些差异，在律下分门。唐律中的有些律条在宋刑统中作了归并。比如，《唐律疏议·贼盗》中的“谋反大逆”、“谋叛”与“口陈欲反之言”等条都被《宋刑统·贼盗》归并为“谋反逆叛”门。但是，唐律中的连坐制度全盘为宋刑统所接受。大明律与大清律例也受到唐律连坐制度的影响，建立了自己的连坐制度，只是在具体规定中与唐律有点差异，这个差异的基本点是加重了连坐。究其原因，主要是它们所贯穿的原则不同。大明律与大清律例贯彻了从重原则，而唐律实行的则是从轻原则。从重原则同样体现在连坐上，以谋反、大逆罪和谋叛罪为例。大明律和大清律例中所规定的连坐范围明显大于唐律的规定。在谋反及大逆罪中，大明律与大清律例都把祖父、孙、子之妻妾等列入这一范围，而唐律则没

① 《唐律疏议·贼盗》“造畜蛊毒”条。

有。[1] 在谋叛罪中，它们又把妾女、父母、祖、孙、兄弟等也纳入连坐范围，唐律也没有。[2] 另外，在谋反及大逆罪中，就是相同的连坐范围部分，大明律与大清律例的用刑也重于唐律。在此罪中，它们都规定了“父子年十六岁”的要被连坐用死刑，可大明律与大清律例用的斩刑，唐律则用绞刑。唐律的用刑轻于前两者。可见，唐后的宋刑统、大明律与大清律例都不同程度地受到唐律连坐制度的影响，其影响深远。

---

① 详见《大明律·刑律·贼盗》和《大清律例·刑律·贼盗》“谋反大逆”条。

② 详见《大明律·刑律·贼盗》和《大清律例·刑律·贼盗》“谋叛”条。

第二十二章　唐律与唐朝的身份等级关系

唐朝是个等级社会，人们之间有身份等级差异。唐律通过多种途径，淋漓尽致地把人们的这种等级差异表现出来并加以保护，严厉制裁那些侵害身份等级的行为。本文拟对唐律与唐朝的这种身份等级关系作些探索。

一、反映身份等级关系的主要途径

唐律通过多种途径反映出唐朝的身份等级关系，其中包括用刑罚、特权、疏议等等。

1. 通过使用刑罚反映身份等级关系

适用刑罚是唐律反映身份等级关系的一个重要途径，它与身份等级关系十分密切。通常，身份高者侵犯了身份低者，用刑较轻；反之，则用刑较重。无论是在家庭还是在社会，都是如此。因此，用刑实是测量身份等级高低的一种标尺。

在家庭中，对殴夫的不同用刑，可以反映出妻与媵、妾身份等级的不同。《唐律疏议·斗讼》"妻殴詈夫"条规定："诸妻殴夫，徒一年"，"媵及妾犯者，各加一等"。在这一规定中，殴的对象虽都是夫，可是由于犯罪者的身份等级不同，所以量刑也不同。具体而言，身份相对高的妻只处"徒一年"，而身份相对低的媵、妾则要被"加一等"，即徒一年半。可见，妻的身份等级高于媵、妾。对于家庭中其他成员的身份等级关系，唐律也用刑罚表示。《唐律疏议·斗讼》"殴缌麻兄姊等"条对殴打身份等级越高的，用刑就越重。此条规定："诸殴缌麻兄姊，杖一百。小功、大功，各递加一等。尊属者，又加一等。"根据这一用刑可以得知，在这一系列中，家庭成员的身份等级应该这样从低到高排列：缌麻兄姊、小功、大功、尊亲属。

在社会上,对互殴官吏的不同用刑可反映出他们之间的身份差别。《唐律疏议·斗讼》"佐职统属殴官长"条就通过佐职、统属官与吏殴官长的不同量刑,反映他们的不同身份关系。此条规定:"诸佐职及所统属官,殴伤官长者,各减吏卒殴伤官长二等。"由这一用刑可见,其中的身份等级关系从高到低的排列是:官长、佐职及所统属官、吏卒等。官吏身份的等级差别还可通过流外官以下人员殴打不同身份等级的官吏而受到不同的处罚显示。《唐律疏议·斗讼》"流外官以下殴议贵等"条规定:"诸流外官以下,殴议贵者,徒二年;伤者,徒三年","殴伤五品以上,减二等","殴伤九品以上,各加凡斗伤二等"。这里的"加凡斗伤二等"为"杖八十"。由对流外官以下者的用刑可见,在这一条列中,官吏的高低依次为:一至三品官、四至五品官、六至九品官。

2. 通过确定司法特权反映身份等级关系

唐律是一部礼法结合的法典,贵族、官僚普遍享有特权。可是,由于他们的地位不同,所以他们的特权也不同,不同的特权正好反映出他们在身份上的差异。

在唐律中,除了皇帝以外,"八议"者的等级是最高的,相当于一至三品官,他们所享有的司法特权也最大。其中,犯死罪的,可以先由大臣们集议,然后再经皇帝裁定;犯流以下罪的,则可依法减一等量刑。[①]《唐律疏议·名例》"八议"条规定:"诸八议者,犯死罪,皆条所坐反应议之状,先奏请议;议定奏裁;流罪以下,减一等。"[②]这样,"八议"者犯罪后可理所当然地免死或减刑了。在等级上,仅次于"八议"者的是上请者,他们相当于四至五品官的地位,享受的司法特权小于"八议"者。当他们犯有死罪时,可以上

① 流下罪是指犯笞、杖、徒、流罪。

② 根据《唐律疏议·名例》"八议"条的规定,"先奏请议"是指大臣的集议,即"都堂集议,议定奏裁"。

请，但没有了“八议”者享有的“先奏请议”特权，而这一特权是免死的一个重要因素。《唐律疏议·名例》“皇太子妃”条规定：“犯死罪者，上请；流罪以下，减一等。”其特权明显小于“八议”者。次于上请者的是“减”者，他们的等级相当于六至七品官。他们享有司法特权，又小于上请者。当他们犯死罪时，不得上请，只能依常律处罚；犯流以下罪的，可减一等量刑。也就是说，他们犯了死罪后不可免死，不具有“八议”者和上请者的免死权，其特权又小于前两者。《唐律疏议·名例》“七品以上之官”条规定：“犯流罪以下，各从减一等之例。”再次于“减”者的就是“赎”者了，他们的等级在品官中最低，相当于八至九品官，享有的司法特权也最小。他们犯罪以后，既不可免死，也不可减刑；只有在犯罪以下时，才可以铜赎罪。《唐律疏议·名例》“应议请减”条规定：“犯流罪以下，听赎。”可见，“赎”者的司法特权最小，其等级也最低。

当然，议、请、减者都可享有赎权，而“赎”者则不可享有议、请、减权。这也是由他们的不同等级所造成的。

以上从“八议”者到“赎”者依次以司法特权的大小为序而作出的规定，反映出他们等级高低的实际情况。这一情况告诉人们，司法特权的大小与等级的高低成正比。唐律中的司法特权能够真实地反映出唐朝的身份等级关系。

除了以上的议、请、减、赎的司法特权外，唐律还有一些司法特权也能反映贵族官吏的身份等级，官当是其中之一。官当是一种以官品折抵徒刑执行的司法特权制度。九品以上官吏均可享有这一特权，但享有的特权有差异。其中，一至五品官犯公罪的，一官可抵三年徒；犯私罪的，只能抵二年徒。六至九品官犯公罪与私罪的，均比一至五品官少一年。《唐律疏议·名例》“官当”条规定：“诸犯私罪，以官当徒者，五品以上，一官当徒二年，九品以上，一官当徒一年。若犯公罪者，各加一年当。”在这里，司法特权也与身份等级联系在一起，特权大的等级高，特权小的等级低，也是一种正比关系。这种正比关系也从司法特权的角度反映出不平等的身份等级关系。

3. 通过疏议反映身份等级关系

疏议是唐律中的一个重要组成部分，它对唐律中一些较为重要的内容作解释，甚至补充一些律文的内容，即所谓“发明律及注意”和“申律之深义及律所不周不达”①。在阐述的过程中，疏议也把唐朝的一些身份等级关系表现出来了。

疏议常引用儒家经典中的经句作为理论依据，反映唐朝的身份等级关系，以增强确立身份等级关系的理论力度。《唐律疏议·名例》“十恶”条在反映皇帝的独尊身份时，首先引用了《公羊传》和《左传》里的两段话，即“君亲无将，将而必诛”和“天反时为灾，人反德为乱”。根据这些论述，唐律便确定皇帝为最高身份者，处在独尊地位，任何臣民都必须忠孝以待。“王者居宸极之至尊，奉上天之宝命，同二仪之复载，作兆庶之父母。为子为臣，惟忠惟孝。”

疏议还以礼作为划分不同身份的根据。《唐律疏议·名例》“十恶”条依照礼对嫡子的区分作出对生母与继母的不同身份的判断。“依礼，嫡子为父后及不为父后者，并不为出母之党服，即为继母之党服，此两党俱是外祖父母；若亲母死于室，为亲母之党服，不为继母之党服，此继母之党服，即同凡人。”

疏议同时还依据国家的相关规定表明不同身份。《唐律疏议·名例》“十恶”条用国家对“吏”和“卒”的规定，认定他们的身份。“‘吏’，谓流外官以下。‘卒’谓庶士、卫士之类。”这些人员身份的确定都由国家的相关制度所决定，唐律引用国家的规定说明他们的身份。

疏议还比照相应条款阐明一定的身份等级。《唐律疏议·名例》“会赦应改正征收”条在解释养子问题时，首先阐释了一些高身份者的养子问题，认为他们“自无子者，听养同宗于昭穆合者”。

---

① 刘俊文点校：《唐律疏议》，中华书局1983年版，第670页。

接着，此疏议又说工、乐、杂户也可互相养子，因为等级相同，即"工、乐、杂户，当色相养者"。唐律以养子条款反映出工、乐、杂户的等级地位相当，都属于贱民。

由上可见，唐律中的刑罚、司法特权和疏议都是反映唐朝身份等级的重要窗口，它们通过各自的途径使唐朝的各种身份等级关系昭然若揭，使人一目了然。同时，这种等级关系还得到唐律的认可，受到唐律的保护，不可逾越和违反；否则，将受到处罚。

二、身份等级关系的主要内容

唐律所反映的身份等级主要体现在皇帝、官吏、良人、贱民以及家庭成员等一些方面。

1. 皇帝的独尊身份等级

在唐朝，皇帝的身份最高，处在任何臣民之上，实是一种万人之上的地位。唐律用最严厉的手段制裁侵犯皇权的行为，以此突显皇帝的独尊身份。唐律对严重侵害皇权的行为如谋反、谋大逆等都处以最为严厉的刑罚，除本人要被处死外，还要株连家属、部曲、财产。《唐律疏议·贼盗》"谋反大逆"条规定："诸谋反及大逆者，皆斩；父子年十六以上皆绞，十五以下及母女、妻妾、兄弟、姊妹若部曲、资财、田宅并没官，男夫年八十及笃疾、妇人年六十及废疾者并免；伯叔父、兄弟之子皆流三千里，不限籍之同异。"这一处罚在唐律中最为严厉。这一严厉的处罚与维护皇帝所处的最高地位正好吻合。此外，对于皇帝与其他人同样受侵害的行为，用刑也是对皇帝侵害的为重，对其他人侵害的为轻。偷了园陵里的草木与偷了他人坟墓里的树木的处罚就是如此。对这两种行为的处罚不一样，前者重，后者轻。《唐律疏议·贼盗》"盗园陵内草木"条规定："诸盗园陵内草木者，徒二年半。若盗他人墓茔内树者，杖一百。"这一不同用刑正好反映出皇帝的身份高于任何其他人。

2. 贵族官吏间的不同身份等级

在唐朝，除了皇帝，官吏的等级比较高。但是，官吏之间的地位也不同,也有等级差异。在唐律中,这种等级差异用官品表现;如果是贵族,其等级则相当于一定官品的官吏。《唐律疏议·名例》"皇太子妃"条把享有上请特权的官吏定为四至五品官,而相当于这一官品的贵族有"皇太子妃大功以上亲,应议者期以上亲及孙"等。所以,这些贵族的等级可以视为与四、五品官相同。"七品以上之官"条和"应议请减"条分别对相当于六、七品官吏和八、九品官吏的贵族作了规定[①]。此外,唐律还通过其他途径来反映他们的不同身份,用刑是其中之一。《唐律疏议·斗讼》"殴制使府主刺史县令"条对吏卒五品以上官吏和六品以下官吏的不同用刑反映出五品以上和六品以下官吏的等级有明显的差异。此条规定:"吏卒殴本部五品以上官长,徒三年","若殴六品以下官长,各减三等"。在这里,犯罪主体都是吏卒,其中用刑的差异就是犯罪对象的身份等级差别,前者是五品以上官吏,后者则是六品以下官吏,所以前者用刑重,后者用刑轻。

3. 良人与贱人间的不同身份等级

良人的主体是农民,与贱人不是同一等级。贱人的身份等级最低,如同畜产。《唐律疏议·名例》"客户部典官私奴婢有犯"条说:"奴婢贱人,律比畜产。"正因为如此,所以唐律用不可通婚的规定来反映他们的不同身份等级。《唐律疏议·户婚》"奴娶良人为妻"条说:"人各有耦,色类须同。良贱既殊,何宜配合。"因此而规定:"奴娶良人女为妻者,徒一年半;嫁减一等。离之。"

婢女属于贱人。《唐律疏议·户婚》"以妻为妾"条说:"婢乃贱流。"奴与婢一样,也属于贱人,他们都是无独立人格,属于主人所有,如同资财一样。《唐律疏议·户婚》"杂户官户与良人为婚"条说:"奴婢既同资财,即合由主处分。"

---

① 根据《唐律疏议·名例》"七品以上之官"条的规定,"得请者之祖父母、父母、兄弟、姊妹、妻、子孙"的等级相当于六、七品官,所以他们也可以享受"减"的司法特权。依据"应议请减"条的规定,"官品得减者之祖父、父母、妻、子孙"的等级相当于八、七品官吏,所以他们可享受"赎"的司法特权。

属于贱民的还有部曲，可是部曲的身份略高于奴婢[1]。这可从用刑中反映出来。《唐律疏议 · 贼盗》“略人略卖人”条把略人和略卖人为奴婢与部曲的用刑作了区分[2]，具体为：“诸略人、略卖人为奴婢者，绞；为部曲者，流三千里。”区分这一用刑的主要原因是因为同为贱民的奴婢、部曲还有等级差别，部曲的等级稍高于奴婢，所以犯罪者用刑就有轻重，略人为奴婢的身份低了，就用绞刑；略人为部曲的身份高一点了，就用流刑。部曲与奴婢的这种不同身份等级还可从他们殴伤了良人后的处罚来看。部曲、奴婢同样殴伤良人的，但对部曲的用刑轻于奴婢。《唐律疏议 · 斗讼》“部曲奴婢良人相殴”条规定：“诸部曲殴伤良人者，加凡人一等。奴婢，又加一等。”在这一规定中，对奴婢的用刑重于部曲，是因为奴婢的身份等级低于部曲。

唐朝的工、乐、杂户、官户也都属于贱民一类，不与良人同一等级，所以他们均不可与良人为婚，只可互相为婚。《唐律疏议 · 户婚》“杂户官户与良人为婚”条说：“其工、乐、杂户、官户，依令‘当色为婚’。”同时规定，他们如果与良人为婚的，要被“杖一百”。

以上对贱民或其他人用刑的一个重要原因是他们不安分自己的身份等级地位，严重违反了身份等级制度，损害了国家规定的身份等级秩序。这同样违犯了礼，危害了社会，故用刑来处罚。

4. 家族成员间的不同身份等级

唐朝的家族成员之间有亲子关系、夫妻关系、其他亲属的关系等等，比较复杂。而且，家族成员之间也有身份等级差别，唐律也能反映他们的这种等级差别。

在亲子关系中，唐律认定家长的身份高于子女。父母与子女的关系有天地之别。《唐律疏议 · 斗讼》“告祖父母父母”条说：

---

① 部曲和奴婢都是家仆。《唐律疏议 · 斗讼》“部曲、奴婢过失杀伤主”条说：“部曲、奴婢，是为家仆。”可是，部曲一般从事户外劳动，奴婢则从事户内劳动。部曲地位略高于奴婢。

② 略人和略卖人即指今日的拐人和拐卖人。

"父为子天。"这种身份等级差别在他们互殴的不同用刑中得到明显的反映。《唐律疏议·斗讼》"殴詈祖父母父母"条规定,子女只要殴了父母,不管后果如何,即处"斩"刑;反之,如果子女违反了教令,父母殴杀了他们,才处以"徒一年半"。可见,其刑差极大。这种极大的刑差正好反映出他们间身份等级的巨大差别。

在其他亲属关系中,依照五服及其相应的刑罚确定他们的等级关系。《唐律疏议·贼盗》"谋杀期亲尊长"条用卑幼与尊长的互相谋杀和不同用刑反映他们的不同等级。此条规定,卑幼谋杀期亲以上尊长的要处以斩刑,谋杀大功以下尊长的要被流二千里;反之,尊长谋杀了卑幼的则要按凡人谋杀罪减二等量刑。"诸谋杀期亲尊长、外祖父母、夫、夫之祖父母、父母者,皆斩。谋杀缌麻以上尊长者,流二千里","尊长谋杀卑幼者,各依故杀罪减二等"。从这一规定可以看到,期亲以上尊长、大功以下尊长、卑幼都处在不同的身份等级中,有明显的地位差别。

在夫妻之间,唐律确定夫的地位高于妻。《唐律疏议·名例》"十恶"条说:"夫者,妇之天","夫者,妻之天也"。夫妻之间的等级差异如同天地之别。这种身份等级关系可从他们之间的互殴处罚中明显反映出来,即夫殴伤妻的减轻量刑,而妻殴伤夫的则要加重量刑。《唐律疏议·斗讼》"殴伤妻妾"和"妻殴詈夫"条规定,夫殴妻的不处罚,"殴伤妻者,减凡人二等";而妻殴夫的则要"徒一年",殴伤夫的还要"加凡斗人者三等"。其刑等要相差"五等",可见夫的身份等级确是大大高于妻。

在妻、媵和妾之间,妻的等级最高,妾的等级最低,媵居中。唐律以用刑的加、减显示她们的这种身份等级的高低关系。《唐律疏议·户婚》"以妻为妾"条规定:"媵犯妻,减妾一等。妾犯媵,加凡人一等。"

唐律中的这些身份等级是现实社会中身份等级的直射。这些等级不可逾越，否则会被认为是“颠倒冠履，紊乱礼经”[①]，还要受到各种刑罚的处罚。可见，在唐朝，身份等级的制度是一种非常重要的制度，是受刑法保护的制度。

三、与其他东方法中身份等级规定的比较

与古代东方其他国家的法律相比较，唐律对唐朝身份等级的规定最为全面，也最为详尽。其他古代东方国家法中对身份等级的规定都没有唐律规定得全面和详尽，这也可以说是唐律在古代东方法中的一个特点。

在古代东方的希伯来法和伊斯兰法国家里，由于国家强调用各种办法掩盖人们之间不平等的身份等级关系，所以在法律里很少有反映，这种关系只能在其他方面得到反映。

在现存的希伯来法资料中，看不到直接有关奴隶主与奴隶不平等身份的规定。但是，从《旧约全书》的“出埃及记”中仍可看到他们的不同身份情况。记载中，法老住在宫里，而以色列人都住在野外，还在法老督工的监督下劳动。法老要督工们“不可照常把草给百姓作砖，叫他们自己去捡草，他们素常作砖的数目，你们仍旧向他们要，一点不可减少”，还吩咐他们“要把更重的工夫加在这些人身上，叫他们劳碌，不听虚谎的言语”。于是，“百姓散在埃及遍地捡碎秸当作草，督工催着说：‘你们一天当完一天的工’”。在那种“草是不给你们的，砖却要如数交纳”的情况下，完不成任务还要受到法老督工的“责打”。[②] 这里的“法老”和他的“督工”与广大“以色列人”不是那种不同身份的奴隶主与奴隶关系，又是什么？

在伊斯兰法中，未直接提及统治者与被统治者的等级身份差别，也未一般规定封建主可享有的各种特权。但是，那时阿拉伯国

① 《唐律疏议·户婚》“以妻为妾”条。

② 参见《新旧约全书》，圣经公会印发，1940 年版，第 71—74 页。

家中哈里发、贵族与贫民、牧民、奴隶的身份差别依然存在，只是这种差别为宗教的外衣所掩盖，变得模糊不清，不易被直接感觉。尽管如此，现实生活还是无情地折射了这种差别。例如，伊斯兰法允许男子娶四个妻子，同时必须向她们提供生活费用。封建主和贵族等统治者可以做到，贫民、牧民等被统治者却做不到，因为“贫穷的穆斯林常常只能负担一个妻子”。又如，穆罕默德虽把释放奴隶奉为真主满意的一件事，“可是他并没有废除奴隶制。奴隶依然是奴隶主可以转让的占有物。只要奴隶不能赎身，奴隶主就可以把他们传给后代或转送他人，奴隶就是财产”①。这里的贫富差别和买卖关系从两个侧面反映了伊斯兰法，并给此法加上了一个最好的反映身份差别的脚注。

印度法虽然也属宗教法，可是其中四种姓的身份等级十分明确。印度在古代存有四大种姓，分别是婆罗门、刹帝利、吠舍和首陀罗。其中，婆罗门的地位最高，掌握着国家的神权；刹帝利的地位仅次于婆罗门，掌管着国家的军政事务；吠舍是第三等级，要从事农业、手工业和商业等工作；首陀罗的地位最低，要服侍以上三个等级的人，实是奴隶。在以上四个种姓中，前三者是统治者，后者是被统治者。这一身份等级在印度法中得到了真实的反映。《摩奴法论》说，婆罗门“一出生便为天下之尊”，他们“教授吠陀、学习吠陀、祭祀、替他人祭祀、布施”等。刹帝利要“保护众生、布施、学习吠陀和不执著于欲境”。吠舍要“畜牧、布施、祭祀、学习吠陀、经商、放债和务农”。首陀罗只有“一种业：心甘情愿地侍候上述诸种姓”。② 这种侍候与被侍候的关系，正是一种身份等级关系的体现。然而，这种身份等级关系也不复杂，不及唐律中的相应规定。

---

① 〔德〕赫伯特·戈特沙尔克：《震撼世界的伊斯兰教》，阎瑞松译，陕西人民出版社 1988 年版，第 57 页。

② 参见蒋忠新译：《摩奴法论》，中国社会科学出版社 1986 年版，第 12—13 页。

楔形文字法属世俗法，可是那时还处在奴隶社会时期，身份等级制度还无法充分发育起来，所以此法中的身份等级比较简单。在楔形文字法中，两河流域现存最早的法典《乌尔纳姆法典》已把主人与奴隶划分为两个严格不同的等级，主人为上，奴隶在下。奴隶必须安分守己，并对主人十分恭敬，否则就会受到严罚。此法典规定："倘有人的女奴把自己与其主人相比，对她（或他）出言不逊"[①]，就要严罚。以后的《汉穆拉比法典》规定，自由民损毁或折断了自由民的奴隶之骨，只需"赔偿其买价之一半"。这一赔偿比率与损伤牛一样。此法典同时规定，如果损伤了租用的牛，也只"以相当于牛价之半之银赔偿牛之主人"[②]。奴隶的身份在那时仅同牛，等级很低。可见，整个规定较为粗略，不详尽。

俄罗斯法是一种封建制法。在俄罗斯法中，地主与农民是两个身份不同的等级成员。《雅罗斯拉维奇法典》规定，王公村庄的管理人（庄头）和王公的农业监督（田峻）被杀后，"命金是二十格里夫纳"。但是，王公的契约农被杀后，"命金是五格里夫纳"[③]。从"命金"可见，前者的身份高于后者。以后的《一五五〇年律书》又规定，有领土的小波雅尔受欺凌后应得的赔款数"按其登记的领地之收入计算"，而自耕农或非自耕农同样被欺凌后所得的赔款数只是"一卢布"。后者的身份明显低于前者。从整体上看，俄罗斯法中所反映的身份等级并不复杂，不能与中国唐律中的身份等级关系相比拟。

唐律中有关身份等级的内容比较全面和详尽的原因有多方面，其中以下三个方面不可忽视：首先，中国的唐律是农耕社会的产物。在农耕社会，人口集中，流动性小，人与人之间的关系较为复杂，身份等级关系也较为发展。反映在唐律中，法定的身份等级

---

① 《历史研究》1984 年第 5 期，第 183 页。

② 《外国法制史资料选编》上册，北京大学出版社 1982 年版，第 40、44 页。

③ 王钺：《〈罗斯法典〉译注》，兰州大学出版社 1987 年版，第 25—26 页。

也就比较全面和详尽了。其次,唐律是礼法结合的最终产物。礼与法在唐律中紧密结合在一起。礼的核心是等级名分,身份等级是其中的主要内容。礼法结合以后,身份等级的内容自然而然地融入唐律。唐律的内容也就能反映出身份等级关系了。最后,唐律是中国古代长期立法的产物。中国自夏以来,立法不断,至唐朝已有二千多年的历史。在这段时间里,中国的立法不断发展,唐律内容不断完善,立法技术不断提高,从而能对其中的身份等级关系作出较为完善的规定。相反,如上所述,其他古代东方国家则不同时具备这些方面的因素。有的是游牧国家,人口不多,而且人口的流动性大,人际关系相对不那么复杂,身份等级关系也较为简单。有的则是宗教法国家,宗教的地位特别突出,在法律中身份等级关系不明显,内容也不多。有的国家法制时间不长,要么只存于奴隶制时期,没有封建制时期;要么只有封建制时期,几乎没有奴隶制时期,法律内容得不到充分发展,无法对身份等级关系作完整的规定。因此,它们都不可能像唐律那样对身份等级作出如此全面和详尽的规定。从中也可见,唐律在身份等级的规定方面在古代东方独占鳌头。

综上可知,唐律不仅是一部刑法典,实际上还是一部身份法典。

第二十三章 《寄簃文存》的唐律研究

沈家本是中国近代法律史界的泰斗,著述颇丰。《寄簃文存》[①]是他的主要著作之一,其中的内容是他在修订法律时期撰写的论文,因此在很大程度上反映了他后期的研究成果和思想。在这部文存中,有不少内容涉及唐律,本文拟就其中的一些问题加以论述。

一、用唐律论证自己的观点

《寄簃文存》中有近五十篇文章涉及唐律,占所有文章的一半以上。[②] 在每卷中,涉及唐律的又大大超过清朝以前其他的律。经过粗略的统计,以下表显示:[③]

	汉律	晋律	隋律	唐律	宋刑统	大元通制	明律	小计
卷一				19			10	29
卷二				46	2	1	15	64
卷三	1	1	2	18			8	30
卷四			2	8	2		4	16
卷五	1	1	1	7			1	11
卷六	5		3	17	17		7	49
卷七				7	15	3	10	35
卷八				18	6		3	27
总计	7	2	8	140	42	4	58	261

---

① 本文的《寄簃文存》是指1982年中国书店影印的民国刊本《沈寄簃先生遗书》甲编《寄簃文存》八卷。它附于李光灿所著《评〈寄簃文存〉》一书之后,此书1985年由群众出版社出版。

② 这里所说的"唐律"是《寄簃文存》中明指的唐律。

③ 表中的数字是指出现过的次数。

《寄簃文存》中还出现过泰和律、北齐律和金律等，由于出现的次数甚少，所以也就没在表中列出。从此表统计的数字可以发现，《寄簃文存》中涉及唐律的次数最多，有一百四十次，大大超过其他律，甚至要超过其他律的总和。这从一个侧面说明沈家本对唐律的重视和唐律在《寄簃文存》中的重要地位。

那么，唐律在其中扮演了哪些角色？

首先，通过引用唐律的规定论证一个观点。

这种情况比较多，《寄簃文存》中大量引用唐律的规定都属于此类。沈家本在“虚拟死罪改为流徒折”[①]中专门论述了将死罪改用流徒刑的必要性，认为“将现行律内虚拟死罪数端，分别改为流徒，以省繁重，而归简易”。为了论证这一观点的可行性，他列举了唐律的例子，认为唐律对杀人犯罪的用刑也不是一概而论。“考之《唐律》，戏杀、误杀各按其当场情形，分别徒、流，并无死罪。擅杀分别论及徒、流、绞四等，亦不概问死罪。”因此，现行律例要修改，没有必要“不分戏、误、擅杀，皆照斗杀拟绞监候，秋审缓决一次，即准减流；其重者，缓决三次减流”。因为这样“虽名为绞罪，实与流罪无殊，不过虚拟死罪之名”。所以，他主张修改法律，“嗣后戏杀，改为徒罪；因斗误杀旁人，并擅杀各项罪人，现律应拟绞候者，一律改变流罪；均按照新章，毋庸发配，归入习世所，罚令作工”。这样的论证有力地支持了沈家本将一些虚拟死罪改用流徒刑的观点。这里只是一例，类似的情况还有很多，“论故杀”、“论杀死奸夫”、“论诬指”、“论诬证”[②]等等都是如此。

其次，通过把唐律与中国唐前律相应的规定作比较论证一个观点。

这是沈家本论述唐律的另一种方法。这种情况不太多。“明

---

① 《寄簃文存·卷一》。

② 《寄簃文存·卷二》。

律徒流折杖与唐律徒流加杖之法不同说”[1]一文是这种情况之一。沈家本对明律中的有些内容不满意，认为明律虽取自唐律，但不如唐律，特别是唐、明律中的徒流刑折杖与加杖问题比较突出。有人认为这两者是相同的，沈家本则认为不同。“《明律》诬轻为重，及增轻作重，二律皆有徒流折杖抵算之法。其算率极密。说者谓即《唐律》徒流增杖之法。今以《唐律》考之：其徒罪折杖之法，似出于唐，而亦不尽同；流罪折杖之法，与《唐律》流罪加杖之法，则迥然各别。”为了证实自己的这一观点，沈家本分别引用了唐、明律中的相应规定，作了比较和分析，还下了结论：“流罪折杖之法，以唐与明相较，又迥然各别者也。”在文章的最后，沈家本还指出形成这一差别的原因在于，明朝的立法者只注意形式，忽视立法本意，因此经常留下缺憾。“大抵明人采用唐法，往往不寻绎其立法的本意，而但于形式间求之。即此诬轻为重、增轻作重二律，亦但求算率之密，不爽丝毫，其折除抵算，即纡曲而难明，其情罪轻重之间，又未能折衷至当，《明律》之失，每在于是。”经过这样的比较，沈家本不仅驳斥了他人的错误观点，同时也树立了自己正确的观点。整篇文章很有说服力。

最后，通过把唐律与外国相应的规定作比较论证一个观点。

在《寄簃文存》中，这种情况不多，“论故杀”[2]一文是其中之一。在此文中，沈家本认为的中国以后的杀人罪应分为谋杀、故杀和斗殴杀三级，它们因情况不同而不同。“其一人独谋诸心，及临时有意欲杀者，皆以谋杀论。故殴伤者，为故殴伤人；因而致死者，以故杀论。必在互殴之状者，乃以斗殴杀论。如此分作三级，界限较为分明。”在得出这一结论前，文章曾把唐律与外国刑法相应的规定作了比较。“今若融会《唐律》及英、日刑法之意，明定界限，自可尽祛疑惑。”事实也是如此。在引用了唐律规定的内容后，文

① 《寄簃文存·卷三》。
② 《寄簃文存·卷二》。

章认为:“《唐律》以有无害心为斗、故之界限,颇为分明。”同时,文章还列举了外国刑法相应的规定,认为“俄、法、德、日等国刑法,并有故杀人之条,而英国未有明文。此二条与故杀相似,皆以谋杀论。一则以心已极恶,一则以欲伤害人,颇与《唐律》之意合”。可见,唐律的规定与外国刑法相应的规定一致,因此把杀人罪分为三级是合理的,而中国当时刑法中的一些规定有明显的缺陷。

《寄簃文存》通过使用以上的方法,把唐律的规定作为一种有力的证据,论证自己的观点,取得了较好的效果。

二、对唐律研究突破之处

综观沈家本在《寄簃文存》中对唐律的运用与研究,有许多突破之处,主要表现在以下这些方面:

1. 重视对唐律深层次问题的研究

在沈家本以前,已有一些中国学者对唐律进行过研究,也有一些成果问世,但大多仅限于一般问题,缺少对深层次问题的研究,因此研究水平受到限制,成果的局限性较大。薛允升曾对唐、明律进行过比较研究,还写成了《唐明律合编》一书,但是基本上只停留在对唐、明律条文之间的简单比较上,理论深度不够,许多问题只是揭示了一种现象,没有从深层次上挖掘原因,其缺陷比较明显。沈家本则不然。他不仅注意研究唐律中的一般问题,还重视对其中的深层次问题进行探研,找到一些法律规定存在差异的原因。对“出入人罪”的比较就是如此。薛允升在《唐明律合编》的“官司出入人罪”条①中对唐、明律中“出入人罪”的规定作了比较。他在比较中发现,它们有相似的地方。“明律全出全入,与唐律大略相同,即增轻作重,减重作轻,律文亦以所增减论。”但是,它们之间也有不同之处,而且这种不同之处还十分明显。明律中“徒俱折杖,流罪俱折徒半年,与唐律不符”。此外,“唐律从杖一百入一年

① 《唐明律合编·卷三十》。

徒，即系全入，流罪更不待言矣。明律折杖一百二十，是只入笞二十矣，轻重大不相同”等等。但是，薛允升却没有进一步探索造成这一差别的原因，也不知其中的原委，只是说：“唐律科罪为严，明律曲意从宽，未知何故。”沈家本则进一步探究造成这一差别的原因，认为这是由于刑制不同。他在“官司出入人罪唐明律比较说”[①]一文中，把明、唐律里的相关规定加以比较后，说：“明法本于唐，特刑制与唐稍有不同，故此法亦不能尽同。”接着，他又指出了这一不同之处。“唐三流各有徒役一年，又加役流，加徒役二年。明徒、流并有加杖，而三流无一年之徒役；加役流但存‘诬告人死罪未决’一条，不列五刑之内。”于是，就造成了对“出入人罪”用刑的不一致了。探索了深层次问题以后，沈家本对唐律的研究更有深度，也比前人更胜一筹了。

2．重视运用西方的法律知识进行研究

在沈家本以前，中国学者研究唐律没有运用西方近代的法律知识。这主要是由当时的社会条件所造成的，因为中国没有开放，还处于封闭状态，不了解外面的世界。沈家本则不然，他所处的社会具备了一些以前所没有的有利条件，中国有了更多的开放度。再加上个人的努力，故在研究唐律过程中，他运用了西方近代的法律知识。这样，他对唐律的研究就有了比前人独特的地方。在“论威逼人致死”[②]一文中，他引用了唐律的规定：“若恐迫人畏惧致死、伤者，各随其状，以故斗戏杀、伤论。”然后，他对这一规定进行了研究，其结论是：“《唐律》无甲自尽而乙抵命之文，盖非亲手杀人，难科以罪。”但是，他又发现这一规定在明朝发生了变化。“自《明律》设威逼人致死之条，嗣后条例日益加重，虽为惩豪强凶暴起见，然非古法也。”接着，他就考察了英、俄、法、德等西方国家近代刑法中的相关规定，认为“至欧洲各国刑法，其用意正与中律相

---

① 《寄簃文存·卷三》。

② 《寄簃文存·卷二》。

反”。具体来说,这些国家都没有类似中国古代刑法中的威逼人致死罪。“统观英、俄刑法及日本人之说,盖西人以生命为重,自杀悬为厉禁,英、俄皆明载律内。虽以忠臣烈妇,俄、法亦仅免罪而已。至自杀而科胁迫之者以罪,不独英、俄皆无此文,即德、法刑法亦皆不著。”经过这样的比较和分析,可使人们从古今中外的不同角度,较为全面地了解“威逼人死”问题,从而进一步理解中西法律之间的差异,同时也加深了对唐律的认识。

3. 重视对本朝的法律进行比较研究

在《寄簃文存》以前,中国也有比较法的著作面世,较为著名的是薛允升所著的《唐明律合编》。可是,薛允升是清人,他只是把清以前的唐、明律作了比较,没有把唐律与当朝的清律作比较。这样的比较当然有一定的学术性,但缺少现实性,局限性很突出。沈家本则不同。他在《寄簃文存》中就把唐、清律进行比较,把它们之间的渊源关系及异同之处揭示于众。他这种重视对本朝法律进行比较研究的做法比前人棋高一着。在《重刻唐律疏议序》里,他首先阐述了唐律的渊源在于魏晋南北朝和隋朝。“《唐律》本隋,由魏而周而隋,渊源俱在。”接着,他又叙述了清律的渊源在于清以前的法律。“我朝定律,监古立法损益,归于大中。”最后,他经过对唐、清律的比较,发现了它们之间的异同之处,说清律“所载律条,与《唐律》大同者四百一十有奇;其异者,八十有奇耳。今之律文与《唐律》合者,亦十居三四”。从这一比较中,人们可以清楚地看到,唐律对清律还有很大影响,它们之间有非常密切的关系。在作了这一比较之后,沈家本继续深入分析,提出要人们深求形成唐、清律异同以及用刑世轻世重等的原因。“至由是书而深求乎古今异同之原,讲明乎世轻世重之故,晰奇阐微,律无遗蕴,庶几傅古亭疑,情罪相准,无铢黍豪发之爽,是又在善于读律者。”可见,他通过比较的方法揭示唐律与本朝清律异同的最终目的,是提示人们进一步发掘形成差别的深层次原因,真正实现比较的价值,而非为比较而比较。

正因为有以上三个方面的突破之处，所以沈家本在研究唐律中常有新意，从而成为《寄簃文存》的一个亮点。

三、形成突破的原因

沈家本的《寄簃文存》能在研究唐律方面有突破之处，有多种原因，其中主要是以下这些：

1. 沈家本比前人更充分认识到唐律在中国法律史中所具有的显赫地位

唐律在中国古代立法史中占据着重要的地位，并为沈家本以前的学者所首肯。明初，参与立法的丞相李善长认为，唐律是中国古代立法的集大成者。他说："历代之律，皆以议《九章》为宗，至唐始集其成。"[①]以后，清人薛允升也认为，唐律是中国古代法典中的最善者。"讲求斯道者，莫不以唐律为最善者。"[②]沈家本比前人更充分认识到唐律在中国古代立法中的重要作用，也更能正视这种显赫地位。他曾说，唐律在"宋以后皆遵用，虽间有轻重，其大段固体本于唐也"[③]。这段话含义十分深刻。这是由他所处的时代所决定的。他生活在清末民初，可以纵观整个中国古代的立法，具有全面性和全局性，更能理解唐律的历史作用。沈家本以前的学者没有这一历史条件，在认识上达不到沈家本那样全面、完整的程度。从这种意义上说，沈家本具有比前人更懂得唐律的一个优越条件。正因为如此，他不仅于光绪十六年(1890 年)与同僚集款重刻《唐律疏议》并为其作序，还潜心研究唐律。他懂得立法要研究天理和人情，司法要深求法律之源，精思法律之理，以期在适用法律之时，"情罪相准"，而细读唐律可从中体会到它的价值。[④] 他是这样认识的，也是这样实践的。在《寄簃文存》中，唐律被作为中

---

① 《明史·刑法志》。

② 《唐明律合编·序》。

③ 《历代刑法考·刑制总考四》。

④ 参见李贵连：《沈家本传》，法律出版社 2000 年版，第 60—61 页。

国古代立法的楷模，经常作为中国典型法典出现，它的规定常常被作为经典内容引用。这是唐律在该文存中被引用得最多的一个重要原因，也是沈家本比前人更深刻理解唐律的一种表现。

2. 沈家本比前人更了解西方的近代法律知识

沈家本在《寄簃文存》中对唐律的研究比前人更胜一筹的另一个原因，是他比前人更了解西方的近代法律知识，从而能在研究唐律中运用它们并加以比较和分析，得出前人不易得出的结论。他能做到这一点，与以下一些方面关系很大：首先，清末西方的近代法律知识大量被引入中国。早在十九世纪六十年代，中国在成立了京师同文馆以后，就着手翻译了一些外国的法律著作，《公法会通》、《公法便览》和《公法千章》等都是这一时期的产物。但是，那时翻译的数量不多，法律也主要集中于公法领域。到了清末，由于修订法律馆的成立，所翻译的西方近代法律和法学著作更多了。仅在此馆成立两年左右的时间里，译完的著作已达二十余种，涉及的国家包括德国、法国、荷兰、意大利、美国、瑞士、芬兰等等，涉及的法律包括刑法、刑事诉讼法、民事诉讼法、裁判所编制法等等。再过两年以后，翻译的著作就更多了，几乎包括了所有的部门法领域。沈家本可通过比较全面地了解西方的法律知识，而前人则没有这一优越条件。其次，修律工作需要沈家本了解和掌握更多西方的近代法律知识。一九〇二年二月，清政府决定由袁世凯、刘坤一、张之洞三人慎选熟悉中西法律的人士主持修律工作。同月，此三人就上书，奏请由沈家本和伍廷芳两人负责这一工作并主持修订法律馆。“查刑部左待郎沈家本久在秋曹，刑名精熟。出使美国大臣四品卿衔伍廷芳，练习洋务，西律专家。拟请简调该二员，饬令在京开设修律馆，即派该二员为之总纂。”[①]不久，这一奏请就被批准，沈家本上任，负责修订法律馆工作。此馆的主要任务是翻译、参照西方近代法律，吸收其中适合中国的部分，制定中国新的

① 《袁世凯奏议·卷十四》，天津古籍出版社1987年版。

法律草案，做到中外通行。要完成这一任务，对主持此馆工作的沈家本来说，其基本要求是了解、掌握大量的西方法律知识，否则就无法完成这个任务。他曾努力学习和研究西方法律知识。“在花甲之年，他（沈家本）仍以极大的热情，极大的毅力，孜孜不倦地学习、研究西法。”[①]最终，他成功了，修订法律馆的工作比较成功，成果颇丰，在清末法制改革中发挥了积极作用。最后，沈家本推崇西方的法律。他虽然精通中国传统法律，也推誉唐律，但是在学习、了解西方近代法律以后，并不排斥这种法律，甚至还推崇它，把它作为一种强国的手段。“接触西方法律文化以后，他对西方法律的推誉也不下于三代法律和唐律的称誉。”[②]沈家本推崇西方近代法律的一个重要原因是它能使国家强盛，他对此深有体会。他认为，邻国日本的强盛就与引进西方近代法律关系极大。他在《新译法规大全序》一文中说，日本“明治以后，采用欧法”，“君臣上下，同心同德，发愤为雄，不惜财力，以编译西人之书，以研究西人之学，弃其糟粕，而撷其精华，举全国之精神，胥贯注于法律之内，故国势日张，非偶然也”。然而，在这以前，中国人没有放眼世界，固守自封，自以为是，对西方近代法律的基本态度是排斥，就是当时的有些礼教派人物也是如此，于是就出现了激烈的礼法之争。由于沈家本比前人更了解西方的近代法律知识，所以能在对唐律的研究中开辟一条蹊径，有了一定的发展。

（三）沈家本比前人更重视研究方法的使用

研究方法在法学研究中非常重要，往往是决定研究成功与否的一个重要因素。沈家本在对《寄簃文存》中唐律的研究过程中，非常重视研究方法的使用，而且有了突破，较为突出的是使用了比较方法。比较方法是一种科学方法，它善于揭示不同事物的差异

---

① 李贵连：《沈家本与中国法律现代化》，光明日报出版社 1989 年版，第 89、90 页。

② 同上。

和特点，便于对比较事物的认识并从中发现其规律。在沈家本以前，也有人使用过这一方法，薛允升就是如此。可是，如前所述，他只是对本朝以前的唐、明律进行比较，运用这一方法就有缺憾，局限性比较大。沈家本则不然，在对《寄簃文存》中唐律的研究中，他较好地使用了比较方法，扩大了比较的面，涉及古今中外，因此经过比较而得出的结论比较科学。其中，既有唐、明律的比较，也有唐、清律的比较，甚至把唐律的有关规定与西方近代的相关法律作比较。这样，既有古今，又有中外，比较的面比较宽，比较对象也比较多，易从中发现唐律与其他法律的差别及其特点。从这种意义上讲，同样使用比较方法，沈家本比前人更为科学，也比较成功。这是他能深入研究唐律的又一个重要原因。

可见，沈家本在《寄簃文存》中对唐律的研究能取得成功绝非偶然，而是有多种原因造成，其中不可忽视以上的三大原因。正是这些原因使他的研究如虎添翼，对唐律的研究有了深化，形成了自己的特点，也为后人研究唐律和法律史提供了榜样。

第二十四章　唐律与中国传统法制

唐律既是中国传统法制中的一个组成部分，又是这一法制的集大成者，堪称其楷模与典范。本文对其中的三个问题作些探讨。

一、唐律中中国成熟传统法制的表现

唐律总结、发展了以往法制的成果，把中国传统法制推向成熟。这种成熟又突出表现在法制指导思想、法典结构、法律内容、司法和法律监督等一些方面。

1. 成熟的法制指导思想

中国自夏、商朝以来，法制指导思想在经过神权法思想、明德慎罚思想、法家的法治思想、黄老的约法省刑思想等几个阶段以后，西汉武帝时在“罢黜百家，独尊儒术”的旗帜下，明确提出了“德主刑辅，礼法并用”的思想。这一思想成为中国此时和以后封建朝代主流法制指导思想的主要组成部分。唐律把这一思想进行了提炼和升华，概括为“德本刑用”，并用比喻的形式作了表达，使中国传统的法制指导思想更为成熟化。其表述为：“德礼为政教之本，刑罚为政教之用，犹昏晓阳秋相须而成者也。”①

除此以外，唐律还阐述了其他一些法制指导思想的内容，其中包括：法律内容须统一、稳定和简约的思想，严格治吏的思想，依法断狱的思想，慎重行刑的思想等。② 唐律中的这些思想与德本刑用的思想结合在一起，共同形成了唐律成熟的法制指导思想体系。在这一体系中，德本刑用思想是纲，其他的则是目，纲与目紧密结

---

① 《唐律疏议·名例》前言“疏议”。

② 参见王立民：《唐律新探》，北京大学出版社 2007 年版，第 5—13 页。

合在一起,同存于唐律之中。

2. 成熟的法典结构

在中国第一部内容比较系统、完整的封建成文法典《法经》中,已有六个篇目的法典结构。其中,前五个篇目是“盗”、“贼”、“囚(网)”、“捕”、“杂”,类似于今天刑法典中的分则;最后一个篇目是“具”,类似于今天刑法典中的总则。这一法典结构曾对秦律等后世法典的结构产生过影响。汉律以《九章律》为核心,形成了六十篇的较大规模。经过魏晋南北朝《曹魏律》的十八篇和刑名律的产生,《晋律》二十篇和刑名律、法例律的发展,到《北齐律》确定了十二篇和名例律。以后的《开皇律》所确定的十二篇和首篇是名例律的结构,为唐律成熟结构的最终形成奠定了基础。

唐律结构的成熟突出表现在这样几个方面:首先,十二篇目数比较成熟。以往的法典中,《法经》的六篇在中国封建社会前期的魏国中使用,还可以适应。可是,当秦朝统一中国以后,要使用一部在全国都有效的法典,其篇目和内容的局限性就显现出来了。于是,秦律的内容作了大量扩充,大大超过六篇。汉律的六十篇数目过多,所含的内容也过于庞杂。唐朝选择十二篇,继承了北齐律和隋律的做法,比较适中,形成了一个成熟的篇目数。其次,名例律置于律首比较成熟。名例律类似于今天刑法典中的总则,置于律首比较合理。唐律改变了《法经》把“具”放在最后和《九章律》把“具”列在中间的结构,也没有采用《曹魏律》中的刑名一篇和《晋律》中的刑名、法例两篇的做法,而是使用了《北齐律》与《开皇律》把名例置于律首的体例,比较成熟。最后,其他十一个律的安排也比较成熟。它们的排序有自己的逻辑。这一逻辑表现为,重点打击的犯罪列在最前面,卫禁律即是如此。它所规定的犯罪都对皇权危害甚大,所以就放在分则的第一篇,紧跟在名例律之后。“卫者,言警卫之法;禁者,以关禁为名。但敬上防非,于事尤重,故次名例之下，居诸篇之首。”[①]这一逻辑还表现为，先实体法，后程序法。唐律的最后两篇是捕亡律和断狱律，都与程序有关。断狱律是“以为决断之法，故承众篇之下”[②]，体现了实体法在前、程序法在后的结构。

3. 成熟的法律内容

唐律比以往法律的内容都要成熟。它弃用夏、商时期神权法下的“天罚”与“神判”等内容，使法律内容更为系统化、人性化；克服了西周时期重用礼治的不足，采用了礼法结合的内容；废用战国、秦朝片面强化用法、忽视教化的做法，使用法变得更为理性；丢开汉初无为而治下的法律虚无主义，恰当地适用法律，沿走汉武帝开创的礼法结合的道路，并使礼法结合发展到完美的程度。唐律是在摒弃前人用法的不妥、继承前人用法的成功之处的基础上制定出来的，明显成熟于以前任何朝代的法律。

唐律直接源于隋朝的《开皇律》。《武德律》以《开皇律》为基础，但多增了五十三条格。“于时诸事始定，边方尚梗，救时之弊，有所未暇，惟正五十三条格，入于新律，余无所改。”[③]这使唐律的内容更符合唐朝的情况。唐朝的定本是《贞观律》，其律条定型化了。《贞观律》对《开皇律》作了大修改。“比隋代旧律，减大辟者九十二条，减流入徒者七十一条。其当徒之法，唯夺一官，除名之人，仍同士伍。凡削烦去蠹，变重为轻者不可胜纪。”[④]这使唐律的律条成熟化了。到了唐高宗时，又在《永徽律》律条后附上“律疏”，编成《永徽律疏》。“疏”的作用在于“疏阔、疏远立名”[⑤]。借助于“律疏”，唐律的内容更为完善，也更成熟了。

---

① 《唐律疏议·卫禁》前言“疏议”。
② 《唐律疏议·断狱》前言“疏议”。
③ 《旧唐书·刑法志》。
④ 同上。
⑤ 《唐律疏议·名例》前言“疏议”。

4. 成熟的司法

中国早在先秦时期已有司法。夏、商两朝已有司法官大理等，还有“天罚”、“神判”等制度。西周时的司法有了进一步发展，“五听”、“三刺”、“读鞫”、“乞鞫”等制度出现了。秦汉两朝的司法又有了长足的进步，司法机构更为体系化了，“公室告与非公室告”等新的诉讼形式被采用了，“失刑”、“不直”和“纵囚”等司法官的责任更加明确，《春秋》决狱、秋冬行刑、录囚制度也纷纷出台。经过魏晋南北朝，唐朝的司法成熟了，唐律中反映了这种成熟的司法，包括司法主体、司法的参与人、司法程序、证据、强制措施、刑罚的执行等一系列内容。①

唐律中司法的成熟突出表现为以下一些方面：首先，内容俱全。它涉及司法的各个领域，从司法机构到刑罚执行的方方面面，没有遗漏，应有尽有。其次，程序完备。司法涉及大量的程序，而唐律的规定十分完备。比如，有关刑讯程序的规定，内容包括刑讯的条件、对象的确定、执行、执行后的处理等等。② 最后，操作性强。唐律中的司法制度都便于执行，操作性强。比如，笞杖刑执行的制度内容包括：笞、杖的部位、次数，刑具的规格等等。③ 只要按照唐律的规定执行，很容易操作，不会失误。

5. 成熟的法律监督

唐前，中国传统法律中的法律监督已经存在，主要是由国家的监察官吏、机构实现。秦朝的御史大夫要监察所有国家官吏的行为，其中包括立法、司法部门官吏的行为。汉朝在承秦制的基础上又有发展，设置司隶校尉是其中之一。他的职权相当重，京师百

---

① 参见王立民：《唐律与唐朝的刑事司法制度》，载《社会科学》2008 年第 11 期。

② 参见《唐律疏议 · 断狱》“议请减老小疾不合拷讯”、“讯囚察辞理”、“拷囚不得过三度”、“狱结竟取服辩”等条。

③ 参见《唐律疏议 · 断狱》“决罚不如法”等条。

史、封侯外戚等都在其监察的范围中，也包括当时的立法、司法官吏。[①] 魏晋南北朝时期的监察制度有了进一步发展，包括言谏机关侍中寺、门下省的建立，御史台的设置等等。[②]

唐朝在总结、发展以前成果和经验的基础上，建立了自己成熟的法律监督制度，并在唐律中有较为充分的体现。除了有监察机关的监督以外，立法、司法中均有自己成熟的法律监督。在唐朝的三省制度中，门下省具有立法监督的功能。“唐初始合三省，中书主出命，门下主封驳，尚书主奉行。”[③]这一立法监督在唐律中有规定，而且非常明确，程序也十分清楚。“尚书省应奏之事，须缘门下者，以状门下省，准式依令，先门下录事勘，给事中读，黄门侍郎省，侍中审。有乖失者，依法驳正，即牒省司。若实有乖失，不驳正者，录事以上，减省下从一等。”[④]同时，司法中也有法律监督。在刑讯过程中，就有这种监督。被刑讯人死亡的，要有专人勘验，失职者要被追究刑事责任。“若依法拷决，而邂逅致死者，勿论；仍令长官等勘验，违者杖六十。”[⑤]这些法律监督在唐前都不见有规定，唐律使其完备，也使其成熟了。

二、唐律中中国传统法制发展的历史

唐律与中国传统法制的关系还表现为：

1. 唐律揭示了唐朝以前传统法制发展的历史

唐律从法典、篇目、制度等一些角度，揭示了唐朝以前的传统法制历史。

---

① 参见张晋藩总主编：《中国法制通史》（第二卷），法律出版社 1999 年版，第 399—340 页。

② 参见彭勃等主编：《中国监察制度史》，中国政法大学出版社 1989 年版，第 67—87 页。

③ 《魏晋政柄·所归条注》。

④ 《唐律疏议·名例》“司职犯公坐”条“疏议”。

⑤ 《唐律疏议·名例》“拷囚不得过三度”条。

第一,揭示了唐朝以前法典发展的历史。

中国自夏朝开始制定法律。战国时的魏国制定了《法经》,以后秦国的商鞅改法为律,秦律面世了。汉相萧何在《法经》、秦律的基础上拟定了《九章律》。此后的魏晋南北朝时期也都有自己的法典。隋朝相袭《北齐律》。唐律发展了隋律。唐律揭示了这一法典发展的过程,其中包括法典主要篇目的变化过程。"穆王度时制法,五刑之属三千。周衰刑重,战国异制,魏文侯师于里悝,集诸国刑典,造法经六篇:一、盗法;二、贼法;三、囚法;四、捕法;五、杂法;六、具法。商鞅传授,改法为律。汉相萧何,更加悝所造户、兴、厩三篇,谓九章之律。魏国因汉律为一十八篇,改汉具律为刑名第一。晋命贾充等,增损汉、魏律为二十篇,于魏刑名律中分为法例律。宋齐梁及后魏,因而不改。爰至北齐,并刑名、法例为名例。后周复为刑名。隋因北齐,更为名例。"①唐朝以前的法典编纂史由此而显见。

第二,揭示了唐朝以前法典其他篇目演变的历史。

除了"具"、"刑名"、"法例"和"名例"这些类似今天刑法典总则篇目的发展史以外,中国古代法典的其他篇目也都有自己演变的历史。唐律揭示了唐朝以前这些法典中篇目的历史。唐律中的这类篇目有十一个,每个篇目的演变史都在每篇前言的"疏议"中有阐述。比如,户婚律在《九章律》中首次出现,南北朝时期后周也称其为"户律",《北齐律》则改为"婚户律",隋的《开皇律》再改为"户婚律",唐律续用此名。"户婚律者,汉相萧何承秦六篇律后,加厩、兴、产三篇,为九章之律。迄至后周,皆名户律。北齐以婚事附之,名为婚户律。隋开皇以户在婚前,改为户婚律。"②其他篇目也是如此。

---

① 《唐律疏议·名例》前言"疏议"。

② 《唐律疏议·户婚》前言"疏议"。

第三，揭示了唐朝以前制度演进的历史。

中国自夏朝有法制以后，有些制度不断演进，形成了历史。关于这些制度在唐朝以前的演进情况，唐律中也有叙述。“十恶”制度即是这样。自汉以来，“十恶”中的有些罪名已经出现了，《北齐律》把其集合并冠名为“重罪十条”；隋朝的《开皇律》将其改名为“十恶”，并使它比较完备了。“十恶”制度的演进历史在唐律中表述得一清二楚。“汉制九章，虽并烟没，其‘不道’、‘不敬’之目见存，原夫厥初，盖起诸汉。案梁陈已往，略有其条。周齐虽具十条之名，而无‘十恶’之目。开皇创制，始备此科，酌于旧章，数存于十。大业有造，复更刊除，十条之内，唯存其八。”[①]此外，“五刑”、“八议”等许多制度也都是如此。

2. 唐律显示了唐朝前期传统法制发展的历史

唐律是唐朝前期的产物。它从唐律的某些制度的直接渊源、创新制度和重要字的发展等一些侧面，反映唐朝前期传统法制发展的历史。

第一，显示了唐朝前期一些制度的直接渊源。

唐律的直接渊源是隋朝的《开皇律》。《武德律》以《开皇律》为底本发展起来，其中的有些制度直接源于《开皇律》，甚至是完全继承。“十恶”就是如此。“自武德以来，仍遵开皇，无所损益。”另外，“十恶”中有些具体罪名的直接渊源也在唐律中有所显示，“谋反”、“谋大逆”、“不睦”、“不孝”、“内乱”等都是这样。[②]

第二，显示了唐朝前期一些创新制度的发展历史。

唐朝建立以后，法制仍在向前发展，有些明显具有创新性。这些创新制度的历史在唐律中有显示，加役流是其中之一。加役流适用的犯罪原来是死刑，武德时改为断趾，贞观六年(632 年)再演变为加役流。“加役流者，旧是死刑，武德中年改为断趾。国家惟

---

① 《唐律疏议·名例》“十恶”条“疏议”。

② 同上。

刑是恤,恩弘博爱,以刑者不可复属,死者务欲生之,情轸向隅,恩覃祝纲,以贞观六年奉制改为加役流。"[①]加役流制度的发展历史因此而一清二楚了。

第三,显示了唐朝前期一些重要字的发展历史。

由于各种原因,在唐朝发展过程中,有些重要字的用法也随之发展。"御宝"即是如此。唐律"十恶"中的"大不敬"罪包含多种犯罪行为,"盗及伪造御宝"是其中之一。这里的"御宝"是犯罪对象,对"宝"的理解对于正确认识这一犯罪对象关系重大。唐律专门阐述了这个"宝"字的历史,从先秦一直到唐朝的开元时期,其源流脉络十分清晰。"说文云:'玺者,印也。'古者尊卑共之,左传云:'襄公自楚还,及方城,季武子取六,使公冶问,玺书,追而予之。'是其义也。秦汉以来,天子曰'玺',诸侯曰'印'。开元岁中,改玺曰'宝'。"[②]可见,"御宝"之名始于唐朝的开元时期,专指皇帝使用的印章。

3. 开创了唐朝以后一些封建朝代传统法制的历史

唐律的许多立法成果为唐朝以后一些封建朝代的立法所沿用,开创了这一法制的历史。宋刑统、大明律和大清律例都大量吸取了唐律立法的成果。这突出表现在以下一些方面:

第一,开创了传统法制指导思想的历史。

唐律中"德本刑用"等法制指导思想对唐朝以后一些封建朝代的传统法制指导思想产生了很大影响。宋刑统、大明律和大清律例等法典也都沿用这一思想,并体现在自己的内容中。"十恶"、"八议"、"上请"、"同居相为隐"等许多内容都为它们所沿用,也都直接体现了这一思想。关于这一影响,当时就有人从不同视角进行了表达。《宋刑统·附录》说:"宋因唐法,故刑统于律疏引用无遗。"这里,"宋因唐法"实际上也包括了对唐律中法制指导

① 《唐律疏议·名例》"应议请减"条"疏议"。
② 《唐律疏议·名例》"十恶"条"疏议"。

思想的接受和继承。朱元璋在《御制大明律序》[1]里说："朕有天下，仿古为治，明礼以导民，定律以绳顽。"这实是"德本刑用"思想在明朝的运用。大清律例也不例外。康熙三十四年（1695 年）的《张玉书等呈览名例律疏》说："至于律文仿自唐律，辞简义赅。"[2]大清律例在大量吸收唐律内容的同时，也把唐律的法制指导思想收归律中了。可见，唐律中传统法制指导思想影响之大。

第二，开创了传统法典体例的历史。

唐律的体例也为唐朝以后一些封建朝代的传统法典体例所借鉴。宋刑统全盘接纳了唐律十二篇的结构，连篇目名也完全相同。此外，唐律中律条与"疏议"合编的体例也为宋刑统所接受，同样有"疏议"的安排。大明律虽采用了七篇体例，但名例律等六个篇目仍被保留了下来。这正如今人所说的："名例、职制、贼盗、诈伪、捕亡、断狱六篇与唐律名同。"[3]大清律例的体例情况与大明律例基本相同，也受到唐律体例的影响。可见，唐律体例影响之深远。

第三，开创了传统法典内容的历史。

唐律的内容同样为唐朝以后一些封建朝代的法典所沿袭。宋刑统全面吸纳了唐律的律条，增加的内容不是很多，只是"户绝资产"、"民商钱物"、"婚田入务"等一些律条。可以认为，宋刑统几乎是唐律的翻版。大明律的律条仅为四百六十条，少于唐律，可它留用了百分之六十以上唐律的内容；大清律例的律条只有四百三十六条，也少于唐律，但是它仍留有近百分之六十唐律的内容。[4]可见，唐律在中国传统法制中地位之重要。

综上可见，也可以把唐律看成是一部中国的传统法制史。

---

① 怀效锋点校：《大明律》，法律出版社 1999 年版，第 7 页。

② 田涛等点校：《大清律例》，法律出版社 1999 年版，第 10—11 页。

③ 怀效锋点校：《大明律》，法律出版社 1999 年版，第 2 页。

④ 参见王立民：《唐律新探》，北京大学出版社 2007 年版，第 42—43 页。

三、唐律中中国传统法制突出的方面

综观唐律中的中国传统法制内容，突出表现在以下几方面：

1．具有真实性

即唐律中反映的中国传统法制的内容很真实，不存在虚假成分。这可以从其他相关史料中得到印证。比如，唐律中的一些比较重要的制度在《旧唐书·刑法志》、《新唐书·刑法志》中都有不同程度的记载，而且内容与唐律相吻合。唐律的十二篇目名和排列、五刑、八议、赎刑、十恶、刑讯等制度，在《旧唐书·刑法志》中都有较为详细的记载。比如，唐律所规定的五刑的刑种与刑等，① 与《旧唐书·刑法志》中的记载一致。“笞刑五条，自笞十至五十；杖刑五条，自杖六十至杖一百；徒刑五条，自徒一年，递加半年，至三年；流刑三条，自流二千里，递加五百里，至三千里；死刑二条，绞、斩。”②又如，唐律中规定的刑讯次数和刑杖规格的内容，③也与《新唐书·刑法志》中的记载相同。“囚二十日讯，三讯而止，数不过二百。”“凡杖，皆长三尺五寸，削去节目。讯杖，大头径三分二厘，小头二分二厘。常行杖，大头二分七厘，小头一分七厘。笞杖，大头二分，小头一分有半。”④其他许多内容也都是如此。可见，唐律中的内容真实地反映了中国传统法制，是信史，值得信赖。

2．具有连贯性

即唐律所反映的中国传统法制中的重要内容一以贯之，没有中断。至唐朝，中国传统法制已历经了两千余年，足以形成历史。唐律把唐朝前期以前中国传统法制的重要内容作了梳理和阐述，使其连贯起来，形成了中国传统法制史。这一历史萌芽于夏朝以

---

① 详见《唐律疏议·名例》“笞刑五”、“杖刑五”、“徒刑五”、“流刑三”、“死刑二”条。

② 《旧唐书·刑法志》。

③ 详见《唐律疏议·断狱》“拷囚不得过三度”条、“决罚不如法”条“疏议”。

④ 《新唐书·刑法志》。

前。“尧舜时，理官则谓之为‘士’，而皋陶为之”。[1] 夏朝产生了法，以后便不断发展。唐律引用《尚书》、《周礼》等相关资料，描述了夏朝以后法制的一些情况。“夏刑三千”，“司刑掌五刑”，“穆王度时制法，五刑之属三千”等等，一直到唐初。“隋因北齐，更为名例。唐因于隋，相承不改。”[2]从具体的制度看，也是如此，一以贯之。“八议”制度即是这样。此制度源于《周礼》中的“八辟”，然后演变为“八议”。“周礼云：‘八辟丽法。’今之‘八议’，周之‘八辟’也。”“以此八议之人犯死罪，皆先奏请，议其所犯，故曰‘八议’。”[3]正因为如此，唐律可以作为一部中国传统法制史研读。

3. 具有规范性

即唐律所规定的内容比较规范，很便于实施。唐律是唐朝前期制定的一部主要法典，它所规定的内容相当规范，很便于人们实施。比如，名例律中规定的“同居相为隐”，对适用对象、相隐内容、不适用的犯罪等都作了明确规定。“诸同居，若大功以上亲及外祖父母、外孙，若孙之妇、夫之兄弟及兄弟妻，有罪相为隐；部曲、奴婢为主隐：皆勿论，其小功以下相隐，减凡人三等。若犯谋叛以上者，不用此律。”[4]名例律以外十一个律中的规定也是这样。比如，户婚律规定，“在官侵夺私田”行为要受到制裁，其中的犯罪主体、客观方面因素等内容都规定得很明晰，而且律条结构中的罪状和法定刑也都规定得很有条理。“诸在官侵夺私田者，一亩以下杖六十，三亩加一等；过杖一百，五亩加一等，罪止徒二年半。园圃加一等。”[5]唐律内容的规范，十分有利于在现实生活中的实施。那时出现的“贞观之治”、“永徽之治”和“开元盛世”都与唐律内容的规范关系密切。

---

① 《唐律疏议·名例》前言“疏议”。

② 同上。

③ 《唐律疏议·名例》“八议”条“疏议”。

④ 《唐律疏议·名例》“同居相为隐”条。

⑤ 《唐律疏议·户婚》“在官侵夺私田”条。

4. 具有理论性

即唐律用理论解释、论证所规定内容的合理性，便于人们正确地理解和适用。唐律中不仅有律条，而且还有“疏议”，它可以充分发挥解释、论证律条内容的作用，凸显其理论性。比如，名例律的“疏议”对“十恶”中的“大不敬”作了解释：“礼者，敬之本；敬者，礼之兴。故礼运云：‘礼者君之柄，所以别嫌明徽，考制度，别仁义。’责其所犯既大，皆无肃敬之心，故曰‘大不敬’。”①又如，职制律要打击“匿父母及夫等丧”的行为，规定：“诸闻父母若夫之丧，匿不举丧，流二千里；丧制未终，释服从吉，若忘哀作乐，徒三年；杂戏，徒一年；即遇乐而听及参预吉席者，各杖一百。”此条“疏议”专门用理论对作出这一规定的理由作了论证：“父母之恩，昊天莫报，荼毒之极，岂若闻丧。妇人以夫为天，哀类父母。闻丧须哭泣，岂得择日待时。”②通过这样的解释、论证，使原本只有律条的唐律变得很富有理论色彩。人们不仅可以知晓律条的规定，也可以了解作出规定背后的理论依据，更利于理解和适用唐律的规定。

① 《唐律疏议·名例》“十恶”条“疏议”。

② 《唐律疏议·职制》“匿父母及夫等丧”条“疏议”。

第二十五章　唐律与唐朝的刑事司法制度

在唐律与唐朝的刑事司法制度的关系中，有些值得关注的问题，本章对其中的一些问题作些探研。

一、唐律是唐朝的刑事司法制度的体现者、规范者和捍卫者

唐律与唐朝的刑事司法制度关系密切，突出表现为它是唐朝的刑事司法制度的体现者、规范者和捍卫者。

1. 唐律是唐朝的刑事司法制度的体现者

唐律体现了唐朝的刑事司法制度。根据唐律中体现的刑事司法制度的内容，按照刑事司法制度的体系，其范围包括了刑事司法的主体、参与人、程序、证据、强制措施、法律的适用、刑罚的执行等方面。

有关刑事司法的主体。唐律体现的刑事司法的主体，既有司法机构，也有大量的司法官。司法机构主要是指行使中央审判权的大理寺等。司法官在唐律中的范围比较广泛，除了涉及中央和地方行使审判职能的官吏外，还有行使缉捕和囚禁囚犯职能的官吏、执行刑罚的官吏等。这些刑事司法的主体的职务行为都在唐律的体现之中。比如，行使刑事审判职能的官吏在审判中必须依律定罪量刑，不可“出入人罪”；行使囚禁囚犯职能的官吏必须依法向囚犯提供衣食医药。如果他们违犯了相关规定，将会被追究法律责任。①

有关刑事司法的参与人。唐律中也涉及刑事司法的参与人，

---

① 参见《唐律疏议·断狱》“官司出入人罪”条和《唐律疏议·断狱》“囚应给衣食医药而不给”条。

其中的鉴定人、翻译人员、证人等都是此类人员。对他们的行为也在唐律中有所规定。比如,刑事司法鉴定人必须尊重事实,不可得出与事实相反的结论;翻译人员翻译的外国语要准确;证人的证言要真实。如果他们的行为违犯了唐律的规定,特别是造成定罪量刑错误,都要被追究相应的法律责任。①

有关刑事司法的程序。唐律中有关刑事司法程序的内容很多,涉及刑事司法的许多方面,而且体现得非常有序。比如,有关复奏的程序就有以下一些主要阶段:死刑案件须先经皇帝核准;在行刑前,应通过皇帝的"三复奏";"三复奏"后,还要经过三天,才能执行死刑;奏画已讫,应行刑者"皆三复奏讫,然始下决";"奏讫报下,应行决者","须以符到三日乃行刑"。② 该程序每个环节都不可缺少,也不可颠倒,而须依次逐一进行。其他程序的体现也大致如此。

有关刑事证据。唐律对有关刑事证据的内容作了规定,包括特殊人群的众证定罪、作伪证的责任等。比如,在有关特殊人群的众证定罪中:应议、请、减和七十岁以下老人、十五岁以下儿童以及废疾者都不可使用刑讯,要以众证定罪;众证是指三个人以上提供的证据;相为隐范围内的人员、八十岁以上的老人、十岁以下的儿童和笃疾者,都不可令其作证;等等。③

有关刑事强制措施。唐律中使用多种刑事强制措施,而且都作明文规定,都有体现。唐律规定的强制措施有拘传、逮捕、囚禁等。比如,有关逮捕的内容就涉及逮捕的对象、对拒捕的处置、官吏力量不足时的协助等等。④

有关刑事法律的适用。唐律根据唐朝的具体情况,对法律的

---

① 参见《唐律疏议·诈伪》"诈病死伤检验不实"和"证不言情及译人诈伪"条。

② 参见《唐律疏议·断狱》"死囚复奏报决"条。

③ 参见《唐律疏议·断狱》"议请减老小疾不合拷讯"条。

④ 参见《唐律疏议·捕亡》"官户奴婢亡"、"被囚禁拒捍走"、"罪人持仗拒捕"、"道路行人不助捕罪人"等条。

适用也作了规定，其内容包括：刑事司法官审判时必须引用律、令、格、式正文；如有两罪以上，采用吸取原则，“以重者论”；不属本官府管辖的案件，应及时上报，不可擅断；如果是用皇帝的制、敕断罪，不是永格的，“不得引为后比”；用格断罪的，虽与律的内容不一致，仍需依格审判；等等。[①] 这些体现的内容可以解决司法官在审判中适用法律的问题。

有关刑罚的执行。唐律对刑罚的执行以及附带的民事执行也都有体现。唐律中的刑罚主要是五刑。五刑的执行在唐律中都有明文规定。比如，笞、杖刑执行的部位、次数和次数的分配、刑具的规格等等。[②] 有些刑罚的执行还与附带民事执行方法联系在一起，赔偿、归还财物等都是唐律中规定的这种执行方法。[③] 有些被告人在被执行刑罚的同时，还要承担这些民事责任。

可见，唐律对唐朝的刑事司法制度都作了较为全面的体现，涉及这一制度各个方面，可以说是唐朝的刑事司法制度的忠实体现者。这十分有利于唐朝刑事司法的运作。

2．唐律是唐朝的刑事司法制度的规范者

唐律不仅是唐朝的刑事司法制度的体现者，还是这一制度的规范者，这在以下几个方面表现得比较突出：

首先，规范的内容比较全面。这可从横向和纵向两个方面看。从纵向看，唐律所规范的刑事司法制度的内容涉及刑事司法的主体、参与人、程序、证据、强制措施、法律和适用和刑罚的执行等各个方面，凡是唐律所体现的刑事司法制度的内容都得到了规范。从横向看，唐律所规范的内容不仅仅是一些大的方面，一些大问题下的具体内容也同样得到了规范。比如，在刑罚的执行方面，五刑的执行、附带民事赔偿的执行、刑具的规格等都得到了规范。这里

① 参见《唐律疏议·断狱》“断罪不具引律令格式”、“应言上待报而辄自决断”、“辄引制敕断罪”和《唐律疏议·名例》“彼此俱罪之赃”条。

② 参见《唐律疏议·断狱》“决罚不如法”条。

③ 参见《唐律疏议·断狱》“输备赎没入物违限”条。

以刑具为例。唐律的刑事司法制度中，有对笞、杖刑的刑具作出规范规定的内容，包括表面的要求、长度、粗细的尺寸等。“杖皆削去节目，长三尺五寸。讯囚杖，大头径三分二厘，小头二分二厘。常行杖，大头二分七厘，小头一分七厘。笞杖，大头二分，小头一分五厘。”[①]经过横向和纵向两个方面的规范规定，唐律中刑事司法制度的内容便可得到较全面的反映了。

其次，规范的内容比较具体。刑事司法制度要把刑法适用于社会及其成员，是一种具体性要求比较高的制度。唐律中的刑事司法制度也是如此。它所规定的内容都比较具体，许多内容都精确到“人”、“日”等。在不用刑讯而使用“众证定罪”时，具体为“人”，三人以上为“众”，即“称‘众’者，三人以上”[②]。这里的“众证”是指“三人以上”；如果“三人证实，三人证虚”，那么就要确定此为“疑罪”了。[③] 当确定刑罚执行的时间时，唐律则具体为“日”。“赎死刑，八十日；流，六十日；徒五十日；杖，四十日；笞，三十日。若应征官物者，准直：五十匹以上，一百日；三十匹以上，五十日；二十匹以上，三十日；不满二十匹以下，二十日。”[④]这里的“日”都以一天中的一百刻计算，即“诸称‘日’者，以百刻”[⑤]。内容具体以后，所涉及的内涵便比较明确，可以减少司法官的认识差错。

最后，规范的内容比较容易操作。刑事司法制度所涉及的程序性内容比较多，操作性也比较强。唐律中的刑事司法制度同样如此，特别是在涉及有关程序的内容时更是这样。刑讯是唐朝的刑事司法制度中的一个重要组成部分，唐律对其作了较为全面的规定，其中涉及的内容均具有较强的操作性，特别是一些程序性的规定。比如，确定使用刑讯的前置程序、刑讯次数的程序、刑讯执

---

① 《唐律疏议·断狱》“决罚不如法”条。
② 《唐律疏议·名例》“称日年及众谋”条。
③ 参见《唐律疏议·断狱》“议请减老小疾不合拷讯”条。
④ 《唐律疏议·断狱》“输备赎没入物违限”条。
⑤ 《唐律疏议·名例》“称日年及众谋”条。

行对象的程序等等都是如此。其一,关于确定使用刑讯的前置程序。要对被告人使用刑讯时,必须经过一个前置程序。这一程序包括多个环节。“应讯囚者,必先以情,审察辞理,反复参验;犹未能决,事须讯问者,立案同判,然后拷讯。”①其二;关于刑讯次数的程序。唐律对刑讯的次数、总数都有规定,司法官必须按其中的程序执行。“拷囚不得过三度,总数不得过二百,杖罪以下不得过所犯之数。拷满不承,取保放之。”②其三,关于刑讯执行对象的程序。这一程序在唐律里也有规定,其基本内容是:先刑讯被告人,被告人不招的,再刑讯原告人;在一定条件下,还可以刑讯证人。被告人“拷满不承,取保放之”③。然后,刑讯原告人,即“拷囚限满而不首者,反拷告人”④。在诬告等案件中,还可刑讯证人,即“拷证人”⑤。这样规范的程序利于司法官操作和刑事司法制度的实施,也便于刑事司法活动的开展。

唐朝的刑事司法制度在唐律中得到了全面、具体、易操作的规范,为这一制度的适用创造了十分有利的条件。

3. 唐律是唐朝的刑事司法制度的捍卫者

唐律通过惩治违反刑事司法制度者的方法捍卫唐朝的刑事司法制度。惩治的力度比较大,用的是刑罚。刑罚是制裁方式中力度最大的方式,甚至可以剥夺人的生命。从这种意义上讲,唐律是刑事司法制度最有力的捍卫者。比如,对行使刑事审判职能的官吏在审判中“出入人罪”的,要根据其出入人罪的情况进行处罚。“入重罪,以全罪论;从轻入重,以所剩论;刑名易者:从笞入杖、从徒入流亦以所剩论,死罪亦以全罪论。其出罪者,各如之。”⑥刑事

① 《唐律疏议·断狱》“讯囚察辞理”条。
② 《唐律疏议·断狱》“拷囚不得过三度”条。
③ 同上。
④ 《唐律疏议·断狱》“拷囚限满不首”条。
⑤ 《唐律疏议·断狱》“诬告人流罪以下引虚”条。
⑥ 《唐律疏议·断狱》“官司出入人罪”条。

司法的鉴定人不按真实情况检验而得出错误鉴定结论也要受罚，“若实病死及伤，不以实验者，以故入人罪论”①。刑讯要依程序进行，否则同样要被追究刑事责任。“诸应讯囚者，必先以情，审察辞理，反复参验；犹未能决，事须讯问者，立案同判，然后拷讯。违者，杖六十。”②用律条规范刑事司法制度，使用了最为严厉的制裁手段，其捍卫程度不能不说是最高的了。

唐律对刑事司法制度的捍卫也分轻重缓急。凡是要重点捍卫的，惩罚力度就较大；反之，则较轻。唐律对被囚禁人拒捍官吏逃脱、主守受财枉法而增减罪人之罪和不待皇帝复奏下而处决死刑犯等行为，用刑都很重，底线都在流刑以上，分别是“流二千里”、“十五匹加役流”和“流二千里”③。相比之下，唐律对应囚禁而不囚禁、断罪没有具引律令格式正文和领徒应役而不役等行为，则用刑较轻，底线只是笞，都是“笞三十”④。究其原因，是因为被囚禁人拒捍官吏逃脱、主守受财枉而增减罪人之罪和不待皇帝复奏下而处决死刑等行为都严重侵犯了监管秩序、吏治和皇权，对国家的危害较大，故用刑亦重，显示出重点捍卫的对象。另有一些用刑较轻的犯罪行为，对国家的危害相对较小，故捍卫的力度便次之。

随着对刑事司法制度侵犯程度和犯罪情节的加重，用刑也会加重，捍卫力度随之增加；反之，则减轻。这在被囚禁人拒捍官吏逃脱和官吏追捕逃犯的规定中明显地反映出来。唐律规定，被囚禁人“拒捍官司而走者，流二千里；伤人者，加役流；杀人者斩”⑤。从此条规定可见，犯罪情节加重，用刑亦在加重。唐律还规定，官吏受命去追捕逃犯的，“不行及逗留；虽行，与亡者相遇，人仗足敌，

---

① 《唐律疏议·诈伪》“诈病死伤检验不实”条。

② 《唐律疏议·断狱》“讯囚察辞理”条。

③ 《唐律疏议·捕亡》“被囚禁拒捍走”条；《唐律疏议·断狱》“主守导令囚翻异”和“死囚复奏报决”条。

④ 《唐律疏议·断狱》“囚应禁不禁”、“断罪不具引律令格式”和“领徒囚应役不役”条。

⑤ 《唐律疏议·捕亡》“被囚禁拒捍走”条。

不斗而退者：各减罪人罪一等；斗而退者，减二等。即人仗不敌，不斗而退者，减三等；斗而退者，不坐”[1]。从该规定中可见，犯罪情节减轻，用刑亦减轻。

二、形成体现者、规范者和捍卫者的主要历史原因

唐律能与唐朝的刑事司法制度密切联系在一起，并成为这一制度的体现者、规范者与捍卫者，有其一定的历史原因，主要是以下几个方面：

1. 唐律含有唐朝的刑事司法制度的调整范围

唐律是一部刑法典，规定的是刑法的内容。在唐律的《名例律》中，规定了类似于刑法总则的内容。其中，虽有个别律条规定了行政制裁方式，但都只是刑事附带行政制裁而已，不单独使用。比如，“除名”、“免官”和“免所居官”等条所规定的除名、免官和免所居官的制裁方式都是如此。在《名例律》后的十一个律中，规定了类似于刑法分则的内容，其律条由罪状和法定刑两个部分构成。其中，虽有少数律条中有民事制裁方式的内容，但都是刑事附带民事制裁，不单独使用。比如，《唐律疏议·厩库》“官私畜毁食官私物”条规定：“诸官私畜产，毁食官私之物，登时杀伤者，各减故杀伤三等，偿所减价；畜主备所毁。”这里的刑罚是“减故杀伤三等”，即“杖九十”；“偿所减价”属于民事制裁方式的赔偿，只是附带“杖九十”而已。另外，虽有个别律条中没有法定刑部分的内容，但都是对相关律条的补充，不影响唐律是刑法典的性质。《唐律疏议·贼盗》“缘坐非同居”条的内容就是如此。此条规定：“诸缘坐非同居者，资财、田宅不在没限。虽同居，非缘及缘坐人子孙应免流者，各准分法留还。若女许嫁已定，归其夫。出养、入道及娉妻未成者，不追坐。道士及妇人，若部曲、奴婢犯反逆者，止坐其身。”此律条并无法定刑的内容，却是对前一条“谋反大逆”条的补充，进一

[1] 《唐律疏议·捕亡》“将吏捕罪人逗留不行”条。

步明确其缘坐的范围。

唐律是刑法典的性质决定了其有广泛的调整范围，而不同于其他部门法。其他部门法只调整某种社会关系，调整的范围比较狭窄。刑法则不然，它是保障法，具有保障其他部门法实施的功能。当一个行为严重违犯了部门法而达到犯罪程度的时候，刑法即发挥作用，用严厉的刑罚进行处罚，确保这一部门法的适用。刑法要保障所有部门法的适用，其调整范围非常广泛，包括刑事司法制度在内。这样，唐律就可把唐朝一些比较重要的刑事司法制度中的内容作为自己的内容，并作出规定。这种规定一旦被归入了刑法的范畴，便具有了刑法的特征，其制裁部分的内容也以刑罚为主。这样，这种刑事司法制度就变成了一种刑法化的刑事司法制度。这样的制度不仅规范，而且处罚的力度比较大，更便于施行。从这种意义上讲，唐律能成为唐朝刑事制度的体现者、规范者和捍卫者有其内在的法制必然性。

2. 唐初的主流刑事司法思想起了十分重要的指导意义

唐初的主流刑事司法思想对制定唐律并使其与刑事司法制度紧密结合具有十分重要的指导意义。此时的这一思想主要存在于唐太宗及其高官房玄龄、魏征等人的思想之中，突出表现在以下这些方面：

第一，把刑事司法制度与秦、隋的灭亡联系起来。唐太宗很重视对秦、隋灭亡的史实和原因进行分析和研究，发现这与当时严酷的刑事司法制度有关。唐太宗多次提到秦、隋时严酷的刑事司法制度是其灭亡的直接原因。贞观四年(630年)，他指出，隋时的刑事司法十分严酷，对“盗”的犯罪凡“有疑似，苦加拷掠，枉承贼者二千余人，并令同日斩决”[1]，加速了隋的灭亡。贞观六年(632年)，他又说：“秦乃恣其奢淫，好行刑罚，不过二世而灭。”[2]为使唐

① 《贞观政要·君臣鉴戒第六》。

② 同上。

朝长治久安，唐太宗不得不考虑本朝代刑事司法制度的建设，以避免重蹈秦、隋灭亡的覆辙。

第二，把刑事司法制度与君主的诚信联系起来。唐太宗与房玄龄、魏征等人都重视君主的诚信，并与刑事司法制度联系在一起，认为它是体现君主诚信的一个重要方面；如果君主在刑事司法中不讲诚信，就会造成严重的不利后果。房玄龄认为，君主不可缺少诚信，它与政权联系在一起，"仁、义、礼、智、信，谓之五常，废一不可……项氏以无信为汉高祖所夺，诚如圣旨"①。魏征不仅认为"君之所保，惟在诚信"，而且还进一步认为不可有无诚之令，否则后果严重，"令而不从，令无诚也"，"无诚之令，为上则败德，为下则危身"②。唐太宗则明确提出："罪当其罪。"③他们把刑事司法制度与君主的诚信结合起来，强调刑事司法制度的重要性。

第三，把刑事司法制度与公平正直联系起来。唐太宗、房玄龄、魏征等人都强调治国要公平正直，包括在刑事司法制度中；如果不能做到公平正直，其不利影响会很严重。唐太宗把历史上高颎、诸葛亮等人作为公平正直的榜样大加赞赏，要臣下向他们学习，"卿等亦可慕宰相之贤者，若如是，则荣名高位，可以长守"④。房玄龄也认为："理国要道，在于公平正直。"⑤这种公平正直表现在刑事司法制度中，就要求司法官依法判案。正如魏征所说，"守文奉法"⑥，"凡理狱之情，必本所犯之事以为主，不严讯，不旁求，不贵多端"⑦。

第四，把刑事司法制度与反对严刑联系起来。唐朝以前，中国历史上出现过严刑的情况，而且还直接影响到治国效果。唐初主

---

① 《贞观政要·诚信第十七》。

② 同上。

③ 《贞观政要·封建第八》。

④ 《贞观政要·公平第十六》。

⑤ 同上。

⑥ 《贞观政要·择官第七》。

⑦ 《贞观政要·公平第十六》。

要执政者均反对严刑,主张轻刑。贞观元年(627年),唐太宗对侍臣们说:"死者不可再生,用法务在宽简"①,表达了反对严刑的思想。贞观之初,魏征也说,"罚宜从轻",认为这是"百王通制"②。贞观十一年(637年),魏征进一步认为,圣帝明王"皆敦德化而薄威刑也"③。他还在上疏中明确指出严刑的弊端,"虽董之以严刑,震之以威怒,终苟免而不怀仁,貌恭而心不服"④。房玄龄也反对严刑治国,且要求在实践中做到"审定法令,意在宽平"⑤。这些思想都影响到唐律包括刑事司法制度在内的所有内容,以使整部法典用刑宽平。

3."疏议"起了完善唐朝的刑事司法制度内容的作用

中国在唐朝已具有较高的立法技术水平,首次在唐律中使用了"疏议"。它具有解释、补充律文的功能。《唐律疏议·名例》前言说:"疏之为字,本以疏阔、疏远立名。"沈家本在《重刻唐律疏议序》中作了更明确的说明,"名疏者,发明律及注意;云议者,申律之深义及律所不周不达",以使"律文之简质古奥者,始可得而读焉"⑥。"疏议"的这一功能决定了它可起到完善唐朝的刑事司法制度内容的作用。事实也是如此。它通过各种途径完善了相关的内容,使唐朝的刑事司法制度能在唐律中得到较为全面的反映。

第一,协调与其他律的内容。唐律中,刑事司法制度的内容主要规定在《斗讼律》、《捕亡律》和《断狱律》等律中。唐律是一个整体,前后各律之间的内容会有联系。为了使刑事司法制度能保持其整体性,并使其能得到较为全面的体现,唐律利用"疏议"协调它们与其他律的内容,使其更为完善。《唐律疏议·断狱》"应言

① 《贞观政要·刑法第三十一》。

② 《贞观政要·公平第十六》。

③ 同上。

④ 《贞观政要·君道第一》。

⑤ 《贞观政要·任贤第三》。

⑥ 刘俊文点校:《唐律疏议》,中华书局1983年版,第670页。

上待报而辄自决断”条规定：“应待报而不待报，辄自决断者，各减故失三等。”此条“疏议”引用《职制律》的内容，专门对减三等的量刑作了解释，明确了量刑，协调了与其相关的内容：“若失不申上、失不待报者，于《职制律》‘公事失’上各又减三等。即死罪不待报，辄自决者，依下文流二千里。”另外，《唐律疏议·断狱》“缘坐没官不如法”条“疏议”也引用了《贼盗律》的规定，以说明律条中有关“缘坐应没官”的内容。

第二，引用唐令的规定。唐朝刑事司法制度的内容不仅存在于唐律中，还存在于唐令等形式中。特别是在唐令的规定中，涉及的令包括《捕亡令》、《狱官令》等等。唐律通过“疏议”引用唐令的内容，使律条的内容与其协调起来，以实现唐律与唐令等的统一。《唐律疏议·捕亡》“将吏捕罪人逗留不行”条规定：“诸罪人逃亡，将吏已受使追捕，而不行及逗留”者，要受到“各减罪人罪一等”处罚。此条“疏议”引用《捕亡令》的规定，对需追捕的人员作了详细说明：“依《捕亡令》：‘囚及征人、防人、流人、移乡人逃亡，及欲入寇贼，若有贼盗及被伤杀，并须追捕。’”

第三，明确相关概念。唐朝的刑事司法制度中有许多相关概念，有的在唐律中也有反映。只有正确理解这些概念，才能准确掌握律文的含义。“疏议”充分发挥了明确这些概念的作用。首先，明确了刑事司法主体的概念。《唐律疏议·斗讼》“监临知犯法不举劾”条规定：“诸监临主司知所部有犯法，不举劾者，减罪人罪三等。”此条“疏议”对刑事司中的法主体“主司”作了明确的界定，规定：“‘主司’，谓掌领之事及里正、村正、坊正以上。”其次，明确了违犯刑事司法制度行为的概念。《唐律疏议·捕亡》“知情藏匿罪人”条规定：“诸知情藏匿罪人，若过致资给，令得隐避者，各减罪人罪一等。”此条“疏议”对其中违犯刑事司法制度的行为“知情藏匿”作了确切的说明：“‘知情藏匿，’谓知罪人之情，主人为相藏隐。”最后，明确了刑事司法程序的概念。《唐律疏议·断狱》“狱结竟取服辩”条规定：“诸狱结竟，徒以上，各呼囚及其家属，具告罪名，仍取囚服辩。”此条“疏议”对刑事司法程序“狱结竟”作了如下解释：“‘狱结竟’谓徒以上刑名，长官同断案已判讫，徒、流及死罪，各呼囚及其家属，具告所断之罪名，仍取囚服辩。”

第四，解释了规定刑事司法制度的原因。通过这种解释，可使人们了解立法意图，深入认识唐朝的刑事司法制度。《唐律疏议·断狱》“议请减老小疾不合拷讯”条规定：“年八十以上，十岁以下及笃疾，皆不得令其为证，违者减罪人罪三等。”此条“疏议”对这些人不得为证的原因作了解释：“其八十以上，十岁以下及笃疾，以其不堪加刑：故并不许为证。”此外，《唐律疏议·断狱》“断罪不具引律令格式”和“辄引制敕断罪”等条中的“疏议”也都起到了这种解释作用。

三、唐律与唐朝刑事司法制度相关的一些问题

在唐律与唐朝的刑事司法制度方面，还有一些值得关注的问题，主要包括以下一些方面：

1. 唐朝前、后期刑事司法制度的执行情况大不相同

唐朝前、后期刑事司法制度的执行情况大相径庭。唐朝前期，特别是贞观时期，刑事司法制度的执行情况比较理想，突出表现在这样几个方面：首先，依法司法的情况比较普遍。贞观之初，“志存公道，人有所犯，一一于法”[①]。以后，“曹司断狱，多据律文，虽情在可矜，而不敢违法，守文定罪，或恐有冤”[②]。其次，出现问题后能得到及时纠正。这样，刑事司法制度便可及时恢复，保持其正常运行。那时，大理卿刘德威曾对唐太宗说：“律，失入减三等，失出减五等。令失入无辜，而失出为大罪，故吏皆深文。”唐太宗听到后，马上采取措施加以改正，完善了刑事司法制度，“遂命失出入者

---

① 《贞观政要·公平第十六》。

② 《旧唐书·刑法志》。

皆如律,自此吏亦持平”[①]。在一些具体案例中,也是如此。当唐太宗发现自己的审判是错误时,便会及时加以纠正。贞观元年,时任吏部尚书的长孙无忌带刀进入了东上阁门。被发觉后,唐太宗先判定监门校尉死刑;长孙无忌则徒二年,罚铜二十斤。但是,大理少卿却认为唐太宗对监门校尉判重了,最后唐太宗纠正了自己以前的判决,“免校尉之死”[②]。最后,贞观时期的治安情况较好。这从另一侧面说明,刑事司法制度确实发挥了积极作用,并收到了较好的社会效果。贞观二年(628 年)已是“百姓渐知廉耻,官民奉法,盗贼日稀”[③]。贞观四年的治安情况更好,“断死刑,天下二十九人,几致刑措”[④],实属罕见。

唐朝前期其他时期的刑事司法制度的执行情况也较为理想。唐高宗时,“遵贞观故事”[⑤],重视贯彻执行贞观时确定的刑事司法制度。在唐高宗即位之初,被囚禁和处以死刑的人数都很少,“见囚五十余人,惟二人合起”[⑥]。以后,当出现新编的、与刑事司法相关的《法例》“烦文不便”时,唐高宗及时加以纠正,明确“非适今日,速宜改辙,不得更然”。“《法例》遂废不用。”[⑦]武则天当政时期,出现过“以威制天下,渐引酷吏,务令深文,以案刑狱”的情况,酷吏周兴、来俊臣“相次受制,推究大狱”,“前后枉遭杀害者,不可胜数”。唐朝的刑事司法制度曾一度遭到破坏。后徐有功等正直官吏“每日与之廷争得失,以雪冤滥”,使武则天觉醒,于是“俊臣、弘义等伏诛,刑狱消息”[⑧]。唐朝的刑事司法制度又得到恢复性执行。在同一时期,出现了冤狱,又能自己进行平反,亡羊补牢,恢复

---

① 《新唐书·刑法志》。
② 《贞观政要·公平第十六》。
③ 《贞观政要·仁义第十三》。
④ 《贞观政要·刑法第三十一》。
⑤ 《旧唐书·刑法志》。
⑥ 同上。
⑦ 同上。
⑧ 同上。

刑事司法制度的尊严,也可以说是这一制度执行情况较好的一种表现了。

从总体上看,唐朝后期刑事司法制度的执行情况就不那么理想了。不依照这一制度执行的情况比较普遍,用刑畸轻畸重的现象较多。唐肃宗"喜刑名,器亦刻深"。唐代宗则是另一种情况,他"性仁恕,常以至德以来用刑为戒",还下诏"河北、河南吏民任伪官者,一切不问"。唐宪宗也是"用刑喜宽仁",可效果并不好,"民未知德,而徒以为幸也"。唐文宗又走向用重刑的极端,"诛杀大臣,夷灭其族,滥及者不可胜数"。唐武宗沿袭唐文宗的做法,也"大刑举矣,而性严刻"。① 究其原因,有多种。其中,有一种原因十分突出,那就是唐朝后期皇帝治国不力,导致法制遭到破坏,刑事司法制度也随之遭殃。《新唐书·刑法志》说,那时"人主规规,无复太宗之志。其虽有心于治者,亦不能讲考大法,而性有宽猛,凡所更革,一切临时苟且,或重或轻,徒为繁"。这一说法不无道理。

2. 后世律典对唐律中刑事司法制度的沿革

唐律中有关刑事司法制度的内容,随着唐律对后世立法的影响,也为后世的律典所沿革。这里以宋刑统、大明律和大清律例为例。

宋刑统是宋朝的一部律典,也是宋朝的一部主要法典。它大量袭用唐律的内容,同时也就大量接受了唐律中有关刑事司法的内容。这是基本的一面。另外,它还根据宋朝自己的情况,对其中的内容作了补充,形成了适合自己的刑事司法制度。这种补充主要包括以下两个方面:一方面,附有敕文补充律条的相关内容。宋刑统除了大量引用唐律的律条外,还在律条后引用唐开元二年(714 年)至宋建隆三年(962 年)间的敕文,补充、丰富了律条的内容。《宋刑统·斗讼》"邀车驾挝鼓上表自诉事"门在引用了《唐律

① 参见《新唐书·刑法志》。

疏议·斗讼》“邀车驾挝鼓诉事不实”条的内容后，附上了唐大历十二年(777年)四月十二日的敕文，补充了相关官员在受理直诉案件中的责任。“自今以后，有击登闻鼓者，委金吾将军收状为进，不得辄有损伤，亦不须令人遮拥禁止，其理匦使担任投匦人投表状于匦，依常进来，不须勒留副本，并妄有盘问，方便止遏。”这一规定在唐律中没有，在宋刑统中却出现了。另一方面，附加了“起请”，补充律条的相关内容。宋刑统还在律条后增加了三十二条“起请”，起丰富律条内容的作用，在刑事司法制度方面也是如此。《宋刑统·断狱》“囚应请给医药衣食”门在援引了《唐律疏议·断狱》“囚应给衣食医药而不给”条的内容后，附加了一个“起请”，规定了原律条没有规定的内容：“臣等参详，两京军巡及诸州府狱囚，请今后勒逐州府轮差曹官，每半月一度，遍到诸狱，依上件诸条检校。不如法者，具状申举科罪。”这在唐律中也没有，在宋刑统中却有。经过这两个方面的补充，宋刑统有关刑事司法制度的内容更为丰富，也更适合宋朝的具体情况了。

大明律是明朝的一部主要律典。它仅有七篇，四百六十条，在体例上虽与唐律有明显的差别，但仍保留了许多唐律的内容，包括刑事司法制度方面的内容。同时，大朝律还根据明朝刑事法制建设的需要，调整了一些规定，主要是：首先，增加了一些相关的规定。大明律增加了一些唐律中未曾规定的刑事司法制度，司法官的回避制度是其中之一。它规定，司法官在审理案件时，发现有利害关系人的，应移送案件，主动回避，否则要被追究法律责任。“凡官吏于诉讼人内，关有服亲，及婚姻之家，若受业师，及旧有仇嫌之人，并听移文迴避。违者，笞四十。若罪有增减者，以故出入人罪论。”[①]此外，“干名犯义”、“官吏词讼家人诉”和“军民约会词讼”等条所规定的制度也都是如此。其次，加重了有些触犯规定的法律责任。有些是在唐律和大明律中都有规定的，大明律加重了触

---

① 《大明律·刑律五·诉讼》“听讼回避”条。

犯这一规定的法律责任。打击诬告行为的规定即是一个突出表现。《唐律疏议·斗讼》"诬告反坐"条规定，诬告者被反坐用刑，即"诸诬告人者，各反坐"。《大明律·刑律五·诉讼》"诬告"条则在反坐的基础上，加重了用刑，而且诬告他人罪越重的，加重的程度也越大。"凡诬告人笞罪者，加所诬罪二等；流徒、杖罪，加所诬罪三等；各罪止杖一百，流三千里。"最后，丰富了有些规定中的内容。有些刑事司法制度中的规定在唐律和大明律中都有，大明律增加了一些内容，使其比唐律所规定的更为丰富。关于主守导令囚徒翻异的规定就是如此。《唐律疏议·断狱》"主守导令囚翻异"条没规定"外人"犯有导令囚徒翻异的内容，《大明律·刑律十一·断狱》"主守教囚反异"条增加了这一内容，使其更为丰富。"外人犯者，减一等。若容纵外人入狱及走泄事情于囚，罪无增减者，笞五十。"此外，"官司出入人罪"、"决罪不如法"等条也均有类似情况。经过这些调整，大明律中的刑事司法制度虽与唐律区别明显，但更符合明朝的实际情况了。

大清律例是清朝的一部主要律典。它虽也是七篇，但律条仅四百三十六条，比大明律少，比唐律更少。它在律条后附例，细化了律条的内容，在刑事司法制度方面也是这样。即使大清律例的律条与唐律相似的，可由于附了例，律条的内涵更为具体，也更便于实施了。《大清律例·刑律·诉讼》"越诉"条的内容与《唐律·斗讼》"越诉"条的内容很相似，可大清律例在律条后附上了十五条例条，其内容更为具体了。唐律则无这方面的内容。这些例条对违法直诉、起诉、代人起诉、旗军的诉讼等等，都作了细化性规定。比如，"擅入午门、长安等门内叫诉冤枉，奉旨勘问得实者，枷号一个月，满日杖一百；若涉虚者，杖一百，发边远卫分充军"；"凡假以建言为由，挟制官府，及将暧昧不明奸赃事情，污人名节，报复私仇者，文武官俱革职；军民人等，皆发附近充军"；"在外刁徒，身背黄袱，头插黄旗，口称奏诉，直入衙门挟制官吏者，所在官司就拿送问"等等，都是如此。

宋刑统、大明律和大清律例对唐律刑事司法制度的沿革，一方面说明唐律中这一制度影响之大，另一方面显示其更适合本朝代的实际情况，是一种继承与创新的结合，也是中国古代刑事司法制度与时俱进的一种体现。

3. 唐律的刑事司法制度与古代东方其他法中刑事司法制度的主要差别

唐律是中国古代法的代表作，其刑事司法制度是中国古代刑事司法制度的典范。古代东方还有楔形文字、希伯来、印度和伊斯兰等法，这些法中也有自己的刑事司法制度。唐律的刑事司法制度与它们之间的差别不小。

唐律的刑事司法制度与楔形文字法中的刑事司法制度都是世俗法内的刑事司法制度，属于同一类型。但是，它们的不同点却十分明显。唐律中的刑事司法制度不仅是中国封建制的刑事司法制度，还是中国古代成熟的刑事司法制度，它体系完整、内容系统、律文规范，而且还对中国后世的封建刑事司法制度产生了很大影响。楔形文字法则是西亚奴隶制时期的法制，没有机会演进为封建制法制，其刑事司法制度没能得到充分的发育，没有达到成熟的程度，不如唐律中的刑事司法制度完善。事实也是如此。与唐律的刑事司法制度相比，它的刑事制度显得粗糙，不成体系，内容仅集中于起诉的内容要真实、伪证者要受到法律制裁、证人先要在神前宣誓等一些方面，而且规定的内容十分简单和原则。①

古代东方的希伯来、伊斯兰和印度法都属于宗教法，其国家背景是政教合一。这些法制中的宗教色彩特别浓厚，其刑事司法制度也是如此。这里以刑事司法主体与证据的运用为例。在刑事司法的主体方面，神职人员有司法审判权。在希伯来，摩西当政时，

---

① 参见王立民：《古代东方法研究》，北京大学出版社 2006 年版，第 262、266、268 页。

经常“坐着审判百姓，百姓从早到晚都站在摩西左右”[①]。其下属的祭司也有司法权，受理那些因流血、竞争、殴伤等而产生的案件。[②] 在阿拉伯伊斯兰国家，“一切判决只归真主；他依理而判决，他是最公的判决者”[③]。实际上，“真主”要通过他的“使者”表达自己的意志，即由神职人员进行审判。在印度，婆罗门可以“坐着或者站着代表国王审理案件”[④]。这里的“审判”都是广义的审判，包括刑事审判。在证据的运用方面，这些法采用向神起誓、发誓等方法。希伯来法规定，只要被告人“凭着耶和华的起誓”，就可认定其讲的供词具有真实性。伊斯兰法规定，告发自己的妻子而又无其他证据的，只要向“真主发誓四次”就可以了。印度法虽没有直接规定向神发誓或起誓可以代替证据，可也把作证与神联系在一起，告诫人们作伪证者会遭到恶报。那些作伪证者，“将被婆楼那的套索紧紧缚住，不由自主一百世”[⑤]。然而，作为世俗法中刑事司法制度的唐律中的刑事司法制度却没有这类规定，这是它们之间的最大区别。

从这些差别中可以看到，唐律中的刑事司法制度在古代东方国家中颇具特色，独树一帜，甚至还有优势，在世界法制史上占有重要地位。

---

① 《新旧约全书》，圣经公会 1940 年印发，第 88 页。

② 参见王立民：《古代东方法研究》，北京大学出版社 2006 年版，第 256、268 页。

③ 马坚译：《古兰经》，中国社会科学出版社 1981 年版，第 98 页。

④ 蒋忠新译：《摩奴法论》，中国社会科学出版社 1986 年版，第 137 页。

⑤ 王立民：《古代东方法研究》，北京大学出版社 2006 年版，第 256、268 页。

后 记 一

十年前,我有幸考入华东政法学院,成为中国法制史学的硕士研究生,有了学习和研究法制史的良好条件。以后,我集中探研唐律,毕业论文也以唐律为主题。毕业后,我仍没有放弃对唐律的研究,陆续发表了一些论文,但是由于行政事务缠身,实在无暇完成整本专著。1990 年,我考入华东师范大学史学所攻读博士学位,重新获得了“自由”,于是便在课余时间争分夺秒,总结并扩展了过去的研究成果,终成此书,还了夙愿。真是“砚田无荒年”。

此书是在我硕士论文的基础上发展而来的,多数内容已在《法学研究》、《法学》、《比较法研究》、《世界法学》以及《华东师范大学学报》等刊物上公开发表。不过,在撰写成书时,出于对总体结构的考虑,我又对它们作了必要的调整,使其更具整体效应。由于每章原为一篇独立论文,故个别史料在运用时仍有所交叉,实属难免。

虽是小书一本,却来之不易,它凝聚了多人的心血。我的硕士导师王召棠教授和陈鹏生教授不厌其烦,指导我一步步走进探索中国法制史和研究唐律的大门;我的博士导师吴泽教授诲人不倦,深造我的理论和史学知识,加固了我探究唐律的基础。你们那种“诲尔谆谆”的形象,令我永远不会忘怀。出版社的查建国先生鼎力相助,使我多年的愿望终能成真。胞弟王立行在百忙中抽时间题写书名,使书生辉。还有一些朋友们也曾为此书的问世作出过富有成效的努力。为此,我要对你们表示最衷心的感谢!

小书即将面世了。但是,由于我学识谫陋,愿弘力薄,书中不免有偏颇舛错之处,还望各位老师和学仁匡正赐教。

作 者

一九九二年十一月于上海

后 记 二

《唐律新探》一书曾于1993年由上海社会科学院出版社出版。这是我的第一本个人学术专著。随后，我的另两本个人学术专著《古代东方法研究》和《上海法制史》又相继问世。这三本专著奠定了我的学术研究基础，基本形成了自己的学术研究体系。这就是从地方法制史到中央法制史、东方法制史，由低到高的三个层次的体系。它们分别以《上海法制史》、《唐律新探》和《古代东方法研究》为代表作。

《唐律新探》一书出版后，向国内外发行，反响较好。几年前，韩国庆北大学校师范大学历史教育科的任大熙先生还带着从韩国买来的《唐律新探》一书到上海，专程与我谈及把此书翻译成韩文在韩国公开出版并把它作为研究生教材的问题。目前，此书已经售罄。同时，我对唐律的探研仍没停止，还有一些论文先后面世。经与上海社会科学院出版社联系，此社有意出版《唐律新探》第二版，并增加一些新内容。因此，眼前的这本《唐律新探》已从原来的十七余万字扩展到了二十余万字。

与我以往的专著一样，此书的再版得到了多方的支持和帮助。我院的领导、科研处和学术委员会都大力支持此书的扩容重版。上海社会科学院出版社的领导和周河先生积极帮助，使此书的第二版能及时与大家见面。在此，对他们的大力支持和积极帮助一并表示最为衷心的感谢！

考虑到这是《唐律新探》的第二版，所以封面有所改变，以区别于第一版。但是，我胞弟王立行的题词仍作保留，因为我特别钟爱这几个已成自己风格的字。

虽然这是《唐律新探》的第二版，但仍会留下遗憾与不足，还望各位同仁继续给予指教、匡正。

王立民

二○○一年四月于上海

后 记 三

《唐律新探》(第二版)于二〇〇一年六月问世以后,还是受到了社会的欢迎,目前已售完脱销。同时,一些热衷于中国法制史、唐律学习和研究的学者仍希望购得此书,不断有人向我询问此书的再版问题。于是,我便萌动了再出版第三版之心。另外,第二版面世以后,我对唐律的研究并未终止,还在继续,且又有论文公开发表,正好可乘此次机会编入第三版,以充实、丰富其中的内容。

笔者的愿望得到了北京大学出版社王业龙先生的热情支持,于是愿望便有了成真的可能。在此,对北京大学出版社和王业龙先生的鼎力相助表示衷心的感谢!

我校的法律史学科属于"上海市重点学科建设项目"(项目编号:T1001),本书的出版也算这一建设项目的一个成果吧。虽然这已是《唐律新探》的第三版了,可难免还会留下遗憾与不足,还望各位同仁、读者指正。

王立民

二〇〇七年二月于上海

后 记 四

《唐律新探》(第三版)自二〇〇七年上市后,销路还算可以,目前已基本无库存了。这大概也得益于此书是我校法律史博士生考生的参考书之一。他们不得不关注此事,或买一本看看,准备考试用。这也难怪,因为我这个博士生导师自己的研究领域主要集中在上海地方法制史、唐律和古代东方法三个领域。考生不知导师的专长,生怕以后的考试、学习会带来麻烦,好在这本书也不贵,常备一本也无妨。同样是这一原因,使我不得不关注此书的销售情况,一旦断档,就要考虑尽快出版,以免考生埋怨。

我的难处得到了北京大学出版社王业龙先生的充分理解,并给予了大力支持。现在,《唐律新探》第四版的出版可能快要变成现实了,我十分高兴。在此,我衷心地感谢北京大学出版社和王业龙先生的鼎力相助。

我校的法律史学科已是国家重点学科、上海市重点学科建设项目(项目编号:T1001),中国法制史又是国家的精品课程,本书的出版也是它们建设的一个直接成果。

虽然这已是《唐律新探》的第四版了,可还是难免会留有不足,也难逃学术著作往往是遗憾作品的结果,真诚希望读者、同仁教正。

王立民

二〇一〇年一月于华东政法大学